"지금도 우리는 정신질환자들을 비정상적으로 대하고 있다. 우리는 여전히 그들을 이해하지 못하며, 이런 몰이해는 우리를 비열하고 오만하게 만들고, 잘못된 방향으로 인도해 그들에게 상처를 주게 만들고 있다."

- 데이비드 코언

목차

개정판 서문

이 책은 지난 2002년에 출간된 《매드 인 아메리카》의 개정판이다. 이 개정판은 "정신의학 역사에 관한 기존의 시각에 정면으로 도전한 책으로서의 《매드 인 아메리카》가 세월이 흐른 지금도 여전히 유효성을 가질 수 있는가? 만약 지금도 그렇다면, 오늘날 우리 사회는 '정신질환자들'에 대한 사회의 돌봄 시스템을 재정비하기 위해 무엇을 해야 하는가?"라고 질문한 것에 대한 답이기도 하다.

2002년 초판 서문에서 언급했지만, 여기서 다시 이 책을 쓰게 된 동기를 밝히고자 한다. 이 주제를 처음 연구하기 시작했을 때의 마음이 그대로 담겨 있기 때문이다. 내가 처음 이 주제에 관심을 가지게 된 것은 정신의학이 이뤄낸 조현병 치료 성과에 대해 대중이 광분하던 시기에 정작 공공보건의료는 실패하고 있었다는 연구결과를 접하고 나서다. 이 책은 당시 내가 겪은 지적인 혼란에서 시작된 책이다. 내가 사실이라고 "알았던" 것과 내가 알게 된 정보 사이의 괴리에 의한 혼란이었다.

그때까지 나는 오랫동안 저널리스트로서 과학과 의학에 관한 이야기를 다루고 있었지만, 그 이야기들은 대부분 기존의 틀에서 벗어나지 못하고 있었다. 1980년대에서 1990년대 초반 뉴욕 주의

<올버니 타임스 유니온Albany Times Union>에서 의학·과학 담당 기자로 일하던 나는 매사추세츠 주 소재 MIT에서 나이트 과학 연구원 자격으로 1년 동안 연구를 마친 후, 하버드 의대 출판부 책임자로 한동안 일한 적이 있다. 근거중심의학evidence-based medicine의 중요성을 알게 된 것은 그때다. 그 후 나는 '센터워치CenterWatch'라는 매체를 공동 설립했다. 임상시험 산업의 사업적 측면들을 보도하는 매체로, 적어도 초기에는 업계 친화적인 보도를 주로 했다. 하지만 이런 주제들을 다루면서 나는 정신질환자들이 임상시험 과정에서 학대당한다는 사실을 알게 됐고, 내가 그전에 기사를 기고한 경험이 있는 <보스턴 글로브>에 이 주제로 시리즈 보도를 제안했다.

당시 미국 정신의학계는 상당히 고무된 상태에 있었다. 정신의학 연구자들은 뇌 안의 화학적 불균형이 정신질환의 원인이라고 보았기에 새로 개발된 정신과 약물로 이런 화학적 불균형을 바로잡을 수 있다는 연구결과들을 잇달아 발표했다. 당시 막 출시된 리스페달Risperdal과 자이프렉사Zyprexa는 조현병 진단을 받은 사람들의 "직장 복귀"를 돕는 획기적인 약물로 기대를 모으고 있었다. 이 약물들은 "당뇨 환자들을 위한 인슐린"에 비유되면서, 정신과 치료를 혁명적으로 진보시킨 약물이라는 환호를 받았다. <보스턴 글로브> 시리즈 기사는 이런 진보에 대한 기대와 윤리적 맥락을 담은 것이었다.

이 시리즈는 다양한 내용으로 구성됐다. 우리는 국립 정신건강연구소NIMH가 후원한 연구들에 관해서도 다뤘는데, 연구자들이 정신질환자들에게 메틸페니데이트methylphenidate나 케타민ketamine 같은 화학물질을 투여했다는 내용을 담았다. 연구자들은 이런 화학물질이 정신질환자의 증세를 악화시킨다는 사실을 알면서도 정신질환의 '화학적 특성'을 이해하기 위해 투여한 것이었다. 또한 우리는 리스페달과 자이프렉사의 임상시험에서 시험 대상자들에게 악영향을 미칠 수 있는 방법을 사용하도록 자본이 압력을 행사한 예에 대해서도 보도했다. 마지막으로 이 시리즈는 국립 정신건강연구소의 자금 지원을 받은 정신의학 연구자들이 조현병 환자들의 항정신병약 복용을 (거의 예고 없이) 중단시킨 다음 증상이 얼마나 빨리 그리고 자주 재발하는지 관찰하는 시험을 수없이 했다는 사실도 보도했다.

우리는 재발 연구가 비윤리적이라고 생각했다. 당뇨병 환자들에게는 인슐린 투여 중단과 같은 실험을 하지 않는다. 그런데 조현병 진단을 받은 사람들에게는 왜 투약을 중단하는 실험을 하는가?

이런 관점에서 쓰인 이 시리즈는 대중에게 윤리의 문제를 생각하게 만드는 성과를 냈다. 이 시리즈는 조지 포크 의학 저술상 공공 부문을 수상했고, 퓰리처상 공공 부문 최종 후보에 오르기도 했다. 이 시리즈에 대한 대중의 반응을 생각하면 계속 이 윤리 문제를 파헤칠 수도 있었겠지만, 나는 그보다는 정신의학의 진보에 대한 사람들의 전반적인 믿음이 뭔가 잘못돼 있다고 생각하게 됐고, 이런 생각은 그 뒤에도 계속 커져만 갔다.

이런 의심의 발단은 마인드프리덤MindFreedom이라는 정신질환 회복자 단체의 데이비드 오크스David Oaks 소장이 처음 제공했다. 항정신병약 투여 중단 연구에 관해 묻기 위해 그에게 전화했을 때 나는 그가 그 실험이 얼마나 끔찍한 것인지 말할 것이라고 기대하고 있었다. 당뇨 환자들에게는 인슐린이나 약물 투여를 중단하는 실험을 하지 않기 때문에 이런 재발 실험은 조현병 환자들이 우리 사회에서 얼마나 무시당하는지 보여주는 예가 된다고 생각했기 때문이었다. 하지만 그는 갑작스러운 투여 중단에 대해서는 비난하면서도 조현병 환자들(오크스 자신도 조현병 환자였다)이 항정신병약 복용을 원하지 않는 데에는 충분히 그럴만한 이유가 있다고 말했다. 이 말을 듣고 놀란 나는 조현병 분야의 권위자들에게 오크스의 관점에 관한 의견을 물었다. 이 연구자들은 조현병 환자 대부분은 자신의 병을 제대로 인식하지 못하고 있기 때문에 약물이 필요 없다고 생각한다고 입을 모았다.

이들의 대답은 약자를 무시하는 강자의 입장을 대변한다는 생각이 들었다. 기자가 해야 할 일은 어떤 형태로든 권리가 박탈된 사람들의 이야기에 귀를 기울이는 것이라는 생각도 들었다. 데이비드 오크스의 이야기에 귀를 기울이기로 했다.

게다가 얼마 안 돼 나는 내가 알고 있던 것과 맞지 않는 연구 결과 두 건을 우연히 발견하게 됐다. 첫 번째는 1994년에 하버드 의대 연구자들이 발표한 논문으로, 이전 20년 동안 조현병 환자들의 예후가 악화했으며 1900년대와 비교했을 때도 전혀 나아지지 않았다는 내용이었다. 1900년대는 '바늘 샤워(거칠고 센 물줄기로 환자를 샤워시키는 방법)'나 장시간 입욕 등의 방법이 사용되던 시기다. 두 번째는 미국 등 선진국들의 조현병 환자 예후가 후진국들보다 훨씬 나쁘다는 세계보건기구WHO의 2차에 걸친 조사 결과였다. 인도나 나이지리아 같은 가난한 나라에서는 정신병 발작이 발생하면 2년 안에 호전될 수 있는 확률이 높지만, 미국 같은 선진국에서는 만성 정신병 환자가 될 확률이 높다는 연구였다.

당연히 이런 연구결과는 의학적 진보에 대한 나의 믿음과 <보스턴 글로브> 시리즈의 도덕적 근거 모두를 무너뜨리는 결과였다. 그리고 이런 의문도 들었다. 지난 20년 동안 왜 예후가 악화했을까?, 어떻게 1900년대에 비해 더 나아지지 않을 수 있을까?, 어떻게 인도나 나이지리아의 조현병 환자들의 상태가 미국 같은 선진국의 환자들보다 나을 수 있을까? 이 질문들은 바꿔서 표현하면 이렇다. 자원이 풍부하고 질병 치료 수준이 높은 나라에서 사는 것이 어떻게 심각한 정신질환자들에게는 오히려 독이 될 수 있는가?

《매드 인 아메리카》는 이런 의문에서 시작된 책이다. 이런 공공보건의료의 실패 원인을 조사하는 과정에서 나는 현재 상황을 이해하기 위해서는 먼저 과거를 이해해야 한다고 깨닫게 됐다. 미국

정신의학의 역사는 식민지 시절인 1751년 펜실베이니아 퀘이커교도들이 최초의 정신병원을 설립하면서 시작된다. 오늘날의 형편없는 정신의학 상황은 중간에 굴곡이 있긴 했지만, 그 시점에서부터 하나의 경로를 따라 도달된 것이다. 미국 정신의학의 역사는 예상하지 못한 일들로 가득 찬 역사다. 예를 들면 이렇다. 보통 사람들은 1800년대를 미친 사람들을 사슬로 묶어 방치한 시대로 생각하지만, 사실 1800년대 초반만큼 이들에 대한 인도주의적인 돌봄이 이뤄진 적은 없다. 하지만 정신의학 상황은 그 후 100년이라는 세월을 거치면서 미국 역사상 가장 어두운 시기로 진입하게 되고, 그 시기는 현재의 정신의학 실패의 씨앗을 제공하게 되고 말았다.

부제에서 볼 수 있듯이, 이 책은 사회의 통념과는 반대되는 방향으로 진행된 역사를 다룬다. 보통 사람들은 정신의학이 조현병 치료 면에서 상당한 진보를 이뤄냈다고 믿었다. 이런 믿음은 특히 2002년에 두드러졌지만, 실제 정신의학의 역사는 현대적인 치료의 실패와 중증 정신질환자에 대한 "지속적인 학대"의 증거를 보여주고 있다.

《매드 인 아메리카》의 출판은 상당한 논란을 불러일으켰다. 이 책을 읽은 권위 있는 정신의학자들은 정신의학이 진보하고 있다는 통념을 강조하면서, 이런 책이 출간됐다는 사실 자체에 분노했다. 당시 노스캐롤라이나 의대 정신의학·약리학 교수였고 그 후 미국 정신의학협회 회장이 된 제프리 리버먼이 쓴 서평이 특히 기억에 남는다. 리버먼은 "이 책은 잘못되고 위험한 허위사실을 날조하고 있다. 정신질환 치료에 사용되는 약물들은 전염병 치료에 사용되는 항생제, 심혈관질환 대처를 위한 항고혈압제, 당뇨병 관리를 위한 인슐린의 발견만큼 중요한 과학적 진전을 나타낸다."라고 썼다.

《매드 인 아메리카》는 "모욕적이고 이단적이다"라고 평한 사람도 있었다.

이런 비판들이 왜 위험한지는 쉽게 알 수 있다. 우리 사회에는 조현병을 포함한 정신질환 치료에서 항정신병 약물 사용이 핵심적이라는 통념이 있다. 정신과 치료를 위한 예산 지원, 관련 법령, 사회적 정책들은 모두 이 통념에 기초한다. 하지만 《매드 인 아메리카》는 정신과 치료와 공공의료 예산을 사용하는 방식에 대한 근본적인 재고를 촉구하는 책이다. 또한 우리는 우리가 "미쳤다"라고 생각하는 사람들에 대한 법적·사회적 정책에 대해서도 다시 생각해야 할 것이다.

2019년에 이르러 《매드 인 아메리카》의 개정판을 내는 일은 도전이자 기회였다. 초판에서 다룬 역사적 사실들의 완결성을 유지하면서 내용을 업데이트하는 작업은 도전이었다. 본문과 맺는말을 수정하지 않은 이유가 여기에 있다. 이 역사적 사실들은 특정한 시점에 서술한 것이기 때문에 그대로 유지했다.

기회에 해당하는 부분은 개정판 후기 작업이었다. 개정판 후기는 2002년 이후 정신의학의 역사를 다룬 것이 아니다. 2002년 이후의 연구 성과들을 검토해 두 가지 대립적인 관점인 2002년 당시의 통념과 《매드 인 아메리카》의 주장 중 어떤 것이 세월이 지난 뒤 살아남았는지 살펴보기 위한 것이다.

따라서 후기에서는 이런 연구 성과 검토를 통해 오늘날 사회적인 통념이 어떻게 변화하고 있는지, 그 변화가 어떤 기회를 제공할 수 있는지 살펴볼 수 있었다.

로버트 휘태커

2019년 1월

감사의 말

이 책의 씨앗이 뿌려진 것은 1998년 봄 뉴욕의 베라 샤라프의 집에서였다. 당시 샤라프는 정신질환 자녀를 가진 부모들의 단체인 서케어Circare를 이끌고 있었다. 그녀는 정보 자유법에 따라 정신의학 연구 과정에서의 학대 사례를 담은 문서 공개를 요청해 확보한 상태였다. 이 문서들은 나에게는 호기심을 자극했고, 샤라프에게는 열정을 자극했다. 샤라프는 잘못된 것을 바로잡겠다는 신념을 가진 사람이었고, 그녀의 이런 신념은 다른 사람들에게도 전파됐다. 샤라프를 만나지 못했다면 이 책은 쓸 수 없었을 것이다. 현재 샤라프는 '인간연구보호연맹'이라는 단체를 이끌고 있다.

그해 가을 나는 <보스턴 글로브>에 정신의학 관련 시리즈 기사를 기고했다. 이 시리즈 작성에 도움을 준 돌로레스 킹, 기사를 편집해준 닐스 브러젤리어스에게 감사의 마음을 전한다.

정신병 "생존자"이자 <마인드 프리덤> 저널 편집자인 데이비드 오크스는 조현병 약물 치료의 장점을 탐구할 수 있도록 도움을 준 사람이다. 오크스는 이 주제를 정말 다룰지 망설이고 있던 나에게 용기를 주기도 했다. 3년이 지난 지금 그의 격려에 깊은 고마움을 느끼고 있다. 1998년 당시 전미정신질환자연맹NAMI 소비자 위원회 의장이었던 웨슬리 앨콘도 내가 미국의 정신질환자 치료관리를 장기적인 관점에서 조망하도록 격려해줬다.

역사 관련 저술을 하는 사람들이 흔히 그렇듯이 나도 이 주제를 다룬 다른 사람들의 책을 참고했다. 특히 다음의 학자들에게 지적인 부채를 지고 있다. 앤드류 스컬, 낸시 톰즈, 제럴드 그롭, 대니얼 케블즈, 앨런 체이스, 베리 멜러, 에드워드 쇼터, 엘리엇 발렌스타인, 조얼 브래슬로, 잭 프레스먼, 레너드 로이 프랭크, 메리 보일, 데이비드 코언, 피터 브레긴, 앤 브래든 존슨이다. 소테리아 프로젝트Soteria Project 관련 문서들을 상당량 제공해준 로런 모셔, 전기충격요법 관련 문서를 상당량 제공해준 레너드 로이 프랭크에게 특히 감사의 마음을 전한다. 자신들이 받은 정신의학 치료와 관련한 개인적인 문서와 법적 문서를 내가 살펴볼 수 있도록 허락해준 환자들(그리고 그 부모들)에게도 감사의 말을 전한다. 자신이 정신의학 연구 대상이 됐던 경험을 기록한 문서를 제공해 준 섈마 프린스에게 특히 감사드린다.

베드포드 북 웍스의 내 담당자 케빈 랭은 책의 출판 제안서를 만드는 데 도움을 줬다. 페르세우스의 편집자 어맨다 쿡은 작가라면 모두가 같이 일하고 싶어 하는 사람이다. 쿡은 내가 하고 싶은 이야기를 끌어내 주고, 초고를 넘긴 후에는 이야기의 틀과 문장을 더 좋게 만드는 방법을 가르쳐줬다.

마지막으로, 아내 앤드리아에게 감사드린다. 내 옆에서 항상 인내심을 가지고 기다리면서 초기 원고에 대한 조언을 해준 아내가 없었다면 이 책은 나올 수 없었을 것이다. 사랑스러운 내 아이들 래비, 조이, 딜런이 있어서 매일 축복이라고 생각한다.

제 1 부

초기의 정신병원

1750~1900년

1750
~
1900

제 1 장

정신병원

공포는 마음을 매개체로 몸에 강력한 영향을 미치며, 정신 이상 치료에 활용되어야 한다.

- 벤저민 러시[1]

19세기 초 펜실베이니아 병원의 '정신병동'은 개혁의 분위기가 복도에 넘쳐흐르던 곳이었다. 그 몇 년 전, 정확히 1796에는 정신병 환자들이 춥고 우중충한 지하 감방에서 지상의 새 병동으로 옮겨졌다. 환자들은 지하 감방에서 쇠사슬에 묶여 지푸라기를 깔고 잠을 자야만 했었다. 새 병동에는 겨울의 추위를 견디게 해줄 석탄난로가 있었고, 환자들은 따뜻한 물로 목욕을 할 수도 있었다. 가장 중요한 것은 환자들이 주기적인 의학 치료를 받을 수 있게 됐다는 점이었다. 이 의학 치료에 대해 의사인 벤저민 러시Benjamin Rush는 펜실베이니아 병원 감독관들에게 "정신병 치료에 효과적이라고 최근 밝혀진 치료 요법"이라고 자랑스럽게 말하기도 했다.[2]

의학 치료가 도입되기까지는 많은 시간이 걸렸다. 필라델피아의 퀘이커교도들과 지역사회 지도자들이 펜실베이니아 식민 의회에 식민지 최초의 병원 건립을 위해 자금 청원을 하면서 언급했던 것이 미친 사람들에게 제정신을 다시 찾아주는 의학 치료였고, 그때가 1751년이었으니 말이다. 이 청원서를 작성한 벤저민 프랭클린은 "수년간의 경험에 따르면, (영국) 베들레헴 병원에 수용돼 적절한 치료를 받은 미친 사람의 3분의 2 이상이 완전히 치료됐다."라고 썼다.[3] 실제로 영국의 매드 닥터들mad doctor(정신의학이라는 명칭이 정해지기 전에 광인을 돌보던 의사)도 이런 주장을 했으며, 자신들의 효과적인 치료 경험을 책으로 내기도 했다. 하지만 프랭클린과 퀘이커교도들이 이런 형태의 의학 치료를 식민지 시대 미국에 도입하려는 데는 또 다른 중요한 이유가 있었다. 당시 이들이 작성한 문서들은 "이웃에게 공포의 대상이 되는 정신병자들이 너무나 많이 거리를 활보하고 있으며, 사람들은 이들이 언제 폭력적인 행동을 할지 항상 두려움에 시달리고 있다"라고 적시하고 있다. 미친 사람들로부터 사회를 보호하는 것, 즉 병원을 감옥으로 기능하게 하는 것이 1756년에 문을 연 정신병원의 우선적인 목표였던 것이다.

당시 정신병자들은 어둡고 악취가 심한 감방에 수용됐고, "보호사"들이 휘두르는 채찍의 통제를 받았다. 말을 잘 듣지 않는 정신병자들은 구타당하거나, "바닥이나 감방 벽에 쇠사슬로 묶인 상태에서 수갑이나 족쇄를 찼으며", 구속복을 입은 채 "무기력하게 분노를 삭일 수밖에 없었다."[4] 당시 정신병원을 방문했던 매나세 커틀러라는 목사는 다음과 같이 상황을 묘사했다.

> 우리가 다음으로 보게 된 것은 광인들의 모습이었다. 그들이 있는 감방은 부분적으로 지하인 낮은 층에 있다. 이 감방들은 3㎡ 정도 넓이의 교도소 감방처럼 튼튼하게 만들어져 있다. 이 좁은 감방에 20~30명 정도의 남성과 여성이 섞여서 수용돼 있다. 침대에서 자는 사람도 있지만, 대부분은 지푸라기를 깔고 잔다. 이들 중 일부는 거의 알몸 상태에서 극도로 사나운 행동을 보인다. 노래를 부르거나 춤을 추는 사람도 있고, 자포자기 한 표정을 짓고 있는 사람도 있으며, 귀가 들리지 않아 아예 입을 열려고 하지 않는 사람도 있다.[5]

또한 이 정신병자들은 대중의 구경거리로 전락하는 수모를 당하기도 했다. 이 병원이 문을 열자 마치 동물원에 가듯 일요일에 미친 사람들을 구경하러 가는 것이 대중의 오락 중 하나로 자리 잡았다. 필라델피아 사람들은 이 정신병원에서 비참한 상황의 환자들에게, 특히 쇠사슬에 묶여 분노에 차 있는 환자들에게 손가락질을 하면서 즐거워했다. 사람들의 방문이 너무 많아져 환자들이 불안감을 느끼자 1760년 병원 경영진은 "사람들이 병원에 와서 감방에 갇힌 환자들을 구경하고 그들과 대화를 나눔으로써 환자들 사이에서 불안감이 고조되는 것을 막기 위해" 울타리를 설치했다.[6] 하지만 이 철제 울타리도 결국 소용이 없었고, 1762년이 되자 병원 경영진은 이 불행한 상황을 최대한 활용하기 위해 방문자들에게 4펜스의 입장료를 부과하기 시작했다.

이 모든 상황은 1783년 러시가 병원에 부임하면서 변화하기 시작했다.

러시만큼 정신병자들에게 온정적인 사람은 없었을 것이다. 퀘이커교도 부모에게서 태어난 러시는 자유주의적, 인도주의적 개혁의 굳건한 옹호자였다. 젊었을 때 러시는 대륙회의Continental Congress(영국의 고압적인 식민지 경영에 북아메리카 13주의 자치 의식이 높아지면서 1774년부터 개최된 회의)의 일원이었으며, 미국 독립선언서의 서명자 중 한 명이었다. 러시는 노예제 폐지와 교도소 개혁을 주장했으며, 이런 자신의 신념을 정신병자 치료에도 적용했다. 러시의 요청으로 펜실베이니아 병원 이사회는 정신병동을 새로 짓기 시작해 1796년에 완공했으며, 이에 따라 환자들은 푹신한 침대가 갖춰진 방에서 잠을 잘 수 있게 됐다. 통제를 잘 따르는 환자들은 병동 주변에서 산책을 하거나, 뜨개질, 정원 손질, 짚단 자르기 등의 활동을 할 수도 있었다. 또한 러시는 게임, 음악, 친구 사귀기가 치료에 도움이 된다고 생각했고, 병원은 "능력이 검증된 사람만이 정신병자의 친구나 동반자가 돼야 한다."라는 러시의 제안에 동의하기도 했다.[7] 러시는 병동 보호사들에게도 정신병자들을 친절하게 대하고 존중해야 한다고 강조했다. 러시는 "환자의 편의를 위해 필요한 모든 것을 제공해야 하며, 환자들에게 하는 모든 약속은 성실하고 정확하게 이행되어야 한다."라고 말했다.[8]

하지만 이런 인도주의적인 대우는 여기까지였다. 러시 또한 과학의 신봉자였기 때문이다. 러시는 당시 전 세계 최고 수준의 영국 에든버러 의과대학에서 공부한 사람이었다. 여기서 러시는 당시 가장 널리 사용됐을 의학 교과서인 《의학의 기초First Lines of the Practice of Physic》를 쓴 윌리엄 컬런William Cullen의 지도를 받았다. 유럽의 매드 닥터들이 다양한 광기 치료법을 개발한 상태에서 러시는 이들의 방법을 적극적으로 받아들여 펜실베이니아 병원을 근대적인 의료 기관으로 만들기 위해 노력했다. 완전히 다른 종류의 치료가 시작된 것이다.

정신병자는 짐승인가?

광기, 광기의 속성, 적절한 치료법에 관한 광범위한 저술을 한 초기 영국 의사들 중에 토머스 윌리스Thomas Willis라는 사람이 있다. 윌리스는 신경계 연구로 명성을 얻은 의사로 1684년 광기에 관해 쓴 그의 책은 그 후 100년 동안 영국의 매드 닥터들이 집필한 광기에 관한 책들의 기조를 결정했다. 그의 책은 제목만으로도 광기에 대한 그의 입장을 쉽게 알 수 있다. 《의학의 실천: 짐승들의 영혼에 관한 두 가지 이론The Practice of Physick: Two Discourses Concerning the Souls of Brutes》이다. 미친 사람은 짐승과 비슷하다는 그의 생각은 인간의 본성에 관한 당시의 통념이 그대로 반영된 것이다. 실제로 프랜시스 베이컨, 아이작 뉴턴, 존 로크 등 17세기의 모든 위대한 영국 과학자와 철학자들은 인간이 동물보다 우위에 있는 이유는 이성 때문이라고 생각했다. 이성은 인간이 주변 세계를 과학적으로 이해하고 문명사회를 만들 수 있게 해주는 지능의 일종이라는 생각이 지배적이었던 시대다. 따라서 이성을 상실한 정신병자들은 짐승 같은 상태로 전락했다고 생각됐다. 윌리스는 미친 사람들이 초인간적인 힘을 가진 사나운 짐승이라며 "그들은 밧줄과 사슬을 끊고, 문이나 벽을 부술 수 있다. 거의 지치지도 않는다. 추위나 더위를 잘 견디며, 누가 쳐다봐도 상관하지 않으며, 굶거나 맞거나 상처를 입어도 고통을 전혀 느끼지 않는다."라고 썼다.[9] 또한 윌리스는 미친 사람들이 치료되려면 그들이 의사를 존경하면서 의사를 "고문자"로 생각해야 한다며 다음과 같이 썼다.

> 통제, 위협, 족쇄, 구타는 의학 치료만큼 필수적이다. 이 사람들을 회복시키는 데는 이들이 위협을 존중하고 두려워하게 만드는 것만큼 필수적이고 효과적인 요소가 없다. 이 방법을 사용하면, 광기에 사로잡힌 마음은 곧 교만과 황당무계한 생각을 버리게 돼

온순하고 균형 잡힌 마음이 된다. 약물 투여보다 우리에 가둬 고문과 고통을 가하는 방법을 사용할 때 광기가 훨씬 더 빨리 치료되는 이유가 여기에 있다.[10]

이렇게 광인들을 치료하기 위한 의학적인 틀이 형성되자 18세기 영국의 의학 교과서들은 대부분 이 틀 안에서 기술을 반복했다. 1751년 리처드 미드Richard Mead는 광인에 대해 "야수처럼 격분해 인간을 공격하는 짐승이기 때문에 묶어 놓아야 하며 때려야 할 때도 있다. 자신 또는 다른 사람들에게 해를 끼치는 것을 막기 위해서다."라고 썼다.[11] 이와 관련해 토머스 베이크웰Thomas Bakewell이라는 사람은 한 환자에 대해 "이 광인은 야수처럼 소리를 지르고 며칠 밤낮을 계속 자신이 묶인 사슬을 흔들어댔다...나는 일어나 채찍을 쥐고 그 사람의 어깨를 몇 대 내려쳤고, 그러자 그 사람은 조용해졌다."라고 썼다.[12] 찰스 벨이라는 의사는 《회화 표현의 해부학에 관한 논고Essays on the Anatomy of expression in Painting》라는 책에서 광인을 그리려면 "표정이 없어져 하등 동물의 상태로 변한 얼굴의 특징을 포착해야 한다."라고 화가들에게 조언하기도 했다.[13]

미친 사람은 야수를 대할 때처럼 제압하고 무너뜨려야 하는 존재로 인식됐다. 영국의 의사들이 선호한 치료 방법은 기절할 때까지 사혈을 시키고, 강력한 설사약과 구토 유발 약물 투여하는 방식을 사용해 미친 사람을 물리적으로 약화하는 것이었다. 이런 방법들을 동원하면 체력이 아무리 좋은 광인이라도 결국은 찍소리 못하고 애걸을 하는 상태로 만들 수 있었다. 윌리엄 컬런은 경정맥을 절제해야 사혈이 효과적이라고 조언을 하기도 했다.[14] 정신병자들의 건강을 극도로 악화시키는 설사약과 구토 유발 약물은 꽤 오랫동안 사용됐다. 베들레헴 정신병원 원장이었던 존 몬로John Monro는 환자 중 한 명에게 6개월 동안 구토 유발 약물을 61번이나 투여하기도 했으며, 그 6개월 중 18일 동안은 연속해서 강력한 약물을 투여하기도 했다.[15] 수은 같은 화학물질은 구토를 너무 심하게 유발하기 때문에 환자는 소리를 지를 정신적인 여력이 없을 정도였다. 조지 맨 버로스 같은 사람은 "구토가 계속되는 동안에는 오랫동안 계속돼 온 환각이 중지되며, 어떤 경우에는 완벽하게 환각이 제거되거나 다른 종류의 환각으로 바뀌기도 한다. 이렇게 되면 아무리 사나운 환자라도 조용하고 고분고분해진다. 사혈보다 구토를 유발해 환자를 고갈시켜 제압하는 것이 훨씬 안전한 방법이다."라고 말하기도 했다.[16]

아사 직전 상태까지 굶게 만들어 환자의 힘을 빼는 방법도 권장됐다. 사혈, 설사 유도, 구토 유발 등의 다양한 고갈 요법은 광기를 치료하는 데도 효과가 있다고 생각됐다. 이런 방법은 상당한 고통을 유발해 광인의 마음이 그 고통의 감각에 집중하느라 평소의 미친 생각을 하지 못하게 만들 수 있다고 생각했기 때문이다. 물집 만들기도 몸에 극도의 고통을 일으키는 데 유용한 방법이었다. 두피를 일부 벗겨내고 그 부위에 겨잣가루를 문지르면 물집이 생기는데, 이때 이 물집을 문지르면 물집은 더 커지면서 감염이 확산된다. 한 의사는 "물집이 생길 때의 고통은 말로 표현하기 힘들 정도"라고 쓰기도 했다. 환자가 부식제에 손을 담그게 만든 다음 생식기를 만지게 해 고통을 유발하는 방법도 사용됐다. 이때의 고통은 "자신의 진정한 자아에 대한 의식을 다시 찾으면서 광기라는 잠에서 깨어나도록 만드는" 고통이었다.[17]

이 모든 고통스러운 고갈 치료법에는 심리적인 효과도 있었다. 이 방법을 사용하겠다는 위협만으로도 환자들은 두려움을 느꼈기 때문에 환자 통제가 수월해지는 효과가 있었던 것이다. 구속과 구타를 당하는 데다 이런 위협까지 당함으로써 환자들은 의사와 보호사 앞에서 고분고분해야 한다는 것을 알게 되는 것이다. 이와 관련해 컬런은 이렇게 말했다. "환자들에게 매우 꾸준하게 공포를 심어주는 것이 중요하다. 그렇게 함으로써 환자들은 특정한 사람들, 특히 자신들을 감시하는 사람들에 대한 두려움을 가지게 되기 때문이다."라고 썼다. 또한 그는 "따라서 이런 두려움은 어떤 방식으로든 학습되어야 한다. 우선 자신이 당하는 제약이 자신의 행동에 따른 당연한 결과라는 생각이 환자에게 심어져야 하지만, 채찍이나 구타를 경험함으로써도 두려움을 가져야 한다. 앞의 방법이 더 잔인해 보이기는 하지만, 머리를 때리는 것보다는 훨씬 안전한

방법이다."라고 썼다.[18]

위의 모든 내용은 모두 1700년대 영국의 매드 닥터들이 쓴 것이다. 광인들은 길들여야 하는 대상이었다. 하지만 이런 치료 방법이 정말 효과가 있었을까? 매드 닥터들은 처음에는 과감하게 그렇다고 주장하지 못했지만, 시간이 지남에 따라 태도를 바꾸기 시작했다. 그 이유는 간단하다. 그렇게 해야 정신병자 치료로 돈을 벌 수 있었기 때문이다.

정신병자를 이용한 수익 사업

18세기 영국에서 런던의 베들레헴 정신병원은 가난한 정신병자들을 수용하는 거의 유일한 장소였다. 런던의 부유층은 정신병이 있는 가족을 18세기 초반에 생기기 시작한 사설 정신병원으로 보냈다. 이 거주형 사설 정신병원은 마음에 들지 않는 친척을 정신병자로 몰아 쉽게 수용시킬 수 있는 시설로 기능하기도 했다. 부유층 일부는 이런 식으로 마음에 들지 않는 아내를 정신병 여부에 상관없이 정신병원에 가두곤 했다. 의사 중에는 정신병자 확인을 해주는 대가로 적지 않은 돈을 챙기는 사람들도 생겨났다. 이런 의사는 가족으로부터는 상담료를 받고, 사설 정신병원 운영자로부터는 소개비를 받았다. 사설 정신병원을 직접 운영하는 의사들은 더 많은 돈을 벌었다. 이슬링턴과 클러큰웰에 사설 정신병원을 운영했던 의사 윌리엄 배티는 유산으로 10만~20만 파운드 상당의 부동산을 남기기도 했다. 당시의 화폐 가치를 생각하면 상당히 많은 돈이었고, 이 돈의 대부분은 정신병원 운영으로 번 것이었다.[19]

사설 정신병원에 수용된 미친 사람들과 그렇게 심하게 미치지 않은 사람들 대부분은 부유층 출신이었지만 가난한 정신병자들처럼 방치되었고 학대에 시달렸다. 개혁적 성향의 작가 대니얼 디포Daniel Defoe는 1728년에 "사람을 하루아침에 정신병자로 만드는 것도 모자라 손을 묶고, 옷을 벗기고, 제대로 밥을 주지 않으면서 학대하는 것이 옳은 일인가?"라고 쓴 바 있다.[20] 이런 대중의 비판에도 아랑곳하지 않고 사설 정신병원 운영자들은 자기들이 사용하는 방법이 겉으로는 심하게 보일 수 있지만 미친 사람들의 정신을 찾아주는 치료법이라고 주장했다. 이런 방법은 단순히 정신병자들을 통제하는 방법에 그치는 것이 아니라, 정신병 치료에 효과가 있는 의학적 치료법이라는 주장이었다. 1758년 배티는 한 책에서 "광기는 일부의 생각과는 달리, 다른 끔찍하고 고질적인 질병처럼 통제가 가능한 질병이다."라고 썼다.[21] 배티는 이 책에서 정신병 치료에만 3개 장을 할애했다.

영국 내 정신병원 장사는 1774년 '정신병원 규제, 허가, 감사에 관한 법'이 통과되면서 급속하게 성장했다. 이 법은 의사가 환자에 대해 공식적인 정신병 진단을 내리지 않으면 정신병원 수용을 금지한다는 내용이었다. 이에 따라 정신병 여부를 판단할 수 있는 유일한 주체가 의사로 국한됐고, 이런 법적인 권한을 이용해 매드 닥터들은 그전보다 더 많은 수익을 올릴 수 있게 됐다. 그러던 1778년 정신병 증상을 나타내던 영국 왕 조지 3세가 매드 닥터들의 도움으로 정신병에서 회복되는 일이 일어났다. 매드 닥터들의 치료 방법이 공식적으로 검증된 셈이었다.

조지 3세의 치료를 맡은 사람은 런던의 저명한 의사 프랜시스 윌리스였다. 자신의 치료 방법을 확신했던 윌리스는 영국 의회에서 자신이 치료한 환자 "10명 중 9명"이 확실히 회복됐으며, "초기에 나를 찾아온 환자는 모두 근본적으로 치료됐다."라고 말했다.[22] 1788년 12월 5일 윌리스는 조수 1명, 보호사 3명과 함께 구속복 한 벌을 들고 왕의 거처에 도착했다. 윌리스는 미친 사람은 말을 길들이듯 길들여야 한다는 확신을 가지고 있었다. 구속복을 들고 들어온 보호사들을 본 왕은 경악했지만, 윌리스는 지체하지 않고 왕에게 구속복을 입혔다.

윌리스는 늘 하던 대로 빠르게 환자를 제압했다. 왕이 조금이라도 저항하면 "가슴을 조이는 밴드가 달린 구속복을 입히고, 발을 침대에 묶었다." 왕의 다리에 물집을 내 감염을 시킨 다음 왕이 "타는 듯 한 고통"을 호소하면 다시 구속복을 입혔다. 왕은 다리의 물집 때문에 고통이 너무 심해져 걸을 수도 없었고, 왕은 "어떻게 왕이 이런 비참한 상태에 놓여질 수 있는지" 생각하며 괴로워했다. 윌리스는 왕의 양쪽 관자놀이에 거머리를 붙여 피를 냈고 아편으로 진정시켰다. 또한 윌리스는 왕의 음식에 구토 유발 약물을 몰래 넣기도 했으며, 구토 때문에 고통에 시달리던 왕은 "의자에 무릎을 꿇고 앉아 제정신을 회복시켜주거나 바로 죽을 수 있게 해달라고 신에게 기도한 적도 있었다."

1789년 1월에 되자 의사와 환자 사이의 전쟁은 훨씬 더 격렬해졌다. 사혈, 설사, 물집, 구속, 진정이 반복되고 구토 유발 물질이 들어간 음식 때문에 계속 구역질을 하던 왕은 보호사들에게 뇌물을 주고 탈출하려는 시도까지 했다. 왕은 이들에게 의사에게서 자신을 탈출시켜주기만 하면 평생 연금을 주겠다고 제안했다. 하지만 윌리스는 새로운 장비를 동원함으로써 왕의 탈출 시도에 답했다. 구속복보다 더 단단하게 몸을 속박하는 '구속 의자'를 들여오고, 왕의 시종들을 낯선 얼굴들로 교체했다. 왕은 아는 얼굴을 볼 수 없게 됐고, "윌리스의 사람들이 자신을 살해할 작정"이라고 생각하게 됐다.

그해 2월 말 왕은 기적적으로 회복을 했다. 불안감과 망상이 줄어들어 업무를 다시 볼 수 있을 정도까지 제정신을 찾았다. 오늘날 역사가들은 조지 3세가 미쳤던 것이 아니라 포르피린증이라는 희귀 유전 질환을 앓았다고 생각한다. 포르피린증은 몸속에 독성 물질이 쌓여 일시적인 섬망 현상을 일으키는 질병이다. 역사가들은 윌리스가 몸을 약하게 만들어 "기초 상태를 악화시키지 않았다면"

조지 3세가 더 빨리 회복할 수도 있었을 것이라고 생각한다.[23] 하지만 어쨌든 1789년에 왕이 제정신을 찾은 것은 매드 닥터들에게 의학의 승리를 보여준 사건으로 받아들여졌다.

왕이 정신병에서 회복되자 영국의 의사들은 앞 다퉈 새로운 광기 치료법을 발표하면서 수익을 창출할 기회를 만드느라 혈안이 됐다. 이 의사들이 던진 홍보 메시지는 아주 간단했다. "정신병은 치료가 가능하다"라는 메시지였다.[24] 첼시에서 정신병원을 운영하던 벤저민 포크너는 일종의 '환불 보증'을 마케팅 전략으로 내세우기도 했다. 환자가 6개월 안에 치료되지 않으면 그 이후에는 정신병원 주거 비용, 식사 비용, 의료 비용 등 어떤 비용도 받지 않는다는 내용이었다.[25] 이런 식으로 영국의 정신병원 사업은 번창해나갔다. 런던 지역 사설 정신병원 수는 1788년 22개에서 1820년에는 그 2배로 늘어났다. 정신 이상이 영국인에게만 특히 많이 발생하는 것이 아닌지 우려될 정도로 엄청난 숫자였다.

이런 낙관주의 시대를 맞아 영국과 유럽의 의사들은 훨씬 더 혁신적인 치료법들을 개발하기 시작했다. 환자를 물에 담그는 방법도 큰 인기를 얻었는데, 이 방법은 환자의 두피를 차게 만들어 공포를 일으키는 것이었다. 의사들은 높은 곳에서 양동이로 환자에게 물을 떨어뜨리거나 폭포 밑에 환자를 집어넣곤 했으며, 환자에게 센 물줄기를 퍼붓는 장치를 만들어내기도 했다. 거센 물줄기를 환자에게 쏘아 고통을 유발하는 것은 "치료법이자 처벌"이었다.

이 방법은 "대뇌 측두엽들이 부서지는 듯 한 고통"을 일으키는 방법이었다.[26] 이런 '기습 목욕Bath of Surprise' 요법은 당시 정신병원 대부분이 주요한 치료 수단으로 사용했다. 환자의 눈을 가린 채 방을 가로질러 걸어가게 하다가 갑자기 찬물이 가득 찬 욕조로 빠뜨리는 식이었다. 예상치 못하게 물속으로 빠지는 환자가 극도의 공포를 느끼면서 제정신으로 돌아오기를 기대하는 방법이었다. 컬런은 이 방법이 특히 효과가 있다면서 다음과 같이 썼다.

> 특정한 방식으로 정신병자를 찬물에 담그면 증상이 완화되며, 완치되기도 한다. 미친 사람을 갑자기 찬물에 빠뜨려 일정 시간 동안 찬물 안에서 움직이지 못하게 만든 다음 머리에 물을 쏟아 붓는다. 이때 환자는 머리를 제외하고 온몸이 물속에 잠겨 있어야 한다. 이런 과정을 통해 환자는 공포를 느끼게 되고 환자의 몸에서는 냉각 효과가 발생할 수 있다. 확언하건대 이 방법은 대부분 효과가 있었다.[27]

가장 극적인 물 요법 형태는 환자의 온몸을 일시적으로 물에 빠뜨리는 방법이었다. 이 방법은 네덜란드의 저명한 임상의학자인 헤르만 부르하버Herman Boerhaave가 추천한 것으로, 부르하버는 "정신병의 가장 좋은 치료법은 환자를 갑자기 바다에 빠뜨린 다음 질식사 직전에 건져내는 것"이라고 주장한 사람이었다.[28] 1828

년 조지 맨 버로스는 이 방법에 대해 “안전이 보장되는 범위에서 생체 활동과 지적 활동이 중단되는 질식 상태를 유도하는 방법”이라고 평가했다.[29] 부르하버의 이론에 따라 매드 닥터들은 환자를 구멍 뚫린 상자에 집어넣은 다음 물에 담그는 방법 등 다양한 방법들을 고안해냈다. 조셉 기슬랭Joseph Guislain은 환자를 물에 담그는 정교한 장치, 일명 ‘차이니즈 템플Chinese Temple’을 만들어 냈다. 이 장치는 환자를 대형 철제 새장에 가둔 다음 연못 속에 빠뜨리는 장치였다. 기슬랭은 “환자를 이 장치 안에 집어넣은 다음 밖에서 문을 잠가 물속으로 빠뜨리는 방식으로, 두 사람만 있으면 조작을 할 수 있다.”라고 썼다. 이렇게 환자를 물속에 빠뜨려 원하는 효과가 나타나면 다시 건져 올리는 방식이었다.[30]

이 시기 유럽의 정신병원들이 가장 흔하게 사용한 도구는 ‘회전의자’였다. 영국의 조셉 메이슨 콕스Joseph Mason Cox가 발명한 이 회전의자에 환자를 앉힌 다음 한 바퀴만 돌려도 환자는 급격하게 몸이 약해지고, 큰 고통을 느끼면서 공포를 느끼게 된다. 나무로 만든 틀에 걸어 사용하는 이 의자에 앉으면 환자는 “피로, 탈진, 현기증을 느끼면서 얼굴이 창백해지고 닭살이 돋아 새로운 연상과 생각을 하게 된다.”[31] 숙련된 조작자의 경우 이 의자의 회전 방향을 수시로 바꿔 환자가 구토와 경련 현상을 나타내도록 만들 수 있었다. 또한 이 의자에 앉은 환자들은 자신의 의지와는 관계없이 배설을 하게 되고 제발 멈춰달라고 애원을 하곤 했다. 19세기 한 의사는 이 의자 요법은 너무나 효과가 강력하기 때문에 이 의자로 미친 사람을 복종시키지 못한다면 다른 어떤 것으로도 복종시키지 못할 것이라고 말하기도 했다.[32]

콕스가 만든 이 의자가 도입되자 정신병원 의사들은 이 의자를 기초로 '회전 침대', '회전 스툴(등받이 없는 의자)', '회전 판' 등 다양한 변형 장치들을 만들어내기 시작했다. 이런 혁신적인 분위기에서 한 발명가는 한꺼번에 4명을 앉혀 1분에 100바퀴를 돌릴 수 있는 그네를 만들어내기도 했다. 하지만 콕스의 회전의자를 포함한 회전 장치들은 결국 몇몇 유럽 국가에서 사용 금지 처분을 받았다. 대중이 이런 장치의 잔인성에 반발했기 때문이었다. 환자의 91%를 치료했다고 주장한 정신병원 운영자 버로스는 정부의 이런 개입 때문에 무지한 대중이 "정신병자들에게 친절하게 대하면서 그들을 참아내는 것이 광기를 치료하는 유일한 방법이라고 믿게 될 것"이라고 불평하기도 했다.[33]

기습 목욕, 회전의자, 물집 만들기 같은 방법들은 러시 같은 온정적인 의사들에게는 좀 불편한 것이었을 수도 있었다. 하지만 매드 닥터들은 치료를 하면서 자신의 감정을 드러내서는 안 됐다. 18세기의 한 의사는 "의학 치료를 할 때 과감하게 하지 못하는 것이야말로 가장 심한 '잔혹 행위'"라고 말하기도 했다.[34] 정신병자들을 친절하게 대해야 한다고 주장했던 사람들조차 이런 요법들이 정신병 퇴치에 필수적이라고 인정했다. 의사 윤리 강령을 제창한

토마스 퍼시벌Thomas Percival은 다음과 같이 썼다. "특정한 형태의 정신병은 과감하게 치료해야 한다. 감수성이 예민한 젊은 의사들은 그렇게 하기 힘들겠지만, 그래도 그렇게 해야 한다. 정신병 치료에 있어서 젊은 의사는 소심하게 행동하면 안 되며, 더 경험이 많은 동료 의사들의 도움을 받아 마음을 굳건히 해야 한다."라고 썼다.[35]

미국의 정신의학

러시가 펜실베이니아 병원 프로그램에 의학 치료를 도입하게 된 배경에는 이런 유럽 의사들의 가르침이 있었다. 러시는 퀘이커교도이자 개혁주의자였으며 불우한 사람들과 공감하는 사람이었지만, 과학의 힘을 믿는 지식인이었고, 그 말은 러시가 유럽에서 시행하는 치료 요법을 수용했다는 뜻이다. 실제로 러시는 "내 의료 행위 원칙은 부르하버에서 배운 것"이라며 환자들을 물에 담그는 치료법을 주창했던 부르하버를 자신이 영감을 얻는 원천이라고 말하기도 했다.[36] 게다가 당시 러시를 포함한 미국 최고의 의사들은 학술 재단을 만들 때도 유럽의 의학계를 모델로 삼았다. 미국 독립전쟁 이전까지만 해도 미국 내 의사 총 3500명 중 학위를 가진 의사는 5% 미만이고, 정식 교육을 조금이라도 받은 의사는

10%에 불과했다. 식민지 시대 미국이 돌팔이 의사들의 피난처로 악명이 높았던 데는 이런 이유가 있었다. 하지만 상황이 변하기 시작했다. 1765년 미국 최초의 의과대학이 필라델피아 대학 내에 설립됐다(러시가 당시 의대 교수 중 한 명이었다). 1790년대에는 의학 관련 학회들이 설립됐으며, 미국 최초의 정기 간행 의학 학술지가 출판됐다. 미국 의학은 이제 과학의 한 분야로 자리 잡게 된 것이었다. 이와 관련해 역사가 리처드 슈라이억Richard Shryock은 대해 이렇게 썼다. "당시 사람들은 최근 몇 백 년 동안 이뤄진 의학적 성취가 인류 역사 전체를 통틀어 이뤄진 성취보다 훨씬 더 크다고 일반적으로 생각했다. 이제 의학 분야에서는 후손들이 할 일이 거의 남아있지 않다고 생각한 사람들도 있을 정도였다."[37]

광기에 관한 러시의 생각은 그의 유럽인 스승들에게서 받은 가르침에 기반을 두었다. 러시도 유럽 의사들처럼 광기의 원인이 뇌혈관 내에서 나타나는 "병적이고 불규칙한" 움직임이라고 생각했기 때문이다.[38] 러시에 따르면 이런 비정상적인 혈액순환은 신체적 또는 심리적 원인에 의한 것이었다. 뇌 손상, 과도한 노동, 혹독한 날씨, 벌레, 폐결핵, 변비, 자위행위, 집중적인 공부, 지나친 상상 등이 혈액순환 불균형을 일으킬 수 있다는 생각이었다. 이런 혈액순환 질환을 고치기 위해 러시는 환자에게, 특히 정신병 환자에게 다량 출혈을 일으켜야 한다고 주장했다. 실제로 러시는 한 환자에게서 두 달 동안 6리터나 되는 양의 피를 뽑기도 했으며, 다른 한 정신병 환자에게서는 47번에 걸쳐 18리터가량의 피를 뽑기도 했다. "전체 혈액의 80%"는 뽑아야 한다는 게 러시의 주장이었다. 러시의 이런 사혈 치료법은 정도가 심해 다른 의사들은 "살인에 준하는 치료법", "말에게나 쓰는 치료법"이라며 비난했지만, 러시는 이 의사들이 "영업과 돈" 때문에 자신을 비난한다고 무시했다.[39]

러시는 유럽 의사들에게서 배운 다른 치료법들을 받아들이면서도 광기의 원인이 혈액순환 장애라는 자신의 믿음을 기초로 그 치료법들을 적용했다. 예를 들어, 러시는 물집을 두피가 아니라 발목에 만들어야 한다고 생각했다. 그렇게 해야 과도한 열을 받는 머리에서 피를 빼낼 수 있다고 생각했기 때문이다. 부식제를 목 뒷부분에 발라 상처가 몇 달, 몇 해 동안 계속 유지되도록 만들었는데, 그렇게 해야 과도한 열을 받는 머리에서 "영구적으로 피를 뽑아낼 수 있기 때문"이었다. 또한 머리에도 직접 손을 댔다. 머리털을 모두 밀고 머리에 찬물과 얼음을 들이붓는 방법이었다. 설사를 나게 하거나 구토를 유발하는 방법으로 과도한 열을 받은 머리의 피를 위나 다른 장기로 보내는 방법도 썼다. 러시는 이 모든 치료법이 과학적이며 뇌 안 혈액의 흐름을 정상화하는 데 도움이 된다고 확신했다.

러시는 정신병자를 친절하게 대해야 한다고 일관되게 주장했음에도 불구하고, 유럽 스승들의 정신병자에 대해 사용하는 말인 "맹수, 미친 소, 미친 개" 같은 말을 그대로 쓰곤 했다. 러시는 정신병자들을 협박해 통제했으며, 죽이겠다는 위협을 하기도 했다. 또한 "공포와 고통, 수치심을 결합했을 때 정신병이 치료된 적이 있다"라고 말하며, 조지아 주의 한 의사가 미친 사람을 우물에 빠뜨린 다음 죽기 직전에 건져 병을 치료한 적이 있다고도 말했다. 러시의 결론은 다음과 같았다. "공포는 마음을 매개체로 몸에 강력한 영향을 미치며, 정신 이상 치료에 활용되어야 한다."[40]

또한 러시는 회전 요법을 이용하기도 했다. 러시는 우울증, 즉 "무기력한 광기"를 앓는 환자들을 판자에 수평으로 눕힌 다음 줄로 묶어 엄청난 속도로 회전시켰다. 러시는 이 장치를 "자이레이터gyrator"라고 불렀다. 러시는 이런 종류의 광기가 머릿속에서 혈액이 너무 적게 순환되기 때문에 발생하며, 환자의 발을 판자의 회전축에 묶어 회전시키면 피가 머리 쪽으로 몰린다고 생각했다(조증의 경우는 머리에 혈액이 너무 많이 돌아서 생기는 것이라고 생각했다). 이 방법 역시 환자의 체력을 떨어뜨리고 현기증을 일으켜 환자의 머리에서 미친 생각이 일시적으로 사라지게 만드는 방법이었다. 근대적인 정신병원이라면 모두 이 장치를 갖춰야 한다고 주장한 버로스는 희망이 거의 없는 경우에도 이 장치를 사용하면 환자에게서 공포를 일으킬 수 있다며 다음과 같이 말했다.

> 치료를 전혀 기대할 수 없었던 몇몇 경우에서 환자의 태도와 행동이 놀라울 정도로 개선되는 효과가 관찰됐다. 감금을 해야 할

> 정도로 폭력성이 강했던 환자 한 명은 이 방법을 통해 고분고분해지고, 심지어는 친절하고 점잖아졌다. 또한 병적인 생각이 중지되고 편집광적인 망상이 중단되기도 했다.[41]

러시는 특히 자신이 직접 발명한 "진정 의자Tranquilizer Chair"에 대한 자부심이 강했다. 그는 이 의자가 "광기 치료에 도움을 줄 수 있다"라고 자랑스럽게 말하곤 했다. 환자는 일단 이 의자에 앉으면 전혀 움직일 수 없었다. 두 팔과 손목이 묶이고 두 발에 족쇄가 채워졌으며, 눈은 머리를 덮는 나무 상자로 가려졌다. 의자 밑에는 배설물을 받아내는 양동이가 붙어있었다. 환자가 오랜 시간 동안 의자에 앉아있어야 하는 때가 많았기 때문이다. 러시는 다음과 같이 썼다.

> 이 의자는 몸의 모든 부분을 묶고 구속한다. 상체를 곧게 세우게 만듦으로써 이 의자는 뇌로 피가 몰리는 것을 줄인다. 또한 근육 활동을 막음으로써 맥박을 줄이며, 머리와 발의 위치는 찬물이나 얼음을 머리에, 따뜻한 물을 두 발에 쉽게 뿌릴 수 있게 돼 있다. 이 의자의 효과는 너무나 놀랍다. 이 의자는 말과 성질을 진정시키고, 혈관도 진정시킨다. 24시간, 12시간, 6시간 또는 4시간 만에 가장 다루기 힘든 환자들도 진정이 된다. 나는 이 의자의 이름을 "진정 의자"라고 붙였다.[42]

이 진정 의자는 미국에서 유럽으로 전파된 최초의 광기 치료 도구였다. 유럽의 정신병원 의사들은 앞 다퉈 이 의자를 수입했고, 이 의자가 "가장 고질적이고 분노가 심한 환자들도 얌전하고 복종적으로 만든다."라는 것을 알게 됐다. 또한 환자들은 이 의자에서 극심한 고통을 느끼기 때문에 "새롭고 불쾌한 상황이 환자의 관심을 외부적인 어떤 것으로 돌린다."라는 것도 알게 됐다.[43] 한 의사는 환자를 6개월 동안이나 의자에 앉히기도 했다.

러시는 당시 미국 의학의 정상에 서 있던 사람이었다. 그는 미국에서 생긴 지 얼마 안 된 광기 분야에서 독보적인 위치를 차지하고 있었고, 다른 의사들은 모두 러시의 방법을 모방했다. 미국 의사들도 정신병 환자에게 출혈, 설사, 구토를 일으키는 방법을 사용했다. 러시의 가르침에 따라 이들은 수치료water therapies도 사용했다. 델라웨어 주의 한 의사는 1802년 한 의학 저널에 자신이 사용한 물 요법에 대해 이렇게 썼다. "환자는 두 손을 가슴에 묶고 쇠사슬을 채워 바닥에 고정돼 있었다. 윗도리를 제외하곤 옷이 모두 찢겨 나갔으며, 발과 팔목은 상당 부분 긁힌 상태에서 얼굴을 찡그리면서 횡설수설했다. 환자의 어느 정도 괴로워하는지 잘 알 수 있었다. 환자가 발광을 멈추고 맥박이 정상으로 돌아왔을 때 나는 이 환자에게 찬물을 들이붓는 방법을 사용해야겠다고 생각했다."[44]

적어도 초기의 미국 의사 중 일부는 환자를 물에 담그는 방법을 사용했다. 매사추세츠 주와 로드아일랜드 주 접경 부근 작은 마을에서 사설 정신병원을 운영하던 윌러드라는 의사는 유럽 의사들의 이 방법을 "환자의 의지를 무너뜨리고 의사가 환자의 주인이라는 것을 인식시키기 위해" 사용했다. 윌러드의 이 방법에 대해 19세기의 저명한 정신과 의사인 아이작 레이Isaac Ray는 다음과 같이 자세히 묘사했다.

> 이 방법은 환자를 익사 직전에 물에서 건져내 정신병을 떨쳐버리고 새로 시작하게 만든다는 생각에 기초한 것이었다. 윌러드는 구멍이 뚫린 관 모양의 상자에 환자를 들어가게 한 다음 그 상자를 자신의 병원 마당에 설치된 물탱크 안으로 집어넣었다. 상자는 전체가 잠길 정도로 깊이 잠겼다. 환자는 물속에서 계속 잠겨있다 밖으로 공기 방울이 나오지 않을 때쯤 건져져 소생됐다.[45]

이 물탱크 안에 들어갔던 환자들이 남긴 기록은 남아있지 않기 때문에 그 안에서 견디는 것이 어떤 것인지 정확히 알 수는 없다. 하지만 1880년대에 기록된 버몬트 주 브래틀버러라는 곳의 다음과 같은 내용의 문서를 보면 이렇게 물에 잠겼던 리처드 휘트니라는 당시에 유명했던 정신병자의 반응을 어느 정도 알 수 있다. 휘트니는 1815년 어느 날 머리부터 거꾸로 물에 잠겼으며 폐에 공기가 하나도 남지 않을 때까지 물속에서 머물렀다.

지역 의사 협의회가 휘트니 씨의 회복을 위해 의식을 일시적으로 정지시키기로 결정했다. 3~4분 동안 물속에 완전히 잠기도록 만든 후 의식을 잃으면 건져내 소생시키는 방법을 사용하기로 했던 것이다. 의사들은 휘트니 씨가 이런 극도의 고통을 견디면서 마음을 바꿔 불행한 생각의 고리를 끊어내고 자신의 병의 원인을 제거하기를 바랐다. 하지만 물속에 잠겼다 나온 그를 소생시켜도 아무 효과가 없었다. 의식이 돌아오자마자 그는 "물에 잠기게 한다고 해서 사랑이 사라지는 건 아니오!"라고 외쳤기 때문이다.[46]

이 요법을 실행한 버몬트 주의 의사들은 좌절했고, 아편 투약 치료를 시작했다. "사랑에 미쳤던" 휘트니는 이 아편 때문에 결국 사망에 이르고 말았다.

제 2 장

친절한 치료의 손길

미친 사람을 관리하는 비결이 있다면 이것이다. 그들을 존중하면, 그들은 자신을 존중하게 될 것이다. 그들을 이성적인 존재로 대하면 그들은 자신이 이성적인 존재라는 것을 보여주기 위해 모든 고통을 다 참아낼 것이다. 그들에게 믿음을 주면, 그들은 그 믿음을 받아들이고 남용하지 않지 않을 것이다.

- 새뮤얼 우드워드Samuel Woodword[1]

1812년 벤저민 러시는 광기에 대한 자신의 생각을 정리해 《마음의 병에 관한 의학적 연구와 관찰Medical Inquiries and Observation Upon the Diseases of the Mind》이라는 책을 썼다. 이 책은 미국 최초의 정신의학 교과서였으며, 러시 자신도 이 책이 향후 몇 십 년 동안 미국 의사들에게 지침이 될 것이라고 확신하고 있었다. 러시는 유럽 의사들로부터 배운 내용을 자신만의 방식으로 수정해 요약했고, 다양한 의학적 방법으로 광기를 치료하는 이유에 대해 설명했다. 하지만 얼마 지나지 않아 러시의 "자이레이터"는 펜실베이니아 병원에서 축출됐고, 학대 도구로 인식되기 시작했다. 또한 러시가 자랑하던 "진정 의자"도 무지한 시대의 끔찍한 유산이라는 취급을 받기 시작했다.

그 이유는 도덕치료moral treatment의 등장이었다.

러시는 책과 실제 진료 모두에서 유럽 의학의 두 가지 영향을 합성한 사람이었다. 러시는 사혈, 물집 내기, 심리적 공포 유발을 의학의 영역으로 생각하면서도, 프랑스와 영국 퀘이커교도들 사이에서 시작된 도덕치료라는 개혁적인 치료를 반영해 정신질환자들을 친절하게 대해야 한다고 주장한 사람이었다. 하지만 이 두 가지 측면은 양립하기 힘들었다. 도덕치료는 혹독한 의학 치료에 대한 반발로 생겨난 것이기 때문이었다. 1813년 러시가 사망하자 정신병 환자 치료는 갈림길에 서게 됐고, 도덕치료는 그 후로 19세기 내내 이상적인 치료법으로 지배적인 위치를 유지하게 된다.

유럽의 정신치료 개혁

도덕치료의 씨앗이 뿌려진 것은 프랑스 혁명이 한창이던 1793년 정신과 의사 필리프 피넬이 혁명정부에 의해 파리 비세트르 정신병원, 살피트리에르 정신병원의 원장으로 임명되면서부터다. 루이 16세가 지배하던 혁명 이전 시기에 정신병자들은 방치되고 가혹한 취급을 받았었다. 정신병자들은 쇠사슬과 족쇄를 채워 가둬졌고, 참혹한 감방에서 극도의 추위와 더위를 견뎌야 했다. 남성 전용 정신병인 비세트르 병원에서 환자들은 빵 500그램으로 하루를 버티면서 "정신착란이 올 정도의" 허기를 견뎌야 했다.[2] 이 정신병원 입소자의 반 이상이 1년 안에 굶어 죽거나 얼어 죽거나 다른 병으로 사망했다. 하지만 프랑스 혁명의 기치는 자유, 평등, 박애였고, 피넬이 비세트르 병원에 부임했을 당시 비의료인으로 병원 관리를 맡고 있던 장 밥티스트 퓌상은 환자들에 대한 대우를 막 개선하고 있던 참이었다. 퓌상을 존경했던 피넬은 가혹하게 대하지 않는다면 정신병자들이 꽤 통제를 잘 따른다는 것을 알게 됐다. 옷 찢기, 배설물 바르기, 소리 지르기 등 정신병자들의 거친 행동은 대부분 비인간적인 대우에 대한 반응이라는 것을 알게 된 것이다. 피넬은 다음과 같이 썼다.

> 정신병자들이 많이 모여 있었고, 그들은 모두 통제에 잘 따르고 있었다. 정신병의 종류는 다양했다. 하지만 그들의 서로 다른 움직임은 관리자(퓌상)가 아주 능숙하게 조절하고 있었으며, 터무니없는 생각과 무질서가 질서와 조화로 바뀌고 있었다. 그때 나는 부드러운 치료 방법과 마음의 상태에 집중하는 것만으로도 정신병은 상당 부분 치료할 수 있으며, 어쩔 수 없이 강요해야 할 때도 신체적인 처벌을 하지 않고도 효과를 거둘 수 있다는 것을 알게 됐다.[3]

퓌상의 이런 태도에 감동한 피넬은 정신병자 치료에 대해 다시 생각하게 됐다. 피넬은 환자가 과거에 받은 치료와 그 치료에 어떤 반응을 보였는지 자세히 조사했다. 피넬은 의학 교과서에 있는 치료법들을 믿지 않았으며, 그 치료법들이 환자에게 거의 도움이 되지 않는다고 생각했다. 그는 이 치료법들이 "유명한 의사들의 편견, 가설, 현학적인 태도, 무지, 권위에서 비롯된 거의 쓸모없고 대부분 해를 끼치는" 방법이라고 결론지었다. 또한 그는 정신병자의 피를 충분히 뽑아내야 한다는 사혈 요법에 대해서는 "의사가 미친 것인지 환자가 미친 것인지 알 수 없게 만드는 치료법"이라고 평가했다. "약물 치료"에 대해서는 최후의 수단일 경우를 제외하면 "절대 의존해서는 안 되는 방법"이라고 말했다.

피넬은 신체를 치료하는 요법 대신에 자신이 "도덕치료"라고 명명한 "마음의 관리"에 집중하기로 했다. 그는 환자와 대화를 나누면서 그들의 불만에 귀를 기울였다. 그렇게 환자를 알게 될수록 그들의 장점도 더 많이 알게 됐다. 피넬은 이렇게 말했다. "정신병자들이 조용히 이성을 유지하는 순간의 정신병원만큼 자상한 남편, 자애로운 부모, 열정적인 연인, 순수하고 고상한 애국자가 많은 곳은 없었다. 분별력이 있는 사람이라면 이곳에서 부드러움을 포함한 여러 가지 장점을 볼 수 있을 것이다."

이런 접근방법의 성공(환자들은 질서 있게 행동했고 일부는 퇴원이 가능할 정도로 조리 있게 대화를 하게 됐다)은 광기의 원인에 관한 당시의 지배적인 과학 이론이 잘못됐다는 확신을 피넬에게 심어줬다. 피넬은 1801년에 발표한 논문 <정신병자 격리에 관한 의학적·철학적 고찰>에서 보살펴주는 환경이 치료에 도움이 된다면 광기의 원인은 "뇌의 손상"에 의한 것이 아니라고 주장하기도 했다. 피넬은 환자가 망상에 빠지거나 우울감에 압도당하는 이유는 대부분 살면서 받은 실연, 사업 실패, 가난으로 인한 충격 때문이라고 생각했다.

이 논문에서 피넬은 정신병 치료 병원 건립 계획을 제시했다. 광기의 종류를 구분할 수 있도록 의사들을 훈련해 이 병원에 배치하고(피넬은 정신 이상을 5가지 종류로 구분했다), 환자들도 각자의 광기의 종류에 따라 적절한 치료를 받게 한다는 계획이었다. 또한 이 병원은 환자들이 아무것도 하지 않고 시간을 보내는 대신에 일이나 게임 등의 다양한 활동을 할 수도 있도록 할 계획이었다. 보호사들은 환자들에게 "부드러운 태도"로 대하고 그들을 절대 구타할 수 없는 병원이었다. 병원 원장은 정신병자에 대한 인도주의적 박애 정신이 투철한 비의료인을 앉힐 예정이었다. 피넬은 이런 병원에서라면 상처 입은 마음을 치료하는 "자연의 치료 능력을 최대한 보조할 수 있을 것"이라고 주장했다.

피넬의 이런 개혁적인 생각은 극적이긴 했지만, 여전히 의사가 할 수 있는 생각에 머물러 있었다. 피넬은 의사와 사회가 광인들을 다루는 방식을 변화시키는 데 집중했지만, 의사가 광인들을 다뤄야 한다는 것 자체에는 전혀 의문을 제기하지 않았기 때문이다. 같은 시기 영국 요크의 퀘이커교도들은 자신들만의 도덕치료를 발전시키고 있었고, 그들의 개혁은 기존 의학계에 대한 상당한 도전이 되고 있었다. 또한 피넬이 도덕치료의 아버지로 기억되기는 하지만, 사실 도덕치료는 퀘이커교도들의 종교적인 믿음에 뿌리를 둔 것으로, 미국에서 가장 활발하게 시도된 것이었다.

18세기 영국의 퀘이커교도들은 사회에서 소외된 집단이었다. 퀘이커 운동은 1650년대에 권위주의적이고 계급 중심이었던 개신교에 반기를 든 사람들이 일으킨 것으로, 퀘이커교도들은 사회적으로 급진적인 집단이었다. 이들은 십일조를 거부했으며, 무기를 들거나 왕에게 충성을 맹세하는 것도 거부했다. 이들은 "친우회 Society of Friends" 회원으로서 소박하고 평범한 삶을 추구했으며, 평화주의를 중심 기조로 선택했으며, 모든 사람은 신 앞에서 평등하고, 모든 영혼은 "내면의 빛"의 인도를 받는다고 생각했다. 퀘이커교도들은 이런 믿음 때문에 박해를 받으면서도(실제로 이들은 영국의 2개 대학으로부터 학위 수여 거부 조치를 당하기도 했다) 상인이나 농부의 길을 걸으면서 성공했고, 이런 성공 덕분에 이들은 자신들의 믿음에 대한 확신을 얻어 지배 엘리트와 거리를 두겠다는 생각을 굳히게 됐다. 또한 이들은 의사를 의심했으며 전혀 신뢰하지 않았다. 의사에 대한 이런 불신은 1791년 한나 밀스라는 퀘이커교도 여성이 요크 정신병원에서 학대와 방치를 당하다 사망한 사건이 발생한 후 증폭됐다.

요크의 퀘이커교도들은 이 여성의 죽음에 대해 크게 목소리를 높이지는 않았다. 그렇게 하는 것은 그들의 방식이 아니었다. 대신 이들은 윌리엄 튜크William Tuke의 지도로 조용하게 자신들만의 정신병자 "정신요양원retreat"을 짓기로 결정했다. 의학이 아니라 자신들의 종교적인 가치에 따라 운영되는 요양소였다. 퀘이커교도들은 환자를 "형제"로 존중하면서 친절하게 대했다. 퀘이커교도들은 정신요양원을 운영하는 사람들의 필요에 따라서가 아니라 환자의 필요에 따라서 정신요양원을 운영했다.

퀘이커교도들이 정신요양원을 처음 연 것은 1796년이다. 환자들이 신선한 공기를 마시면서 산책을 할 수 있는 정원이 딸린 작고 소박한 곳이었다. 퀘이커교도들은 하루에 4번 환자들에게 식사를 제공했고, 주기적으로 과자 등의 간식을 제공하기도 했다. "와인이나 맥주"를 제공하는 경우도 있었다.[4] 차를 마시는 파티가 열리기도 했으며, 환자들은 이런 파티에 정장을 입고 참석하기도 했다. 낮에는 바느질, 정원 가꾸기 등 보통 집에서 하는 다양한 활동을 했으며, 책을 읽거나 글을 쓰고, 체스 같은 게임을 즐기기도 했다. 특히 시 읽기와 쓰기는 치료 효과가 높았다.

퀘이커교도들은 아이스킬로스(고대 그리스의 대표적인 비극 작가)의 작품에서 "의학적인" 철학을 가져왔다. "기분이 언짢을 때는 부드러운 말이 약이 된다."라는 구절이다. 윌리엄 튜크의 손자인 새뮤얼 튜크는 1813년 영국 매드 닥터들의 치료 방법이 "사람들이

치를 떠는" 방법이라고 쓰기도 했다. 요크의 요양원에서 주로 사용한 방법 중 하나는 20분에서 1시간 정도의 따뜻한 물 목욕이었다. 새뮤얼 튜크는 이렇게 말했다. "당하는 사람도 그 이유를 모르는, 밧줄로 묶기, 모욕, 구타 등으로 정신병 환자들을 정상인으로 돌려놓을 수 있을까? 병을 더 악화시키고 분노를 더 키우지 않을까? 미쳐 날뛰는 정신병자가 왜 요크 요양원에는 한 명도 없을까? 왜 우리 요양원에서는 옷을 벗은 환자가 없고 다들 질서를 지킬까?"

이런 부드러운 환경에서는 감금이 거의 필요 없었다. 격리가 이뤄진다고 해도 한 번에 환자 2명이 동시에 격리되는 상황조차 거의 발생하지 않았다. 격리는 어둡고 조용한 방에 난동을 부리는 환자를 수용하는 수준이었다. 이 정신요양원 개원 후 15년 동안 단 한 명의 보호사도 환자 때문에 심하게 다친 사례도 없었다. 이는 이 정신요양원 환자들의 증세가 가벼웠기 때문이 아니었다. 실제로 환자 대부분은 1년 이상 "미친" 상태였고, 영국 내 다른 정신병원에 감금된 경험이 있으며, 치료 불가능 판정을 받은 사람들이었다.

퀘이커교도들은 겸손한 사람들이었다. 따라서 이들은 정신요양원에서 치료를 한다고 해서 반드시 환자가 회복될 것이라고 장담하지 않았다. 실제로 완전히 회복되지 않는 환자들도 많았다. 하지만 그 환자들도 생활면에서 더 점잖아지고, 심지어는 정신요양원 환경에서 행복감을 느끼기도 했다. 퀘이커교도들은 "자연이 환자들을 회복시키는 것을 돕는 것 외에는 거의 하는 일이 없다"라고 공공연히 말하기도 했다. 이들은 환자들이 미친 생각을 그만하도록 설득하지도 않았다. 그보다는 환자들의 관심을 다른 쪽으로 돌리려고 노력했다. 환자들이 잘 아는 주제에 관해 대화하는 방법을 사용했다. 본질적으로 퀘이커교도들은 환자들이 자신을 야수가 아니라 자기 통제가 가능한 소중한 존재로 보도록 유도하는 것을 추구했다. 튜크는 "우리 정신요양원에서 환자를 이성적인 존재로, 있는 그대로 대하는 방법은 장점이 매우 많다"라고 말했다.

이들의 단순하고 상식적인 방법은 좋은 성과를 냈다. 요크 정신요양원 개원 후 15년 동안 병력이 12개월 이하인 환자의 70%가 회복됐으며, 튜크는 이들 중 한 명도 재발하지 않았다고 밝혔다. 요양원에 오기 전에 오랫동안 병을 앓아 치료 불가능 판정을 받는 사람들도 25%가 이 치료법으로 회복됐으며, 튜크가 《정신요양원 이야기》를 출판한 1813년까지 아무도 재발하지 않았다.

미국의 도덕치료

피넬과 요크 지역 퀘이커교도들은 유럽 사회(그리고 미국 사회)에 광인에 대한 새로운 접근방법을 제시했다. 사람들이 광인을 동물이 아닌, 정신적으로 힘든 가족 구성원, 즉 "형제"로 받아들이게 된 것이다. 광인은 자기 통제력과 이성을 회복할 수 있는 내적 능력을 가진 사람으로 생각됐다. 회복은 의학이라는 외부의 도움이 아니라 궁극적으로 광인 내부의 변화를 통해 일어난다는 생각을 사람들이 갖게 된 것이다.

1800년대 초반 미국 사회는 이런 근본적인 생각의 변화를 적극적으로 수용할 준비가 돼 있었다. 이런 생각은 당시 미국인들에게는 상당히 신선하게 받아들여졌으며, 시대의 낙관주의적인 기조와도 잘 맞았다. 1700년대의 계급 차별적 사고는 민주주의 국가 미국에서 보통 사람도 지위가 올라갈 수 있다는 생각으로 대체됐다. 역사학자 제럴드 그롭Gerald Grob에 따르면, 당시 미국의 목사들은 영원한 지옥을 언급하며 사람들을 협박하는 것을 중지하고 좋은 현실 세상에서 신의 은총을 어떻게 누릴 수 있는지에 대해 역설했다. 노력만 하면 계급이 바뀔 수 있는 세상이었다. 또한 좋은 사회는, 앤드류 잭슨Andrew Jackson에 따르면, "제도를 완벽하게 만들어 사람들을 높은 위치로 올리는" 사회라는 인식이 널리 퍼진 상태였다.[5] 이런 상황에서 신의 은총으로 "이성을 잃은 괴로운 영혼들을 높은 위치로 회복시키는 것"보다 더 극적인 전환이 있을 수 있었을까?

필라델피아 퀘이커교도들이 미국 최초의 도덕치료 정신병원을 연 것은 1817년이다. 그 직후 비슷한 병원이 속속 생겨났다. 1818년 설립된 회중교회Congregational Church 신도들을 주축으로 한 보스턴 지도층 사람들도 이후 맥클린 병원으로 알려지는 도덕치료 정신병원을 세웠다. 뉴욕시에서는 퀘이커교도 토머스 에디의 주도로 블루밍데일 정신병원이 1821년 현재 컬럼비아 대학 자리에 문을 열었다. 3년 후에는 코네티컷 주의 하트포드 정신요양원이 환자를 받기 시작했다. 이 정신병원들은 부유층 가족들이 내는 돈으로 주로 운영됐지만, 얼마 지나지 않아 미국의 주들은 가난한 정신병자들을 위한 공립 도덕치료 정신병원을 짓기 시작했다. 이런 공립 정신병원 중 최초는 1833년 매사추세츠 주 우스터에서 문을 연 정신병원이었다. 1841년이 되자 미국 내 도덕치료를 실시하겠다고 공언한 정신병원의 수는 사립과 공립을 합쳐 16개에 이르게 됐다.

도덕치료 정신병원 건립 계획은 매우 구체적이었다. 병원 시설은 소규모여야 하며 최대 수용 환자 수도 250명 이하여야 했다. 시골 지역에 위치해야 하며, 화단과 정원이 있어 정신병자들이 신선한 공기를 마시고 식물을 돌보면서 위안을 찾을 수 있어야 했다. 건물 자체도 건축학적으로 아름다우면서 웅장해야 했다. 정신병자들은 미적인 요소에 특히 민감하다고 알려져 있었기 때문이었다. 제일 중요한 것은 정신병원 원장으로 "합리적이고 인간적이며, 안정적이고 품위가 있으며, 부드럽고 온화하며, 온정적인" 사람이 임명되어야 한다는 점이었다.[6] 원장은 환자를 잘 알아야 하고, 환자와 같이 먹으면서 아버지처럼 그들을 이성의 길로 인도할 수 있는 사람이어야 했다.

환자들은 매일 다양한 활동으로 분주하게 움직여야 했다. 그렇게 만듦으로써 환자들의 집착과 편집증을 떨쳐내는 데 도움을 주어야 했다. 환자들은 정원 가꾸기, 독서, 게임, 교육에 참여하면서 시간을 보내야 했다. 가끔 공연단도 초대돼야 했고, 저녁 만찬이 끝나면 환자들은 연설을 들을 수 있어야 했다. 이런 환경에서는 환자에 대한 구속은 최후의 수단이어야 했고, 병동 시스템은 잘한 행동에 대해서는 보상을 하면서 질서를 유지하는 방향으로 짜여야 했다. 질서를 어지럽히는 환자는 병원 내 사회활동 장소에서 가장 멀리 떨어진 1층 방에 자리를 배정받고, 행동을 잘하는 환자는 맨 위층에 있는 방 중에서 자신이 선호하는 방에 배정받도록 했다. 맨 위층 환자들에게는 행동의 자유를 더 많이 허용했다. 이런 환자들은 병원 근처를 산책할 수도 있었고, 술을 마시지 않고 정해진 시간에 복귀한다는 약속을 하면 시내에 나갈 수도 있었다.

이런 방식으로 정신병자들을 대함에 따라 환자들은 자신의 행동과 사고를 통제할 수 있는 능력을 다시 찾고, 이렇게 자신의 의지에 따라 행동함으로써 퇴원 후에도 회복 상태를 유지할 수 있다고 기대됐다. 하트포드 정신요양원 원장 일라이 토드에 따르면, 기본적인 치료 원칙은 "어떤 경우에도 최선을 다해 정신병자들을 이성적인 존재로 대한다."였다.[7]

초기의 정신요양원들은 이런 계획에 상당히 충실했다. 찰스 디킨스(영국의 소설가) 같은 방문자들은 감동을 받기도 했다. 맥클린 병원 환자들은 병원 근처 강에서 뱃놀이를 하거나 마차를 몰고 다니기도 했다. 환자들은 야구단을 만들기도 했으며, 환자 신문을 발행하거나, 야간 강의를 듣기도 했다. 이 환자들은 식사할 때 나이프와 포크 사용이 허가됐으며, 그로 인해 문제도 거의 일으키지 않았다. 이들은 환자 자치 회의를 열어 원칙을 정하기도 했는데, 이들이 정한 원칙은 다른 환자들의 행동 수칙이 될 정도였다. 이 정신병원들은 주기적으로 무도회를 열기도 했다. 이 무도회에 참석한 방문자들은 환자들이 좀 이상하게 춤을 춘다는 것을 눈치 챘을지는 모르지만, 누가 환자인지 누가 방문자인지 구별하기가 힘들었다. <하퍼Harper> 잡지의 한 기자는 이때의 경험에 대해 다음과 같이 썼다. "뉴욕의 블랙웰 아일랜드에 있는 정신병원은 전체적으로 청결하고, 질서가 있으며, 편안한 곳이었다."[8]

도덕치료는 상당히 긍정적인 효과를 거뒀다. 하트포드 정신요양원은 개원 후 3년 동안 입원한 환자 23명 중 21명이 도덕치료를 통해 회복됐다고 밝히기도 했다. 맥클린 병원에서는 1818년부터 1830년 사이에 입원한 환자 732명의 52%가 '회복되거나', '크게 개선되거나', '개선돼' 퇴원했다. 뉴욕의 블루밍데일 정신병원에서도 1821년에서 1844년까지 환자 1841명 중 60%가 '치료되거나' '개선돼' 퇴원했다. 필라델피아 친우회 정신병원은 입원환자의 약 50%가 완치돼 퇴원했다고 정기적으로 밝히기도 했다. 주립 정신병원들도 초기에는 좋은 성과를 냈다. 우스터 주립 정신병원에서는 개원 후 7년 동안 입원한 병력 1년 이하의 환자들의 80% 이상이 '회복됐다'. 회복됐다는 말은 가족에게 돌아가 정상적인 생활을 할 수 있는 정도가 됐다는 뜻이었다.[9]

이 모든 상황은 정신 이상이 대부분 치료될 수 있다는 상당히 낙관론적인 믿음을 불러일으켰다. 우스터 주립병원 원장 새뮤얼 우드워드는 1843년에 이렇게 썼다. "정신 이상이 열병, 폐렴, 류머티즘 같은 심각한 질병보다 치료가 더 쉽다고 생각하는 것은 무리가 아니다."[10]

도덕치료에 대한 의학계의 대응

미국의 활발했던 도덕치료는 한 가지 점에서 초기부터 퀘이커교도의 뿌리에서 크게 벗어나기 시작했다. 아주 초기에 정신병원들은 매드 닥터들과 그들의 치료법에 대한 불신을 요크의 퀘이커교도들과 공유하는 사람들에 의해 운영됐다. 친우회 정신병원, 블루밍데일 정신병원, 보스턴 정신병원의 원장은 모두 비의료인이거나 광기 치료에 신체적(또는 '육체적') 요법이 별로 효과가 없다고 생각하는 의사였다.[11] 러시의 치료법은 쓸모없거나 광기를 악화시킨다고 생각됐다. 한 정신병원 원장은 "우리는 병원 이사회에 의사가 포함되는 것을 반대할 정도로 의학 치료 방법 사용에 회의적이었다. 의사들이 뭔가 혁신을 일으킬지 모른다는 두려움도 있었다."라고 털어놓기도 했다.[12] 맥클린 병원의 원장 루푸스 와이먼은 의사 출신임에도 불구하고 전통적인 의학 치료법이 "환자에게 해를 끼치고 목숨을 빼앗을 수 있다"라는 이유로 반대하기도 했다.[13]

1810년대에 등장한 도덕치료는 의사들에게 상당한 위협이었다. 정신병원 건설의 시대가 막 오고 있었고 광기에 대한 사회의 반응도 달라지면서 의사들은 입지를 잃고 있었던 것이다. 필라델피아 퀘이커교도들이 이미 정신병원을 지은 상태였고, 보스턴과 뉴욕 등의 인권 단체들도 정신병원 건립을 준비하고 있었다. 의사들은 도덕치료를 하는 이런 정신병원들이 세워지면 할 수 있는 일이 거의 없었다. 이런 위기를 인식한 코네티컷 주 의사협회는 지역의 종교 집단들과 사회 엘리트들의 선수를 치기 위해 활동하기 시작했다. 이 의사협회는 지역 정신병원 건립을 위한 재정을 확보하기 위해 주정부와 인권 단체들을 대상으로 조직적인 로비를 벌였고, 그 결과로 협회는 정신병원 원장을 협회가 임명할 수 있는 권한을 확보했다. 정신병원 원장은 반드시 의사가 해야 한다는 규정을 만들도록 한 것이다.

1824년 하트포드 정신요양원이 문을 열었을 당시 원장인 의사 일라이 토드는 이 병원이 이름이 요크 정신요양원의 이름을 딴 것이긴 하지만, 치료 방법은 요크 정신요양원과는 달라야 한다고 생각했다. 토드는 신체적 치료와 도덕치료를 병행해 정신병자들에게 더 나은 치료를 제공하기로 했다. 토드는 요크의 퀘이커교도들이 "광기 치료에서 의학의 효과를 너무 무시했으며, 요크 정신요양원은 의학 치료를 자유롭게 실시하는 다른 정신병원들만큼 성공적이지 않다"라고 말했다. 또한 토드는 미국 최초의 도덕치료 정신병원이 요크 정신요양원을 모델로 한다면 "의학 치료와 도덕치료를 이상적으로 결합하는 방법을 사용하는 정신병원에 뒤처질 것"이라고 말했다.[14]

미국의 도덕치료는 결정적인 전환점을 맞게 됐다. 도덕치료 개혁은 부분적으로 의학 치료에 대한 반발로 이뤄진 것이지만, 이제 의학이 다시 반격을 시작하고 있었다. 의사들은 자신들이 이 새로운 정신병원들을 운영하는 데 가장 적격인 사람들이라고 주장했다. 매사추세츠 주, 뉴욕 주 등은 주립 정신병원 건립에 예산을 지원하면서 의사들의 이런 주장을 받아들여 의사를 주립 정신병원 원장에 임명했다. 정신병원 치료가 의사들의 전문 영역으로 다시 바뀌기 시작했고, 1844년이 되자 13개 정신병원 원장들이 모여 자신들의 권익 보호를 위한 미국정신의학협회AMSII를 설립했다. 미국정신의학협회가 첫 번째로 한 일은 모든 정신병원의 최고경영자 겸 원장은 의사가 되어야 한다는 결의안을 통과시킨 것이었다.

토드의 공약대로 정신병원 의사들은 도덕치료에 의학 치료 요소를 심기 시작했다. 의사들은 환자를 진정시키기 위해 약한 설사약을 사용하거나 사혈을 시행하기도 했으며, 그 밖에도 다양한 약물을 사용했다. 의사들이 이런 화학적 "구속 방법"을 사용함에 따라 환자들은 신체적 구속에 더 민감하게 변했다. 신체적 구속은 정신병원 환자 수가 늘어남에 따라 사용 빈도가 더 높아졌다. 두 손을 묶는 장갑과 구속복의 사용이 크게 늘어났다. 뉴욕의 유티카 정신병원에서는 밤에 난동을 부리는 환자를 뚜껑이 달린 여물통에 가두기도 했다. 이 좁은 여물통에 들어가면 환자는 극도의 폐소공포증을 느껴 빠져나오려고 몸부림을 치다 결국 지쳐 포기하곤 했다. 1844년 미국정신의학협회는 신체적 구속 장치의 사용을 공식적으로 승인했다. 신체적 구속 장치의 사용을 포기하는 것은 "정신병자들의 진정한 이익을 위한 일이 아니다"라는 논리였다.[15]

정신병원을 장악하게 되면서 의사들은 도덕치료가 효과를 거둔 이유에 대한 새로운 설명을 제시하기 시작했다. 이 설명은 정신병을 다시 신체적 질병의 영역으로 복귀시키려는 시도였다. 의사들은 정신병이 신체의 이상에 의한 것이 아니라는 피넬의 이론은 옳지 않다고 주장했다. 정신병이 신체적인 질병이 아니라면 의사들이 정신병 치료에서 할 수 있는 일은 딱히 없기 때문이었다. 환자들에게 다양한 활동을 시키고, 친절하게 대해주고, 따뜻한 물로 목욕을 시키는 것은 의사가 아니라도 할 수 있는 일이었다. 의사마다 주장하는 이론이 조금씩 다르긴 했지만, 정신병의 원인이 신경 문제라는 데에는 합의가 이뤄지고 있었다. 손상된 신경이 뇌에 잘못된 자극을 전달해(또는 뇌의 한 영역에서 다른 영역으로 잘못된 자극을 전달해) 정신병자 특유의 환각과 이상 행동을 일으킨다는 이론이었다. 의사들은 도덕치료가 효과가 있었던 이유는 도덕치료가 손상된 신경을 회복시키거나 진정시키는 의학적 치료법이었기 때문이며, 전원 분위기의 환경, 오락 활동, 따뜻한 물 목욕은 모두 신경계를 회복시키는 의학적 방법이라고 주장했다.

광기에 대한 이런 생각은 러시의 생각과는 전혀 맞지 않는 것이었다. 러시는 광기가 너무 많은 혈액이 머리로 몰리는 혈액순환 장애에 의한 것이라고 주장했기 때문이다. 하지만 정신병원 의사들은 과거의 의학 교과서에 나온 이 이론에 오류가 있다는 것을 인정하기 싫어했다. 블루밍데일 정신병원 원장 플리니 얼Pliny Earle에 따르면, "예리하고 현명하며, 풍부한 학식을 가진 의학 철학자인" 러시의 이론에 오류가 있다고 생각하기는 힘들었다.[16] 이런 의사들은 도덕치료가 효과가 있었던 이유에 대해 도덕치료가 광기의 신체적 원인을 변화시켰기 때문이라고 설명했다.

얼과 같은 의사들은 러시가 살던 시대에는 사람들이 활기찬 자연과 가깝게 살았기 때문에 힘과 에너지가 필요 이상으로 넘쳐 정신병에 걸린 것이라고 주장했다. 얼은 이런 정신병을 치료하기 위해서는 "극단적인 방법이 필요했다"라고 주장했다. 얼에 따르면, 19세기에는 사람들이 자연과 가깝게 살지 않고, 문명의 요구 때문에 사람들의 신경이 고갈된다고 말했다. 성공하기 위해, 돈을 벌기 위해, 민주 사회와 자본주의가 제공하는 기회를 이용하기 위해 분투하는 과정에서 정신병이 생긴다는 이론이었다. 정신병원 치료에 관해 연구한 의사 에드워드 자비스Edward Jarvis는 "정신 이상은 문명을 누리는 대가의 일부"라고 말하기도 했다.[17]

이런 설명은 나름대로 그럴듯해 보였다. 18세기는 과학과 의학이 사혈, 물집 내기, 심리적 공포 유발, 회전 장치, 굶기기 등의 가혹한 치료법을 만들어내던 시기였다. 정신병자는 야수와 비슷하기 때문에 이 야수들의 에너지와 힘을 고갈시킬 필요가 있다고 생각하던 시기였다. 하지만 19세기에는 정신병의 원인이 당시 사회에서 겪은 힘든 일이라고 생각했기 때문에 가혹한 치료 방법을 사용할 필요가 없었다. 정신병자들에게 필요한 것은 도덕치료의 손길이었다. 의학은 모든 수단을 다 동원해 원인이 바뀐 정신병에 대한 새로운 치료법을 생각해냈던 것이다.

도덕치료의 전성기

1840년대가 되자 도덕치료의 몰락을 이끈 세력이 나타나기 시작했고, 19세기 말이 되자 도덕치료는 순진한 생각으로 폄하되기 시작했다. 도덕치료가 정신요양원 의사들이 처음에 주장했던 것과는 다르게 긍정적인 성과를 전혀 내지 못한 치료법으로 생각되기 시작한 것이다. 하지만 도덕치료가 가장 잘 이뤄졌던 시기는 바로 도덕치료가 몰락하던 시기였다. 이 시기의 도덕치료는 미래 세대의 정신병 치료 가능성을 제시했기 때문이다. 1841년부터 1883년까지 40년이 넘는 기간 동안 도덕치료는 펜실베이니아 정신병원에서 중심적인 위치를 차지했다. 이 시기는 펜실베이니아 정신병원이 유명한 퀘이커교도 의사인 토머스 커크브라이드Thomas Kirkbride에 의해 운영되던 때였다.[18]

커크브라이드는 1809년 7월 31일 펜실베이니아의 대지주 집안에서 태어났다. 커크브라이드의 가족은 독실한 퀘이커교도였고, 어린 시절 그는 친우회가 운영하는 학교에 다녔다. 이런 성장 환경은 그의 성격을 형성하는 데 지대한 영향을 미쳤다. 커크브라이드는 겸손하고 소박하고 사려 깊은 사람이었고, 그의 이런 성품은 옷차림에서도 드러났다. 그는 모든 사람이 자신의 길을 개척할 수 있다고 굳게 믿은 사람이었다. 펜실베이니아 대학 졸업 후 그는 프랭크포드의 친우회 병원에서 레지던트 과정을 수료했고, 그곳에서 그는 퀘이커교도의 정신이 그대로 살아있는 도덕치료의 원칙을 흡수했다.

1841년에 개원한 펜실베이니아 병원은 필라델피아 서부 시골의 부유한 지역에 위치해 있었다. 이 병원에는 근사한 식당과 오락 공간, 볼링장도 있었다. 커크브라이드는 이 병원에 온실과 박물관을 설치했다. 온실에는 환자들의 재미를 위해 박제된 새들도 갖다 놓았다. 환자들은 화단을 가꾸고 정원을 손질하면서 전원생활을 즐겼다. 커크브라이드는 "정신병원에 있는 온갖 재미있는 것들, 나무와 꽃들은 환자들에게 새로운 생각을 심어줬다. 환자들은 그런 새로운 생각을 하면서 병든 마음에서 조금이나마 벗어나 이성을 찾을 수 있었을 것"이라고 회고했다.[19]

커크브라이드는 도덕치료의 모든 방법을 적극적으로 수용했다. 환자들은 오전 6시 정각에 일어나 체육관에서 운동을 시작했다. 환자들은 옷도 잘 차려 입었다. 남자들은 정장에 넥타이를 맸으며, 여자들은 좋은 드레스를 입었다. 오후 시간에는 책이 1100권이 되는 독서실에서 책을 읽으며 여유로운 시간을 보냈다. 독서 지도와 바느질 수업을 위해 교사들도 고용됐다. 저녁 시간에는 매직 랜턴 쇼(환등기를 이용한 쇼), 외부인 강의, 콘서트, 연극 등의 프로그램이 마련됐으며, 이런 프로그램은 수준이 상당히 높아 주변 지역 주민들에게 널리 알려지기도 했다. 밤이 되면 환자들은 어느 정도 사생활이 보장된, 거의 호텔 수준의 개인 방에서 휴식을 취했다. 방에는 서랍장과 거울이 갖춰져 있었으며, 그림도 걸려 있었다. 환자들에게 존중받는다는 느낌과 편안하다는 느낌을 주기 위해서였다.

커크브라이드는 병동 보호사들도 환자들에게 친절하게 대할 수 있는 기질을 가진 사람들만 채용했다. 이 보호사들은 환자들을 감시하는 사람이 아니라 환자의 "수발을 드는 사람"이자 동반자로 자신을 생각하도록 교육받았다. 커크브라이드는 성품을 보증할 수 있는 사람들만 직원으로 채용했다. "표정이 밝고, 말투가 부드럽고 교양이 있으며, 성격이 좋아 극한 상황에서도 인내심을 발휘할 수 있으며, 위험한 상황에서도 냉정함과 용기를 잃지 않는, 밝지만 경박하지 않은 사람"만 뽑았다.[20] 보호사들에게는 규율집을 나눠주고, 환자를 구타하는 경우 해고된다는 점을 분명히 했다.

1851년 이 병원을 방문했던 의사 조지 우드는 병원의 우아함과 고요함에 대해 다음과 같이 썼다.

> 정원 곳곳에, 중앙 병동 곳곳에, 별채 곳곳에 사람들이 걷고, 이야기하고, 책을 읽고 있었다. 모두 깨끗한 옷차림으로 지나가는 사람들에게 보통 사람들처럼 인사를 했다. 누가 정신병자고 누가 병원 직원인지 알 수가 없을 정도였다.[21]

하지만 이 병원의 가장 큰 차별 점은 원장인 커크브라이드의 치료자로서의 능력이었다. 이 병원의 치료 과정에서 가장 중요한 것은 의사와 환자의 관계였다. 커크브라이드는 환자들에게 친구를 사귀고, 옷을 잘 차려입고, 행동에 대해 잘 생각하라고 권고했다. 자신을 병원에 맡긴 가족들을 원망하지 말고 그 가족들과의 관계를 다시 정립하라고 충고했다. 자신의 행동에 대해 죄의식과 수치심을 갖는 것, 다시 말해서 사회적인 양심을 갖는 것이 자아를 새롭게 인식하는 방법의 일부라는 생각을 심어준 것이다. 무엇보다도 커크브라이드는 환자들에게 자유 의지를 발휘해 제정신을 찾을 수 있다는 것을 강조했다. 그는 환자들이 미친 생각에 저항해 우울증과 조증을 떨쳐낼 수 있다고도 말했다. 정신병자는 치료 불가능한 사람이 아니고, 언제까지나 그 상태를 유지하는 사람도 아니며, 증세가 호전될 가능성이 충분히 있는 사람이라는 생각을 심어준 것이었다. 커크브라이드는 환자들에게 "여러분은 자신의 능력으로 정신병을 극복하고 행복한 생활을 누릴 수 있는 사람들입니다. 이 사실을 충분히 인식하고 머릿속에 떠오르는 망상에 저항한다면 정상적으로 일을 하게 될 수도 있습니다. 하지만 계속 망상에 사로잡힌다면 여러분은 불행해지고 어려움을 겪을 것입니다." 라고 말하곤 했다.[22]

환자들은 대부분은 퇴원한 후에도 이런 커크브라이드의 충고를 잘 따랐다. 이 환자들은 커크브라이드를 "친애하는 벗", "친절하고 인내심 많은 의사 선생님", "사랑하는 의사 선생님"이라고 부르면서 감사의 편지를 쓰곤 했다. 자신들을 절망에서 건져 행복해질 수 있는 세상으로 내보내 준 사람의 헌신에 대한 감사의 표현이었다. 퇴원자 중에는 병원을 "즐겁고 조용한 집"으로 기억하는 사람도 있었다. 정신병이 재발할 기미가 느껴지면 병원에서 만난 좋은 의사들을 떠올리며 힘을 얻는다고 말한 사람들도 있었다. 한 환자는 "자다 공포에 질려 깬 적이 있어요. 너무 무서워 소리를 지를 수도 없었습니다. 하지만 그때 커크브라이드 원장님이 떠올랐어요. 방안은 어두웠지만 커크브라이드 원장님이 또렷하게 보이는 것 같았어요. 그렇게 원장님이 보이자 바로 안심이 돼 편안함을 되찾을 수 있었습니다. 원장님은 항상 마음의 평화를 심어 주셨거든요."라고 말하기도 했다. 또 다른 환자는 커크브라이드가 강조한 자유 의지에 대해 이렇게 말했다. "나는 신경이 불안정하고 마음이 아주 불안합니다. 하지만 자기 통제의 필요성을 알고 있기 때문에 항상 내 자유 의지를 발휘하려고 합니다."[23]

커크브라이드의 치료 방법으로 모든 환자가 다 나아진 것은 아니었다. 도덕치료의 행동 제어 방법에 불만을 가진 사람들도 많았다. 퇴원하지 못하고 병원에 계속 남은 사람도 많았으며, 이들은 병원에 부담으로 작용했다. 하지만 커크브라이드가 주도한 도덕치료의 전성기 동안 중증 정신병자 중 일부는 확실히 마음의 변화를 겪었다. 퇴원자 중 한 명이 회상하듯이, 펜실베이니아 정신병원은 "회복하기에 세상에서 가장 좋은 곳"이었다.

도덕치료의 몰락

사회 개혁 운동으로서의 도덕치료는 미국인의 특성 중 가장 좋은 특성에 의존한 것이었다. 도덕치료를 하려면 정신병자들에 대한 동정, 정신병자 회복을 위한 재정적 지원이 필요했다. 1840년대와 1850년대에는 도로시아 딕스Dorothea Dix라는 개혁운동가가 도덕치료 운동에 헌신했고, 그 결과로 주정부들은 정신병원을 잇달아 건립하기 시작했다. 하지만 아이러니하게도 딕스의 이런 노력과 그 노력의 성과는 도덕치료 몰락의 촉매가 되는 결과를 낳았다.

딕스가 도덕치료 운동을 한 데는 개인적인 이유가 있었다. 딕스는 어렸을 때 신경쇠약을 앓았고, 가족들은 그녀를 영국 리버풀에 사는 윌리엄 래스본 가족에게 보내 같이 살도록 만들었다. 그 래스본의 할아버지가 윌리엄 튜크였다. 딕스는 그곳에서 1년이 넘게 지내면서 요크 퀘이커교도들의 영향을 받은 것이었다. 미국으로 돌아온 딕스는 영국에서 경험한 인간적인 도덕치료를 미국에 적용하기로 마음먹고 도덕치료 실현을 위해 끊임없이 로비 활동을 벌였다. 여러 주를 돌아다니면서 딕스는 지역 교도소와 구빈원에서 정신병자들이 받는 끔찍한 대우를 조사했고, 뛰어난 글 솜씨를 발휘해 주의회에 보고서를 써 보냈다. 딕스는 1843년 매사추세츠 주의회에 보낸 보고서에 이렇게 썼다. "미국의 정신 이상자들은 감방, 옷장, 마구간, 우리에 갇혀 지내고 있습니다. 알몸으로 사슬에 몸이 묶인 채 이들은 곤봉과 채찍으로 구타를 당하고 있습니다."[24] 딕스의 이런 생생한 묘사에 충격을 받은 20개 주의회는 정신병원을 새로 짓거나 확장했다. 1840년에는 정신병원과 요양원에 수용된 미국의 총 정신질환자 수는 2561명에 불과했지만, 그 50년 후에는 주립 정신병원들에 수용된 환자만 해도 7만 4000명에 이르렀다. 미국의 사립·공립 정신병원의 수는 1840년 18개에서

1880년 139개로 늘어났다.

하지만 이런 정신병원에는 육체적·정신적 온갖 질병을 앓는 사람들이 수용되고 있었다. 매독 환자, 알코올 중독자, 노망 환자들이 이런 병원에 수용됐으며, 이렇게 다양한 환자들이 모두 도덕치료의 대상이 됐다.

도덕치료의 핵심 원칙 중 하나는 수용시설의 규모가 작아야 한다는 것이었다. 가정 같은 환경을 조성하기 위해서였다. 정신병원 원장 중에는 환자들과 직원들을 모두 가족의 일원이라고 말하는 사람들도 있었다. 미국정신의학협회는 정신병원 수용 인원이 250명을 넘어서는 안 된다고 주장하기도 했다. 하지만 정신 이상 환자들이 주립 정신병원으로 밀려들어오기 시작하자 병원 규모를 소규모로 유지하는 일은 불가능해졌다. 1874년이 되자 주립 정신병원의 평균 수용자 수는 432명으로 치솟았다. 환자 수가 500명이 넘는 주립 정신병원이 전체의 3분의 1을 차지했고, 일부 병원은 1000명이 넘는 환자를 수용하기도 했다. 이렇게 환자가 많은 정신병원에서 원장은 환자 회복에 필수적인 공감을 할 수도, 지도를 할 수도 없었다.

게다가 주정부들은 처음부터 사설 정신요양원의 호화로운 방식을 완전히 똑같이 모방할 수도 없었다. 예를 들어, 우스터 주립 정신병원은 돌이 아니라 값이 싼 벽돌로 지어졌다. 아주 작은 부분에 불과하지만, 주정부들의 비용 절감 노력을 상징적으로 보여주는 대목이다. 공립 정신병원으로 환자들이 점점 더 많이 몰리자 주정부들은 도덕치료에 필수적인 휴게실, 독서실, 목욕 시설 등의 편의시설을 포기함으로써 비용 절감을 시도했다. 오락 활동, 매직 랜턴 쇼, 교육 프로그램도 모두 사라졌다. 가난한 정신질환자들은 "병원"에 수용됐지만, 요크 퀘이커교도들이 생각했던 도덕치료는 전혀 받지 못했다.

이런 추세는 걷잡을 수 없는 속도로 확산했다. 주립 정신병원 원장들은 "표정이 밝은", "말투가 부드러운" 보호사들을 구할 수도 없게 됐다. 급여가 형편없이 낮았기 때문이다. 원장들은, 한 원장의 표현을 빌리면, "범죄자나 부랑자" 수준의 보호사를 구할 수밖에 없었다. 환자들을 친절하게 대할 수 없는 사람들이었다.[25] 보호사들은 도덕치료 이전 방식으로 질서를 유지했다. 협박하고, 힘을 사용하고, 다양한 구속 도구들을 이용할 수밖에 없었다. 정신병원 유지비용이 치솟자 주의회들은 정신병원을 감독할 "자선 위원회"를 구성했고, 이 위원회는 비용 문제를 들어 즉각적으로 도덕치료에 반대하기 시작했다. 이런 위원회들은 커크브라이드 같은 헌신적인 의사를 채용해 정신병원을 운영하는 데도 별로 관심이 없었다. 오히려 이 위원회들은 환자 치료에 들어가는 예산을 아껴줄 원장을 구하려고 했고, 정치적인 인물을 임명해 예산을 확보하려고 했다. 정신병원 관련 물품 보급 계약을 위원회 위원들의 지인에게 몰아주는 원장이 가장 좋은 원장이라는 평가를 받기도 했다.

치료 성과도 계속 악화했다. 우스터 정신병원의 경우 개원 후 10년 동안은 이 병원 입원 전 병력이 1년 이하인 환자 중 80%가 회복되거나 호전됐지만, 딕스의 청원에 반응해 병원 확장을 한 후 10년 동안은 치료 성공률이 67%로 떨어졌으며 그 뒤에도 계속 하락했다.[26] 이런 치료 성공률 하락 현상은 주립 정신병원들 곳곳에서 이어졌으며, 이런 주립 정신병원들은 만성 질환자들로 갈수록 붐비게 됐다. 게다가 정신병자들 대부분은 노령으로 인한 노망, 뇌동맥경화증, 뇌종양, 말기 매독으로 인한 치매 같은 신체적인 문제도 같이 가지고 있었기 때문에 회복은 불가능에 가까웠다. 정신 이상이 치료 가능하다고 믿었던 1840년대의 낙관주의는 도덕치료가 비참한 실패를 맞은 1870년대에 들어서는 회의주의로 변화했다.*

---

*오늘날 제기되고 있는 명백한 의문은 도덕치료가 정말 효과가 있었는지에 관한 것이다. 작고 정갈한 휴양시설에서 친절하게 중증 정신질환자를 보살핀 도덕치료가 정말 효과가 있었는지에 관한 의문이다. 현대 역사학자들의 결론은 실제로 도덕치료가 놀라울 정도로 좋은 효과를 냈다는 것이다. 도덕치료가 처음 시행되던 10년 동안 도덕치료 시설에 입소한 환자의 35~80%는 1년 안에 귀가했으며, 귀가한 환자들 대부분은 완치됐다고 여겨졌다. 이는 이 환자들의 정신병적 행동과 생각이 대부분 사라졌다는 뜻이었다. 펜실베이니아 병원에서도 도덕치료를 실시한 커크브라이드의 재임 기간 동안 결과가 상당히 좋았다. 1841년부터 1882년까지 이 병원에 입원한 8546명의 "제정신인 아닌" 환자들의 45%가 완치 판정을 받고 퇴원했으며, 25%는 호전된 상태로 퇴원했다. 1833년부터 1846년까지 우스터 정신병원에서 퇴원한 환자 984명에 대해 1880년대에 이뤄진 장기 후속 연구에 따르면, 이 환자들의 58%가 평생 좋은 상태를 유지했으며, 7%는 증상이 재발했지만 나중에 회복이 돼 지역사회로 복귀했다. 만성으로 진행되거나 증상을 앓다 사망한 환자는 35%에 불과했다.[27]

이 상황에 결정타를 날린 것은 신경외과 의사들이었다. 엄청난 사상자를 낸 남북전쟁 때문에 신경과 의사들의 수요가 늘어났고, 총상 치료 경험이 있는 이런 의사들은 전쟁 이후 개인 병원을 열면서 신경 질환 치료 경험을 내세웠다. 하지만 전쟁 부상자가 없어진 상황에서 이들이 진료할 수 있는 환자는 너무나 적었고, 이 의사들을 수용할 수 있는 곳은 환자가 넘쳐나는 정신병원밖에 없었다. 이 의사들은 자신들이 "정신질환" 전문의라고 주장했고, 1878년 이들은 자신들의 전문성을 과시하며 정신병원 원장들을 공개적으로 공격하기 시작했다.

이 신경과 의사들은 젊고 자신에 찬 공격적인 사람들이었다. 이들은 자신들이 자연과학자라는 데 자부심을 가지고 있었으며, 해부학과 생리학을 토대로 정신병이 뇌나 신경에 이상이 생겨 발생한다고 확신했다. 이들이 보기에 정신병원 의사들은 기독교 신앙에나 의존하는, 구닥다리에다 한심한 존재였다. 이들은 뉴욕 신경과 학회에서 에드워드 스피츠카Edward Spitzka에 대해 정신 나간 "정원사나 농부" 같은 존재, "축축하고 건강에 해로운" 정신병원을 지키는 나태한 경비원, "진단, 병리학, 정신병 치료"에 관해 아무것도 모르는 "돌팔이 의사"라고 비웃었다. 다른 유명한 신경과 의사들도 이런 움직임에 동참했다. 당시 뉴욕 신경과 학회 회장이었던 에드워드 세귄은 미국정신의학협회 강령의 서문 어디에도 "과학이라는 단어가 쓰이지 않았다"라고 신랄하게 비판했다. 정신질환 치료를 위한 “과학적인” 휴식 치료법을 만들어낸 저명한 신경과 의사 S 위어 미첼은 정신병원 의사들의 치료법이 속임수이며, 이들이 이해할 수 없는 보고서를 내고 있다고 비난하면서 정신병원에서 지내는 것은 “정신병자에게 치명적”이라고 말했다. 그러던 1879년, 남북전쟁 동안 미국의 의무총감Surgeon General(의무장교 또는 의료공무원의 최선임자)을 지낸 윌리엄 해먼드가 결국 신경과 의사들의 의도를 명확하게 밝히기에 이르렀다. 그는 “상식을 가진 (전문의가 아닌) 일반의도 정신병원 의사보다 더 잘 정신병을 치료할 수 있다.”라고 말했다. 해먼드는 정신병은 외래 진료로 치료가 가능한 “뇌 질환”이라고 주장했다. 정신병자들을 신경과 의사에게 보내기 위한 논리였다.[28]

정신병원 의사들은 대항할 무기가 별로 없었다. 도덕치료를 개척했던 사람들 대부분은 이미 오래전에 사라진 상태였다. 이들의 자리를 대체한 원장들은 그만큼의 열정이 없었다. 실제로 이 원장들은 대부분 관료였다. 정신병원 의사들도 도덕치료가 과학적인 치료법이라고 주장할 능력이 없었다. 플리니 얼 같은 사람들이라면 어떻게 도덕치료가 자극을 받은 신경을 진정시키는 의학 치료법이 되는지 설명할 수 있었을 것이다. 하지만 도덕치료의 뿌리는 너무나 분명했다. 도덕치료는 퀘이커교도들의 종교적 신념, 즉 사랑과 공감이 회복력을 가질 수 있다는 믿음의 산물이었다. 커크브라이드의 천재성은 광기의 생물학적 특성에 대한 과학적 지식이 아니라 치료의 기술을 통해 나타난 것이었다. 1892년 정신병원 원장들은 공식적으로 도덕치료를 포기하고 새롭게 시작하겠다는 약속을 하게 된다. 이들은 자신들의 이익단체인 미국정신의학협회의 이름을 미국의학심리협회로 바꾸고, 과학적인 정신병 치료 방법을 추구하겠다고 공언했다. 3년 후 맥클린 병원 원장 에드워드 카울스는 동료들에게 이렇게 말했다. "정신 이상은 신체적 질병으로 인한 증상이라고 가장 잘 정의할 수 있다. 따라서 정신의학은 그 어떤 때보다 일반적인 의학에 의존한다고 할 수 있다."[29]

100년 전 가혹한 의학 치료에 대한 반발로 시작됐던 개혁은 확실하게 끝이 났다. 과학적인 정신질환 치료법이 다시 미국 의학의 중심으로 복귀하고 있었고, 이런 복귀는 미국 역사의 매우 어두운 시기가 곧 도래할 것이라고 알리는 신호탄이 됐다.

제 2 부

암흑의 시대

1900~1950년

1900
~
1950

제 3 장

양육에 부적절한 사람들

이 쓸모없고 해로운 존재들을 왜 보존하는가? 비정상적인 존재는 정상적인 존재의 발전을 방해한다. 이 사실을 정면으로 직시해야 한다. 사회가 범죄자와 정신병자를 더 경제적인 방식으로 처리하지 말아야 하는 이유가 어디에 있는가?

- 알렉시 카렐Alexis Carrel 의사, 노벨상 수상자, 록펠러 대학[1]

도덕치료는 정신병자에 대한 미국인의 태도에 상당한 변화를 일으켰다. 그 짧고 빛나던 기간 동안 정신병자들은 같은 인간의 일원으로 편입됐었다. 미친 사람, 정신 이상자, 조증-우울증 환자 등 정신 장애가 있는 사람을 고통 속에 있지만 완전한 사람으로 생각하던 시기였다. 이런 태도는 민주주의라는 고귀한 이념과 "모든 사람은 평등하게 태어났다"라고 천명한 미국 독립선언서의 정신과도 잘 맞았다. 미친 사람들도 예의를 갖춰 존중받을 자격이 있다고 생각되던 시대였다.

하지만 20세기 초반이 되자 이런 관대한 태도는 미국 사회에서 사라져버렸다. 그 자리에 들어선 것은 중증 정신병자가 불완전한 "생식질germ plasm"을 가지고 있기 때문에 미국 사회의 건강을 해칠 수 있는 위협 요소가 된다는 소위 과학 기반의 믿음이었다. 과학 논문, 신문 사설, 대중 서적 등에서 정신병자는 퇴화한 인간으로 취급됐다. 놀라울 정도로 빠르게 번식하면서, 막대한 세금을 축내면서 "정상적인" 미국인들에게 부담을 주는 "사회적 쓰레기"라는 인식이 퍼진 것이다. 미국인들이 이런 생각을 가지게 됨에 따라 중증 정신병자에 대한 사회의 대규모 공격이 이뤄졌다. 정신병자들의 결혼을 금지하고, 정신병자들을 대규모로 정신병원에 강제로 입원시키며, 반한 의지에 반해 불임 시술을 시키는 주들도 많이 생겨났다. 미국의 우생학자들은 나치 독일 정부에 정신병자 대규모 불임 시술을 시행하도록 촉구하기까지 했다. 이 불임 수술 계획은 홀로코스트와 직결된 것이었다.

이 모든 것은 정신 나간 과학자 프랜시스 골턴Francis Galton의 논문에서 시작됐다. 골턴은 찰스 다윈의 사촌 동생이었다.

우생학의 부상

1822년에 태어난 골턴은 부유층에 따르는 사회적 특권과 기회를 누린 사람이었다. 영국 버밍엄에 살던 골턴 가족은 총기 제조업과 금융업으로 부를 이뤘으며, 1844년 아버지가 사망하자 골턴은 평생 쓰고도 남을 만한 부를 물려받았다. 그 후 10년 동안 골턴은 아프리카를 탐험하면서 많은 시간을 보냈으며, 아프리카 남부를 탐험하면서 연구한 결과로 왕립지리학회로부터 금메달을 받기도 했다. 결혼한 후에는 런던 하이드 파크 근처의 집에 편안한 생활을 하면서 영국 사회의 엘리트층과 교류했다. 시간이 많았던 골턴은 이 시기에 과학자로서의 경력을 쌓았다.

골턴의 집에서 지내던 1859년 사촌 형 다윈은 정교하고 놀라운 진화론을 주창해 서방 세계를 뿌리째 흔들어 놓았다. 다윈은《종의 기원》에서 인간의 기원을 구체적으로 언급하지는 않았지만, 이 책의 주장은 매우 분명했다. 인간은 신이 한순간에 창조한 존재가 아니라 하등 동물로부터 시간에 걸쳐 진화했다는 주장이었다. 진화 과정에서 변화를 일으키는 동인은 생존경쟁이다. 생존에서 승리한 적자the fit가 유전자를 후대에 물려줄 수 있게 되는 것이다. 자연에서 부적자the unfit는 번식 기회를 가지기 전에 제거됐다.

골턴은 인간 진화라는 새로운 이론의 탄생을 절호의 기회로 생각했다. 골턴은 인간이 고정된 종이 아니라 진화해온 종이라면, 미래에도 인류의 구성이 변화할 수 있을 뿐만 아니라 변화해야 한다고 생각한 것이다. 농업 분야에서는 이미 더 좋은 식물을 만들어 낼 수 있다는 사실이 증명된 상태였고, 교배를 조절해 더 좋은 가축을 만들어 낼 수 있다는 사실 또한 확인된 상태였다. 골턴은 이 방식을 인간에게 적용함으로써 "인간이라는 종도 개선할 가능성이 있고, 나쁜 특성은 제거하고 좋은 특성은 확산시킬 수 있지 않

을까?"라고 생각했다.[2]

이 의문을 제기하면서 골턴은 두 가지 핵심적인 가정을 했다. 첫 번째는 인간의 어떤 특징이 좋은 특징인지에 대해 인간 사회가 같은 생각을 한다는 가정이었다. 두 번째는 지능 같은 복잡한 특징이 양육의 결과가 아니라 개인의 선천적인 특징이라는 가정이었다. 사회적 환경이나 교육 환경 같은 환경이 뛰어난 사람을 만들어낼 수 있다면, 사회는 "인간의 품종"을 개선하기 위해 그런 환경을 개선하는 데 자원을 동원하는 것이 현명한 일일 것이다. 하지만 지능을 비롯한 "우월한" 특징이 선천적인 것이라면, 적어도 국가는 이론적으로라도 이런 특성들을 발현시키기 위한 교배를 통해 국가 자체를 개선할 수 있다는 것이 골턴의 생각이었다. 교배 조절을 통해 몸무게가 빨리 늘어나는 돼지를 만들어내는 것과 크게 다르지 않은 방식이다.

골턴은 1869년 《천재성의 유전Hereditary Genius》이라는 제목의 책을 냈다. 이 책에서 그는 우월한 인간을 만드는 것은 양육이 아니라 천성이라고 주장했다. 골턴은 판사, 정치인, 금융가, 작가, 과학자, 예술가 등 1000명에 가까운 영국의 지도층 인사들의 가계도를 추적한 결과 이 최상위층 사람들은 모두 얼마 안 되는 특정한 집단에 기원이 있다는 것을 발견했다고 주장했다. 이 사람들이 모두 가까운 혈연관계라는 설명이었다. 골턴의 연구결과는 가난한 사람이 보기에는 당연한 사실, 즉 특권이 성공을 낳는다는 사실을 다시 말한 것에 불과했을 수도 있다. 골턴 자신의 삶이야말로 이 사실을 여실히 드러내고 있었다. 골턴이 탐험가로 성공하고 과학자가 될 수 있었던 배경에는 그 자신이 물려받은 부가 있었다. 하지만 골턴은 자신의 연구가 지능이 유전되며 소규모의 성공한 영국 집안들이 우월한 생식질의 혜택을 누리고 있다는 증거를 제시하고 있다고 생각했다.

골턴의 이런 생각은 매우 정치적인 것이었다. 골턴은 모든 인간이 평등하지는 않다고 확신했다. 골턴은 모든 사람이 "동등한 가치"를 가진다는 이상주의적인 민주주의 원칙은 "확실히 잘못됐으며 오래 지속되지 못할 것"이라고 생각했다. 골턴은 평균적인 시민들조차 "현대 문명에서 일상적인 역할을 하기에 너무 열등하다"라고 말하기까지 했다.[3] 실제로 골턴은 우월한 품종이 태어나려면 영국 사회를 비롯한 백인 사회들이 적자를 번식시키고 부적자의 번식을 막아야 한다고 주장했다. 실제로 골턴은 부적자들을 수도원, 수녀원, 정신병원에 가둬 번식을 막는 방법을 생각했다. 또한 골턴은 가난하고 병든 사람들이 자식 출산을 포기할 경우에만 그들에게 도움을 주어야 한다고 주장하며 다음과 같이 말했다.

> 재능이 있는 사람들이 그렇지 않은 사람들에게 온정적인 태도를 보이는 것은 반대할 이유가 없다. 재능이 없는 사람들이 독신 생활을 유지하기만 한다면 말이다. 하지만 이런 사람들이 도덕성,

지적 능력, 육체적 능력 면에서 열등한 아이들을 계속해서 낳는다면, 이들은 언젠가 국가의 적으로 규정돼 온정을 받을 권리가 없는 사람들이 될 수도 있다.[4]

1883년 골턴은 "우생학eugenics"이라는 용어를 만들어냈다. 우생학은 "더 적합한 품종 또는 혈통이 덜 적합한 품종 또는 혈통보다 더 빠르게 번성할 수 있는 좋은 기회"를 제공함으로써 "인간의 혈통을 개선하는 과학"이라는 뜻이다.[5] 우생학은 인류를 우성과 열성의 두 계층으로 구분하는 과학이었다. 우생학에서 열성 계층은 나쁜 생식질을 물려받은 계층이기 때문에, 무엇보다도 자식을 낳아서는 안 된다고 생각됐다. 골턴은 우생학을 새로운 종교로 생각했다. 실제로 우생학은 우생학자를 신의 위치에 올려놓은 과학이었다. 골턴은 "자연은 맹목적으로, 천천히 그리고 무자비하게 움직이지만, 인간은 신중하고 빠르게 그리고 친절하게 움직인다."라고 자랑스럽게 말하기도 했다.[6]

우생학의 이런 관점에서 볼 때 중증 정신질환자는 가장 정도가 심한 부적자였다. 흑인, 가난한 사람, 범죄자는 모두 어느 정도 부적합한 사람들로 여겨졌지만, 정신병은 점진적인 가족 생식질 퇴화의 마지막 단계로 생각됐다. 실제로 오스트리아 정신의학자 리하르트 폰 크라프-에빙Richard von Kraff-Ebing은 "광기는 체질적으로 유전되는 정신병적 기질, 즉 퇴화한 기질이 유전의 이 마지막 단계에서 발현한 것"이라고 말했다.[7] 당시 가장 유명했던 영국의 정신의학자 헨리 모즐리Henry Maudsley도 비슷한 생각을 했다. 모즐리는 정신병자가 "부모로부터, 즉 가족의 정신병 혈통으로부터 정신병을 물려받는다. 그는 속담에서처럼 이 기질은 '피를 타고 흐르지만', 현재 우리는 세대에서 세대로 끊임없이 전해지는 생식질의 결함 때문에 이런 현상이 발생한다는 설명을 선호한다."라고 말했다.[8]

우생학은 수많은 지적 논쟁을 일으켰고, 몇몇 작가들은 우생학으로 슈퍼맨이 만드는 내용의 소설이나 희곡을 쓰기도 했지만, 적어도 1920년대 이전 영국에서는 "부적자"의 결혼을 금지하거나 자식을 낳지 못하게 만드는 우생학적 법률 제정은 거의 지지를 받지 못했다. 하지만 미국에서는 얘기가 달랐다. 정신병자를 비롯한 "부적자"에 대한 불임 수술을 강제하는 법을 세계 최초로 제정한 나라가 미국이었다. 미국의 우생학 운동은 앤드류 카네기, 존 D 록펠러 주니어, 철도왕 에드워드 해리먼의 미망인 메리 해리먼 등 재벌의 자금 지원을 받았고, 하버드 대학, 예일 대학 등 아이비리그 대학 졸업생들의 전폭적인 지지를 받았다.

미국의 우생학

20세기 초반 '인종의 도가니'였던 미국은 우생학이 발달하기에 이상적인 토양을 제공했다. 1800년대 중반 처음 시작된 이민 물결로 500만 명이 넘는 아일랜드인과 독일인이 미국에 들어온 상태에서, 1900년~1910년 사이의 두 번째 대규모 이민 물결로 거의 100만 명이 해마다 미국으로 들어왔다. 이때 미국에 들어온 사람들은 이전 이민자들과는 많이 다른 유대인, 이탈리아인, 슬라브 민족이었다. 미국의 지배계층인 '백인 앵글로색슨 개신교도들WASP'은 미국이 거대한 전환을 겪고 있으며, 이 전환으로 자신들의 우위가 위협을 받는다고 생각했다. 미국의 개신교적, 앵글로색슨적, 백인적 성격이 약해지고 있었기 때문이다.

미국의 지배계층은 이런 가난한 이민자들이 슬럼에서 살면서 빠른 속도로 번식하는 것을 지켜볼 수밖에 없었다. 1891년 경제학자 프랜시스 아마사 워커는 이들이 미국 본토인들보다 평균적으로 더 많은 자식을 낳는다는 결론을 내리기도 했다. 상류층 WASP보다 자식을 적게 낳는 집단은 없었다. WASP는 자식이 보통 2~3명 정도였지만, 아일랜드계를 비롯한 이민자 집단은 좁은 집에서 8~9명의 자식을 키웠다. 그 결과 미국의 부유층은 자신들이 이민자들을 위한 공립학교, 빈민구호소, 정신병원을 유지하는 막대한 돈을 세금으로 부담하고 있다고 생각하게 됐다.

이 시기에 가장 잘못된 방향으로 변화한 대표적인 예가 정신병원이다. 1850년대 미국 인구조사에 따르면 전체 인구 2100만 명 중 정신병자는 1만 5610명이었다. 1345명 중 1명꼴이었다. 그 후 30년이 지나자 미국 전체 인구 5000만 명 중 정신병자는 9만 1997명, 즉 554명 중 1명꼴로 늘어났다. 30년이라는 짧은 기간 동안 정신병자의 수가 2배가 넘게 늘어난 것이다. 정신병은 놀라울 정도로 급속하게 확산하는 질병이었다. 이런 급속한 증가는 누구 때문이었을까? 전체 인구 중에서 이민자는 14%에 불과했지만, 정신병원에 수용된 사람의 거의 40%가 이민자였다.[9] 정신질환은 미국인 전체에 퍼지고 있는 것처럼 보였고, 미국의 지배계층이 보기에 생식질 결함을 가진 사람은 대부분 이민자였다.

미국의 부유층이 이런 문제를 해결할 수 있는 것이 우생학이라고 생각했다. 부유층은 미국 사회가 정신병원 환자들을 신속하게 제거해야 하는데도 영국처럼 사회적 약자를 위한 정신병원, 빈민보호소 등을 유지하면서 "나쁜 인간의 씨"를 보존하고 있다고 생각했다. 사회가 계속 튼튼한 상태를 유지하려면 "결함 있는 사람들"에 대한 예산 집행을 중지하고 그들이 번식을 하지 못하도록 해야 한다는 주장이었다. 부적자에 대한 사회적 지원에 반대한 영국 우생학자 허버트 스펜서의 책을 읽은 앤드류 카네기는 드디어 "진화의 진실을 발견했다"라고 얘기했을 정도였다.[10]

1891년 미국의 페미니스트 빅토리아 우드헐은 《부적자의 급속한 확산The Rapid Multiplication of the Unfit》에서 "우리 시대 최고의 지성들은 정신박약자, 범죄자, 극빈자 등의 부적자들이 자식을 낳아서는 안 된다고 동의했다"라고 썼다.[11] 이렇게 되려면 부적자들은 결혼을 금지하고, 정신병원에 격리해 강제로 불임 수술을 받게 만들어야 했다. 하지만 이는 민주주의의 원칙과 정면으로 충돌하는 것이고, 방법은 "중립적인" 과학이라는 이름으로 포장해 진행하는 것밖에 없었다. 1904년 앤드류 카네기는 하버드 대학 출신 생물학자 찰스 대븐포트에게 자금을 지원해 이 포장을 하도록 만들었다.

하버드 대학에서 박사 학위를 받고 모교에서 생물학과 교수가 된 대븐포트는 자신의 WASP 혈통에 대한 자부심이 극도로 강한 사람이었다. 그는 뉴잉글랜드의 초기 정착자들의 가계를 추적해 자신이 "300년이 넘는" 미국인 혈통을 가지고 있다고 주장했다. 17세기에 미국으로 전해진 요소들로 자신이 구성돼 있기 때문이라는 설명이었다.[12] 대븐포트는 영국 우생학자들의 견해를 신봉한 사람으로, 영국으로 건너가 골턴을 만나고 올 정도로 우생학에 대한 믿음이 강한 사람이었다. 골턴과의 만남으로 대븐포트는 우생학에 대한 확신을 굳혔고, 영국에서 돌아온 후 카네기재단을 설득해 롱아일랜드 콜드스프링하버에 인간 진화 연구소를 설립할 자금을 확보했다. 대븐포트가 카네기 재단에서 받은 연봉은 3500달러에 달했고, 이 정도 수준의 연봉은 당시 미국의 과학자가 받을 수 있는 최고 수준이었다.

대븐포트는 멘델 유전학을 기초로 인간 유전을 연구했다. 오스트리아의 가톨릭 사제였던 그레고어 멘델Gregor Mendel은 3000개가 넘는 완두콩을 이용한 실험으로 물리적 특성이 암수 부모 모두의 요소들(유전자)이 만들어낸 자식의 유전자 쌍에 의해 통제된다는 것을 증명한 사람이다. 식물에서는 크기, 색깔, 질감 등이 이런 물리적 특성이 되며, 많은 경우 하나의 유전자 유형이 다른 유전자 유형을 지배한다. 식물의 키를 결정하는 "큰" 유전자가 "작은" 유전자를 지배하면, 크고 작은 키 유전자들의 조합은 키 큰 식물을 만들어낸다. 하지만 이 경우 이 식물은 작은 유전자를 다음 세대에게 물려줄 수 있으며, 이 작은 유전자를 물려받은 큰 식물이 작은 유전자를 물려받는 다른 큰 식물과 교배하면 작은 식물이 나올 수도 있다. 대븐포트는 이 멘델의 유전 법칙을 인간의 복잡한 특성들에 적용해, 하나의 특징이 단 하나의 유전자에 의해 지배된다고 주장했다. 특히 그는 이민자들과 사회적 부적응자들이 유전적으로 열등한 사람들이라고 주장했으며, 이들이 "떠돌아다니는 성향", "무기력함", "불성실함"을 발현시키는 유전자를 물려받았다고 확신했다. 그는 이탈리아, 그리스, 헝가리 등 남동부 유럽 국가 출신 이민자들에게 "도둑질, 유괴, 폭행, 살인, 강간, 부도덕한 성행위 등의 범죄 성향을 나타내는 생식질이 더 많이 있다."라고 주장했으며, 유대인들은 "도둑질", "매춘" 유전자를 물려받았다고 말했다.[13]

대븐포트는 자신의 이런 발견을 미국 사회가 신속하게 받아들여야 한다고 생각했다. 그는 사회에 전혀 도움이 안 되는 정신병자를 비롯한 사회적 부적격자들 지원에 매년 1억 달러 이상의 세금이 낭비된다고 주장하며, 그는 "현대 사회는 모든 사람의 원형질 구성이 다르게 태어났다는 핵심적인 사실을 망각하고 있다"라고 불만을 표시하기도 했다.[14] 또한 그는 정신병자를 비롯한 부적격자들은 불임 수술 수준을 넘어 거세되어야 한다고 주장하면서, 그렇게 해야 "정신병자들이 고분고분해지고 성적 욕구가 없어진다."라고 말했다.[15]

1910년 대븐포트는 메리 해리먼의 자금 지원을 받아 콜드스프링 하버에 우생학 기록센터를 설립했다. 우생학 연구결과를 법률에 반영시키기 위한 프로젝트였다. 1909년 남편이 사망했을 때 7000만 달러를 상속받은 해리먼은 8년에 걸쳐 이 우생학 기록센터에 50만 달러를 기부했다. 존 D 록펠러 주니어도 2만 2000달러를 기부했다. 대븐포트는 이 돈을 미국의 "부적자" 통계 확보에 사용했다. 1911년부터 1924년까지 이 기록센터는 258명의 현장 연구자를 교육해 정신병원과 교도소에 파견했고, 이들은 정신병원과 교도소에 수용된 "결함이 있는" 사람들의 가계를 조사해 그중 몇 퍼센트가 이민자인지 기록했다. 또한 이 현장 연구자들은 소규모 공동체들도 조사했는데, 이는 정신병원에 아직 미처 수용되지 못한 부적격자들의 비율을 알아내기 위한 것이었다. 1917년 당시 사용되던 《우생학의 과학》이라는 교과서는 우생학 기록센터가 "부적자가 다른 사람들에게 지우는 부담"을 수치화했다고 기록하고 있다.[16]

최고 수준 대학들도 우생학 연구에 가세했다. 관련 논문들은 대부분 미국 유전학회 기관지 <유전학 저널>에 발표됐다. 이 논문들은 부적자가 열등한 유전자 때문에 그렇게 된 것이며, 급속도로 부적자 수가 늘어나고 있으며, "정상인들"이 "결함이 있는 사람들"을 지원하기 위해 막대한 돈을 내고 있다고 주장했다. <유전학 저널>에 실린 한 논문은 이민자들을 "침입 세균"에 비유하기도 했다. '반인(伴人)의 위협'이라는 제목의 논문은 결함 있는 사람들을 제거한다면 "미국 같은 질서정연한 사회에서 인간의 비참함이 반 이상 줄어들 것"이라고 주장하기도 했다. 또한 학자들은 부유층이 자신들의 우월한 유전자를 제대로 퍼뜨리지 못하고 있다고 개탄했다. 하버드 대학, 예일 대학 같은 아이비리그 대학 출신들의 출산율이 "인종 자살" 수준으로 매우 낮다고 지적하는 논문들이 수없이 발표됐다. 이런 우수한 미국 초기 이민자들의 자손이 "멸종"의 길을 걷고 있다는 지적이었다. 특히 웰즐리 칼리지 같은 교양 교육 위주의 사립 여자 대학을 다니는 WASP 여성들이 대가족을 이루는 데 소극적이었는데, 이와 관련해 아이비리그 대학 교수 존 필립스는 "여대 졸업생들의 출산율이 낮은 현실이 가장 개탄스럽다."라고 말했다.[17]

이런 논문들이 잇달아 발표됐다는 사실은 우생학이 학문의 영역으로 편입되고 있다는 신호였다. 1914년에는 미국 내 44개 대학이 우생학을 교과과정에 포함시키기에 이르렀다. MIT, 하버드 대학, 컬럼비아 대학, 코넬 대학, 브라운 대학 같은 최상위권 대학들이 우생학을 수학이나 공학처럼 학생들에게 가르치기 시작했다. 1924년이 되자 우생학 관련 논문의 수는 9000편을 넘어섰고, 1928년 한 해에만도 <우생학 뉴스>(우생학 기록센터가 발행한 월간 뉴스레터)가 검토한 논문 수가 1322편에 달했다. 1924년 우생학회는 전체 회원 383명 중 119명이 미국 최고 권위의 미국과학진흥협회 회원이라고 자랑스럽게 발표하기도 했다.[18] 당시 최고의 권위를 자랑하던 브리태니커 백과사전조차 미래의 진보에는 "유전학 법칙의 적용을 통한 인종의 유기적 개선"이 포함될 것이라고 자신 있게 예측했다.[19]

대븐포트와 우생학 기록센터는 이미 1914년에 그들이 주장한 더 밝은 미래를 현실화할 기반에 대해 밝힌 바 있다. 우생학 기록센터의 자문 단체 중 하나였던 "미국인에게서 결함 있는 생식질을 제거하기 위한 가장 실용적인 방법에 관한 연구·보고 위원회"는 미국인의 10%가 결함이 있으며 불임 수술을 받아야 한다고 주장했다.[20] 미국 대통령을 지낸 시어도어 루스벨트도 이 주장에 찬동했다. 루스벨트는 "현재 정상 수준 이하의 사람들의 높은 출산율이 제어되지 않고 있다."라고까지 말했다.[21] 시리얼을 발명한 존 하비 켈로그가 지원했던 해의 전미 우생학회에서는 매우 구체적인 방법론이 제기됐다. 향후 40년 동안 미국 정부가 미국인 567만 명에 대해 불임 수술을 시행해 미국 내 결함 있는 사람의 비율을 수용 가능한 수준으로 줄인다는 것이었다.[22]

멘델 유전 법칙과 광기

중증 정신질환자 강제 불임 수술의 과학적 전제는 두 가지였다. "정신 이상"은 유전되는 질병이며, 중증 정신질환자는 번식에 능하기 때문에 오염된 자신의 유전자를 수많은 자식에게 물려준다는 두 가지 전제였다. 이 두 가지 전제 중 하나라도 사실이 아니라면, 정신병자가 국가의 "생식질"에 위협이 된다는 우생학자들의 주장은 심각한 타격을 받을 수 있었다.

정신병이 유전 질환이라고 증명하는 일은 뉴욕 소재 킹스파크 주립병원 의사 아론 로자노프가 맡았다. 로자노프는 대븐포트의 지도를 받으면서 정신병자 72명의 가계도를 조사한 사람이었다. 로자노프의 처음 결과는 그리 좋지 않았다. 정신병자 72명의 친척 1097명 중에서 정신병원에 입원했던 사람은 43명에 불과했고, 이 정도 숫자로는 인과관계를 입증할 수 없었기 때문이다. 로자노프는 멘델의 법칙에 따르면 이들 친척 중 359명이 정신병을 앓아야 했다고 계산했었다. 연구결과가 자신의 예상과는 너무 달랐던 것이다. 문제가 무엇인지 고민하던 그는 정신병의 범위를 너무 좁게 잡았기 때문에 이런 결과가 나왔다고 결론 내렸다. 정신병원에 수용되지 않은 정신병자가 많았다는 결론이었다. 로자노프는 "신경병Neuropathy"이 수없이 다양한 형태로 나타나기 때문에 이런 일이 벌어졌다고 생각했다. 그는 "극도로 예민하거나, 흥분을 잘하거나, 독단적이거나, 비정상적으로 이기적이거나", "성격이 끔찍하거나 자주 술을 마시거나, 우울 증상이 심한" 사람도 정신병자로 분류해야 한다고 주장했다. 또한 조현병으로 입원한 환자의 친척 중에서 "짜증을 잘 내거나, 고집이 세거나, 신경이 날카롭거나, 성격이 이상하거나, 불안감이 심한" 사람, "친구나 친척을 의심하는" 사람, "아무 것도 아닌 일을 걱정하는" 사람, "종교적으로 민감한" 사람도 정신병자로 간주해야 한다고 주장했다. 이렇게 정신병자의 범위를 확장하는 방법으로 로자노프는 정신병자 72명의 친척 중 351명이 정신병자라고 결론지었다. 자신의 가설을 뒷받침할 수 있는 359명에 육박하는 숫자였다. 로자노프는 "퇴화적 특성인 정신병 기질이 멘델의 법칙에 따라 유전된다는 사실이 확실하게 입증됐다"라고 최종 결론을 내렸다.[23]

로자노프의 연구가 설득력을 가지려면 "신경병자"와 "정상인"이 뚜렷해야 했다. 하지만 로자노프의 연구결과는 정상인들을 신경병자에 포함시켜 만들어진 결과였다. "신경증"은 열성 유전자에 의한 것이므로 정상인 중에서도 이런 광기 유전자를 보유해 다음 세대로 전할 수 있는 사람이 있을 수 있었다. 로자노프는 미국 전체 인구의 30%가 오염됐다고 계산했다. 게다가 "정상" 유전자가 없는 정신병자 남녀 두 명이 자식을 낳는다면 결과는 끔찍할 것이었다. 로자노프는 "부모 모두가 신경병 환자라면 자녀는 100% 신경증 환자가 된다."라고 말했다.

25년 후 보스턴의 정신의학자 에이브러햄 마이어슨은 로자노프의 이 연구가 얼마나 어처구니없는 것이었는지 다음과 같이 지적했다. "모든 다양한 요소들을 인위적으로 하나로 통합한 결과다. 이 연구에 따르면 아버지가 두통을 앓았다면 자식이 조발성 치매를 앓게 된다고 할 수 있다. 두통과 조발성 치매는 유전적으로 서로 연결된 질환이기 때문이다."[24] 하지만 로자노프의 연구결과는 1911년 발표된 직후부터 상당한 영향력을 미쳤다. 대중이 멘델 유전 법칙을 정신병에 적용하는 과학적 패러다임을 받아들였기 때문이다. 1917년 발간돼 널리 퍼진 《우생학의 과학》에서도 "부모 양쪽이 정상인이라도 정신병 혈통에 속한다면, 자녀의 약 4분의 1은 정신병에 걸린다."라고 기술돼 있었다.[25] 로자노프가 1920년에 출판한 교과서 《정신의학 지침Manual on Psychiatry》에는 "정신병의 대부분은 푸른 눈동자처럼 멘델 유전 법칙에 따라 유전된다."라고 나와있다.[26] <유전학 저널> 편집자이자 생물학자인 폴 포페노Paul Popenoe는 "정신 이상인 사람이 가계 혈통에 정신병 유전자가 없는 정상인과 짝짓기를 하면 (일반적으로) 자식은 모두 정상일 것이다. 반면, 둘 다 혈통이 오염된 사람들이 결혼하면, 둘 모두 정신병자가 아니라고 해도 자식 중 일부는 정신병자가 될 것이다."라고 설명했다.[27] 1923년 <뉴욕타임스>는 이런 주장을 받아들여 "정신적 결함이 있는 두 사람의 결혼은 확실히 금지해야 한다."라는 내용의 사설을 싣기도 했다.[28]

정신병이 유전된다고 증명하기도 어려웠지만, 우생학자들이 더 증명하기 힘들었던 것은 정신병자들이 자식을 많이 낳는다는 주장이었다. 얼핏 생각해도 이 주장은 의심스러웠다. 조현병 환자는 정의상으로도 사회적 활동이 적은 사람이었고, 실제 연구에 의해서도 그렇게 밝혀진 상태였다. 1921년 연구에 따르면 조현병을 앓는 남자 환자의 3분의 2는 한 번도 여성과 성관계를 가진 적이 없었다. "정신 이상자들"은 정상인들보다 결혼할 확률이 낮으며 사망률도 정상인보다 5~15배 높다는 연구결과가 발표되기도 했다. 포페노도 정신 이상자 중에서 결혼하는 사람이 많지 않으며, 결혼한다고 해도 자식이 거의 없어 그 수가 유지되지 않는다는 결과를 어쩔 수 없이 인정했다. 실제로 정신이상자들은 하버드 졸업생이나 미국 초기 이민자들보다도 번식률이 낮았다.[29]

하지만 이런 연구결과에도 우생학자들은 정신병자들에게 불임수술을 시행해야 한다는 주장을 굽히지 않았다. 우생학자들은 정신병자들을 가난한 사람, 범죄자, 정신 장애인과 함께 묶어 번식률이 높은 부적격자 집단에 포함시켰다. 포페노는 정신병원에 수용된 정신병자들은 연구 대상이기 때문에 번식률이 높지 않지만, 지역사회에서 사는 정신병자들의 번식률은 매우 높아 전체적으로 번식률이 높다고 주장했다. 포페노는 "주립 정신병원에 수용되지 않은, 법적으로 정신 이상이라고 분류되지 않은 정신병자들은 정상인보다 많지는 않아도 정상인만큼은 자식을 낳는다. 이들은 결함이 있는 생식질을 사회에 끊임없이 퍼뜨린다. 가계 혈통을 조사하면 매우 정확하게 이들을 식별해낼 수 있다."라고 말했다.[30]

우생학의 확산

우생학에 대한 미국인들의 관심은 제1차 세계대전 동안 크게 식었다. 전쟁이라는 훨씬 더 중요한 문제에 매달려야 했기 때문이다. 하지만 미국과 유럽 국가들이 젊은이들을 보내 죽게 만든 이 전쟁은 사회가 인종적으로 퇴화하고 있다는 생각을 미국 안팎에서 심화시켰다. 사회에서 가장 적자라고 할 수 있는 젊은이들은 전쟁터에서 목숨을 잃는데, 약자들은 집에 남아 번식한다면 미래의 사회 구성에 문제가 있을 수밖에 없다는 생각이었다. 국가들이 갑자기 우생학적 정책을 급속하게 받아들인 데는 이런 생각이 자리 잡고 있었다.

미국 내에서 우생학이 본격적으로 확산하기 시작한 것은 미국 자연사박물관에서 제2회 국제 우생학 학술대회가 열린 1921년이다. 카네기재단과 록펠러 재단이 경비 대부분을 후원한 학술대회였다. 당시 자연사박물관 관장 헨리 페어필드 오스본(J.P. 모건의 조카)는 대회 개회 연설에서 "이제 과학이 사회에 쓸모없는 사람들의 확산과 번식을 예방하도록 정부를 일깨워주어야 할 때"라고 말했다. 그 후 며칠 동안 존스홉킨스 대학, 컬럼비아 대학, 프린스턴 대학, 코넬 대학, MIT, 뉴욕 대학을 포함한 최상위 대학들에서 온 연설자들도 같은 메시지를 전달했다. 이들은 결함이 있는 사람들을 돌보는 데 사회가 치러야 하는 비용, 정신병을 포함한 질병들의 유전 여부, 엘리트층의 낮은 출산율 등에 관한 보고서를 배포하면서, "유대인 문제", "흑인-백인 혼혈"의 위험성, "극빈자들의 가계 혈통" 등에 대해 강연했다. 학술대회가 끝난 후에는 발표자들이 사용한 표나 그림이 미국 국회의사당에 3달 동안 전시됐다.[31]

이 학술대회의 발표 결과에 충격을 받은 <뉴욕타임스>는 부유층의 삶이 과거 어떤 때보다 더 크게 위협을 받고 있다는 다음과 같은 내용의 사설을 실었다.

> 현재의 문명은 과거 적자생존을 가능하게 했던 자연을 그대로 보존하지 못하고 있다. 의학과 자선활동은 과거에 가차 없이 제거되었어야 할 많은 혈통을 보존하고 있다. 사회 하층부의 삶은 쉬

워졌지만, 교육받은 상층부는 자기 자식들을 키울 수 있는 능력이 줄어들고 있는데도 자선활동을 하느라 삶이 더 어려워지고 있다. 19세기가 만들어낸 이 정교한 문명을 20세기가 유지하고 후손에 전할 수 있을지 매우 심각하게 걱정이 된다.[32]

국제 학술대회가 종료될 무렵 대븐포트와 오스본을 비롯한 저명한 우생학자들은 미국 우생학회 설립 위원회를 결성했다. 그 첫 번째 단계로 이들은 99명 정원의 과학 자문 위원회 위원을 모집했다. 위원 후보자들에게는 "인종 퇴화"의 위험성과 사회 지도층이 "백인종"의 "완전 멸종"에 저항해야 한다는 내용을 담은 편지를 전달했다. 이 편지에는 "우생학회는 퇴화한 사람들, 범죄자들, 결함이 있는 사람들에 대한 공공 지원을 줄여 우리의 세금 부담을 덜어줄 수 있다"는 내용도 들어있었다.[33]

1923년에 발족한 이 자문 위원회는 엘리트들로 구성된 집단으로, 그 후 10여 년 동안 지속됐다. 1923년부터 1935년까지는 위원회 구성원의 반 이상이 아이비리그 출신이었으며, 하버드 대학, 예일 대학, 컬럼비아 대학 출신이 거의 40%를 차지했다. 하버드 대학 명예 학장 찰스 엘리어트를 비롯해 총 8명의 학장이 이 위원회 위원을 역임했다. 위원의 3분의 1은 생물학자, 동물학자, 유전학자였다. 심리학자도 10% 정도를 차지했다. 미국심리학회 전·현직 회장 5명도 이 위원회 위원이었으며, 미국과학진흥협회 전·현직 회장도 5명이나 이 위원회에 속해 있었다. 당시 미국 정신의학계 최고의 학자였던 아돌프 마이어Adolf Meyer도 이 위원회에 참여했다. 미국 신경학회 회장을 지낸 찰스 버, 미국정신의학회APA 회장 플로이드 해빌랜드도 위원으로 참여해 조언을 했다. 이 위원회는 그야말로 당시 미국 최고의 지성인 최정상급 의사들과 대학교수들이 대거 참여한 위원회였다.[34]

1926년 미국 우생학회AES가 발족했다. 발족 기금으로 존 D 록펠러 주니어가 1만 달러를, 이스트먼 코닥의 조지 이스트먼이 2만 달러를 기부했다. 초대 회장은 당시 가장 유명했던 경제학자이자 예일 대학 교수 어빙 피셔가 맡았다. 이 학회는 짧은 기간 동안 28개 주에 지부를 둔 명실상부한 전국 조직으로 성장했다.

미국 우생학회는 교과서와 소책자를 학교에 공급하고 불임 수술법 지지 캠페인을 벌이는 등 미국인에 대한 우생학 대중 홍보에 집중했다. 또한 이 단체는 “다른 사람들에게 부담을 주기 위해 태어난 사람들이 있다.”라고 쓰인 판에 번쩍이는 조명을 달고 전국을 순회하는 캠페인을 벌이기도 했다. 조명은 15초에 한 번씩 번쩍이면서 행인들에게 미국 납세자들이 결함이 있는 사람들을 위해 방금 100달러를 사용했다고 경고했다. 30초에 한 번은 결함이 있는 사람이 방금 태어났다는 것을 알리기 위해 조명이 반짝였다. 50초에 한 번은 방금 범죄자 1명이 교도소에 수감됐다는 사실을 알리는 조명이 반짝이면서 “정상인들은 거의 교도소에 가지 않는다.”라는 메시지를 사람들에게 알렸다. 또한 7분 30초마다 한 번 반짝이는 조명은 "높은 수준의 사람"이 태어났다는 메시지를 전달했다.[35]

특히 주정부 주최 박람회는 대중을 교육하는 장소로 역할을 했다. 번쩍이는 조명 판 외에도 학회는 멘델의 유전 법칙을 보여주는 표를 판에 전시해 이 법칙이 인간의 유형을 어떻게 결정하는지 설명했다. 미국 우생학회는 "부적절한 인간의 특징들은 가계에 흐르며 기니피그의 피부색이 유전되는 방식과 동일한 방식으로 유전된다."라고 설명했다.[36] 또한 이 학회는 "적절한 가족" 시합을 열기도 했다. 참가 가족들은 가계도를 제출하고 정신의학 검사와 IQ 검사를 받았다. A 등급 판정을 받기 위한 것이었다. 우승한 가족은 다른 A 등급 돼지, 염소, 소 등과 함께 박람회 마지막 행사인 행진에 참여했다. 우승한 가족은 그 주 "최고의 수확"이라고 쓰인 현수막이 달린 차를 타고 행진했다.[37]

개신교 목사들과 가톨릭 신부들의 참여를 유도하기 위해 미국 우생학회는 최대 500달러 상금을 건 성직자 연설 시합을 열기도 했다. 1928년 감리교 성공회의 윌리엄 맷슨 목사는 "현대 과학으로 모든 사람이 평등하게 태어나지 않았다는 것이 증명됐다."라는 내용의 설교를 해 우승 상금 500달러를 타가기도 했다. 맷슨은 "유전자 구성이 사람마다 차이가 매우 크기 때문에 부적자를 교육이나 사회 정책으로 끌어올리려는 시도는 잡초 씨앗을 뿌리고 아름다운 장미꽃이 피길 기대하는 것과 같다."라고 말했다. 그는 또한 “돼지를 거실에서 키울 수는 있지만, 그래도 돼지인 사실이 변하지는 않는다.”라고 말하기도 했다. 상금은 탄 다른 목사 중에는 “신은 인간이 ‘찌꺼기와 불순물을 걸러낸 정제된 은’이 되기를 원하며 부적자들이 서로 결혼해 바람직하지 않은 결과가 나올 수 있다면 주정부는 당연히 이들에게 불임 수술을 실시해야 한다.”라고 말한 사람도 있었다.[38]

또한 이 학회는 일종의 “교리서”인 《내일의 아이들》이라는 137쪽짜리 소책자를 통해 어린 학생들과 일반 독자들에게 미국 우생학회를 “사회의 암을 통제하는 학회”로 인식시키는 작업을 했다. 이 소책자에 따르면 정신병자를 비롯한 결함이 있는 사람들은 “은밀히 질병을 퍼뜨리는 존재”이며, 이들이 자식을 낳을 때마다 “암적인 존재”를 만들게 되는 것이었다. 당시는 암이 “의사의 메스”로 제거돼야 하지만 사회가 제대로 이 역할을 하지 못하고 있다고 인식되던 때였다. 또한 “결함이 있는 사람이 새로 태어날 때마다 범죄와 의존성이 계속 늘어난다. 새로운 암세포가 건강한 세포에 가차 없이 침투하고 있다.”라는 생각이 지배하던 시대였다.[39]

1930년대가 되자 우생학자들의 공격은 더욱 거세졌다. 뉴욕 주립 정신의학 연구소 수석연구원 프란츠 콜먼은 “사회에서 ‘생물학적으로 만족스럽지 않은’ 조현병자들을 제거하려면 ‘개인의 자유’를 존중하는 사람을 비롯한 모든 사람이 ‘인류가 훨씬 더 행복해질 수 있다’는 사실에 동의해야 한다.”라고 말했다.[40] 록펠러 의학연구소 소장 찰스 스토커드는 “수준이 낮고 결함이 있는 혈통의 확산을 완전히 막지 못한다면 결국 인류는 궁극적인 멸종에 직면할 수 있다”라고 경고하기도 했다.[41] 한편, 하버드 대학 인류학과 교수이자 미국 우생학회 회원이던 어니스트 후턴은 1937년《유인원, 인간, 천치Apes, Men, Moron》라는 책에서 정신 이상자를 “독성이 있는 점액”으로 된 생식질을 가진 “악성 종양”에 비유했다. 후턴은 미국이 “사회 정책이라는 엉터리 약으로 악성 종양을 치료하는 일을 중단하고 외과 수술로 응급 상황을 해결해야 한다.”라고 주장했다.[42]

이 모든 움직임은 한 세기 전 도덕치료의 기반이 됐던 정서와는 너무나 동떨어진 것이었다. 20세기 초반의 미국 대중은 정신병자를 “바이러스”, “사회적 쓰레기”, “우울증에 걸린 폐기물”이라고 칭하는 소리를 흔하게 들었다. 정신병자들은 문명사회의 전염병적인 존재였다. 신속하게 제거해야 하는 대상으로 여겨진 것이다. 당시 사회는 중증 정신병자에 대한 경멸로 가득 차 있었고, 이런 태도는 독립선언서가 약속했던 삶, 자유, 행복을 추구할 권리를 차단하는 바탕이 됐다.

감금과 불임 수술

처음부터 미국 우생학자들은 정신병자들이 자식을 갖지 못하게 하겠다는 분명한 목표가 있었다. 주정부들은 이들의 결혼을 불법으로 만들고, 이들을 정신병원에 보내 불임 수술을 시킨 후에 석방하는 방식을 사용했다. 국가의 유전적 구성에 대한 위협에 이런 식으로 대처한 것이다.

"정신 이상자들"이 결혼할 권리를 박탈당하기 시작한 것은 1896년이다. 이들에 대한 결혼 금지 조치를 처음 시행한 주는 코네티컷주였다. 노스다코타가 바로 그 뒤를 이었고, 그 뒤를 이은 미시간주는 정신 이상자들이 결혼하다 적발될 경우 벌금 1000달러와 징역 5년을 선고하는 법률을 제정했다. 1914년이 되자 이들의 결혼을 불법으로 규정한 주가 20개를 넘어섰다. 1933년에는 포페노가 정신 이상자들이 합법적으로 결혼할 수 있는 주가 한 곳도 남지 않았다고 발표했다. 하지만 우생학자 중에서 이런 법률이 효과가 있었다고 생각한 사람은 거의 없었다. 이 법률은 정신병자들이 자식을 낳는 것을 막는 데도 실패했을 뿐만 아니라, 결혼 자체를 막는 데도 별로 효과적이지 못했기 때문이다. 포페노는 정신병자들이 자신이 정상인이라고 속이면서 혼인 신고를 했다고 말했다. 그는 이들이 자신에게 유리한 쪽으로 거짓말을 했다고 주장했다.[43]

정신병자를 병원에 격리시키는 편이 훨씬 더 효과적으로 보였다. 실제로 우생학자들의 첫 번째 목표는 이들의 격리보다는 감금에 있었다. 우생학 기록센터는 "결함이 있는 생식질" 제거에 관한 1914년 보고서에서 불임 수술에 대해 "격리를 하지 못할 경우에 대비해 드는 일종의 보험"이라고 언급하기도 했다.[44] 같은 해 열린 전미 우생학 학술대회에서 위스콘신 대학 교수 리온 콜은 "구속 방법을 사용할 수 없을 때는 생식 능력이 있는 동안만이라도 이들을 격리하는 것이 바람직하다."라고 말했다.[45] 치료를 위해 정신병자들을 정신병원에 보내야 한다는 논의는 전혀 이뤄지지 않았다. 대신 우생학자들은 정신적 "부적자"를 최소 예산으로 운영되는 수용소에 보내 생식이 불가능한 나이에 이를 때까지 가두거나 불임수술을 시키는 방법을 강구했다.

우생학자들은 이 목표를 매우 놀라울 정도로 성공적으로 이뤄냈다. 우생학이 대두되기 전인 1880년 미국 내 정신병원 수용자는 3만 1973명, 즉 전체 인구의 0.06%였다. 하지만 1929년이 되자 이 수치는 27만 2527명으로 늘어났다. 전체 인구의 0.23%였다.[46] 이 비율은 다시 50년 만에 4배로 늘어났다. 1923년 <유전학 저널>은 "정신병자의 격리는 거의 완성에 도달했다."라는 내용의 사설을 실었다.[47]

우생학자들의 3번째 목표인 "결함 있는 사람들"에 대한 강제 불임 수술 시행은 미국 국민의 동의를 받는 데 많은 시간이 걸렸다. 골턴이 "우생학"이라는 말을 만들어내기 1년 전인 1882년에 이미 펜실베이니아의 유명한 부인과 의사 윌리엄 구델이 정신 이상자들이 "정신 이상 자녀"를 낳는 것을 방지하기 위한 거세 수술을 제안한 바 있다. 여성의 난소를 수술로 제거하면 "난소 정신 이상"을 치료할 수 있다고 주장한 구델은 "미래에는 정신 이상 남성을 모두 거세하고, 정신 이상 여성의 난소를 모두 제거함으로써 광기를 사회에서 뿌리 뽑는 방법이 건전한 정책으로 자리를 잡게 될 것"이라고 예측한 바 있다.[48] 구델의 이런 생각을 그대로 따라 한 사람이 있다. <텍사스 의학 저널> 편집장 F.D. 대니얼이다. 그는 미친 남자를 거세함으로써 자위행위를 막을 수 있고, 그렇게 되면 "위생적으로 바람직할 것"이라고 주장했다.[49]

의사들의 이런 생각과는 달리 일반 사람들에게 거세 수술은 법으로 제정하기에는 너무 끔찍하고 몸서리쳐지는 일이었다. 하지만 1890년대에 거세를 하지 않는 불임 수술 방법이 개발됐고, 관련 법 제정에 파란 불이 들어왔다. 남성의 수정관을 절제하고 여성의 나팔관을 묶는 방법이었다. 이 두 가지 수술은 받아도 성행위를 하는 데 전혀 지장이 없었다. 정신병자들에게 적용하는 데 별 저항이 없는 방법이었다. 우생학 지지자로 널리 알려졌던 뉴저지의 비뇨기과 의사 윌리엄 J 로빈슨은 "그런 사람들에게는 권리가 없다. 그들은 애초에 태어날 권리가 없는데 태어났기 때문에 같은 종류의 후손을 번식시킬 권리가 없다."라고 말했다.[50]

1907년 인디애나 주가 강제 불임 수술 법률을 최초로 통과시켰다. 인디애나 주정부는 유전이 "범죄자, 백치, 저능아 형성에 지배적인 역할을 하는 것으로 증명됐다."라며 이 법률이 과학에 의거한 것이라고 발표했다. 그 후 20년 동안 30개 주의회가 불임 수술 법률을 통과시키면서 결함이 있는 사람들이 같은 종류의 자식을 낳는다는 주장을 내세웠다. 주정부 관리들이 제시한 퇴화 유전 형질의 종류는 꽤 많았다. 1913년 아이오와 주는 “범죄자, 강간범, 바보, 정신박약자, 천치, 미친 사람, 술고래, 마약 중독자, 매독 환자, 성 도착자, 질병에 걸린 사람과 퇴화한 사람”에게 불임 수술을 시행해야 할 필요가 있다고 발표했다. 법이 “인간쓰레기”로 보는 모든 종류의 사람들을 다 포함하는 리스트였다.

캘리포니아 주의회를 제외한 주의회들이 불임 수술 법률을 앞 다퉈 제정하고 있었지만, 주정부들은 대규모로 “결함 있는 사람들”에 대한 불임 수술을 실시하지는 않았다. 적어도 1927년까지는 그랬다. 한편 가톨릭 신자들과 비영어권 이민자 집단들을 비롯한 반대 세력은 이 법률이 잔혹하고 비상식적인 처벌을 금지하고, 적절한 법 절차와 법의 평등한 보호를 규정한 헌법 위반이라고 주장했다. 이들의 이런 주장 때문에 불임 수술은 유전적 결함이 있다고 생각되는 모든 사람이 아닌, 시설에 수용된 사람들만을 대상으로 실시될 수밖에 없었다. 1923년이 되자 뉴욕 주, 네바다 주, 미시간 주, 인디애나 주, 오리건 주의 불임 수술 법률이 위헌 판결을 받았다. 펜실베이니아 주, 오리건 주, 버몬트 주, 아이다호 주, 네브래스카 주의 주지사들은 불임 수술 법률에 거부권을 행사했다. 특히 펜실베이니아 주 주지사 새뮤얼 페니패커는 강력하게 이 법률을 비난했다. 거부권을 행사한 후의 만찬 자리에서 페니패커는 참석자들의 야유를 받았지만, 그는 손을 들어 사람들을 조용하게 만든 후 이렇게 말했다. "여러분은 내게 고마워해야 합니다. 내가 방금 백치들을 거세하는 법에 거부권을 행사했으니 말이지요."[51]

국가 차원에서 불임 수술에 대한 태도를 결정하기가 힘든 시기였다. 1907년부터 1927년까지 시행된 우생학 목적의 불임 수술은 약 8000건이었다. 상당히 많은 건수지만, 정신병원에 수용된 사람 수에 비하면 아주 적은 숫자였다. 이 법률은 합헌이었을까? 미국 정부의 통치 원칙과 맞지 않는 것이었을까?

1927년 미국 연방 대법원은 '버크 대 벨Buck vs Bell' 사건 판결에서 이 법률이 합헌이라고 8:1로 확인했다. 올리버 웬들 홈즈Oliver Wendell Holmes 대법관은 판결문에서 "유전이 정신 이상, 정신박약 등의 전파에 중요한 역할을 한다는 것은 경험으로 알 수 있다."라고 밝혔다. 나쁜 과학이 악법의 기초가 된다는 사실을 보여준 판결문의 일부는 다음과 같다.

> 우리는 공공의 안녕을 위해서는 최고의 시민들이 삶을 살 수 있어야 한다는 것을 잘 알고 있다. 희생을 적게 하면서 국가의 힘을 소진하고 있는 사람들, 국가를 걱정하는 사람들에 의해 그렇다고 생각되는 사람들이 우리의 존재를 무능력으로 덮는다면 공공의 안녕은 위협을 받을 것이다. 사회는 이들의 퇴화한 자녀들이 범죄를 저질러 처벌을 받기 전에, 그들이 우매함으로 굶어 죽기 전

에 확실히 부적격인 사람들이 자신과 같은 종류의 자식을 낳는 것을 막음으로써 전 세계에 이득을 줄 수 있다.[52]

당시의 미국은 세계 최초로 우생학적 정책을 시행한 나라였다. 유럽 국가 중에는 정신병자를 비롯한 부적격자들을 대상으로 강제 불임 수술을 한 나라가 한 곳도 없었다. 미국 연방 대법원 판결의 여파로 미국 내 우생학 목적 불임 수술 건수는 비약적으로 증가했고, 1930년대에는 연평균 2200건의 수술이 시행됐다. <뉴욕타임스>, <뉴잉글랜드 저널 어브 메디신New England Journal of Medicine> 같은 주요 의학 학술지들도 불임 수술에 대한 긍정적인 사설을 실었다. 1937년 <포천Fortune>은 미국인의 66%가 "결함 있는 사람들"에 대한 불임 수술에 찬성한다는 여론 조사 결과를 발표하기도 했다. 1945년 말이 되자 이 불임 수술 법률에 따라 수술을 받은 사람의 수는 4만 5127명으로 늘어났다. 이들 중 2만 1311명이 주립 정신병원 환자였다.

인도주의적 치료법

미국 연방 대법원은 불임 수술을 부적자들이 국가의 이익을 위해 치러야 하는 작은 "희생"이라고 말했지만, 사회의 부적격자들에게 부당한 대우를 한다는 평가를 받고 싶은 사회는 없다. 의사들도 마찬가지다. 의사들도 환자에게 해를 끼칠 수 있는 사회 정책의 실행자로 자신이 평가되기를 원하지 않는다. 의사들은 도움이 되는 치료를 제공하고 싶어 한다. 사회가 좋은 모습으로 평가되고자 하는 욕구와 의사가 치료자로 평가되고자 하는 욕구는 미국의 정신병자 약 50%에 대한 불임 수술이 이뤄진 제2차 세계대전 말의 캘리포니아 주에서 드러났다. 이곳 의사들은 불임 수술이 환자에게 치료 혜택을 제공한다고 생각했으며, 캘리포니아 주는 환자 대부분으로부터 감사를 받았다.

캘리포니아 주가 무성화 법Asexualization Act을 통과시킨 것은 1909년이었다. 법안 통과를 적극적으로 추진했던 의사 F.W. 해치는 그 후 주립 정신병원 여러 곳의 원장으로 임명됐다. 해치는 이 법을 "정신병원에 수용된 결함 있는 사람들이 오염된 혈통을 후손에게 전하지 못하게 만들기 위해" 활용하겠다고 약속했다.[53] 이 무성화 법은 1913년과 1917년 두 차례에 걸쳐 개정되면서 결함 있는 사람의 범위를 넓히고, 주정부가 본인 동의 없이도 이들에게 불임 수술을 시행할 수 있도록 권한을 부여했다. 그 결과 1921년이 되자 미국 내에서 우생학 목적 불임 수술을 받은 3233명 중 거의 80%가 캘리포니아 주 주민이 된 상황이 발생하게 됐다.

캘리포니아 주 의사들은 불임 수술을 하면서 왜 불임 수술이 정신병자에게 이익이 되는지 설명하기 위해 다양한 논리를 개발해

냈다. 캘리포니아 주 의사들 대부분은 남성이 불임 수술을 받으면 "생명의 정수"인 정액이 보존되는 효과가 나타난다고 설명했다. 1906년부터 1929년까지 스톡턴 주립병원 원장이었던 프레드 클라크는 "남성의 수정관을 절제함으로써 고환에서 분비되는 정액이 다시 흡수된다. 우리는 이런 수술로 환자들의 정신건강과 전체적인 건강이 개선되며, 정액이 고환으로 다시 흡수됨에 따라 확실히 좋은 효과가 나타난 것을 확인할 수 있었다."라고 말했다. 일부 의사는 정신병자들이 크기와 모양 면에서 노인들의 고환과 비슷한 비정상적인 고환을 가지고 있다고 주장하면서 수정관 절제를 하면 정신병자의 고환이 다시 젊은 사람의 고환으로 돌아온다고 주장하기도 했다. 스톡턴 주립병원의 한 의사는 "가장 혜택을 받는 사람은 조발성 치매 환자로 보이며, 이 수술을 치료 방법의 하나라고 확실히 부를 수 있을 정도로 호전 사례가 충분하다고 생각한다."라고 썼다. 의사들은 불임 수술을 받은 여성은 심리적으로도 혜택을 받는다고 주장했다. 임신 걱정을 하지 않아도 되고, 출산과 양육이라는 부담에서 벗어날 수 있다는 설명이었다.[54]

캘리포니아 주 정신병원 의사들은 불임수술을 치료 방법으로 설명하면서 환자와 환자 가족들로부터 법적으로는 필요가 없는데도 수술 동의서를 받았다. 동의서는 불임 수술이 환자를 회복시킬 수 있다는 내용이었다. 스톡턴 주립병원의 한 의사는 한 환자 가족에게 보낸 편지에서 "불임수술은 위험성이 거의 또는 전혀 없으며, 환자들 대부분은 뚜렷한 호전을 보였습니다. 따라서 나는 환자가 수술을 받는 것이 바람직하다고 생각합니다."라고 썼다. 1928년에 기록된 환자와 의사간의 수술 관련 대화를 살펴보자.

의사: 불임 수술을 받은 적이 있습니까?

환자: 없습니다.

의사: 여기 있는 동안 수술을 받는 것이 좋습니다.

환자: 선생님, 수술을 받으면 신경이 더 안정될까요?

의사: 그럴 겁니다. 많은 경우에 그랬습니다. 확실히 보장할 수는 없지만, 많은 경우 뚜렷한 호전이 일어났습니다. 수술은 해롭지 않고, 성생활에도 지장을 주지 않을 겁니다. 수정관을 약간 절제해 정액을 다시 흡수하도록 만드는 간단한 과정이니까요.

환자: 성생활에 문제가 있던 적은 없습니다.

의사: 수술은 해롭지 않습니다. 수술을 받으면 환자분의 증상이 호전될 겁니다.

환자: 그렇게 해주시면 감사드리겠습니다, 선생님.

의사, 환자, 환자 가족은 이런 이야기를 나눴고, 그 과정에서 인도주의적인 치료에 대한 미담이 생겨났다. 의사들은 불임 수술이 치료가 있다고 생각했고, 환자들은 불임 수술을 받고 싶어 했다.

1927년에는 부유한 은행가 에즈라 고즈니와 포페노가 운영하던 주립 우생학 조직인 인간개선재단Human Betterment Foundation은 불임 수술을 받은 정신병 환자의 85%가 수술에 고마워하거나 수술에 별 신경을 쓰지 않았다고 발표하기도 했다. 이 재단에 따르면 불임 수술을 받은 여성들은 "감사의 마음을 표시했고, 정신병에 걸린 상태에서 임신할 가능성이 있는 여성들이 불임 수술을 받았으면 한다."라고 말했다."[56] 캘리포니아 정신보건국은 공식적으로 불임 수술을 주립 정신병원 환자들이 받아야 하는 의학 치료의 일부로 규정하기까지 했으며, 이런 뉴스를 접한 대중은 불임 수술에 대한 긍정적인 생각을 가지게 됐다. 1935년 조사에 따르면 캘리포니아 주민의 83%가 정신병자에 대한 우생학적 불임 수술 시행을 찬성했다.[57]

이렇게 불임 수술을 받은 정신병자들의 목소리는 기록으로 남은 것이 거의 없다. 하지만 다행히도 이 수술을 받은 한 환자가 한 말이 부분적으로 남아있는 기록이 하나 있다. 불임 수술을 받은 지 8년이 지난 29세 남성이 포페노에게 한 말이다. 이 환자는 불임 수술 이후 자신의 삶이 어떻게 바뀌었는지 다음과 같이 말했다.

> 불임 수술을 받은 것은 1918년, 내가 21살 때였습니다. 정신병이 시작된 지 석 달 반 정도 됐을 땝니다. 수술을 받은 것은 너무 큰 실수였습니다. 처음에 나는 내가 약하거나 정신박약인 자식을 낳

> 을 가능성이 전혀 없다고 생각했기 때문에 수술을 받지 않으려고 했습니다. 지금은 내가 내 성을 가지고, 내가 사는 집에 살면서, 노년에 내 버팀목이 되어줄 자식을 영원히 가질 수 없다는 생각에 너무 슬픕니다.[58]

미국 우생학의 전성기에 나온 "정신 이상자"의 외침이었다.

대량살육의 현장

미국이 우생학적 불임 수술을 진보적인 건강 정책으로 수용한 것은 다른 나라들의 정신병자들에게 지대한 영향을 미쳤다. 미국 연방 대법원이 정신병자에 대한 불임 수술을 합헌으로 판결한 지 2년 만에 덴마크가 불임 수술 법률을 통과시켰고, 그 후 몇 년 동안 노르웨이, 스웨덴, 핀란드, 아이슬란드도 그 뒤를 따랐다. 특히 미국이 나치 독일에 미친 영향은 막대했고, 나치 독일은 우생학적 정책을 완수한 나라가 됐다.

제1차 세계대전 이전 독일에서 우생학은 미국에서처럼 널리 퍼지지 않았었다. 1914년 독일 의회는 불임 수술 법안 통과를 막았으며, 그 후에도 독일에서는 정신병자의 결혼을 금지하는 법이 통과되지 않았다. 하지만 전쟁이 끝나자 독일 사람들은 우생학에 대해 달리 생각하게 됐다. 전후 독일은 경제가 완전히 무너지고, 가장 능력이 뛰어난 젊은이 175만 명 이상이 전사한 상태였다. 이런 상황에서 독일은 정신병원의 "결함 있는 사람들"을 위해 예산을 집행할 여유가 당연히 없었다. 건강한 독일 청년들이 아버지가 되기도 전에 수없이 전사한 상황에서 오염된 유전자를 후대에 전달할 수 있는 부적자들을 지원할 수는 없는 일이었다. 이런 상황에서 1925년 아돌프 히틀러는 《나의 투쟁》에서 우생학이야말로 국가를 재건할 수 있는 과학이라고 찬양했다. 히틀러는 국가가 "현대 의학의 성과들을 최대한 이용해야 하며" "번식에 적합하지 않은" 사람들에게 불임 수술을 시행해야 한다고 주장했다.

미국 우생학자들처럼 독일 우생학자들도 정신병이 유전되며, 이 유전되는 병이 국민 사이에서 퍼지고 있다는 과학적 증거를 수집하려고 했다. 이들의 이런 노력에 자금을 지원한 것이 미국이었다. 1925년 록펠러 재단은 뮌헨 정신의학 연구소에 250만 달러를 기부했고, 이 연구소는 이 자금을 바탕으로 우생학 연구의 중심으로 부상했다. 록펠러 재단은 베를린 소재 카이저 빌헬름 인류학·인간 유전학·우생학 연구소에도 자금을 지원했다. 연구소는 이 자금을 독일 국민의 "퇴행적 기질들"을 조사하는 데 사용했다.[59]

1933년 히틀러가 정권을 잡은 후 독일은 광범위한 불임 관련법을 통과시켰다. 이 법 제정을 추진했던 독일 우생학자들은 미국의 우생학자들을 본보기로 삼았으며, 미국 우생학자들은 이를 상당히 자랑스럽게 생각했다. 스톡턴 주립병원 원장 마거릿 스미스는 1935년 독일에 다녀온 뒤 이렇게 썼다. "독일의 불임 수술 운동 지도자들은 캘리포니아 주의 실험을 면밀하게 연구한 결과로 불임 수술 법률이 제정됐다고 계속 말했다. 이들은 미국의 경험에서 배우지 못했다면 100만 명이 관련된 이 실험은 불가능했을 것이라고 말하고 있다."[60]

많은 독일인과 미국인은 나치의 불임 수술 법률이 미국 주들의 불임 수술보다 도덕적으로 우월하다고 생각했다. 독일의 법은 적절한 절차를 정교하고 확실하게 보장하는 법이었기 때문이다. 독일 의사들은 유전 건강 법원에 "부적합한" 사람들을 의무적으로 신고해야 했으며, 이 법원은 환자에 대한 검토 과정을 거쳐 불임 수술 승인 여부를 결정했다. 환자들은 법원의 결정에 불복해 항소할 수도 있었다. 독일은 다른 나라로부터 배운 것을 바탕으로 현대적인 의학을 어떻게 진전시킬 수 있는지 보여주는 좋은 예로 칭송받기도 했다. <뉴잉글랜드 저널 어브 메디신>에는 독일이 "부적자들의 번식을 가장 진보적으로 제한하는 나라"라는 내용의 사설이 실렸다. 미국 공공보건협회도 비슷한 어조로 독일을 칭송했으며, 1934년 연례 회의에서는 독일의 불임 수술 프로그램이 현대적 건강 프로그램의 좋은 예로 발표됐다. <뉴욕타임스>는 히틀러가 시행하고 있는 새로운 불임 수술 법률을 보면 "신빙성이 없는 인종주의"를 추구하고 있다는 두려움을 가질 필요가 없다는 내용의 사설을 싣기도 했다. 이 신문은 독일이 "문명화된" 다른 나라들, 특히 미국의 길을 따르고 있을 뿐이라며, 미국은 "불행한 환자 약 1만 5000명에게 인도주의적인 수술을 시행해 그들과 같은 종류의 자식을 낳지 못하도록 만들었다."라고 말했다.[61]

그 후 6년 동안 독일은 37만 5000명에 대해 불임 수술을 시행했다. 이 시기에는 미국에서도 우생학적 불임 수술의 진행 속도가 빨라졌으며, 스칸디나비아반도 국가들도 수많은 "결함 있는 사람들"에 대해 불임 수술을 진행했다. 미국에서 처음 시작된 우생학적 치료는 유럽 6개 국가로 확산됐다. 하지만 독일의 불임 수술은 미국의 불임 수술과는 다른 점이 분명히 있었다. 독일은 미국과 달리 맹렬한 기세로 불임 수술을 시행했고, 미국 우생학자들은 이를 두고 히틀러가 "우리가 시작한 일에서 독일이 미국을 앞지르고 있다"라는 두려움을 갖게 됐다. 미국 우생학회 현장 책임자 레온 휘트니는 미국이 절차상의 문제로 "미적거리고 있을 때" 독일은 "강력한 국가"가 되고 있다고 불만을 털어놓기도 했다.[62]

결국 나치 독일은 정신병자에 대한 우생학적 치료를 최종 단계로 상승시켰다.

정신병자에 대한 우생학적 태도, 즉 정신병자가 사회를 좀먹고 있으며 사회의 "생식질"에 위협을 가하고 있다는 생각이 결국 더 극단적인 조치를 불러온 것이었다. 국가는 정신 이상자들을 죽여야 하는가? 이 질문은 1911년 미국에서 처음 제기됐다. 찰스 대븐포트가 《우생학 측면에서 본 유전》이라는 책을 출간한 때였다. 대븐포트는 부적자들을 무조건 죽여야 하는 것은 아니지만, 사회가 "정신적 결함이 있는 사람들"이 번식하는 것과 그들을 죽이는 것 중 하나를 선택해야 한다면 죽이는 편을 선택해야 한다고는 생각했다. 대븐포트는 "(결함 있는 사람들이 일으키는) 문제를 해결하는 방법으로 사형을 선택하는 것은 조잡한 방법이지만, 정신박약자들과 범죄자들을 사회에 풀어놓고 그들의 짐승 같은 특성을 퍼뜨리게 만드는 것보다는 훨씬 나은 방법이다."라고 말했다.[63] 5년 후 뉴욕의 부유한 변호사이자 미국 우생학회 창립자 중 한 명이었던 매디슨 그랜트는 《위대한 인류의 몰락The Passing of the Great Race》에서 이런 생각을 더 발전시켰다. 그랜트는 "자연법칙에 따라 부적자들은 멸종되어야 한다. 인간의 삶은 그 삶이 공동체나 인류 전체에 쓸모가 있을 때만 가치가 있기 때문이다. 가치 없는 인간들이 계속 존재한다면 공동체에 큰 해를 끼치게 된다."라고 썼다.[64]

정신병자들을 비롯한 부적격자들은 "쓸모없이 먹기만 하는 사람들"이라는 생각이 서방 세계 전반에 퍼지고 있었다. 그랜트의 책은 4쇄를 낼 정도로 베스트셀러가 됐고, 프랑스어, 노르웨이어, 독일어로 번역됐다. 독일 역사학자 슈테판 퀼은 이 책을 읽은 히틀러가 그랜트에게 "당신의 책은 내게 성경입니다."라는 내용의 팬레터를 보냈다고 말했다.[65]

그 후 20년 동안 국가가 정신병자를 죽일 수도 있다는 의견이 미국 곳곳에서 열린 학술대회에서 발표됐다. 1921년 노위치 주립 병원을 견학하면서 50세 남성이 철제 침대에 수갑으로 묶여 있는 광경을 목격한 코네티컷 주 의원들은 "전문가들의 관찰과 조사를 거친 후에 치료 불가능 판정을 받은 정신병자들을 최대한 자비로운 방법, 될 수 있으면 독으로 죽이는" 법의 제정을 고려했으며, <뉴욕타임스>는 이 남성이 "자비로운 사형 집행 대상"이 된다고 보도했다.[66] 1920~1930년대의 미국 우생학자들은 정신병자들을 "사회적 쓰레기", "악성 종양", "독성이 있는 점액" 등의 증오 어린 이름으로 불렀고, 사회가 이들을 제거할 수 있는 방법을 찾아야 한다고 암묵적으로 촉구했다. 하버드 대학의 어니스트 후턴은 정신병자들이 "진정으로 박멸되어야 하는 인간 표본들"이라고까지 말했다.[67] 급기야 1935년에는 노벨상 수상자이자 뉴욕 소재 록펠러 의학연구소 의사인 알렉시스 카렐이 《인간, 그 미지의 존재Man the Unknown》에서 다음과 같이 말하기에 이르렀다.

> 교도소와 정신병원을 유지하고 대중을 폭력배와 미친 사람들로부터 보호하는 데 막대한 자금이 소요되고 있다. 이 쓸모없고 해로운 존재들을 왜 보존하는가? 비정상적인 존재는 정상적인 존재의 발전을 방해한다. 이 사실을 정면으로 직시해야 한다. 사회가 범죄자와 정신병자를 더 경제적인 방식으로 처리하지 말아야 하는 이유가 어디에 있는가? 이 성가시고 위험한 존재들로부터

공동체를 보호해야 한다. 어떤 방법을 쓸 수 있을 것인가?

카렐은 자신이 던진 질문에 스스로 답을 제시했다. 정신 이상자들, 최소한 어떤 종류든 범죄를 저지른 정신 이상자들은 "적절한 가스실을 갖춘 안락사 시설에 보내 인간적이고 경제적인 방식으로 제거해야 한다."가 그의 답이었다.[68]

1940년 1월 나치 독일이 정신병자들을 "적절한 가스"로 죽이기 시작했다. 그렇게 한 데는 간단한 우생학적 논리가 있었다. 넉 달 전 폴란드를 침공했을 때 나치는 정신병자들을 죽임으로써 부상자를 위한 병상을 확보할 수 있었고, 정신병자들을 먹이는 데 드는 비용도 없앨 수 있었기 때문이다. 18개월 동안 나치는 정신병 환자 7만 명 이상을 가스로 죽였다. 이 작업을 관리한 사람들은 가스 살해로 얻을 수 있는 경제적 이득을 계산하기까지 했다. 정신병자들이 먹는 빵, 마가린, 설탕, 소시지 같은 음식도 계산에 넣었다. 1941년 8월 24일 히틀러는 정신병자에 대한 체계적인 가스 학살을 중지시켰다. 가스실은 분해돼 동부의 수용소로 보내졌고, 그곳에서 다시 조립돼 유대인을 비롯한 "가치가 없는" 인간들을 살해하는 데 사용됐다. 75년 전 골턴이 영국의 지배 엘리트들의 우수한 특성을 연구하면서부터 시작돼 미국의 과학과 사회에 침투한 우생학이 결국 아우슈비츠 수용소에서 절정을 이루게 된 것이었다.

미국의 강제수용소

미국인들은 제2차 세계대전 초반에 신문과 잡지에 실린 글을 통해 나치 강제수용소의 존재에 대해 알게 됐지만, 수용소의 사진을 보기 전까지는 그 참상에 대해 제대로 알지 못했다. 미국을 비롯한 세계 각국이 강제수용소의 사진을 보게 된 것은 1945년 연합군이 강제수용소를 해방시켰을 때였고, 이 사진들을 본 20세기 사람들은 충격에서 헤어나지 못했다. 줄무늬 죄수복을 입은 채 놀란 눈으로 쳐다보던 유대인들의 앙상한 모습은 그들이 겪었던 극도의 고통을 말해주고 있었다.

전쟁 직후 미국인들은 이런 참상이 담긴 사진들에 주목했다. <라이프> 잡지에 먼저 실린 후 책으로 발간된 앨버트 도이치 기자의 기사는 미국 주립병원 내부 모습을 생생하게 전했다. 기사에 곁들여진 사진들은 너무나 참혹했다. 정신병자들이 알몸으로 자신의 배설물이 널린 황량한 방 안에 갇혀 있고, 조악한 환자복 상의를 입은 여성들이 나무 벤치에 묶여 있으며, 낡은 침대들이 가득 찬 병실에 빼곡하게 갇혀서 잠을 자는 환자들의 사진이었다. 묶여 있어 손을 쓸 수 없는 환자들이 개처럼 철제 접시에 입을 대고 음식을 먹는 사진도 있었다. 도이치는 《국가의 수치The Shame of the States》에서 다음과 같이 묘사했다.

> 바이베리 정신병원을 돌아보면서 나치 독일의 벨젠 수용소와 부헨발트 수용소가 떠올랐다. 아무것도 입지 않은 사람들이 빼곡하게 소처럼 사육되고 방치되는 병동에는 썩는 냄새, 구역질나는 냄새가 가득했고, 그 냄새 자체가 하나의 물리적 실체로 느껴질 정도였다. 환자 수백 명이 비가 새는 지붕 아래에서, 곰팡이 핀 벽에 둘러싸여 의자나 벤치도 없는 썩은 내가 나는 방에 살고 있었다.[69]

수많은 신문이 정신병원들의 참상을 다룬 폭로기사를 싣기 시작했다. 오클라호마 주 노먼, 클리블랜드, 마이애미, 볼티모어 등의 신문들도 비슷한 기사를 실었다. 손에 수갑이 채워진 채 의자에 묶여 있는 환자들, 젖은 침대 시트를 덮고 있는 정신병원 환자들의 모습이 계속 폭로됐다. 정신병원들에는 쥐와 바퀴벌레 같은 해충이 가득했다. 환자들은 몇 주, 몇 달, 심지어는 몇 년 동안이나 의사의 진료를 받지 못했다. 정신병원의 질서는 보호사들이 유지했다. 이들은 말을 듣지 않는 환자들에게 수시로 폭력을 행사했다. <라이프> 잡지 기자 앨버트 메즐에 따르면 정신병원 환자들은 "죄 없는 환자이자 죄수"였다.[70]

당시 <라이프> 잡지를 비롯한 매체들은 이런 정신병원들의 참상이 대중의 무관심과 의회 의원들의 인색함 때문에 벌어진 것이라고 비난했다. 부끄러운 일이었지만, 의도에 의한 일은 아니었다는 지적이었다. 어떻게 생각하면 맞는 지적이었다. 1930년대 대공

황과 제2차 세계대전의 영향도 컸다. 하지만 주립 정신병원들의 악화는 정신병자는 격리되어야 하며 "정상적인" 사회는 이 비용을 최소화해 부담을 줄여야 한다는 우생학적 사고와도 깊은 관련이 있었다. 독일에서도 정신병자 관리 예산 삭감은 히틀러가 정권을 잡은 1933년 이후에 이뤄졌다. 신문과 잡지가 1900년에서 1945년에 걸친 정신병원의 몰락에 주목했다면, 그 몰락이 우생학 운동과 맞물려 일어났다는 사실을 알 수 있었을 것이다.

20세기 초반 미국 내 131개 주립 정신병원의 환자 수는 12만 6137명이었지만, 40년이 지난 후에는 주립 정신병원의 수가 181개로 늘었고, 수용 환자 수는 41만 9374명으로 증가했다. 병원당 평균 환자 수도 962명에서 4500명 이상으로 늘어났다. 하지만 정신병원 수용자 수가 늘어난 것은 "정신 이상 환자"의 수가 늘어났기 때문만은 아니었다. 사회가 알코올 중독자, 간질 환자, 부랑자, 노망난 자, 약물 중독자, 매독 환자, 정신질환자 등 온갖 종류의 "부적격자들"을 정신병원에 몰아넣었기 때문이다. 우생학자들은 정신병원이 현대 사회에 해를 끼치는 "사회적 쓰레기"를 가두는 곳이라고 말했다. 1930년대에 정신병원에 수용된 사람 중 조현병, 우울증 등 확실한 "정신 이상"으로 수용된 사람은 50%가 채 안 된다는 통계도 있다.[71]

이 시기에는 주립 정신병원 환자 한 명당 지원 예산도 전례 없이 줄어들었다. 1940년대 초반이 되자 주정부들이 집행한 정신병원 환자 한 명당 예산은 1달러 밑으로 떨어졌다. 인플레이션율을 감안해도 1860년대 펜실베이니아 병원 환자 한 명당 예산의 3분의 1이 채 안 되는 액수였다. 이는 1940년대의 사설 정신요양원이 사용한 한 명당 비용의 8분의 1에 불과한 액수이기도 했다. 당시 미국정신의학협회가 추산한 환자 한 명당 최소 비용은 최소 5달러였다. 주립 정신병원들이 이렇게 저예산으로 운영되면서 환자들의 사망률은 폭등하기 시작했다. 사망률은 특히 20~24세 남성이 높았는데, 이들은 우생학자들이 번식을 막으려고 했던 연령대의 사람들이었다. 매년 이 젊은 남성들의 5%가 사망했다. 그 나이대 정상인 사망률의 15배에 이르는 수치였다.[72] 도이치는 이들의 죽음에 대해 "방치에 의한 안락사"라고 말했다.[73]

결국 우생학자들의 주장대로 정신병원은 점점 감금 공간으로 변해갔다. 의학 치료를 제공하는 병원이 아니라 부적격자들을 격리하는 시설로 변한 것이다. 20세기 초반의 주립 정신병원은 의사 한 명당 환자 수가 100~175명이었지만, 1943년이 되자 이 비율은 의사 한 명당 277명으로 늘어났다. 간호사 한 명이 돌봐야 하는 환자 수도 176명으로 늘어났다.[74] 의사와 간호사 수가 이렇게 적은 상태에서 환자들의 일상생활은 정신병원에서 먹고 자는 저임금 보호사들에 의해 통제됐다. <라이프> 잡지는 1946년 폭로기사에서 펜실베이니아 주 주립병원들의 보호사들의 연봉이 900달러에 불과하다고 밝혔다. 주립 교도소 간수들의 연봉인 1950달러의 반도 안 되는 돈이었다. 이 잡지에 따르면 "주립 정신병원 보호사들의 일은 교도소 간수들의 일보다 훨씬 위험하고 힘든" 일이었다. 사회가 버린 사람들의 순위를 매기자면 정신병원 환자가 범죄자보다 더 밑에 있었다.

교도소 간수처럼, 정신병원 보호사의 주요 업무도 질서 유지였다. 보호사들은 진정제와 구속 도구를 마음대로 사용했으며, 필요한 경우 무력을 사용하기도 했다. 환자를 구타하는 것은 불법이었기 때문에(어쨌든 정신병원도 원칙적으로는 병원이었다) 이들은 겉으로 상처를 남기지 않는 방식으로 환자들을 때렸다. 1931년 오클라호마 정신병원에 입원했던 신문기자 말 우드슨은 흔하게 사용된 2가지 구타 방법에 대해 다음과 같이 말했다.

> 환자의 목에 젖은 수건을 감은 다음, 뒤에서 환자가 질식해 의식을 잃고 쓰러질 때까지 수건을 비트는 방법이 있다. 수건 대신 베갯잇을 사용하기도 한다. 딱딱한 비누를 양말에 넣은 다음 그 양말로 환자를 내리쳐 쓰러뜨리는 방법도 있다. 환자는 양말에 맞으면 쓰러져 의식을 잃는다. 눈에 보이는 상처는 남지 않는다. 젖은 수건으로 목을 조르는 방법도 흉터나 상처를 남기지 않기 때문에 공무원이나 병원 고위 관계자, 예상치 못한 방문자는 눈치를 채지 못한다. 참으로 창의적인 방법이다. 또한 이런 방법들은 환자의 생명을 위협하지도 않는 "안전한" 방법이기도 했다.[75]

1930년대에도 정신병원의 이런 참혹한 상태에 대한 논의가 주정부 대부분과 연방정부 차원에서 이뤄지긴 했다. 하지만 이런 공적인 논의는 주로 정신병원의 개선방안에 대한 것이었다. 국가가 정신병자들을 위한 병원을 운영하는 것이 아니라 정신병자들을 교도소 같은 수용소에 가둬두고 있다는 사실 자체에 관한 논의는 아니었다. 1933년 미국의사협회AMA는 정신병원의 현실에 관한 증거를 담은 보고서를 받았지만, 사실을 인정하지 않고 은폐했다.

그 2년 전 미국의사협회는 존 그라임스라는 젊은 의사를 고용해 미국의 정신병원을 조사하라는 임무를 맡긴 적이 있었다. 그라임스는 174개 주립 정신병원에 설문지를 보낸 후 그 병원들 대부분을 방문해 조사를 실시했다. 그라임스가 제출한 보고서의 내용은 예상을 뛰어넘을 정도로 충격적이었다. 밖에서 보았을 때 정신병원들은 "공원, 그늘막, 꽃, 시내, 전원풍의 다리, 정자, 산책로, 야구장, 미니 골프장, 테니스장 등이 있는" 아름다운 공간이었다. 하지만 정신병원 내부는 전혀 달랐다. 환자들이 너무 많아 복도, 식당, 거실, 체육관에서 잠을 자야 할 정도였다. 간이침대를 놓을 수 있는 공간이면 어디에나 환자를 재웠다. 두 명이 한 침대에서 자는 경우도 흔했다. 그라임스에 따르면 병원 보호사들은 교도소 간수처럼 행동했다. 병동은 잠겨 있었고 창문에는 빗장이 달려 있었다. 또한 환자들은 병원 내에서 자신들이 재배한 먹거리 외에는 먹지 못하는 경우가 많았다. 달걀도 거의 먹을 수 없었고, 우유를 먹는 사람도 거의 없었다. 그라임스는 이런 정신병원들의 첫 번째 목적은 치료가 아니라 "법적인 감금"이라고 결론지었다. 이 정신병원들은 사회가 원하지 않는 사람들, 즉 정신병자가 아닌 수많은 사람, "사회에 적응하지 못하거나 반사회적 사람들"을 감금하는 역할을 하고 있었다.[76]

그라임스는 조사를 통해 본질적으로 국가가 국가 자신을 속이고 있다는 사실을 발견했다. 하지만 미국의사협회가 듣고 싶은 메시지는 그게 아니었다. 미국의사협회는 그라임스에게 보고서 내용을 바꾸라고 지시했다. 그라임스는 거부했고, 해고됐다. 미국의사협회는 연례 회의에서 그라임스가 작성한 보고서를 요약한 10쪽 분량의 보고서를 배포했다. 그라임스가 지적한 정신병원의 참상에 관한 내용을 뺀 보고서였고, 정신병원 문제는 묻혔다. 그라임스는 미국의사협회의 지원 없이 자비로 보고서를 출판했지만, 대중의 관심을 받지는 못했다. 그라임스는 "미국의사협회가 미국에서 가장 방치되고 도움이 필요한 병원 환자들에 대해 알릴 수 있는 기회를 저버렸다"라고 말했다.

환자들은 스스로 목소리를 낼 수밖에 없었다. 1930년대부터 1940년대까지 이 환자 중 극소수가 정신병원의 참상과 위선적인 행태에 관한 책을 출간했다. 이 환자들은 끔찍한 정신병원에 갇혀 있었지만, 신문과 잡지를 통해 정신의학자들의 치료 성과나 정부 기관들의 정신병원 개선 노력에 대해 읽을 수는 있었다. 이 환자들이 생각하기에 이런 기사들은 사회와 의학이 만들어낸 환상에 불과했다. 해럴드 메인은《사람이 미친다면If a Man Be Mad》이라는 책에서 "현대의 정신병원 의사들에 의해 국가가 사기를 당하고 있다는 사실을 알려줄 방법이 없다."라고 개탄하기도 했다.[77]

미국의학협회가 그라임스의 보고서를 은폐한 지 10년 만에 결국 진실의 장막이 걷혔다. 기존의 보호사와는 다른 형태의 정신병원 보호사인 양심적 병역거부자들에 의해서다. 이들은 병역 대체 복무로 정신병원 보호사 근무를 선택한 사람들이었다. 이들은 자신들이 목격한 정신병원의 현실을 변호사, 신문기자 그리고 <라이프> 잡지의 앨버트 메즐에게 알렸고,《눈에서 멀어지면 마음에서도 멀어진다Out of Sight Out of Mind》라는 제목의 책도 출판했다. 1944년 클리블랜드 주립병원을 조사한 오하이오 주 대배심은 이 병원에서 환자들이 벨트, 열쇠고리, 바닥이 금속으로 된 신발로 구타당해 사망한 사실을 발견하고 "정신병자들은 모두 범죄자이자 인간 이하의 존재이므로 인권이 없으며 과학적인 치료를 받을 가치가 없다는 잘못된 생각이 병원 전체에 가득했다."라고 말했다.[78]

오하이오 주 대배심은 다음과 같은 놀라운 내용의 기소장을 작성했다.

> 대배심은 소위 문명사회가 클리블랜드 주립병원에서 같은 인간을 학대하고 있다는 사실에 형언할 수 없을 정도로 경악한다. 우리는

> 첫째, 사람들을 가둬 이런 잔인하고 야만적인 학대를 저지르는 미개한 사회 시스템을 기소하며, 둘째, 이런 학대가 지속되도록 만드는 사회 시스템을 기소한다. 대배심은 오하이오 주에서 오늘날 이런 참상이 일어나도록 허용한 사회적·정치적 시스템 전체를 규탄한다.

최소한 이 법정에서는 정신병자에 대한 우생학적 태도가 결국 격렬한 비난을 받았다고 할 수 있다.

제 4 장

지능 과다

나는 어느 정도 시간 동안 어느 정도로든 이 사람들이 자신들이 감당할 수 있는 것보다 많은 지능을 보유하며, 이 지능을 감소시키는 것이 치료 과정에서 중요한 역할을 할 수 있다고 생각한다. 비꼬는 말이 아니다. 거의 정신박약 수준으로 이들의 지능을 감소시키는 것이 가장 좋은 치료 방법임이 분명하다.

- 에이브러햄 마이어슨 박사[1]

미국의 저명한 정신의학자들은 우생학적 정책을 지지했을지 몰라도, 우생학 관련 문제들은 대부분 의학계 외부 인사들에 의해 다뤄졌다. 대븐포트, 그랜트, 포페노 같은 사람도 의사가 아니었다. 미국의 정신의학자들은 상반된 두 가지 태도를 취하곤 했다. 불임 수술 법률에 찬성하기도 했지만, 우생학이 정말 과학인지에 대해 은밀하게 의심하기도 했기 때문이다. 그럼에도 불구하고 우생학은 정신병원 치료를 지지하는 사회적 분위기를 만들었고, 그 분위기는 1930년대 정신병 치료 방법에 지대한 영향을 미쳤다. 당시의 정신의학이 사용했던 치료법은 4가지였다. 인슐린 코마 요법, 메트라졸 경련 요법, 전기충격, 전전두엽 절개술이다. 모두 뇌를 훼손해 효과를 내는 방법이었다. 1990년대 세계보건기구WHO는 이

때부터 정신병 치료 실패의 역사가 시작됐다는 보고서를 낸 바 있다. 당시 세계보건기구는 조현병 예후가 미국을 비롯한 "선진국"에서보다 가난한 나라들에서 더 좋다는 조사 결과를 발표했었다.

앞에서 언급한 4가지 치료법이 도입되기 전 수십 년 동안 정신병원 의사들은 수없이 많은 종류의 신체 치료법을 실험했다. 1800년대 후반 도덕치료의 몰락과 함께 정신과 의사들은 정신의학을 과학적인 학문으로 만들겠다는 결심을 했다. 정신질환을 치료할 수 있는 물리적, 신체적 방법을 어떻게 하든 찾아내겠다는 결심이었다. 1900년대 초반 프로이트 심리학이 미국의 정신의학자들을 사로잡았지만, 정신분석은 정신병원 환자들에게는 별 효과도 없고 실용적이지도 않았다. 프로이트식 접근방법은 진료실에 찾아온 신경증 환자들에게나 쓸 수 있는 방법으로 생각됐다. 정신병원 의사들은 신속하게 "효과를 내는" 육체적 치료 방법을 찾아내기 위해 노력했다.

1890년대 저명한 미국 정신의학자들이 주장한 개혁 계획은 논리가 분명했다. 이들은 의과대학 교육과정에 정신병원 치료가 포함돼야 한다고 주장했다. 이들은 정신 이상의 생물학적 원인을 병리학적으로 규명할 연구실도 세워야 한다고 주장했다. 그렇게 연구해 얻은 지식을 비정상적인 생물학적 현상을 바로잡는 치료법 개발에 사용하겠다는 계획이었다. 이 계획은 일반 의학 발전에도 도움이 되는 계획이었기 때문에 설득력을 가질 수 있었다. 1880년대에 결핵, 콜레라, 장티푸스, 디프테리아를 일으키는 생물체가 밝혀짐에 따라 장티푸스와 디프테리아 항독소가 개발됐고, 그에 따라 이 두 질병으로 인한 사망자가 크게 줄어든 예가 있기 때문이다. 또한 이 예는 질병에 대한 과학적 접근방법은 확실히 좋은 결과를 낸 예이기도 했다.

하지만 정신의학이 이런 식으로 방향을 전환하게 되자 의학계 내부에서 반발이 일어났다. 정신병원 의사들이 무능하다고 신경외과 의사들이 공격하기 시작한 것이다. <네이션Nation> 잡지의 한 기자는 정신병원에서 시행되는 정신의학이 모든 의학 중 "최악의" 의학이라고 조롱하기도 했다. 정신의학은 반드시 치료 방법을 만들어내 이런 취급에서 벗어나야만 했다. 정신의학자들은 이런 필요성 때문에 지름길을 찾아내는 데 혈안이 돼 있었고, 치료 성공을 서둘러 발표했다. 정신병원 의학의 선구자들이 개혁 계획을 발표한 것이 이때쯤이었다. 1896년 <미국정신의학회지>는 "현재까지 발표된 논문들을 보면 전례 없는 의학적 진보가 이뤄지고 있다는 사실을 잘 알 수 있다."라는 내용의 사설을 싣기도 했다. 특히 <미국정신의학회지>는 수치료법이 "기존의 치료법으로는 얻을 수 없는 놀라운 결과를 내고 있다"라고 강조했다.[2]

의학 논문들에 이런 주장이 발표되면서 수치료법은 정신병원 치료에서 중심적인 위치를 빠르게 차지하게 됐다. 사설 정신요양원과 자금 지원을 더 받는 좋은 주립병원은 욕조와 배관 시설을 갖춘 수치료 전용 방을 만들어 방문객에게 자랑스럽게 공개하기도 했다. 언뜻 보면, 일부 정신병원 의사들이 인정했듯이, 일반인들에게 수치료법은 별로 새로울 것이 없었다. 진정 효과를 낸다고 선전되던 따뜻한 물 목욕 요법은 요크 퀘이커교도들이 쓰던 방법과 다르지 않았다. 장시간 목욕법이나 바늘 샤워 같은 수치료법도 별로 도움이 돼 보이지 않았고, 환자를 구속하고 고갈시키고 처벌하던 오래된 치료법처럼 믿음이 가지 않는 방법이었다. 하지만 정신병원 의사들은 겉으로만 그렇게 보이는 것이라고 사람들을 설득했다.

장시간 목욕법은 분열적 행동을 하는 환자를 욕조에 걸린 해먹에 묶어 머리 아래를 물에 잠기게 한 다음 머리가 나오도록 구멍이 뚫린 두꺼운 천으로 욕조를 덮는 방법이다. 찬물이 사용될 때도 있었고, 손을 댈 수 없을 정도로 뜨거운 물이 사용될 때도 있었다. 환자는 외부 자극과의 격리를 위해 눈과 귀가 가려진 채 욕조 안에서 몇 시간에서 며칠을 물 안에 머물렀다. 환자 머리에 얼음을 쏟아 부을 때도 있었다. 이 방법은 러시의 진정 의자 치료법을 개선한 것에 불과한 것처럼 보였지만, 의사들은 학술지에 왜 이런 장시간 목욕법이 환자에게 이로운지 자세하게 설명했다. 의사들은 장시간 목욕이 “정신적 능력을 희생시키지 않으면서 생리학적 피로를 유도하는 ‘물 외투’로 기능하며, 피부와 신장의 분비 기능을 자극한다”라고 설명했다. 의사들은 장시간 목욕이 어떻게 체온, 호흡, 적혈구 수를 변화시키는지 보여주는 구체적인 수치를 제시하기도 했다. 이런 수치들의 변화야말로 장시간 목욕법이 확실한 정신병 치료법이라는 사실을 보여주는 증거라는 설명이었다. 의사들은 열사병, 열탈진, "열탕 화상" 같은 부작용에 대해서도 구체적으로 설명했다. 하지만 펜실베이니아 주립 정신병원의 유명한 정신과 의사 에드워드 스트레커가 1917년에 한 증언에 따르면, "몇 주, 심지어는 몇 달 동안 욕조에 있었지만 전혀 효과가 나타나지 않은" 환자들도 많았다. 스트레커는 욕실 벽에 그림을 걸어 둘 것을 조언했는데, 이는 욕실을 "환자가 사는 집"처럼 느껴지게 만들기 위해서였다.[3]

'제트 세척'이라고도 불렸던 바늘 샤워 "처방"은 환자에게 압력을 높인 찬 물줄기를 1~2분 동안 쏘는 방법이었다. 이렇게 찬 물줄기를 쏘는 방법은 심장을 자극하고, 피를 내부 장기로 몰고, "피부의 전반적인 혈액순환을 크게 개선하는" 등의 다양한 생리학적 효과를 낸다고 생각됐다. 특히 이 방법은 우울증 환자에게 기운을 주는 데 효과가 있다고 보고되기도 했다. 하지만 한 의사가 인정했듯이, "이 방법은 환자들이 저항하는 경우가 많았다."[4]

환자들이 가장 싫어했던 수치료법은 '전신습지찜질'이었다. 보호사들이 천을 찬물이나 뜨거운 물에 담근 다음 환자의 온몸을 촘촘하게 감싸는 방법이었다. "머리, 손가락, 발가락을 제외하곤 아무것도 움직일 수 없게 만드는" 방법이었다. 모직 담요를 천 위에

덮기도 했으며, 그 상태에서 환자를 침대에 묶기도 했다. 환자들은 몇 시간, 심지어는 하루나 이틀 동안 이 상태로 방치됐으며, 치료 시간이 길어지면 그 안에서 배설을 하는 환자들도 있었다. 하지만 그게 다가 아니었다. 천이 마르면서 환자는 더 꽉 조여지고, 체온이 올라가 불에 타는 듯 한 끔찍한 고통을 느끼면서 질식하곤 했다. 이 상태에서 벗어나기 위해 몸부림을 치다 심장이 마비되는 환자도 많았다. 캘리포니아 주 정신병원 상태에 대한 1919년 청문회에서 한 환자는 이렇게 말했다. "바이스(공작물을 끼워 고정하는 기구) 안에 있다고 생각하면 됩니다. 인간에게 그렇게 대할 수는 없는 겁니다."[5]

하지만 정신병원 의사들은 이 방법을 다른 관점으로 생각했다. 이 의사들은 전신습지찜질이 수갑, 장갑, 구속복, 진정 의자 등과는 다르다는 것을 증명하기 위해 애썼다. 보스턴의 의사 허먼 애들러는 "전신습지찜질의 주요 목적이 환자의 구속인 것처럼 보이긴 하지만, 사실 이 방법은 매우 가치 있는 방법"이라고 말했다. 애들러는 전신습지찜질이 환자의 "불안감"을 생리학적으로 치료할 수 있는 방법이라고 설명했다. 불안한 행동을 하는 환자에게 이 방법을 사용하면 체온이 떨어지기 때문에 이 방법은 "환자의 체온을 보존하는 데 필수적인 방법"이라는 주장이었다. 이 방법으로 진정이 되고 몸에 습기가 빠지면 환자는 장시간 목욕 치료를 받았다. 환자의 체온을 더욱 안정적으로 만듦으로써 "피부에서 수분이 증발하는 것을 막을 수 있다."라는 이유에서였다. 애들러는 전신습지찜질의 목적은 결코 환자의 구속이 아니며, "환자의 협조나 동의가 없이 시행할 수 있는 치료 방법의 일종일 뿐"이라고 결론지었다.[6]

다른 정신병원 의사들과 간호사들도 애들러의 이런 생각에 동조했다. 한 간호사는 1919년 캘리포니아 주 열린 조사위원회에서 "수치료법은 아직 발견되지 않은 정신병자들의 심한 흥분 증세를 치료할 수 있는 유일한 과학적 치료법"이라고 말하기도 했다.[7] 실제로 수치료법은 당시의 정신병원을 과거의 정신요양원과 구분해주는 신체 치료법이라는 생각이 널리 퍼져있었다. 필라델피아 정신병원 수석 의사 앨런 잭슨은 <미국의사협회지>에 실린 글에서 "수치료법을 실시하지 않는 정신병원은 '정신병자 감호소'라고 불러야 마땅하다. 수치료법을 실시하지 않는 정신병원을 정신병원이라고 부르는 것은 어처구니없는 일이다."라고 말하기도 했다.[8]

다양한 치료법의 등장

20세기 초반 몇 십 년 동안에는 수치료법이 광범위하게 시행된 유일한 신체 치료법이었다. 하지만 곧 물리 치료법이 등장했고 급속한 속도로 퍼지기 시작했다. 수없이 다양한 치료법이 시도됐으며, 수많은 가설이 등장했다. 의사들은 이런 시도를 통해 좋은 결과를 계속 발표했고, 실제로 치료가 되거나 호전되는 경우가 매우 많아졌다. 새로운 시도들은 어떤 형태로든 효과를 나타냈다. 그러나 처음에는 효과가 있다고 생각되던 치료법이 얼마 지나지 않아 별 효과가 없는 것으로 밝혀지기도 했다.

1890년대부터 1900년대까지는 우생학적 목적의 불임 수술이 아닌 부인과 수술이 일종의 유행처럼 번지기도 했다. 이런 치료법은 성에 대한 빅토리아 시대의 태도에 부분적으로 기인했으며, 부인과가 의학의 한 분과로 자리 잡게 된 것도 이 치료법의 확산을 부추겼다. 부인과 의사들은 신경외과 의사들이 수많은 정신병원 환자들을 자신들의 환자로 생각했던 것처럼 이들을 자신들이 치료해야 할 환자로 생각했다. 부인과 의사들이 정신병자들의 자궁이나 난소를 경쟁적으로 제거하기 시작했다. 1890년대 초반 미국정신의학협회가 자제하라고 경고를 내릴 정도였다. 그럼에도 불구하고 그 후 15년 동안 부인과 의사들은 자궁절제술과 난소절제술로 정신 이상 여성 환자의 50% 이상이 호전된다고 계속 주장했다. 1906년 미국의사협회 연례 회의에서 W.O. 헨리라는 의사는 "수술이 어려울 수는 있지만, 부인과 의사는 골반에서 문제가 되는 부분을 완전히 제거함으로써 다양한 정신 이상을 치료할 수 있다."라고 말했다.[9]

부인과 의사들은 여성의 질과 (신경이 많이 분포해 있는) 클리토리스의 병리학적 이상이 여성의 정신에 미치는 영향에 대해서도 많은 연구를 했다. 한 부인과 의사는 “여성은 질과 클리토리스에 대한 걱정을 많이 한다. 정신 이상은 여성들이 이런 걱정을 필요 이상으로 많이 하기 때문에 발생할 수도 있다.”라고 말하기도 했다.[10] 여성의 정신이 이상해지는 직접적인 증거를 생식기에서 찾는 의사도 있었다. 클리토리스 “비대증”이 있는 여성은 습관적으로 자위행위를 한다고 생각됐다. 뉴욕 미들타운 주립병원 의사 클라라 배러스는 클리토리스가 비정상적인 환자 100명을 조사해 발표한 보고서에서 이들은 자위행위를 많이 해 혈액이 외음부로 몰리고, 그 결과 “클리토리스에 영양이 과도하게 공급돼 크기가 비정상적으로 커진다.”라고 설명했다. 자위행위는 정신 이상의 원인으로 생각됐기 때문에 의사들은 클리토리스를 절제해 정신 이상을 치료하려고 시도했다. 클리토리스 절제술은 1858년 한 영국 의사가 발명한 수술 방법이었다. 하지만 배러스는 “오래전에 발명돼 지금도 널리 쓰이는” 이 방법이 효과가 없다고 생각했다. 배러스는 다음과 같이 말했다.

> 클리토리스 절제 수술을 받은 젊은 여성이 자위행위를 하는 것을 본 후 나는 그 수술이 비난받을 일이라는 생각이 들기 시작했다. 평생 자위행위를 해온 이 여성 환자는 결국 몇 차례 색정증 발작을 겪은 후에 클리토리스 제거를 결심한 사람이었다. 하지만 수술을 받았는데도 색정증은 완화되지 않았다. 오히려 증상이 더

심해져 이 여성은 수치심도 없이 계속 자위행위를 하게 됐다.[11]

배러스는 반대했지만, 이 수술은 적어도 1950년까지 미국 내 정신병원에서 계속 시행됐다.[12]

의사들이 집중적으로 연구했던 다른 분야로는 내분비 치료법을 들 수 있다. 1900년대 초반은 다양한 호르몬샘의 기능이 대규모로 밝혀지던 시기였고, 정신질환이 호르몬샘의 기능 이상과 연관이 있을 수 있다는 추측이 제기되던 시기이기도 했다. 미국을 비롯한 여러 나라의 정신과 의사들은 동물의 난소, 고환, 뇌하수체, 갑상선에서 추출한 물질을 정신병자에게 주입하는 치료법을 시도했다. 양의 갑상선 추출물이 특히 많이 사용됐는데, 당시 정신병원 원장 윌리엄 메이본은 이 추출물을 환자에게 주입했을 때 거의 50%가 호전됐다고 말하기도 했다. 이 추출물은 환자에게서 심한 구토를 유발했다. 의사들에 따르면 이 환자들은 열이 오르고, 체중이 줄어들고, 적혈구 수치가 감소했지만, 이 치료를 마치면 열이 내리고, 체중이 다시 늘어나면서 정신건강이 회복됐다. 메이본은 이 과정이 "세포의 영양 상태"를 변화시킨다고 생각했고, 1899년에서 발표한 보고서에서는 이 치료를 받은 환자 중 정신병 증상이 재발한 환자는 한 명에 불과했다고 밝혔다. 양의 갑상선 추출물로 영구적인 치료를 할 수 있다는 설명이었다.[13]

독성 화학물질이나 외부 물질을 환자의 정맥, 근육, 뇌척수액에 주입해 정신병을 치료하려고 시도한 의사들도 있었다. 이들은 망간, 카드뮴, 세슘 같은 금속염을 환자에게 주입했고, 효과를 보기도 했다. “스트리크노토논strychnotonon 요법”이라는 이름의 치료법은 아소토닌, 스트리크닌 염산염, 글리세로인산을 섞어 주입하는 방법이었다. 한 연구자는 “비소를 척수에 주입하는 방법”을 시도하기도 했다. 노스캐롤라이나 주 애시빌 소재 하이랜드 병원 의료실장 로버트 캐럴은 거세한 말의 혈청을 척수액에 여러 번 주입한 결과, 무균수막염이 발생하기는 했지만, 환자의 조현병이 치료됐다고 밝혔다. 양 추출물을 주입 받은 환자들처럼 캐럴의 이 환자들도 요통, 두통, 구토 등 육체적인 불편함을 겪어야 했다.[14]

1916년 뉴저지 주 트렌튼 주립병원 원장 헨리 코튼은 환자의 치아를 제거해 정신병을 치료할 수 있다고 발표했다. 이 연구는 결국 잘못된 것으로 밝혀졌지만, 코튼은 당시 알로이스 알츠하이머(독일의 정신과 의사이자 신경 병리학자. 알츠하이머 질환을 처음 발견했다)만큼 유명했던 스위스의 위대한 정신과학자 에밀 크레펠린의 제자로 상당한 실력을 가지고 있던 사람이었다. 따라서 코튼의 연구는 겉으로 보이는 것과는 달리 상당한 근거가 있었다. 당시 연구자들은 “위장한” 또는 “숨겨진” 박테리아가 관절염 같은 고질적인 질병을 일으킨다고 생각했다. 코튼은 이 이론을 정신병에 적용해, 정신병 환자의 치아에 “위장한” 박테리아가 산다고 추정했다. 또한 코튼은 그 근거로 1876년 이래 감염된 어금니나 송곳니를 뽑았을 때 정신병이 치료됐다는 기록이 있다고 말했다. 코튼은 이렇게 감염된 치아로부터 박테리아가 림프계나 순환계를 통해 뇌에 퍼질 수 있으며 "그로 인해 결국 환자가 사망하거나, 사망하지 않더라도 사망보다 더 나쁜 정신적 어둠 속에서 평생을 살게 된다."라고 주장했다.[15] 또한 코튼은 자신이 환자를 진료할 때마다 치아에 박테리아가 있는 것을 발견했으며, 이는 자신의 이론이 옳다는 증거라고 주장하기도 했다.

처음에 코튼은 만성 환자 50명의 치아를 제거했지만 별 효과를 보지 못했다. 만성 환자들은 뇌의 악화가 너무 많이 진행됐기 때문에 효과가 없었다고 판단한 코튼은 새로 입원한 환자들의 치아를 제거하기 시작했다. 코튼은 이 간단한 치료로 이 환자들의 25%가 치료됐다고 발표하면서, 치료가 되지 않은 나머지 75%의 환자들은 몸의 다른 부분에 박테리아가 있을 것이라고 주장했다. 코튼은 이 환자들의 편도선을 제거했고, 전체 치료 대상 환자의 25%에서 치료 효과가 나타났다고 말했다. 코튼은 편도선을 제거했을 때 효과가 나타나지 않은 환자들은 비뇨생식기와 위장의 관을 제거했다. 결장, 쓸개, 맹장, 나팔관, 자궁, 자궁 경관, 난소, 정낭(정액 주머니) 등을 제거하는 수술이었다. 코튼은 "우리는 환자에게서 만성 염증의 중심 부분들을 모두 '청소'하기 시작했다"라고 설명했다.[16]

코튼의 "청소" 수술은 확실히 놀라운 결과를 낳은 것처럼 보였다. 트렌튼 주립병원에 입원한 지 4년이 안 되는 환자의 85%가 치료돼 귀가하는 성과를 냈기 때문이다. 치료된 환자의 재발률은 3%에 불과했다. 나머지 환자들은 "돈을 벌고 가족을 돌보면서 모든 면에서 정상적으로 살았다."[17] 당시 코튼은 명성이 높은 의사였기 때문에 사람들은 드디어 정신병 치료에 의학적인 돌파구가 생겼다고 생각했다. 뉴저지 주립병원들의 책임자였던 버데트 루이스는 코튼의 방법이 "현대적인 의학, 수술법, 치의학이 수백 년 동안 숨겨져 있던 정신병의 원인을 찾아내 환자들을 해방시켰다."라고까지 말했다. 언론도 코튼의 업적을 칭송했다. 당시 미국 정신의학의 "수장"이었던 아돌프 마이어도 코튼은 "정신병이라는 중요한 분야에서 지금까지 그 누구도 이루지 못한 가시적인 업적을 이뤄냈다"라고 말했다.[18]

하지만 코튼의 수술 방법을 따라 했던 의사들은 코튼만큼 좋은 결과를 얻지 못했고, 1922년 미국정신의학회 회의에서는 코튼이 자신의 이론에 결과를 끼워 맞춘 것일 수 있다는 의견이 제기되기에 이르렀다. 또한 정상적으로 기능하는 신체 조직을 절제하는 것이 윤리적으로 옳은지에 대한 의문도 제기됐다. "가능한 한 몸에서 유용한 부분을 제거하지 말라고 배웠고, 그 말이 옳다고 믿는다."라고 말한 의사도 있었다.[19] 이런 주장들이 잇달아 제기되자 1924년 트렌튼 주립병원 이사회는 결국 자체 조사를 시작했다. 코튼의 수술 방법이 실제로 효과가 있는지 검증하기 위해서였다. 마이어를 수장으로 한 이 조사위원회는 코튼의 수술을 받은 환자들의 기록을 모두 살펴본 후 결과가 모두 허위였다는 사실을 밝혀냈다. 코튼의 "철저한" 수술을 받은 환자의 거의 43%가 사망했다는 결과가 드러난 것이었다. 마이어는 동생에게 보낸 편지에 "코튼의 주장과 수치는 어처구니없을 정도로 사실과 일치하지 않았다."라고 쓰기도 했다.[20] 코튼은 장기 제거 수술로만 100명 이상의 환자를 죽였다.*

신체 치료법 중 성공한 최초의 방법은 숙면 치료법이었다. 제1차 세계대전 이후 스위스의 정신과 의사 야코프 클래지가 성공해 확신시킨 방법이었다. 당시는 독일 화학자들이 10여 년 전에 개발한 바르비투르(진정제·최면제로 쓰이는 약물)가 정신병원 환자들에게 널리 사용되고 있던 때였다. 클래지는 이 약물로 환자들을 며칠에서 몇 주 동안 재우는 방법을 사용했다. 이렇게 오랫동안 환

---

*하지만 이 사건은 대중에게 알려지지 않았다. 마이어와 병원 이사회는 이 조사결과를 공개하지 않기로 했다. 그리고 코튼은 장기 수술을 중단했지만, 환자의 치아를 다시 뽑기 시작했다. 때로는 "추후의 문제를 예방하기 위해" 환자의 치아를 모두 뽑기도 했다. 이런 형태의 치료는 트렌튼 주립병원에서 20년 동안 계속됐다. 1933년 코튼이 사망했을 때는 추도사가 줄을 이었고, 마이어는 코튼이 "뛰어난 업적"을 남겼다고 공개적으로 경의를 표했다. 정신의학의 문제를 대중에게 노출하지 않고 코튼이 무모하고 해로운 수술을 하도록 마이어가 행동한 것은 그가 미국 우생학회 자문위원회 위원과 우생학연구협회 회장이었기 때문이었다는 사실이 나중에 밝혀졌다. 마이어의 이런 추악한 은폐 노력은 1986년 캘리포니아 대학 사회학자 앤드류 스컬이 밝혀냈다.

자를 쉬게 함으로써 신경계를 회복시킬 수 있다는 생각이었다. 클래지가 이 치료법을 적용한 첫 번째 환자는 신경쇠약을 앓는 39세 직장 여성이었다. 방에서 알몸으로 누워있을 정도로 증상이 악화된 환자였다. 클래지에 따르면, 긴 수면 상태에 빠져 있던 이 여성은 남편이 "아내가 더 부지런해지고, 신중해지고, 상냥해졌다"라고 말할 정도로 완전히 회복됐다. 클래지가 치료에 성공한 후 숙면치료법은 유럽 전역으로 널리 퍼졌다. 이 치료법을 시행한 의사 중 한 명은 환자 70%에서 증상이 호전됐다고 밝히기도 했다. 하지만 이 치료법은 스위스의 정신과 의사 막스 뮐러가 치사율이 6%라고 밝힌 후부터는 쇠퇴하기 시작했다.

희망이 다시 비추기 시작한 것은 진행성 마비general paresis 환자에 말라리아 열병 치료법 적용이 효과를 내면서부터다. 진행성 마비는 매독 말기에 나타나는 정신질환의 일종이다. 이 성공 사례에는 긴 사연이 있다. 1883년 오스트리아의 정신과 의사 율리우스 바그너 야우레크는 자신의 환자 중 한 명이 열병을 앓는 과정에서 정신이 어느 정도 회복된 것을 발견한 후 고열이 조현병 치료에 효과가 있을 수 있다는 생각을 하게 됐다. 그 후 30년 동안 그는 결핵 백신 등의 백신을 사용해 고열을 유도하는 방법으로 이 생각을 실험했다. 성공한 경우도 있었지만, 이 방법은 별 관심을 받지 못했다. 그러던 중 제1차 세계대전 동안 빈의 한 병원에서 일하던 그는 말라리아에 감염된 혈액을 27세 진행성 마비 남성 환자에게 주입하는 실험을 진행했다. 이 정신병 환자는 9차례 고열에 시달리다 깨어나면서 극적으로 정신이 정상으로 회복됐고, 바그너 야우레크는 이 사례를 들어 다른 정신병원 환자들에게 이 고열 유도 치료법을 시행해야 한다고 주장했다.[21]

이 치료법을 진행성 마비 환자에게 적용하는 것에는 확실한 생물학적 근거가 있었다. 매독이 전염병이라는 사실이 이미 알려져 있었고, 1906년에는 매독을 일으키는 스피로헤타균이 실제로 추출돼 매독 진단 혈액검사가 개발된 상태였다. 따라서 환자를 말라리아에 걸리게 해 고열을 일으키면, 그 고열이 스피로헤타균을 죽이거나 그 활동을 늦출 수 있으며, 최소한 매독으로 인한 진행성 마비라는 정신병 증상의 진행을 중지시킬 수 있었다. 1927년 바그너 야우레크는 이 업적을 인정받아 노벨 의학상을 받았다.

그러자 다른 의사들도 조현병과 조울증 치료에 이 고열 요법을 시도하기 시작했다. 환자에게 고열을 일으키는 방법으로 뜨거운 물 목욕, 뜨거운 공기 쏘기, 전기 목욕, 적외선과 탄소 필라멘트가 장착된 작은 캐비닛 등 다양한 방법이 시도됐다. 하지만 이런 방법들은 별 효과가 없었다. 정신병자들은 진행성 마비 환자 같은 전염병 환자가 아닌데도 말라리아 병원균을 주입받았다. 이 방법을 사용한 뉴욕 주립 정신의학연구소 의사 릴런드 힌지는 "환자 13명 중 2명이 사망했으며, 다른 환자들도 심각한 부작용에 시달렸다"라고 솔직히 인정했다.[22]

가장 이상한 실험은 하버드 의대 교수 존 탤보트와 케네스 틸롯슨이 진행한 실험이었을 것이다. 환자를 극도로 춥게 만들면 효과가 있었다는 과거의 기록에 영감은 받은 이들은 냉동고에서 차게 얼린 "담요"로 덮어 체온을 정상체온보다 10~20℃ 밑으로 떨어뜨렸다. 3일 동안이나 이런 "동면" 상태로 있어야 했던 환자들도 있었다. 연구자들은 실험 대상자 10명 중 1명이 사망했지만, 몇 명은 실험이 끝나고 몸을 다시 덥게 해 의식을 회복시켰을 때 증상이 호전됐다고 발표했고, 이 결과는 다른 의사들에게도 영향을 미쳤다. 오하이오 주 의사 더글러스 골드먼과 메이너드 머리는 새로운 "냉동 요법"을 개발하기도 했다. 이들은 정신병자들을 차가운 캐비닛에 집어넣고, 캐비닛에 얼음을 채운 다음 그 상태에서 환자를 1~2일 동안 가두는 방법을 여러 차례 시도했다. 하지만 이 실험 대상자 16명 중 3명이 사망하고 나머지 환자들이 심각한 문제를 나타내자 이 의사들은 냉동 요법이 "실망스러운 요법"이라는 결론을 내렸다.[23]

충격 요법의 부상

1930년 초반은 효과적인 정신병 치료법들이 의학 저널에 발표되던 시기였다. 하지만 당시 정신병원에서 이뤄지는 정신의학 치료는 매우 실망스러운 것이었다. 처음에는 성공적인 치료법이라고 생각되던 방법이 결국 실패로 판명되는 경우가 흔했다. 치료법이 효과가 없다는 정신과 의사들의 생각은 공교롭게도 정신병자들에 대한 사회의 무시와도 맞아떨어졌다. 정신병원은 상상을 초월할 정도의 저예산으로 운영됐으며, 형편없이 적은 급여를 받는 정신병원 보호사들은 질서 유지를 위해 환자들에게 툭하면 폭력을 행사했다. 우생학자들은 정신병자들을 사회로부터 격리해 감금 수용해야 한다고 주장했고, 실제로 이들의 주장은 현실이 됐다. 1930년대의 정신병원 연간 퇴원율은 15% 미만이었다. 1800년대 초 도덕치료가 이뤄지던 시대에 비해 현저히 낮은 비율이었다. 결국 이 모든 상황은 정신병원 환자들이 구제 불능이라는 생각과 중증 정신병 치료가 사실상 불가능하다는 생각을 불러일으켰다. 충격 요법을 정신병원 환자들에게 적용하게 만든 요인은 이런 비관론과 정신병자들을 비하하는 우생학적 태도였다.*

최초의 충격 요법은 오스트리아 빈의 정신과 의사 만프레드 자켈이 고안해낸 인슐린 혼수 치료법이다. 1920년대 후반 베를린의 한 사설 정신병원에서 일하던 자켈은 인슐린을 소량만 투여해도 모르핀 중독자의 금단현상 치료에 효과가 있다는 것을 알게 됐다. 이 방법은 환자들을 저당 혼수상태에 빠뜨려 치명적인 결과를 낳을 때가 있긴 했지만, 환자가 의식을 회복한 후에 바로 포도당을 투여하면 효과를 낼 수 있는 방법이었다. 이 혼수 치료를 받기 전에는 쉽게 분노하고 불안감이 높았던 환자들이 조용해지고 고분고분해졌다. 자켈은 정신병자들도 인슐린 혼수상태에 빠졌다 깨어나면 성격이 바뀔 수 있다고 생각했다.

1933년 자켈은 이 대담한 생각을 실험하기로 마음먹었다. 몇 번의 예비 실험을 거친 후 자켈은 변화된 상태가 계속 유지되려면 환자들을 두 달에 걸쳐 20~60번가량 깊은 혼수상태에 빠뜨려야 한다는 결론을 내렸다. 자켈은 이렇게 함으로써 100명 중 70%가 치료됐으며, 18%는 상태가 두드러지게 호전됐다고 밝혔다. 자켈은 "치료된 사람들은 증상이 완전히 없어졌으며, 자신의 병을 완전하게 인식하게 됐으며, 그전에 하던 일을 다시 할 수 있게 됐다."라고 말했다.[25]

*우생학적 태도가 중증 정신질환자들에게 어떤 영향을 미쳤는지 추적하기는 어렵지 않다. 1800년대 내내 정신병원들은 초발 환자의 최대 50%가 12개월 안에 퇴원했다는 결과를 주기적으로 발표했다. 1870년에는 우스터 주립 정신병원 환자의 반이 1년 안에 퇴원했고, 5년 이상 입원한 환자는 14%에 불과했다. 심각한 정신병 증상에서 빠르게 회복된 예가 흔했다. 정신질환자에 대한 우생학적 태도는 회복의 패턴을 변화시켰다. 1909년에서 1911년까지 뉴욕 주립병원에 입원한 초발 환자 5164명에 대한 1931년의 장기 연구 결과에 따르면, 이 기간 이후 17년 동안 퇴원한 환자는 42%에 불과했다(1800년대에는 1년 퇴원율이 이 정도였다). 나머지 58%는 병원에서 사망하거나 이 기간 동안 계속 입원해 있었다). 하지만 1930년대가 되자 의사들은 1800년대의 퇴원율에 대해서는 잊어버렸고, 당시 퇴원율을 기초로 의사들은 중증 정신질환에서 회복되는 일이 드문 일이라고 생각하게 됐다.[24]

자켈은 혼수상태에 반복적으로 빠뜨리는 것이 조현병 치료에 도움이 된다고 힘들여 설명했다. 하지만 저혈당증이 뇌 손상을 일으킬 수 있다는 사실은 이미 널리 알려져 있었으며, 이는 혼수상태라는 충격적인 경험 자체에 치료 기능이 있을 수 있다는 뜻이었다. 저혈당증으로 사망한 사람들을 부검한 결과에 따르면, 이 사망자들은 "신경세포들이 광범위하게 퇴화와 괴사한 상태"였고, 특히 지능을 담당하는 대뇌피질에서의 퇴화와 괴사가 심했다.[26] 이 치료로 인해 뇌세포가 괴사되는 것이 환자에게 도움이 되었을까? 자켈은 혼수상태가 "이미 치료가 불가능해진 뇌세포들만" 선택적으로 공격한다고 생각했다. 이런 뇌세포들만 죽임으로써 건강한 뇌세포들이 다시 활성화돼 환자가 "다시 태어날 수 있게" 된다는 논리였다. 자켈은 이 치료법이 "정교한 현미경 수준의 수술이며, 이 방법은 병든 세포를 굶겨 죽여 건강한 세포가 그 자리에 다시 자리를 잡을 수 있게 만듦으로써 효과를 낸다."라고 설명했다.[27]

유럽의 다른 연구자들도 고무적인 결과들을 발표했다. 1937년 봄 스위스 문징엔에서 열린 학회에서 이들은 70~90%에 이르는 치료율을 발표했다. 놀라운 것은 이 치료율이 희망이 거의 없다고 생각되던 조현병 환자들의 치료율이었다는 사실이다. 미국에서도 긍정적인 결과들이 발표되기 시작했다. 자켈이 빈 정신병원에서 인슐린 투여하는 것을 본 적이 있는 조지프 워티스는 뉴욕 소재 벨뷰 정신병원에 이 방법을 도입했고, 환자의 67%가 회복됐다고 발표했다. 1938년에는 뉴욕 주립 정신의학 연구소의 벤저민 몰츠버그도 긍정적인 결과를 발표했다. 인슐린 혼수 치료를 받은 환자 1039명의 3분의 2가 호전돼 대부분 퇴원했다는 내용이었다. 비교 집단의 회복률인 22%에 비해 상당히 높은 수치였다. 몰츠버그는 1년 후에 다음과 같이 훨씬 더 강력한 발언을 하게 된다. "인슐린 요법의 효과가 이제 완전히 확립됐다. 인슐린 요법을 시행한 모든 병원에서 효과가 나타났다."[28]

미국 언론은 이 의학적 기적에 대해 앞 다퉈 보도했다. <뉴욕타임스>는 환자들이 "인슐린의 도움으로 희망이 없던 환자들이 정상으로 돌아왔다. 뇌의 합선 현상이 사라지고, 정상적인 회로가 회복됨에 따라 환자들은 제정신을 찾고 현실을 볼 수 있게 됐다."라고 보도했다. <하퍼스> 잡지는 인슐린 치료를 통해 "비정상적인 생각과 느낌이 제거돼 환자의 머릿속이 질서정연하게 변화했다."라고 썼다. <타임>은 프로이트 심리학의 관점에서 인슐린 요법의 성공을 다뤘다. <타임>은 환자가 혼수상태에 빠지면서 숨겨왔던 자신의 두려움과 집착을 드러내고, 마음을 열어 의사의 말에 귀를 기울이게 된다고 분석했다. <리더스다이제스트>도 극찬을 아끼지 않았다. 이 잡지는 "반복적으로 혼수상태에서 깨어난 환자는 마치 그동안 지고 있던 짐을 벗어버린 것처럼 행동한다. 그들은 자신이 미쳤었다는 것과 그 비극이 이제 끝났다는 것을 깨닫는다."라고 보도했다. 이 기사의 제목은 "병상의 기적"이었다.[29]

정신의학이 새롭게 영광을 누린 시기였다. 1943년 미국정신의학협회 연례회의 모두 발언에서 알렉산더 그랠닉은 "인슐린 치료법이 새로운 지평을 열었다. 정신의학자들은 일에 매진하게 됐고, 절망에서 벗어나 새로운 희망을 가지게 됐다."라고 말했다.[30] 실제로 정신의학자들은 정신질환자의 행동을 확실하게 변화시키는 치료법을 갖게 된 것이었다. 정신의학자들은 새로 입원한 환자들에게 집중적으로 인슐린 혼수 요법을 시행했고, 그 결과 이 환자들 대부분이 가족의 품으로 돌아갈 수 있었다. 하지만 사실 이 치료법은 매우 특정한 방식, 언론은 알지 못하는 방식으로 "효과를 내는" 치료법이었다.

1922년에 처음 추출된 인슐린은 혈액에서 당을 뽑아내 근육으로 전달하는 물질이다. 정신병자에게 인슐린을 대량으로 투여하면 이 인슐린은 환자의 혈액에서 당을 필요 이상으로 추출해 뇌가 에너지원인 당을 흡수하지 못하도록 만드는 방식으로 뇌의 기능을 정시시킨다. 자켈 등의 관찰에 따르면, 뇌의 이런 활동 중지는 뇌의 진화가 늦게 일어난 부분에서 먼저 일어난다. 뇌에서 늦게 진화된 부분일수록 고등 지능과의 연관성이 높은데, 이 부분이 가장 먼저 활동을 멈춘다는 설명이다. 자켈에 따르면, 환자들은 혼수상태로 빠져들면서 신음소리를 내고 몸을 비트는데, 이는 "뇌 제거 증후군으로, 가장 최근에 진화된 고등한 뇌의 부분들이 활성을 잃고 있다는 증거"였다.[31] 실제로 이 환자들은 사망 직전 상태에 있었고, 환자들의 뇌에서는 당이 고갈돼 가장 원시적인 부분들, 즉 호흡 같은 기능을 통제하는 부분들만 기능을 유지했다. 환자들은 20분에서 2시간 동안 이런 깊은 혼수상태에 빠졌다가 포도당 용액으로 소생됐다.

혼수상태에서 깨어난 환자들은 보채는 아이처럼 행동했다. 그들은 주변의 의사나 간호사에게 누구인지 계속 묻거나, 길 잃은 아이처럼 간호사의 손이나 팔을 잡으려고 했다. 이 환자들은 손가락을 빨거나 엄마를 찾으면서 "살려고 애쓰는 사람처럼 행동했다."[32] 자켈이 기록한 다음의 내용을 보자.

> 한 성인 환자는 혼수상태에서 깨어나는 과정에서 6살짜리 아이처럼 말을 했다. 전반적으로 행동이 아이 같았으며, 목소리와 억양도 완전히 아이와 같았다. 이 환자는 검사원을 어릴 적에 봤던 의사로 착각하기도 했다. 언제 학교에 가냐고 검사원에게 짜증을 내면서 물어보기도 했다. 이 환자는 "배가 '아야'한다."라고 말하기도 했다.[33]

자켈과 그의 동료들은 이런 행동을 환자가 제정신을 찾는 증거라고 봤다. 워티스는 인슐린 혼수 요법이 환자들을 "안정시키며", 깨어나는 동안 "환자들은 정신병 증상에서 벗어난다."라고 설명했다.[34] 다음과 같이 말한 의사도 있다.

환자들은 아이처럼 단순하게 모방과 행동을 한다. 이 순간에는 미치거나 정신이 뭔가에 홀리는 일이 절대 일어나지 않는다. 이런 아이 같은 반응은 환자의 원래 성격을 반영하는 것이다. 개체발생학적으로 볼 때 초기 단계로 회귀하는 것이며, 가장 높은 수준의 정신 기능이 일시적으로 억제됨에 따라 발생하는 뇌의 퇴행 현상이라고 할 수 있다.[35]

뉴욕 센트럴 이슬립 주립병원의 마커스 섀트너처럼 프로이트 심리학을 신봉하는 의사들은 이런 '회복'에 대해 다음과 같이 심리학적으로 설명했다.

인슐린을 환자에게 투여하면 환자는 엄마를 찾는 힘없는 아이처럼 변하게 만드는 "모성 전이mother transference"를 겪게 된다. 정신적인 병을 앓고 있는 환자는 비이성적인 행동을 하기 때문에 의사를 "불쾌하게 만들고", 의사는 환자를 매우 아프게 만드는 인슐린을 투여한다. 이런 참혹한 상황에서 환자는 누구에게든 도움을 청하게 된다. 하지만 항상 환자 곁에서 아픈 아이를 돌보듯이 돌보는 의사가 아니라면 환자에게 도움을 줄 수 있는 사람은 없다. 환자는 다시 세심하게 배려해주고 따뜻한 사랑을 주는 엄마를 찾게 된다. 이 상황에서 의사는, 환자의 이런 마음을 알든 모르든, 환자가 어릴 적 엄마로부터 받았던 사랑을 줄 수 있는 유일한 사람이다. 이 상태의 환자는 어릴 적 엄마에게 주었던 사랑을 의사에게 주게 된다. 이 현상이 바로 모성 전이다.[36]

이런 행동 변화는 뇌종양 환자에게서 나타나는 행동 변화와 비슷하다. 한 의사는 이 행동 변화에 대해 "심폐소생 후에 교수형에 처해지는 사람, 눈사태에 파묻혔다 살아난 사람의 행동이 이럴 것이다. 머리를 다친 후에 나타나는 상태, 요독증 혼수상태에 있는 환자의 상태, 일산화탄소 같은 독성 가스에 중독된 사람의 상태와 비슷하다."라고 비유했다.[37] 하지만 한 번 혼수상태에 빠뜨리는 것으로는 변화를 지속시킬 수 없었다. 혼수상태에서 깨어난 환자들은 어린 아이처럼 행동하지만, 곧 대뇌피질이 기능을 하기 시작하면 환상에 빠져 이상한 행동을 했다. 하지만 이런 혼수상태를 반복적으로 유발하게 되면 환자의 회복 시간은 점점 길어지고, "제정신인 기간"이 길어졌다. 이렇게 되면 환자들은 실제로 완전히 행동이 변했다. 환자들은 자신의 이상한 생각에 흥미를 잃고, 집착에서 "분리됐다." 환각과 내부의 악마를 부추겼던 "감정적인 자극"이 약해지거나 한꺼번에 사라지기도 했다. 자켈은 "환자의 성격이 전체적으로 부드러워지는 경우도 있었다."라고 말했다. 이 단순한 상태에서 환자 대부분의 성격은 친화적이고, 외향적이고, "사교적으로" 변했다.[38]

당시의 많은 연구는 이런 행동 변화를 일으키는 뇌 손상의 속성에 집중됐다. 고양이, 개, 토끼를 이용한 실험을 진행한 결과 인슐린 혼수상태는 뇌에서 출혈을 일으키고, 대뇌피질 내 신경세포를 파괴하고, "중추신경계에서 돌이킬 수 없는 구조적 변화"를 일으킨다는 사실이 밝혀졌다. 존스홉킨스 의대 정신과 의사 솔로몬 캣제넬보겐은 인슐린 투여 횟수가 많아질수록 "이상 증세가 심해진다."라는 연구결과를 발표하기도 했다. 인슐린 혼수 요법을 받다 사망한 환자들에 대한 부검을 통해서도 "피질 영역이 파괴된다는" 비슷한 결과가 밝혀졌다. 또한 연구자들은 이 치료를 받은 환자들의 뉴런이 축소돼 소멸하면서 뇌가 물러져 전반적으로 "세포 쓰레기장"으로 변한다는 증거도 찾아냈다. 일부 연구자들은 이 환자들의 뇌 손상이 뇌에 산소가 장시간 공급되지 않을 때 발생하는 손상과 비슷하다는 점을 들어 인슐린 혼수가 이와 비슷한 방식으로 뇌세포를 파괴한다고 추측했다.[39]

실제로, 산소결핍 현상이 치료 효과를 낼 수 있다는 생각은 인슐린 혼수상태를 정교하게 조절하는 실험들로 이어졌다. 뉴욕 올버니 의대 의사 해럴드 히뮈치는 환자에게 방독면을 씌워 산소를 공급하다 어느 순간에 갑자기 산소 대신 질소를 공급하는 실험을 했다. 환자는 바로 의식을 잃었고, 그렇게 산소가 없는 상태에서 몇 분 동안을 방독면을 쓰고 있었다. 히뮈치는 이 실험을 일주일에 3번씩 진행했고, 당시의 한 과학소설 작가는 이 실험에 대해 다음과 같이 썼다. "《마음의 의사들Doctors of the Mind》에서 히뮈치를 최근

정신과 치료에서 기적을 이뤄낸 사람 중 한 명으로 묘사했던 마리 베이넌 레이는 "조현병 환자들은 산소 공급을 중지하는 것만으로는 회복이 되지 않는다."라고 말했다. 일시적으로 회복이 되는 사람들도 있었지만, 몇 주가 지나면 다시 증상이 나타났다. 그런데도 환자들을 계속 이 실험의 대상이 됐다."[40]

인슐린 혼수 치료법은 득보다 실이 많다는 지적에도 불구하고 1950년대 중반까지 계속 시행됐다. 이 치료법의 문제 중 하나는 치사율이 높다는 것이었다. 1941년 미국 보건 조사에 따르면, 이 치료를 받은 주립 정신병원 환자의 5%가 이 치료 때문에 사망했다. 이 치료를 받고 회복돼 퇴원한 환자들도 장기적으로는 결과가 좋지 않았다. 정신병원으로 다시 돌아오는 사람이 많았다. 퇴원 환자의 약 80%가 재입원을 했으며, 재입원하지 않은 사람들도 사회에 잘 적응하지 못했다. 한 장기 연구에 따르면 인슐린 혼수 치료를 받은 환자 중 3년 후에도 "사회적인 측면에서 회복된" 상태를 유지한 사람은 6%에 불과했다. 독방에서 지낸 환자들의 결과보다 훨씬 나쁜 결과였다. 1950년 오하이오 주 조사단은 "인슐린 치료법이 회복을 지연시키거나 막았을 가능성이 있다."라는 결론을 내렸다.[41] 또한 1950년대 중반의 조사단도 이와 비슷한 결론을 내리면서 "1930년대 정신병 치료의 승리라고 칭송됐던 인슐린 혼수 치료법은 허구에 불과했다."라고 말했다.[42]

나중에 알게 된 사실이지만, 이 인슐린 치료법 때문에 피해를 입은 사람들 대부분은 자연스럽게 회복될 가능성이 가장 높은 사람이었다. 자켈 자신도 인슐린 치료법이 발병 초기의 환자들에게 주로 효과가 있다고 밝힌 바 있었다. 또한 이 치료가 매우 위험했기 때문에 자켈은 신장 질환이나 심혈관 질환 등 심각한 질환이 있는 환자들에게는 시도하지 않았다. 워티스에 따르면 자켈은 "발병한지 얼마 안 되는 매우 건강하고 젊은 사람들"만을 치료 대상으로 선택했다. 또한 자켈의 결과는 뉴욕 정신병원 의사들이 검증했는데, 이 의사들 또한 건강하고 젊은 사람들만 대상으로 인슐린 요법을 시행한 사람들이었다. 몰츠버그조차 "뉴욕 정신병원에서 인슐린 치료를 받은 환자들은 선택된 사람이 분명하다."라고 말할 정도였다.[43] 이렇게 환자를 선택함으로써 초기 결과가 왜곡됐을 뿐만 아니라, 육체적으로 건강한 환자들에게만 이 치료법이 시행되는 결과가 발생했다. 게다가 인슐린 치료를 받은 사람들은 뇌가 손상돼 완전히 회복해 인간다운 삶을 살 기회를 잃어버리게 됐다.

하지만 1930년대 후반의 인슐린 혼수 치료법은 "확실히" 효과가 있었다. 여러 가지 면에서 그랬다. 조현병 환자들은 정신병원에 입원해 짧은 기간에 20번에서 60번까지 이 치료를 받은 다음 퇴원했다. 인슐린 치료는 간호사와 의사는 모두를 편하게 만들기도 했다. 특히 간호사들은 다루기 힘든 환자들과 계속 씨름을 하지 않아도 됐기 때문이다. 간호사들은 아이처럼 변한 환자를 달래기만 하면 됐다. 이 치료를 받은 환자 중 일부는 놀라울 정도로 유쾌하게 변해 간호사들에게 "마치 어린 아이를 돌보는 엄마"같은 기분이 들게 했다. 의사들은 자신이 기억을 일으키고 있다는 생각에 자부심을 가졌다. 한 의사는 "인슐린 치료를 하다보면 환자들을 죽음의 문턱까지 몰게 된다. 죽음의 직전에서 다시 환자를 데려오는 일인 것이다."라고 말했다.[44] 인슐린 치료를 받은 환자들은 치료와 다음 치료 사이의 시간에는 대부분 잠을 잤다. 따라서 병동에서는 소란이 적게 일어났다. 병원 직원 입장에는 일종의 축복이었다. 인슐린 치료 병동을 운영하던 병원들은 이렇게 병동이 조용해진 것은 병원이 정신병자에게 현대적이고 과학적인 치료를 제공하고 있는 증거라고 주장하기도 했다. 이 모든 상황은 인슐린 치료에 대한 대중의 칭찬을 이끌었다.

하지만 정신병자 입장에서 보면, 인슐린 치료는 치료의 방법이 하나 더 추가된 것뿐이었다. 즉 정신병 치료 목적으로 뇌 손상을 일으키는 방법이 정신과 의사들이 쓸 수 있는 무기 중 하나로 자리 잡은 것뿐이었다.

생명의 정수

병원 입장에서 인슐린 혼수 치료법의 가장 큰 문제점은 비용과 시간이 많이 든다는 것이었다. 이 치료를 받는 환자에게는 그렇지 않은 환자의 "100배"에 이르는 의료진의 노력이 투입된다는 추정치가 나올 정도였다. 따라서 이 치료법은 적용에 한계가 있을 수밖에 없었다. 이와는 대조적으로, 자켈의 인슐린 치료법이 등장한 직후에 미국 정신병원에 도입된 메트라졸metrazol 경련 요법은 절차가 간단해 의사 한 명이 한나절에 50명 이상의 환자에게 시행할 수 있었다.

메트라졸 경련 요법은 1935년 헝가리 의사 라디슬라스 본 메두나가 본격으로 시행하기 시작한 치료법이지만, 그 기원은 1700년대까지 거슬러 올라간다. 당시 유럽 문헌에는 녹나무 추출물인 장뇌camphor를 이용해 정신병자에게서 발작을 유도하는 방법이 기록돼 있다. 메두나는 간질과 조현병이 서로 길항적 관계antagonism, (생물체 내의 현상에서 두 개의 요인이 동시에 작용할 때 서로 그 효과를 상쇄하는 것)라고 생각해 이 치료법을 다시 살려보기로 한 것이었다. 길항적 관계는 하나의 질병이 다른 질병을 없애는 데 도움을 주는 관계라고 할 수 있다. 실제로 조현병 증상이 있는 간질 환자들은 발작을 거의 하지 않았고, 발작이 나타나는 조현병 환자는 조현병 증상이 적었다. 메두나는 이 관계에 착안해, 간질 발작을 유도하면 조현병을 치료할 수 있을 것으로 생각했다. 나중에 메두나는 이렇게 말했다. "이 길항관계를 이용한다면, 완전히 치료를 할 수는 없더라도 최소한 조현병 진행을 중지시키거나 진행 양상을 바꿀 수 있을지 모른다는 느낌이 확실히 들었다."라고 말했다.[45]

동물을 대상으로 다양한 독성 물질 실험을 진행한 후 메두나는 발작 유도 물질로 장뇌를 선택했다. 1934년 1월 23일 긴장성 조현병 환자에게 장뇌를 주사한 메두나는 클래지와 자켈처럼 놀라운 결과를 발표했다. 장뇌로 여러 차례 발작을 유도한 결과, 입원한 지 4년 된 L.Z.라는 33세 환자가 병상에서 벌떡 일어나 정신을 차리고는 의사들에게 자신이 얼마나 오래 정신병을 앓았는지 물었다는 내용이었다. 이 환자는 바로 퇴원했다. 그야말로 "기적의 재탄생" 이야기였다. 장뇌 치료를 받은 다른 환자 5명도 빠르게 회복을 했고, 메두나는 희망에 넘쳐 이렇게 말했다. "내가 새로운 치료법을 발견한 것이 한없이 기쁘다. 말로 표현할 수 없을 정도로 기쁘다."

메두나는 이 장뇌 치료법을 더 다듬어 장뇌 대신 메트라졸을 투여하는 방법으로 전환했다. 메트라졸은 장뇌 성분을 화학적으로 합성한 것이다. 이 메트라졸 치료법은 계속 성공을 거뒀다. 투병 기간이 최대 10년이나 되는 환자를 포함한 메두나의 환자 110명의 절반이 메트라졸 경련 요법으로 정신병에서 회복됐다.[46]

메트라졸 요법은 유럽과 미국의 정신병원에 급속하게 확산됐지만, 상당한 논란을 불러일으키기도 했다. 이 요법을 시도한 다른 의사들이 발표한 치료율이 들쑥날쑥했기 때문이다. 조현병 환자의 한 의사는 조현병 환자의 70%가 치료됐다고 발표했지만, 다른 의사는 이 요법이 조현병에는 효과가 전혀 없지만 조울증에는 효과가 있다고 발표했다. 치료 효과가 전혀 없다고 밝힌 의사들도 있었다. 뉴욕 소재 로클랜드 주립병원은 환자 275명 중 단 1명에게서도 효과가 없었다고 발표했다. 그때까지 발표된 결과 중 최악의 결과였다.[47] 메트라졸은 일부 의사들이 주장했듯 "끔찍한" 약물이었을까? 아니면 한 의사가 말했듯이 "불행한 사람들을 위한 특효약"이었을까?[48]

이 질문에 대한 의사들의 답은 주관적인 가치에 의존한 것이었다. 메트라졸은 환자의 행동과 기분을 변화시키는 약물이었고, 의사들은 이 변화가 "호전"인지 대해 생각하는 바가 서로 매우 달랐기 때문이다. 또한 의사들의 판단은 메트라졸을 주입받는 환자의 감정적 반응에 따라 달라지기도 했다. 메트라졸을 주사하려면 공포에 질린 환자들의 거친 행동을 제어해야 했기 때문이다.

메트라졸은 폭발적인 발작을 촉발했다. 주입 후 약 1분이 지나면 환자의 발작은 너무나 심해져 뼈가 골절되고, 근육이 파열되며, 이가 흔들릴 정도였다. 1939년 뉴욕 주립 정신의학 연구소는 메트라졸을 주입받은 주립병원 환자의 43%에서 척추가 파열됐다고 발표했다. 상완골(위팔뼈), 대퇴골, 골반 뼈, 견갑골, 쇄골이 파열되고, 어깨뼈와 턱뼈가 탈구되고 치아가 부러진 환자들도 있었다. 동물 연구와 부검 결과에 따르면 메트라졸로 유도된 발작은 폐, 신장, 비장 등 다양한 장기에서 출혈을 일으켰다. 뇌에도 손상이 일어나 대뇌피질 내에서 "뉴런들이 황폐화되는" 현상이 나타나기도 했다.[49] 메두나조차 인슐린 혼수 치료법과 매우 유사한 자신의 치료법이 "생체에 잔혹하게 침투한다"라고 인정하면서 다음과 같이 말했다.

> 병의 진행을 막고 병에 걸린 생명체에서 정상적인 기능을 회복시키기 위해 우리는 다이너마이트를 터뜨리는 것 같은 방법을 사용한다. 생물학적인 관점과 치료적 관점에서 우리가 이렇게 폭력적인 방법을 사용하는 이유는 현재로서 생명체에 충격을 주는 방법만큼 조현병의 진행 과정을 강력하게 분쇄하는 방법이 없기 때문이다.[50]

인슐린 치료법처럼 메트라졸 치료법도 효과를 오래 지속시키려면 여러 번 시행해야 했다. 치료는 보통 20~40번 이상 메트라졸을 주사해야 끝이 났고, 2~3주 정도의 시간이 필요했다. 인슐린 치료법처럼 메트라졸 치료법도 어느 정도 행동의 변화를 일으켰다. 환자들은 멍하고 혼미한 상태에서 의식을 회복했다. 메두나는 이 상태를 "혼란스럽고 몽롱한 상태"라고 불렀다. 구토와 메스꺼움 증상도 흔했다. 환자들은 엄마를 찾으면서 의사와 간호사에게 "안아달라고 하거나, 입을 맞춰달라고 하거나, 쓰다듬어달라고" 애걸했다. 자위행위를 하는 환자들도 있었고, 의료진과 성관계를 하고 싶어 하는 환자들도 있었으며, 자신의 배설물을 가지고 노는 환자들도 있었다. 이 모든 행동은 의사들이 바란 유아 수준으로의 퇴행, 즉 "고도의 지능 통제를 상실하는 과정"이 일어나고 있는 증거로 생각됐다. 또한 이렇게 정신적 충격을 입은 상태에서 많은 환자들은 "친화적인 태도, 협조적인 태도"를 보였고, 이런 태도도 환자가 호전되는 증거로 생각됐다. 치료가 반복될수록 이런 태도가 지속되는 시간은 더 늘어났다.[51]

에피네프린 같은 스트레스 해소 호르몬이 분비돼 발생한 가능성이 높은 이런 태도 변화 때문에 일부 의사들은 메트라졸 치료법이 조울증 치료에 특히 효과가 있다는 생각을 하게 됐다. 하지만 환자들은 이 요법으로 인한 뇌 손상이 회복되면 다시 정신병 증세를 나타냈다. 이런 증상 재발 문제는 인슐린 치료법에서보다 심각했기 때문에 많은 의사들은 "메트라졸 충격 요법은 영구적이고 지속적인 회복에는 효과가 없는 것으로 보인다."라는 결론을 내렸다.[52]

메트라졸은 다른 단점도 있었다. 한 번 메트라졸을 주입받은 환자는 다시 주입받는 것에 강력하게 저항을 해 강제력을 써야 한다는 점이었다. 정신병원 의사들은 <미국 정신의학회지> 등 정신의학 저널에 기고한 글에서 환자들이 "죽고 싶지 않다"라고 울부짖는다면서 "인류의 이름으로" 메트라졸 주입을 중지해야 한다고 촉구했다. 왜 병원들은 이들을 "죽이려고" 했을까? 한 여성 환자는 "메트라졸 충격을 치료하는 방법은 없나요?"라고 묻기도 했다. "용기와 투지를 타고난" 군인 출신 환자들도 메트라졸 주사 앞에서는 겁을 먹고 몸을 웅크렸다. 한 환자는 메트라졸 요법을 "용광로에서 산 채로 구워지는 것"에, 다른 한 환자는 "두개골을 열어 뇌를 태우는 것"에 비유하기도 했다. 1940년 카체넬른보겐의 묘사에 따르면, 거의 모든 환자가 공통적으로 "극도의 공포를 느꼈고, 고문당한다는 느낌을 가졌으며, 곧 죽을 수 있다는 공포에 시달렸다."[53]

환자들이 시달린 공포는 그 정도가 너무 심해 과거처럼 공포 때문에 치료가 되는 것일 수 있다는 주장이 나올 정도였다. 한 의사의 말을 들어보자.

> 저혈당 쇼크나 간질 발작이 조현병을 어떻게 치료하는지에 대한 합리적인 설명은 아직 없다. 나는 기습 목욕이나 '회전침대' 같은 방법이 극도의 공포를 심어줌으로써 환자에게 현실을 느끼게 하고, 카디아졸(메트라졸) 주입 후에 환자가 느끼는 극도의 불안감이 회전침대가 주는 불안감과 비슷할 수 있다고 생각한다. 회전침대의 예에서 우리는 반복적인 공포 주입이 치료 성공의 관건이라는 사실을 알 수 있다.[54]

메트라졸 치료법 옹호자들은 이 치료법이 기존의 야만적인 충격요법과 다르다고 주장하면서, 공포가 치료의 핵심이 아니라고 증명할 수 있는 연구를 진행하기도 했다. 이들은 프로이트 심리학에 기초해 과학적인 설명을 찾고자 했다. 1942년에 열린 미국정신의학협회 연례 회의에서 시카고의 심리치료사 로이 그링커는 정신병자들을 사망 직전 상태까지 모는 방법이 이상하게도 환자를 해방시키는 효과가 있다고 발표했다. 그링커는 "환자들은 메트라졸 치료가 자신의 무의식적인 죄책감을 덜어주는 가학적이고 공격적인 처벌로 느낀다."라고 말했다.[55] 네브래스카 대학 정신의학자 에이브럼 베넷은 정신병자는 "고통스러운 경련 요법을 받음으로써 자신이 처벌을 받을 의지가 있다는 것을 증명한다. 그렇게 함으로써 환자는 양심이 자유로워지고, 강박적인 양심의 가책으로부터 벗어나 삶을 다시 시작하게 된다."라고 말했다.[56]

의사들이 인정했듯이, 메트라졸은 정신병원 치료에 감정적인 요소를 새로 추가했다. 의사들은 공포, 처벌, 신체적 고통이 정신병자들에게 이롭다고 믿었지만, 프로이트 심리학을 전혀 모르는 환자들은 메트라졸 치료법을 매우 현실적으로 받아들였다. 정신병원 환자들은 의사들이 자신들을 편하게 하기는커녕 가둬놓고 가장 끔직한 형태로 신체를 공격한다고 생각했다. 이 환자들에게 의사는 '고문을 가하는 사람'이었다. 병원이 고통을 주는 곳으로 변해버린 것이다. 미국 정신의학에서 의사와 환자의 관계가 근본적인 균열을 일으킨 시점이 바로 이 시점이었다. 이 시점 이후 중증 정신질환자는 사회와 건잡을 수 없을 정도로 멀어지게 된다.

장기적으로 장점을 가진다는 증거가 없음에도 불구하고 메트라졸 요법은 1939년에는 미국 정신병원의 70%가 사용할 정도로 미국 정신의학의 중심으로 빠르게 자리를 잡았다. 1936년부터 1941년까지 정신병 환자 약 3만 7000명이 메트라졸 치료를 받았다. 약 3만 7000명이 메트라졸을 여러 차례 투여 받았다는 뜻이다. 소위 "뇌 손상 치료법"이 정신병원 환자들에게 강제적으로, 주기적으로 시행되던 시기였다.[57]

기억상실증이 주는 이득

메트라졸 요법의 광범위하게 확산됨에 따라 정신의학은 학문으로서의 위치를 더 공고히 하게 됐다. 정신병원 의사들은 환자들의 행동 변화를 확실하게 유도할 수 있는 두 가지 치료법을 가지게 됐기 때문이다. 인슐린 혼수 치료법은 조현병 치료에, 메트라졸 치료법은 조울증 치료에 각각 최적의 치료법이라는 인식이 자리를 잡게 됐다. 인슐린으로 깊은 혼수상태를 유발한 다음 메트라졸을 주입해 발작을 일으키는 방식으로 두 가지 치료법을 같이 시행하는 경우도 있었다. 1939년 터프츠 의대 학장 A 워런 스턴스는 "이 모든 방법은 정신의학 전반에 엄청난 활기를 불어넣었다. 사람들은 보통 주립병원이 환자를 돌보기만 하는 곳이라고 생각하지만, 이제 주립병원은 치료를 위한 곳이 됐다."라고 말했다.[58] 이 두 가지 치료법의 성공으로 이후 정신의학의 미래는 밝아만 보였다.

이탈리아 정신의학자 우고 체를레티가 고안한 전기충격도 정신의학의 미래를 낙관하게 만들었다. 당시 로마 의대 정신의학과 학과장이었던 체를레티는 자켈과 메두나의 성공에 영감을 받아 메트라졸 치료법을 개선할 수 있는 방법을 연구하고 있었다. 체를레티는 수년 동안 간질을 연구하면서 개에게서 경련을 유발하는 방법으로 전기를 사용하고 있었다. 실제로 전기는 1870년대부터 동물에게서 경련을 유발하는 수단으로 사용되고 있었다. 이 방법을 인간에게 적용할 수 있다면 안정적으로 경련을 일으킬 수 있었다. 문제는 안전이었다. 체를레티는 개 실험을 하면서 전극 하나는 입에, 다른 하나는 항문에 꽂았다. 이 과정에서 실험동물의 반은 심정지로 사망했다. 특히 미국 같은 나라는 전기로 범죄자를 사형시켰기 때문에 체를레티는 생각이 많을 수밖에 없었다. 나중에 그는 "전기로 사람에게 경련을 유발하는 것은 야만적이고 위험한 생각이었다. 사람들은 항상 전기의자를 떠올렸기 때문이다."라고 말했다.[59]

이 전기충격 요법 연구 초기 과제로 체를레티의 조수 루시오 비니는 전기로 유도한 경련이 개의 신경계에 어떤 손상을 일으키는지에 관해 연구했다. 비니는 전기충격이 "신경세포에 심각한 손상을 일으키며, 특히 대뇌피질의 심층 구조에 존재하는 신경세포에 엄청난 손상을 일으킨다"라는 사실을 발견했다. 하지만 비니는 이 손상이 반드시 부정적이지만은 않다고 생각했다. 비니는 이런 손상이 "해부학적 변화가 유도된다는 증거"라고 생각했다. 비니는 인슐린 혼수도 "신경계에 심각하고 비가역적인 변화를 일으키며, 조현병을 호전시킨 것은 바로 이 변화이기 때문에 우리가 이 실험을 계속하는 것은 정당하다"라고 말했다.[60]

체를레티의 연구에 결정적인 돌파구를 제공한 것은 엉뚱하게도 도살장이었다. 전기충격으로 돼지를 어떻게 죽이는지 보기 위해 도살장에 갔던 체를레티는 돼지의 머리에만 전류를 흘려 돼지를 기절시키는 것을 보게 됐다. 그렇게 해야 돼지를 칼로 찔러 피를 내기가 쉬워지기 때문이었다. 체를레티는 전기로 사람의 발작을 유도할 때 가장 중요한 것은 몸 전체가 아니라 머리에만 전기를 흐르게 하는 것이라고 깨달은 것이었다. 이 전제를 가지고 동물실험을 진행한 후 체를레티는 이렇게 말했다. "사람을 대상으로 실험을 할 수 있겠다는 생각이 든 나는 조수들에게 적절한 대상을 물색하라고 지시했다."[61]

적절한 대상이 나타났다. 기차역에서 경찰에 검거된 39세 정신이상 부랑자였다. 체를레티가 SE라고 부른 이 남성은 밀라노 출신으로 로마에 가족이 없는 사람이었다. 나중에 체를레티는 이 남성이 메트라졸 치료를 받은 적이 있다는 것을 알게 됐지만, 1938년 4월 초 전기충격 실험을 할 때는 SE의 과거 이력에 대해 아는 것이 거의 없는 상태였다. 처음 실험은 실패였다. 80볼트와 90볼트의 전기를 각각 흘렸지만 SE는 기절하지 않았다. 두 번째 전기를 흘렸을 때 이 남성은 노래를 부르기까지 했다. 체를레티와 조수들이 전압을 높여야 할지 고민하고 있을 때(조수들은 전압을 높이면 생명이 위협을 받을 수 있다고 생각했다) SE가 갑자기 일어나 앉더니 "이제 안 돼! 그러면 나 죽어!"라고 소리쳤다. 하지만 체를체티는 이 말을 듣고도 전압을 110볼트로 올렸고, SE는 바로 발작을 일으켰다. 체를레티는 환호하면서 말했다. "전류로 인간에게서 위험하지 않게 간질 발작을 일으킬 수 있다는 사실이 확인됐다."[62]

1940년대 미국의 정신병원들에 도입된 전기충격 요법은 완전히 새로운 치료법으로 받아들여지지는 않았다. 체를레티가 말했듯이 그의 업적은 경련을 유도하는 더 좋은 방법을 만들어낸 것에 불과했기 때문이었다. 전기충격 요법은 빠르고, 쉽고, 비용이 적게 들었기 때문에 정신병원 의사들의 환영을 받았다. 하지만 전기충격 요법은 "뇌 손상 치료법"을 한 단계 더 발전시키는 결과를 낳기도 했다. 전기충격 요법은 메트라졸 요법보다 더 지속적이고 근본적인 손상을 일으켰기 때문이다. 전기충격으로 인한 손상이 너무 크다고 생각한 자켈은 자신이 개발한 인슐린 혼수 치료법과의 차이점을 이렇게 지적했다. "전기충격으로 일어나는 기억상실이 일어나는 경우에는 지능 전체가 낮아진다. 기억상실의 정도가 심할수록 뇌세포 손상 정도가 심해지기 때문이다."[63]

정신병원 의료의 방향이 특정한 치료법 위주로 급격하게 변화하기 시작했다. 뇌를 손상시켜 변화를 일으키는 것은 좋은 일이었을까, 나쁜 일이었을까? 이 질문에 대한 대답은 중증 정신질환자의 회복 가능성에 대한 생각과 그 생각이 얼마나 가치가 있는지에 따라 달랐다. 충격 요법에 대한 비판은 대부분 프로이트 심리학 신봉자들에 의해 이뤄졌다. 1940년 저명한 정신분석학자 해리 스택 설리번이 제기한 비판을 들어보자.

> 내가 보기에 이 다양한 충격 요법들이 "유익한" 결과를 내는 이유는 이 요법들이 인간으로서의 환자의 능력을 저하시키기 때문이다. 이 충격 요법들의 기저에 깔려 있는 생각은 조현병 환자가 되는 것보다는 행복한 천치가 되는 것이 낫다는 것이다. 조현병 환자들이 회복될 수 있고 실제로 회복된다는 사실, 매우 뛰어난 능력이 있어 사회적으로 중요한 사람 중 일부가 조현병 환자라는 사실을 내가 몰랐다면, 정신병원의 전반적인 치료 방법과 특히 대뇌피질 제거 요법에 대해 이렇게 쓴 소리를 하지 않았을 것이다.[64]

정신병원에서 새롭게 사용하기 시작한 "대뇌피질 제거 요법"인 전기충격 요법은 예상대로 효과를 냈다. 양쪽 관자놀이에 전극을 연결해 측두엽을 비롯한 기억 처리 담당 뇌 영역에 전류를 통과시키면 환자는 바로 발작과 경련을 일으키면서 의식을 잃었고, 대뇌피질 뇌파가 줄어들었다. 1942년 뉴욕 정신의학 연구소 놀런 루이스는 "경련이 일어나면 인간은 성격이라고 부를 수 있는 모든 것을 잃는 상태로 진입한다."라고 설명했다.[65] 의식이 돌아온 환자는 자신이 누구인지 잘 모르는 멍한 상태에서 메스꺼움과 두통에 시달리기도 했다. 시카고의 정신과 의사 빅터 곤다는 이 상태에 대해 "환자들은 친화적인 표정을 지었고, 의사의 미소에 화답하기도 했다."라고 말했다.[66]

전기충격 요법을 한 번만 받아도 환자의 뇌파가 정상으로 회복되는 데에는 몇 주가 걸렸다. 1940년, 뉴욕 정신의학 연구소에 전기충격 요법을 도입한 로사 칼리노프스키는 이 회복 기간 동안 환자들은 "기질성 신경쇠약organic neurasthenia"을 나타냈다며 "기억력을 포함한 중요한 지적 능력이 모두 손상됐다."라고 설명했다. 그는 환자들이 계속 피로에 시달렸으며 "시간과 공간 감각을 상실하고 연상 능력이 크게 떨어졌다."라고 덧붙였다.[67] 또한 환자들은 순종적이고 무기력하게 변함에 따라 환자들로 가득 찬 병동이 조용해지는 결과를 낳기도 했다.

초기에는 환자의 지능이 떨어지는 것이 치료가 되고 있는 증거로 받아들여졌다. 환상, 망상, 피해망상을 일으키는 고등한 인지능력과 감성이 박탈됨에 따라 정신병이 사라진다고 생각했던 것이다. 한 의사는 뇌 손상 치료법에 대해 "손상이 클수록 정신병 증상이 호전될 가능성이 크다"라고 말하기도 했다.[68] "지적 능력이 전체적으로 떨어지면서 증상이 줄어든다."라고 말한 의사도 있었다.[69] 심지어는 뇌파 활동의 감소가 "환각 활동"과 직결돼 있다는 것을 증명하려고 시도한 연구도 있었다.

전기충격에 의한 기억 상실도 정신병자에게 도움이 된다고 생각됐다. 의사들은 환자들이 과거에는 분노를 일으켰던 사건들을 기억하지 못하게 된다고 설명했다. 보스턴의 정신과 의사 에이브러햄 마이어슨은 1943년 미국정신의학협회 연례 회의에서 이렇게 말했다. "호전과 회복은 뇌를 기절시켜 고등한 활동을 감소시키고, 기억을 손상시켜 환자가 자신의 병적인 상태를 망각하도록 함으로써 일어난다."[70]

하지만 전기충격 요법의 "치료 효과"는 시간에 지남에 따라 줄어들었다. 환자들이 뇌 손상에서 회복되면서 정신병 증상이 다시 돌아오는 경우가 많았기 때문이다. 마이어슨은 "뇌가 일시적인 손상에서 회복되면서 정신병이 재발하는 것은 불행하게도 사실이다. 하지만 그 기간 동안만이라도 제정신으로 돌아오는 것 또한 사실이다."라고 말했다. 하지만 이런 주장에는 논리적인 문제가 있었다. 증상의 호전이 목표라면, 환자가 뇌 손상에서 회복되면서 정신병 증상이 돌아온다면, 전기충격 요법은 수없이 많이, 심지어는 매일 시행해야 했다. 그래야 환자의 뇌 손상이 더 깊어지기 때문이다. 1950년 칼리노프스키는 자신이 집필한 의학 교과서 《충격 요법Shock Treatment》에서 이 방법을 "혼미 유발" 치료법이라고 부르면서 이렇게 말했다. "환자가 정신이 혼미해질 때까지 전기충격 요법을 시행한 의사들은 전기충격 요법이 조현병 치료에 효과가 있다는 것에 매우 만족했다."[71] 칼리노프스키의 이런 주장에 동의한 베넷도 환자들이 "치료 목적의 혼돈 상태에 제대로 이르려면" 여러 번 전기충격을 받아야 한다고 조언하기도 했다.[72] 이런 지침에 따라 1945년 뉴욕의 로체스터 주립병원은 환자들에게 1주일에 3번씩 전기충격 요법을 시행했다. 이 병원은 "이 방법을 사용함에 따라 환자들에게서 혼미 상태를 더 잘 유발하고 유지시킬 수 있었다."라고 밝혔다. 병원 관계자들은 환자들이 "이 상황에서 놀라기보다는 즐거워했다."라고도 보고했다.[73]

이런 전기충격 치료를 받은 환자 중에 조니카 업튼이라는 17세 소녀가 있었다. 1959년 1월 18일 가족에 의해 뉴멕시코 주 앨버커키 소재 내저렛 정신병원에 입원된 소녀였다. 가족은 소녀가 몇 주 전 22살짜리 남성과 캘리포니아 주 샌터크루즈로 가출한 데 분노해 정신병원에 입원시킨 것이었다. 또한 가족은 이 소녀의 남자친구가 "동성애자"로 의심받는 사람이었고, 그 남자 때문에 소녀의 말투가 동성애자 말투로 변했으며, '프루스트(《잃어버린 시간을 찾아서》를 쓴 프랑스 작자. 동성애자로 알려져 있다)'의 소설을 가지고 다녔다는 데 충격을 받았다. 병원 기록에 따르면, 이 소녀는 "정신이 맑고 협조적이지만 정신병원을 마음에 들어 하지 않는 태도를 분명히 한" 환자였다.[74]

입원 후 3개월 동안 이 소녀는 62회에 걸쳐 전기충격 요법을 받았다. 치료를 시행하는 동안 의사들은 치료 효과가 나지 않는다며 불만을 표출했다. 소녀의 주치의는 그해 3월 24일 자 치료 일지에 이렇게 썼다. "환자는 전기충격 요법을 집중적으로 시행했음에도 불구하고 우리가 원하는 혼미한 상태에 이르지는 못했다. 하지만 상당히 정신이 혼미해지고 생각이 전반적으로 무너지는 현상이 나타나긴 했다." 2주 후에도 결과는 비슷했다. 이 의사는 "현재까지 우리가 시행한 집중적인 전기충격 요법의 결과는 별로 만족스럽지 않다. 이 치료를 받은 환자는 일반적으로 이 소녀 환자보다 훨씬 더 정신이 혼미해진다."라고 말했다. 하지만 4월 말이 되자 이 소녀는 결국 의사들이 바라던 "혼미 수준"에 이르렀다. 대소변을 참지 못하게 됐으며, 알몸으로 여기저기를 돌아다니고, 자신의 아버지의 생사조차 확실하게 말하지 못하는 상태로 변했다. 며칠 후 소녀는 퇴원을 했다. 간호사들은 소녀가 가족을 보고도 알아보지 못했다고 말했다. 하지만 정신병 증상이 호전되긴 했다. 남자친구에 대한 기억이 완전히 지워졌고, 더 이상 프루스트의 책을 끼고 다니지도 않았다. 소녀의 주치의는 소녀가 퇴원하는 날 치료 일지에 이렇게 썼다. "환자는 생각과 느낌 면에서 상당한 변화를 보였다. 환자에게 어느 정도 통찰력이 생긴 것으로 보인다."*

소녀가 치료를 받을 때는 전기충격에 의한 뇌 손상의 속성에 대해 어느 정도 연구가 된 상태였다. 전기충격 요법 지지자인 롱아일랜드 소재 힐사이드 정신병원의 맥스 핑크는 전기충격을 한 번만 시행해도 "심각한 머리 손상"과 매우 비슷한 변화를 유발할 수 있다고 주장했다. 뇌파 활동의 변화가 동일하고, 척수액의 생화학적 성분 변화도 비슷하다는 설명이었다. 실제로 전기충격은 간질 발작과 비슷한 변화를 일으키는 것이 아니라, 뇌진탕과 비슷한 변화를 일으켰다. 핑크는 이런 유사성 때문에 "경련 요법은 뇌 손상을 연구하는 데 훌륭한 실험 수단을 제공한다."라고 말했다.[76]

논란이 계속되던 부분은 이런 방법으로 영구적으로 뇌를 손상시킬 수 있는지에 관한 것이었다. 이 문제에 대해서는 많은 토론이 이뤄지긴 했지만, 관련 연구 대부분은 그럴 수 있다는 결론을 제시했고, 이는 전기충격 요법의 문제를 훨씬 더 복잡하게 만들었다. 연구자들은 부검과 동물실험을 통해 전기충격이 뇌, 특히 대뇌피질에서 출혈을 일으킬 수 있다는 사실을 발견했다. 사망한 환자에게서 "피질이 황폐화된 영역들"이 발견됐기 때문이다. 1946년에

---

*집중적인 전기충격 요법은 "조현병 증상을 나타내는" 어린이들에게도 시행됐다. 1942년부터 뉴욕 시 벨뷰 병원 의사들은 4세에서 11세 사이의 어린이 98명에게 20일 동안 연속으로 하루에 2번씩 전기충격 요법을 실시했다. 벨뷰 병원 의사들은 이 전기충격 치료가 어린이들을 "덜 들뜨게, 덜 위축되게, 덜 불안하게" 만들었다고 밝혔다. 몇 년 후 이 어린이들에 대한 후속 연구를 진행한 다른 병원의 연구자들은 이 어린이들 대부분이 폭력적이고 파괴적으로 변했다는 사실을 발견했다. 이 어린이 중 10세 남자 어린이 한 명은 "전기충격을 실시한 의사들을 죽이고 싶었다."라고 말했다. 이 어린이는 결국 "전기충격 요법에 동의했다는 이유로" 자신의 엄마에게 폭력을 휘두른 후 "아파트 창에서 뛰어내리려고 시도했다." 9세 소년 한 명은 다시는 전기충격 요법을 받지 않겠다며 목을 매기도 했다. 이런 후속 연구에도 불구하고 1955년 벨뷰 병원의 로레타 벤더는 3세가 채 안 된 아이에게 전기충격을 20번 가하는 데 성공했다고 썼다.[75]

는 "뉴런 퇴화와 신경아교증gliosis 발생 확률 증가"가 보고되기도 했다. 많은 연구자들이 반복적인 전기충격 요법 시행이 "행동 능력과 학습 능력의 영구적인 손상", "인지 기능 저하", "기억력 상실 심화", "직관 능력, 상상력, 창의력 감소" 등을 일으킬 수 있다고 발표했다. 1947년 워싱턴 DC 소재 세인트엘리자베스 병원의 레온 솔즈먼은 "의사들 대부분은 충격 횟수가 많아질수록 손상이 커진다는 데 동의한다."라고 말했다. 1년 후에 발표된 조현병 연구 논문에 따르면, "100번 이상 전기충격을 받은 환자들은 마음이 '확실히 황폐해졌으며, 자아의 기능이 극도로 약화됐고' 현실 인식 능력이 극도로 손상됐다."고 한다.[77]

두개골-뇌손상을 일으켜 행동을 변화시키기 위해서는 이렇게 많은 대가를 치러야 했다.

동의 받지 않은 치료

정신병원 의사들은 의학 논문을 쓰면서 꽤 솔직하게 전기충격 과정을 밝히면서, 전기충격이 뇌 손상을 일으킨다는 사실을 인정했다. 하지만 일반 대중의 인식은 달랐다. 보통 사람들은 전기충격 요법이 안전하고, 효과적이며, 고통을 수반하지 않고, 기억력 상실 또한 일시적인 것이라고 생각했다. 1940년대 주립 정신병원에 관한 폭로기사를 썼던 기자들도 이 전기충격 요법만큼은 모든 정신병자에게 시행해야 한다고 주장했다. 앨버트 도이치 기자는《국가의 수치》에서 브루클린 주립병원을 개혁의 모범 사례로 지목하면서 "브루클린 병원 환자들은 인간적으로, 의학적으로 좋은 대우를 받고 있다. 환자 대부분이 초기에 충격 요법을 받는 기회를 누린다."라고 쓸 정도였다.[78]

하지만 겉으로는 이렇게 인도주의적으로 보였지만, 미국 정신의학계 내부에서는 놀랄만한 움직임이 일어나고 있었다. 메트라졸 투여에 저항했던 환자들이 전기충격 요법에도 저항하기 시작한 것이다.

근육을 마비시키는 약물이 도입되기 전까지 전기충격 요법은 물리적 손상을 일으킨다는 면에서 메트라졸 주입 요법과 다를 것이 없었다. 전기충격 치료를 받은 환자의 최대 40%가 뼈 골절을 겪었다. 이 문제는 1940년 베넷이 큐라레curare가 일시적으로 근육을 마비시킨다는 연구결과를 발표한 후에는 완화됐다. 뼈가 부러지는 고통에서 환자가 해방된 것이다. 하지만 이런 마비 약물이 항상 제공되지는 못했다. 또한 신체적으로 환자를 손상시키는 것은 없어졌다고 해도 환자의 공포는 없어지지 않았다. 칼리노프스키에 따르면, 충격 요법을 몇 번 경험한 환자들은 "다시 이 치료를 받지 않기 위해 미친 듯이 저항했다. 부상을 입으면서도 창문이나 문으로 빠져나가려고 했다." 하버드 대학의 셀마 앨퍼의 묘사에 따르면, 환자들은 "부들부들 떨고", "비 오듯 땀을 흘리고", "살려달라고 애원했다." 환자들은 전기충격 치료에 대해 "머리에 폭탄을 맞는 느낌", "불 속에서 온몸이 타는 느낌", "물집을 터지는 느낌"이라고 의사에게 말했다. 연구자들은 정신병자들이 전기충격 치료를 "처벌"로 받아들였으며, 전기치료를 시행하는 의사들은 "잔인하고 비정한 사람들"로 생각했다고 논문에 밝혔다.[79]

의사들은 이런 식으로 환자들의 반응을 솔직하게 보고했다. 이들이 작성한 보고서에 따르면 환자들은 전기충격을 끔찍한 공격 행위로 생각했다. 엘렌 필드는 1964년에 출간된 회고록《흰 셔츠》에서 다음과 같이 말했다.

> 사람들은 전기충격이 신체에 미치는 영향을 과소평가하는 경향이 있다. 사람들은 전기충격에 대한 두려움이 단지 정신적인 두려움에 불과하다고 생각한다. 완전히 잘못된 생각이다. 진실은 전기충격이 극도로 강력한 신체 고문이라는 것이다. 두려움은 매우 신체적인 것이다. 심장과 명치가 뒤틀리면서 진동하기 때문이다. 전기충격에 대한 두려움만큼 강력했던 두려움은 그 이전에도, 그 이후에도 없었다. 전투에 나가기 직전의 군인이라면 같은 종류의 두려움을 복부에서 느낄 것이다. 이 두려움은 살아있는 생명체가 죽음에 대해 느끼는 본능이다.[80]

실비아 플라스Sylvia Plath는 자전적 소설 《벨 자The Bell Jar》에서 전기충격이 신체와 감정 모두를 어떻게 손상시켰는지에 대해 다음과 같이 묘사했다.

> 의사가 내 머리 양쪽에 각각 금속판을 하나씩 붙이고는, 내 이마 위에 걸쳐진 줄 양 끝에 끼웠다. 그러더니 입에 물고 있으라고 끈을 줬다. 나는 눈을 감았다. 잠깐 침묵이 있었다. 숨이 막히는 느낌이었다. 그때 뭔가가 위에서 내려와 나를 휘어잡고는 미친 듯이 나를 흔들었다. 파란색 조명 아래서 '위잉~' 소리가 공기를 흔들더니, 조명이 깜빡일 때마다 전기가 몸에 흘렀다. 뼈가 부서지고, 갈라진 나무에서 수액이 빠져나가듯이 몸에서 액체가 빠져나가는 느낌이 들었다. 그렇게 끔찍한 경험은 처음이었다.[81]

젊은 시절 전기충격 치료를 받은 경험이 있는 도로시 워시본 던더스도 《정신병원을 넘어서Beyond Bedlam》에서 다음과 같은 비슷한 이야기를 했다. "팔다리가 묶였다. 충격을 받을 때마다 죽을 것 같은 느낌이 들었다. 전류가 몸에 흐른다는 느낌은 없었다. 깨어날 때마다 머리가 아주 아팠고 메스꺼웠다. 머리가 몽롱했다. 전기충격 치료를 받기 전 8개월 동안 일어난 일이 전혀 기억나지 않았다. 자존심도 모두 잃었다. 완전히 무기력한 상태였다."[82] 환자들이 소리를 지르면서 치료실로 질질 끌려가는 광경을 목격한 사람들도 있었다. 도나 앨리슨이라는 여성은 로스앤젤레스의 한 신문사에 보낸 편지에서 다음과 같이 썼다. "정신병원에서는 환자가 어떻게 오게 됐는지 아무도 신경 쓰지 않는다. 환자가 저항하면 기절할 때까지 목을 조른 다음 정신이 돌아올 때까지 침대에 눕히고 기다린다. 환자가 깨어나면 바로 전기충격 요법을 시행한다. 내게도 그렇게 했다."[83]

이런 저항에 부딪히자 미국 의사들과 병원들은 환자의 동의 없이 전기충격 치료를 시도할 수 있는 권리를 요구하기 시작했다. 캘리포니아 주 정신질환자 기록을 조사한 역사학자 조엘 브래슬로는 전기충격 치료를 받은 환자 중 치료에 동의한 사람이 22%에 불과했다는 사실을 발견했다. 의사들은 전기충격 요법이 안전하고 아프지 않다고 입원 환자들에게 주기적으로 말을 하면서도 동의는 받지 않는 경우가 많았다.[84] 1949년 베넷은 "우리는 동의하지 않은 환자에게는 될 수 있으면 설명을 거의 안 하려고 한다."라고 말했다. 베넷은 전기충격에 대해서 환자들에게 "전기로 유도하는 수면"이라고 설명했고, 환자들은 "고통이나 불편한 느낌이 전혀 없다."라며 마음을 놓았다.[85] 뉴욕시 소재 벨뷰 병원의 데이비드 임파스타토같은 전기충격 요법 신봉자는 정신병자들에게 전기충격을 시행하겠다고 말해줄 필요가 없다고 주장하면서 다음과 같이 말했다. "환자 대부분은 전기충격 요법이 중증 정신병자가 받는 것이라고 생각한다. 그렇기 때문에 이들은 전기충격 요법을 자신에게 시행하겠다고 하면, 자기는 그 정도로 미치지 않았기 때문에 전기충격 요법은 받을 필요가 없다고 말한다. 따라서 나는 환자들에게 전기충격 요법을 시행할 것이라고 알려주지 않아야 한다고 생각한다."[86] 전기충격 요법 지지자들은 환자들이 이런 강제 치료에 대해 기억을 하지 못할 수도 있다고 생각했다. 환자들은 대개 "치료의 모든 과정을 완전히 망각하기" 때문이라는 이유에서였다.[87]

당연히 이런 생각은 정신병자들의 권리에 대한 사회의 시각이 반영된 것이었다. 어떤 기준으로 보더라도 전기충격 경험은 간단한 것이 아니었다. 핑크 같은 정신의학자들은 전기충격 요법을 "뇌 기능의 변화"를 일으키기 위한 수단으로 봤다.[88] 이들에게 전기충격 요법은 정신병자들을 확실하게 변화시키기 위해 고안된 방법이었다. 전기충격 요법은 정신병 증상과 우울증을 사라지게 할 수는 있었지만, 그러기 위해서는 환자들의 생각하고, 느끼고, 기억하는 능력을 적어도 일시적으로 희생해야 했다. 하지만 1940~1950년대 전기충격 요법을 지지한 의사들의 사고는 기본적으로 정신병원의 범위 안에 있었다. 정신병원에서는 환자의 동의를 받지 않고도, 환자가 거세게 저항해도 충격 요법을 시행할 수 있었기 때문이다. 만약 교도소 재소자들에게 그렇게 했다면 학대로 지탄을 받았을 것이다. 실제로 제2차 세계대전이 끝나고 미국과 미국의 동맹국들이 나치 범죄를 심판할 때 국제적십자는 나치 강제수용소에서 전기충격을 받은 사람들에게 보상을 해야 한다고 결정한 바 있다. 본인의 의지에 반해서 "유사 의학 실험"을 당했다는 사실을 인정한 것이었다. 역사가 로버트 립튼은 "유대인 포로들이 학살당하기 전에 당한 조치가 바로 전기충격이었다."라고 말했다.[89] 그럼에도 불구하고 미국에서는 20년이 넘는 시간 동안 100만 명 이상이 강제 전기충격 치료를 받았다.

과거에 행해졌던 수많은 신체 치료법처럼 전기충격 요법도 환자를 통제하고, 처벌하고, 겁주기 위해 사용됐다. 브래슬로는 캘리포니아 주 정신병원 의사들이 "싸움을 잘 걸거나, 불안감이 심하거나, 시끄럽거나, 고분고분하지 않거나, 고집이 센" 환자들을 대상으로 전기충격 요법을 시행했다는 사실을 밝혀냈다. 전기충격 요법은 이런 환자들을 "조용하고 덜 공격적으로" 만드는 치료법이었다.[90] 의사들과 병원 직원들이 자기들이 가장 싫어하는 환자들에게 전기충격 요법을 시행했다는 내용의 의학 논문들도 있다. 한 의사는 여성 환자에게 전기충격을 가하면서 "정신적 체벌"이라는 말을 쓰기도 했다. 한 정신병동 보호사는 "환자를 묶어 전기충격을 가하는 것을 보면 우리로 돼지를 몰아 멱을 따는 장면이 떠올랐다."라고 말했다. 정신병원 의사들은 말을 잘 듣지 않는 환자들에게는 "2배 많은" 전기를 흘리기도 했다.[91]

수많은 병원이 병동의 질서를 유지하고 환자들에게 단체로 전기충격 치료를 시행했다. 의사 윌러드 페넬은 <샌프란시스코 크로

니클>과의 인터뷰에서 "환자들은 의사들이 지나갈 때마다 옆 병상 환자들이 한 명씩 간질 발작을 일으키는 것을 보면서 자기 차례가 다가오는 것을 알았다."라고 말했다.[92] 뉴욕 벨뷰 병원은 심하게 난동을 부리는 환자들에게 하루에 2번 전기충격을 시행해 "병동을 조용하고 편안하게" 만들었다고 자랑스럽게 밝히기도 했다.[93] 1950년대 초반 조지아 주 밀리지빌 정신병원에서는 해마다 3000명에게 전기충격 요법을 시행했으며, 환자들에게 말을 듣지 않으면 "조지아 파워 칵테일 전기충격"을 실시하겠다고 위협했다. 이 병원 원장 T G 피코크는 병동 보호사들에게 이렇게 말했다. "충격 요법 사용은 선량한 시민의식을 함양하기 위한 병원의 정책이라는 것을 확실히 해두고자 한다."[94]

1940~1950년대 미국 정신병원에서 전기충격 요법은 이 정도로 널리 사용됐다. 머리에 손상을 입히는 이 방법은 사실 정신병자들에게 채찍을 휘두르던 과거의 방법을 대체한 것에 불과했다.

제 5 장

기적의 치료법과 뇌 손상

"우리의 생각이 옳지 않다면 그건 우리에게 '충분한 두뇌'가 없기 때문이다."라는 말이 있다. 정신질환자는 실제로 두뇌를 더 적게 사용하면서도 더 분명하고 건설적으로 사고할 수 있다는 것이 증명될 날이 올지도 모른다.

- 월터 프리먼, 1941[1]

몇 년 간격으로 정신병원에 도입된 인슐린 혼수 요법, 메트라졸 요법, 전기충격 요법은 모두 비슷한 방식으로 "효과가 있었다." 모두 뇌 기능을 약화시키는 방법이었다. 하지만 이 요법들은 모두 조잡한 방식으로 뇌를 약화시킨다는 공통점이 있었다. 게다가 이 3가지 방법으로는 정확하게 뇌의 어느 영역을 약화시킬지 결정할 수 없었고, 뇌의 손상 정도도 조절할 수 없었다. 이를 두고 한 의사는 "망치로 시계를 수선하는 행위"라고 말하기도 했다.[2] 하지만 이 방법들이 사용되던 시기에 정신병원에 도입된 정밀한 방법이 하나 있었고, 이 방법은 1940년대 정신의학의 대미를 장식했다. 신문과 잡지는 이 현대 의학의 "기적"에 대해 찬사를 아끼지 않았고, 이 방법이 도입된 지 14년 만인 1949년에는 이 방법을 고안해 낸 포르투갈 신경학자 에가즈 무니쉬Egas Moniz에게 노벨상이 수여됐다.

전전두엽 절제술prefrontal lobotomy이 바로 그 방법이다.

기발한 생각이었을까, 위험의 확실한 전조였을까?

전전두엽 절제술로 무력화되는 전두엽은 인간 두뇌의 가장 큰 특징이다. 유인원 뇌와 호모 사피엔스의 뇌를 비교하면 금방 차이가 눈에 띈다. 인간 뇌의 전두엽이 훨씬 더 크다. 부검을 통해서도 쉽게 확인할 수 있는 이 차이 때문에 사람들은 고대 그리스 시대부터 전두엽이 고등한 인간 지능의 중심일 것이라고 추측해왔다. 무니쉬가 전전두엽 절제술을 처음 시행하기 훨씬 전인 1861년에는 프랑스의 위대한 신경학자 폴 피에르 브로카가 전두엽이 인류에게 가장 고상한 능력을 부여하는 뇌 영역이라며 다음과 같이 말했다.

> 인간이 존엄한 이유는 다른 모든 동물에는 존재하지 않거나 거의 존재하지 않는 우수한 능력들 덕분이다. 판단력, 비교 능력, 반성 능력, 창의력 그리고 무엇보다도 추상화 능력은 인간에만 존재한다. 이 고등한 능력들이 합쳐져 지능, 더 정확하게 말하면 이해력을 구성하며, 이해력은 대뇌 전두엽의 기능 중 일부다.[3]

전두엽 기능에 대한 과학적 연구에 시동을 건 것은 피니어스 게이지Phineas Gage라는 사람의 유명한 사례였다. 당시 버몬트 주 철로 공사장에서 일하던 25세 청년 게이지는 다이너마이트 폭발 사고로 1미터 길이 철 막대기가 왼쪽 뺨과 전두엽을 관통하는 부상을 입었다. 놀랍게도 게이지는 목숨을 건졌고 사고 이후 15년을 더 살았다. 하지만 이 부상으로 게이지는 극적으로 변화했다. 사고 이전의 게이지는 활기차고, 영리하고, 끈기 있는 사람이었고, 이런 성격 덕분에 사람들의 사랑을 받았었다. 또한 정신이 반듯한 청년이라는 평가를 받는 사람이었다. 하지만 사고 이후 게이지는 무례하고 고집 센 사람으로 변했다. 계획을 세우는 능력도 상실했다. 게이지는 버릇없는 아이처럼 변해버렸다. 변화가 너무 극적이라 게이지의 친구들은 그가 더 이상 이전의 게이지가 아니라고 말할 정도였다.

전두엽의 중요성은 그 후 80년 동안 이뤄진 동물 대상 연구에서도 밝혀졌다. 1871년 영국의 데이비드 페리어는 원숭이와 유인원의 전두엽을 제거하면 지능이 현저하게 감소한다는 연구결과를 발표했다. 페리어는 "지적 능력"을 있던 이 동물들이 "무관심해지거나, 둔해지거나, 꾸벅꾸벅 졸기 시작했으며, 순간의 감각이나 느낌에만 반응하게 됐다"라며 무기력해진 이 동물들은 아무 목적 없이 돌아다니기도 했다고 밝혔다.[4] 1922년에는 이탈리아의 신경학자 레오나르도 비안키가 개, 여우, 원숭이를 대상으로 전전두엽 절제술을 시행한 후 문명을 창조한 인간의 지능이 전두엽에 있는 것으로 보인다는 연구결과를 발표했다.

1930년대에는 예일 대학의 칼라일 제이콥슨은 각각 베키, 루시라는 이름의 침팬지를 대상으로 연구를 진행해 문제 해결 능력에서 전두엽이 중요한 역할을 한다는 사실을 밝혀냈다. 제이콥슨의 실험은 매우 간단했다. 이 두 침팬지를 같은 방에 집어넣은 다음 컵 2개를 보여주고, 그 컵 중 하나로 먹이를 덮는 것을 지켜보게 했다. 그 다음에는 블라인드로 컵들을 가리고 5분이 지난 후 블라인드를 걷었다. 이 상태에서 침팬지가 먹이가 덮인 컵을 찾아내 먹을 수 있도록 했다. 전두엽을 제거당한 이 침팬지들은 먹이가 덮인 컵을 찾아내는 간단한 일도 하지 못했다. 제이콥슨의 결론은 전두엽이 생물체의 환경 적응 능력을 담당한다는 것이었다. 전두엽은 최근 사건들의 기억을 비롯한 정보를 합성하며, 지적인 행동을 만들어내는 과정이 바로 이 정보 합성 과정이라는 설명이었다.[5]

당시에는 심각한 머리 부상이 어떤 효과를 내는지에 관한 의학 연구도 활발하게 이뤄졌다. 제1차 세계대전 이후에는 게이지 같은 사고를 당한 사람이 흔해졌기 때문이다. 의사들은 전두엽 손상을 입은 사람들이 무관심해지고 아이처럼 변하며, 미리 계획하는 능력을 상실하고, 정상적인 판단을 내리지 못하게 된다고 보고했다. 이와 비슷하게, 뇌종양 때문에 전두엽 수술을 받은 암 환자들도 유아처럼 행동했고, 주도력과 의지가 없어졌으며, 상황에 맞지 않는 행동을 보였다. 전두엽 손상 환자들은 소위 “장난 중독Witzelsucht”이라는, 유치한 행동을 하는 증상을 나타냈다.

이렇게 전두엽 손상 후에 지적 능력이 떨어지고 행동이 퇴화하는 것은 놀라운 일이 아니었다. 의사들이 놀랐던 것은 오히려 이들에게서 나타나는 지적 장애의 정도가 그렇게 크지 않았다는 사실이었다. 뇌의 앞부분을 철 막대기가 관통한 게이지가 지적인 지능이 별로 달라지지 않았다는 사실은 주목할 만한 일이었다. 전전두엽 절제술을 받은 페리어의 원숭이들도 시간이 어느 정도 지나서야 지적이 능력이 떨어졌지, 수술 직후에 즉각적으로 떨어지지는 않았다. 전두엽 손상 환자들은 표준 지능 검사에서 상당히 높은 수준의 지능을 나타내기도 했다.

전두엽 손상으로 나타나는 현상은 간단하게 정리되기 힘들었다. 감정 통제 능력과 문제 해결 능력은 떨어졌지만 특정한 형태의 지능은 유지됐기 때문이다. 뉴욕시에서 주식중개인을 하던 조 A라는 사람의 사례를 보자. 이 남성은 39세에 뇌종양이 발발했고, 존스홉킨스 의대 월터 댄디 박사가 이 남성의 전전두엽 영역에 넓게 퍼져있던 종양을 제거했다. 수술 후 이 남성은 완전히 다른 사람으로 변했다. 조 A는 집중을 하지 못했으며, 직장에 복귀하려고 하지도 않았고, 매일 해야 할 일을 계획할 수도 없었으며, 정서적인 면에서도 부적절한 행동을 할 때가 많았다. 또한 화를 잘 내는 성격으로 변했으며, 쉽게 좌절하고, 다른 사람들에게 심한 말을 했으며, 툭하면 과장된 말을 했다. 조 A는 야구 경기를 지켜보면서 자신이 세계 최고의 타자라며 곧 프로 야구 선수가 될 거라고 말하기도 했다. IQ는 90 아래로 떨어졌고, 익숙한 일만 할 수 있게 됐으며, 학습 능력이 사라졌다.

동물 연구와 임상 연구를 종합해 볼 때 머리 손상으로 발생할 수 있는 결과는 다음과 같았다. 전두엽 조직이 파괴되면 다양한 지적 장애와 정서적 장애가 발생하며, 환자는 무관심해지고, 미래 계획을 세우는 능력과 문제 해결 능력을 상실하며, 어린 아이처럼 행동하게 되고, 정서적으로 부적절한 행동을 하게 된다. '장난 중독'도 무시할 수 없었다. 하지만 1935년 포르투갈의 신경학자 에가즈 무니쉬Egas Moniz는 이런 연구결과에서 긍정적인 신호를 포착해냈다. 전두엽에 손상을 가하는 방법으로 정신질환자를 치료할 수 있을 것이라는 확신을 가지게 된 것이었다.

태동기

정신병자의 뇌에 구멍을 뚫어 치료하는 방법은 1930년 정신과 의사들에게 낯선 것이 아니었다. 이미 12세기에 의사들은 두피에 구멍을 뚫는 방법으로 미친 사람의 뇌에서 악마를 쫓아내려고 시도했었다. 이른바 천두(穿頭)trepanning 요법이었다. 1888년, 스위스 뇌샤텔 주의 한 정신병원 원장 고트리프 부르크하르트Gottlieb Burckhardt는 환자의 대뇌피질을 제거해 환각을 없애려고 했다. 그는 "뇌에서 환각을 일으키는 대뇌피질을 제거하면 환자를 불안한 상태에서 조용한 상태로 만들 수 있다."라고 썼다.[6] 이 수술을 받은 환자 6명 중 1명이 사망하긴 했지만, 부르크하르트는 나머지 환자들은 이 수술로 더 평안한 상태로 변했다고 결론지었다. 그 20년 후 러시아의 의사 루트빅 푸제프Ludvig Puusepp는 환자 3명의 전두엽을 절개해 우울증을 치료하려고 시도했다. 하지만 수술은 별 효과가 없었고, 이 전두엽 절개 방법은 역사 속으로 사라지고 말았다.

무니쉬가 이 전두엽 절개 방법을 되살리려고 시도한 것은 그의 인생 후반기에서였다. 당시 모니즈는 61세였다. 무니쉬는 화려하고 부유하게 인생을 살아왔지만, 진정으로 자신의 꿈을 이루지는 못했다고 생각했다. 젊은 시절 의대를 졸업하자마자 그는 포르투갈 왕정을 전복해 민주 정부를 세우기 위한 정치 투쟁에 투신해 두 번이나 감옥에 갇혔다. 하지만 1910년 민주 정부가 들어서자 무니쉬는 국회의원에 선출됐고, 스페인 대사를 역임하기도 했다. 무니쉬는 어딜 가나 화려한 삶을 살았다. 무니시와 그의 부인이 주최한 파티는 우아하고 세련된 파티로 유명했다. 하지만 1926년 포르투갈 민주 정부가 군부 쿠데타에 의해 전복되자 그는 몰락하기 시작했다. 조국의 민주주의 와해로 실의에 빠진 그는 의학 연구와 신경과 의사로서의 길에 전념했다. 무니쉬는 리스본 의대 교수로서

의학사에 길이 남을 공헌을 하기로 마음먹었다. 그는 회고록에서 이렇게 썼다. "나는 항상 과학계에서 새로운 것을 이뤄내고 싶은 열망에 사로잡혀 살았다. 지능보다는 의지에 의존해 끊임없이 노력한다면 처음에는 불가능해 보이는 어려운 일도 결국 해낼 수 있을 것이다."[7]

무니쉬는 자신이 그토록 갈구했던 과학적 명성을 얻을 수 있는 기회가 왔다고 생각했다. 1928년 그는 뇌동맥 엑스레이 기법 발명을 인정받아 노벨 의학상 후보에 올랐다. 결국 수상은 하지 못했지만, 무니쉬는 이 일로 노벨상 수상에 집착하게 됐다. 그 후 몇 년 동안 그는 노벨상 후보에 다시 오르기 위해 적극적으로 노력했고, 그 과정에서 자신의 기법과 비슷한 혈액 이미징 기법을 연구하는 학자들을 글로 깎아내리기도 했다. 그들의 연구가 자신의 연구를 가릴 수 있다는 두려움 때문이었다. 1933년 무니쉬는 다시 노벨상 후보에 올랐지만, 이번에도 수상을 하지 못했다. 노벨상이라는 최고의 영예는 그의 것이 아닌 것으로 보였다. 그러던 1935년 그는 영국 런던에서 열린 제2차 국제신경학회에 참석하게 된다.

이 학회는 전두엽에 대한 연구 성과가 하루 종일 발표되던 학회였다. 수많은 학자들이 전두엽에 관한 최신 연구결과를 발표했다. 미국의 신경학자 리처드 브리크너는 뇌종양으로 전두엽이 제거된 조 A에 관한 후속 연구결과를 발표했다. 제이콥슨은 침팬지 루시와 베키를 대상으로 한 실험 결과를 자세하게 발표했다. 이런 연구결과들은 흥미로웠지만, 그 결론은 정신을 바짝 들게 하는 것이기도 했다. 조지워싱턴 대학의 신경학자 월터 프리먼은 당시의 분위기에 대해 이렇게 말했다. "학회 참석자들은 전두엽 손상이 심각한 해를 끼친다는 사실에 충격을 받았으며, 전두엽이 성격을 관장하는 부분이기 때문에 이 부분에 손상이 생기면 성격 전체에 지대한 변화가 수반될 수밖에 없다는 생각을 굳힌 상태에서 학회를 떠났다."[8]

하지만 무니쉬는 이런 연구결과들에서 다른 메시지를 발견해냈다. 그는 제이콥슨과 브리크너의 연구결과를 듣고 가슴이 설레기 시작했다. 침팬지들에게 전전두엽 절제술을 시행한 제이콥슨은 이 수술로 침팬지 중 한 마리에게서 현저한 정서적 변화가 나타났다고 발표했기 때문이다. 수술을 받기 전의 베키는 먹이 실험에서 제대로 된 컵을 고르지 못하면 분노를 표출하던 침팬지였다. 그럴 때 베키는 바닥에서 구르고, 똥을 싸면서 분노를 주체하지 못했다. 하지만 수술 이후 베키는 이런 행동을 전혀 보이지 않았다. 문제 해결에 실패해도 더 이상 성질을 부리지 않았다. 제이콥슨에 따르면, 베키는 이 수술 이후 "행복 컬트"에 귀의했거나 "주님에게 짐을 덜어놓은 상태"로 보였다.[9] 더 많은 것을 생각하게 만든 것은 조 A에 대한 브리크너의 연구결과였다. 조 A는 전두엽 수술 이후 성격이 변화하기는 했지만, 비교적 정상적인 방식으로 사람들과 어울리고 대화했다는 내용이었다. 이 모든 연구결과는 모니쉬에게 이런 생각을 들게 했다. 정서적으로 혼란을 겪는 정신병자에게 이 연구결과들을 적용할 수 있지 않을까? 모니쉬는 조 A가 조현병 환자나 중증 우울증 환자보다 훨씬 더 높은 수준에서 기능을 하고 있다고 생각했다. 의도적으로 정신병자의 양 전두엽에 모두 손상을 가하면 정신병을 치료할 수 있을 거라는 생각을 한 것이다. 그는 어쨌든 조 A가 "양쪽 전두엽을 제거한 후에도 간단한 지적 활동을 할 수 있으며, 장애가 있기는 하지만 조 A는 다른 대부분의 정신병자들보다는 훨씬 더 정신적인 면에서 정상 상태를 많이 유지하고 있다."라고 생각했다.[10]

자신이 과학자라는 사실에 자부심을 가졌던 무니쉬는 이 수술이 어떻게 정신병자들을 치료할 수 있는지에 대한 신경학적 설명을 바로 만들어냈다. 무니쉬는 뇌 안의 연결된 세포들의 집단에 생각과 아이디어가 저장돼 있으며, 조현병과 정서장애는 이런 "세포 연결 시스템", 특히 전두엽 안에 "고정된" 병적인 생각에서 비롯된다고 추론했다. 그는 "내가 생각해낸 이론에 따른 결론은 하나다. 정신병자들을 치료하려면 뇌 안에 존재하는 이 고정된 세포 집단들을 제거해야 한다는 것이다."라고 말했다.[11]

런던에서 돌아온 무니쉬는 3개월 후 첫 번째 환자로 63세 여성 환자를 정신병원에서 선택했다. 무니쉬는 이 수술에 자신의 명성이 걸려있다고 생각했다. 실패한다면 무모하다고 지탄받을 수 있는 수술이었다. 이 여성은 매춘부 출신으로 편집증 증세가 있었으며, 환청을 듣고, 극도의 불안감에 시달리는 사람이었다. 집도는 무니쉬를 보좌하던 알메이다 리마Almeida Lima가 했다. 리마는 환자의 두개골에 구멍을 뚫은 다음 노출된 백질에 무수 알코올을 주사하는 방식으로 백실 조직에 탈수를 유도해 괴사시켰다. 그 후 구멍을 다시 꿰맸다. 수술에 걸린 시간은 30분 정도였다. 몇 시간이 지나자 환자는 간단한 질문에 대답할 수 있게 됐고, 며칠이 지나자 정신병원으로 돌아갈 수 있게 됐다. 환자를 지켜본 한 젊은 의사는 이 환자가 평안한 상태를 유지했으며, "양심, 지능, 행동이 그대로 유지됐다"라고 말했다. 수술 과정을 거의 지켜보지 않았던 무니쉬는 이 결과에 대해 만족하면서 환자가 "치료됐다"라고 선언했다.[12]

그 후 3개월 동안 무니쉬와 리마는 정신병자 20명에게 이 수술을 실시했다. 이 기간 동안 이들은 계속 뇌 손상 범위를 넓혀갔다. 손상 부위가 클수록 결과가 더 좋아지는 것으로 보였다. 구멍을 점점 더 많이 뚫게 됐고, 신경섬유도 점점 더 많이 제거됐다. 8번째 환자를 수술하면서부터 리마는 철제 링이 달린 얇은 송곳 모양의 '루코톰leucotome'이라는 도구를 사용하기 시작했다. 전두엽 내의 신경섬유를 제거하는 용도였다. 전두엽 내 신경 조직을 잘라낸 것은 "가닥coring"이라고 불렀다. 20번째 환자를 수술할 때 리마는 뇌의 양쪽에서 가닥 6개씩을 제거했다. 모니시와 리마는 이 수술이 조현병 치료에 도움을 주지는 않지만 조울증 환자의 증상을 확실히 완화할 수는 있다는 결론을 내렸다. 모니쉬는 그 정도면 만족스럽다고 생각했다. 1936년 봄 모니쉬는 환자 20명 중 7명이 치료됐다는 놀라운 결과를 발표했다. 수술 후에도 변화가 없는 환자는 6명이었고, 증상이 상당히 호전된 환자가 7명이었다. 무니쉬는 "수술은 환자에게 해를 끼치지 않는다. 수술 후에 악화된 환자가 1명도 없기 때문이다."라고 말했다.[13]

무니쉬는 오랜 꿈을 이뤘다. 이제 불안은 모두 사라졌다고 생각했다. 그는 이 수술이 "위대한 진보"라고 확신했다. 짧은 기간 동안 그는 248쪽이나 되는 논문 <특정 정신질환 치료를 위한 잠정적 수술법>을 집필해 6개국 7개 의학 저널에 발표했다.* 논문은 상당히 호평을 받았고, 특히 미국의 월터 프리먼이 열광적인 반응을 보였다. 프리먼은 <신경학회지Archives of Neurology>에 무니쉬가 성공 선언을 너무 "보수적으로" 했다고 쓰기도 했다. 프리먼은 무니쉬의 환자 7명이 치료되고, 7명이 호전됐다는 발표는 이 수술이 거둔 "놀라운" 성공을 과소평가하는 발표였다고 말하기까지 했다.[14]

---

*무니쉬가 전전두엽 절제술에 대한 마지막으로 논문을 발표한 것은 1937년이었다. 2년 후 무니쉬는 불만을 품은 환자가 쏜 총에 맞았지만, 회복돼 1944년 은퇴할 때까지 진료를 계속했다. 무니쉬는 1955년 81세를 일기로 사망했다. 노벨상 수상 6년 후였다. 신경학자 안토니오 다마지오는 무니쉬가 "자신에게 확실하게 만족한" 사람이었다고 썼다.

'마음 수술'

무니쉬처럼 월터 프리먼도 야심 있는 저명한 의사였다. 1935년에 40세였던 프리먼은 이미 성공한 의사였다. 조지타운 의대와 조지워싱턴 의대의 교수를 겸임하고 있었고, 널리 쓰이는 신경병리학 교과서의 저자였으며, 미국의사협회 신경학·정신의학 분과 승인위원회 위원장도 맡고 있었다. 미국에서 가장 성공한 의사 중 한 명이었다는 뜻이다. 하지만 이런 성취에도 불구하고 프리먼에게는 특별한 업적이 없었다. 그는 정신병의 원인을 찾아내기 위해 1400명 이상의 정신병자 시체를 부검했지만 해부적 차이를 찾아내지 못했다. 이 연구의 성과가 너무 형편없자 그는 "정상적인" 뇌를 봐도 정신병 진단을 내리고 싶은 충동을 느낀다고 자조적으로 말하기도 했다. 프리먼은 약간 특이한 인간형이었다. 머리가 뛰어나고, 대담하면서, 신랄하고, 자부심이 강한 사람이었다. 염소수염을 기르고 다니면서 동료들의 비웃는 말을 던지는 것을 좋아했다. 강의실에서 프리먼은 화려한 말투와 동작으로 학생들을 사로잡았다. 특히 강의 시간에 부검을 할 때 그의 이런 태도는 두드러졌다. 프리먼은 시체의 머리덮개뼈를 톱으로 잘라내 학생들에게 보여주며 신경해부학적 구조를 설명하곤 했다.[15]

이런 프리먼에게 무니쉬의 수술은 자연스럽게 관심의 대상이 됐다. 프리먼은 무니쉬의 수술이 대담하고, 거침없었으며, 의학계를 흔들어 놓을 만한 것이라고 생각했다. 또한 무니쉬의 수술은 프리먼이 생각하던 정신병자 치료법과도 잘 맞았다. 무니쉬가 수술 결과를 발표하기 이전에 이미 프이먼은 <정신과 신체The Mind and the Body>이라는 제목의 논문에서 뇌수술이 정신의학의 도구로 자리 잡아야 한다고 주장한 사람이었다. 프리먼은 뇌염이나 매독 같은 병이 뇌의 특정한 부분이 공격 받아서 발생하며, 행동의 변화를 일으킨다고 생각했다. 바이러스가 사람의 행동을 변화시킨다면 신경외과 의사도 메스로 환자의 행동을 변화시킬 수 있다는 것이 그의 생각이었다. 프리먼은 "뇌의 특정 영역을 제거함으로써 행동을 상당히 크게 변화시킬 수 있다."라고 생각했다.[16]

프리먼은 젊은 신경외과 의사 제임스 와츠James Watts를 협력자로 선택했다. 그들의 첫 번째 환자는 무니쉬의 환자처럼 63세 여성이었다. AH라고 불리던 이 여성은 중증 우울증 환자로 자살 충동에 시달렸으며, 늙는 것에 집착하는 환자였다. 프리먼에 따르면 이 여성은 남편을 "개처럼 취급하는 못된 여자"였다. 환자의 가족들은 수술에 동의했지만, 환자 본인은 머리카락을 잘라야 한다면 수술을 절대 하지 않겠다고 저항했다. 프리먼은 환자가 소중하게 생각하는 머리카락을 자르지 않겠다고 약속한 다음 1936년 9월 14일에 수술을 시행해 환자의 전두엽에서 "가닥" 6개를 잘라냈다. 수술은 순조롭게 진행됐고, 마취에서 깨어난 AH는 기분이 나아져 우울감이 느껴지지 않는다고 말했다. 프리먼이 머리칼을 자르지

않겠다는 약속을 지키지 않은 것에도 불쾌감을 표시하지 않았다.[17]

프리먼과 와츠는 이 결과를 주저 없이 발표했다. 수술 후 두 달 만에 이들은 <서던 메디컬 저널Southern Medical Journal>에 수술이 성공했다는 내용의 논문을 발표했다. 이 논문에 따르면 AH는 "우아하게 나이 드는 것에 만족하게 됐으며", "늘 해왔듯이" 능숙하게 집안일을 하고 있고, "수술 전에는 자신이 싫어하던 사람들과의 교제를 즐기게" 됐으며, AH의 남편도 아내가 "예전보다 더 정상적으로 변했다."라고 말했다. 그해 말까지 프리먼과 와츠는 여성 환자 16명, 남성 환자 3명에게 추가로 수술을 시행했다. 이 수술들의 결과도 긍정적이었다. 이 결과에 따르면 수술은 고통스러운 감정은 완화시켰지만 지능 손실은 거의 일으키지 않았다. 또한 기억은 그대로 유지되면서 집중력은 높아졌으며, 판단력과 통찰력은 줄어들지 않았다. 또한 환자들은 수술 후 외부 활동을 더 잘 즐길 수 있게 됐다. 부정적인 측면이 하나 있긴 했다. 프리먼과 와츠에 따르면 "환자들은 수술 후 뭔가 하나씩은 상실했다. 모든 환자들은 자발성, 생기, 인간미 같은 특성을 하나씩은 상실했다." 하지만 프리먼과 와츠에 따르면 이런 상실은 "수술을 하지 않았다면 다른 모든 부분에서 예후가 형편없었을 환자들이 감당할 수 있는 것"이었다.[18]

프리먼은 무니쉬보다 자신의 수술 성공을 훨씬 더 적극적으로 홍보했다. 무니쉬는 1936년 11월 18일 서던 메디컬 소사이어티

Southern Medical Society에서 처음 6번의 수술 결과를 발표하기 직전 <워싱턴 스타> 기자 토머스 헨리에게 연락해 "특종 기사"를 제공했다. 이 기사로 다른 기자들 사이에서 보도 경쟁이 벌어졌고, 이는 프리먼이 노렸던 것이었다. <뉴욕타임스>는 무니쉬의 "새로운 수술이 정신병 치료에 전환점을 만들었다. 대담한 수술로 의학사에 길이길이 기록될 것"이라고 보도했다. 이밖에 <타임>, <뉴스위크> 등의 전국 규모 매체들도 무니쉬의 업적을 대서특필했고, 이런 명성을 즐기던 프리먼은 이후 점점 더 놀라운 주장을 하게 된다. 1937년 6월 7일 <뉴욕타임스>는 무니쉬가 새로 발표한 "마음 수술surgery of the soul"을 1면에 다루면서 이 수술이 "긴장, 불안, 우울감, 불면증, 자살 충동, 환각, 망상, 울부짖음, 우울증, 집착, 공황, 시공간 감각 상실, 정신성 통증psychalgesia, 신경성 소화불량, 히스테리성 마비"를 완화시킨다고 보도했다. 또한 이 신문은 이 수술이 "몇 시간 만에 야생 동물을 온순한 존재로 변화시킨다."라고 덧붙였다.[19]

놀라운 수술법이었다. 미국 전역에서 문의 편지가 쇄도했다. 사람들은 이 수술법으로 근심, 불안, 우울을 뇌에서 깔끔하게 제거할 수 있다면 다른 정신적인 문제들도 당연히 제거할 수 있을 것이라고 생각했다. 천식이나 정신지체 문제를 해결할 수 있을 것이라고 생각한 사람도 있었다. 프리먼과 와츠는 이 "마음 수술"을 20회 시행한 뒤 좀 더 "정교한" 방식으로 전두엽을 무력화할 수 있도록 수술법에 변화를 주기도 했다.* 위에서 두개골을 드릴로 뚫는 대신에 뇌 양옆에서 구멍을 뚫는 방법이었다. 환자의 진단 상태에 따라 전두엽 손상 범위를 조절할 수 있는 방법이었다. 정서장애 환자들은 두개골 앞쪽에 구멍을 뚫었고, 만성 조현병 환자들은 두개골 훨씬 더 뒤쪽 전두엽에 구멍을 뚫었다. 구멍을 뚫는 위치가 뒤에 있을수록 전두엽은 뇌의 나머지 부분과 더 많이 단절됐다.

사람들은 의사의 메스로 인간의 마음을 깨끗하게 수리하고, 심지어는 더 낫게 만들 수 있는 시대가 왔다고 생각했다. 프리먼이 자랑스럽게 썼듯이, 전전두엽 절제술은 "성격의 근본적인 부분, 인간을 고통스럽게 하는 불행의 대부분의 원인이 되는 부분에 충격을 가하는 방법"이었다.[21]

---

*프리먼과 와츠는 자신들이 더 정확하게 수술 방법을 개선했다고 주장했지만, 사실 그들은 어쩔 수 없이 그럴 수밖에 없었다. 이들이 처음 시행한 수술 중 20번은 실패했기 때문이다. 이들의 초기 수술을 받은 환자들 대부분은 증상이 재발됐고, 계속 수술을 받아야 했다. 한 환자는 뇌출혈로 사망했고, 다른 한 환자는 수술 후 얼마 지나지 않아 심장마비로 사망했다. 논문에 S부인이라고 기록된 또 다른 환자는 수술 전에 13년 동안 직장생활을 했던 주부였는데, 수술 직후 황폐한 상태에 빠져 결국 회복하지 못했다. 하지만 대중은 S부인의 비참한 운명에 대해 알지 못했다. 이 여성은 프리먼과 와츠의 수술을 처음 받은 환자 6명 중 한 명이었고, 의학 저널에서는 "어느 정도 회복된 상태"로 묘사됐다. 이 여성은 수술 후 2년 후인 1938년까지도 수술에 성공한 예로 언급됐지만, 실제로는 당시 이 여성은 워싱턴 DC의 세인트엘리자베스병원에서 "살이 찌고, 멍청하게 웃는 상태로" 아무 생각 없이 시간을 보내고 있었다.[20]

승인 도장

프리먼과 와츠가 발표한 긍정적인 결과가 정신의학계와 언론을 크게 흔들어놓긴 했지만, 신경외과 의사들이 앞을 다퉈 이 수술을 시행을 한 것은 아니었다. 이 수술 방법은 의사들이 바로 시행하기에는 너무 난해했기 때문이다. 인슐린 혼수 요법, 메트라졸 요법, 전기충격 요법은 뇌에 손상을 입히는 방식으로 효과를 냈을 수 있지만, 이 요법들도 손상의 정도와 영구적인 손상 유발 여부에 대해서는 여전히 논란이 있는 상태였다. 하지만 전전두엽 절제술은 이런 측면에 있어서는 특징이 분명했다. 이 수술은 인간 지능의 핵심으로 생각되는 뇌의 일부를 영구적으로 파괴한다는 특징이 있었다. 의사들은 이런 상황에서 과감하게 이 수술을 시행할 수 없었고, 그 결과 1936년부터 1942년까지 미국에서 실시된 전전두엽 절제술 횟수는 300건이 채 되지 않았다. 하지만 이렇게 시간이 지나면서 전전두엽 절제술에 대한 경계심은 줄어들었고, 그럴만한 이유도 있었다. 이 수술을 실제로 시행한 의사 대부분이 기적적인 효과를 보고했기 때문이다.

프리먼과 와츠 다음으로 전전두엽 절제술을 시행한 미국 의사는 플로리다 주 잭슨빌의 제임스 라이얼리James Lyerly였다. 1938년 초반까지 라이얼리는 21명에게 이 수술을 시행했다. 라이얼리가 선택한 환자 대부분은 우울증 환자와 정서장애 환자였고, 이들 대부분은 발병한 지 1년 미만의 환자였다. 라이얼리가 보고한 결과는 놀라웠다. 근심과 불안에 시달리던 환자들이 안정을 찾았고, 다시 웃을 수 있게 됐다. 이 환자들은 체중도 늘어났으며, 새롭게 느끼게 된 내부의 행복감을 반영하는 "환한" 표정을 짓게 됐다. 게다가 이런 변화는 큰 대가를 수반하지도 않았다. 라이얼리에 따르면 이 환자 중 누구에게서도 전전두엽 절제가 "환자의 판단력, 추론 능력, 집중력, 산술 능력을 훼손시킨" 증거가 발견되지 않았다. 이 환자들은 "이전보다 더 생각과 일을 잘할 수 있게 됐다." 입원했던 이 환자들은 수술 후 바로 또는 얼마 지나지 않아서 퇴원했다.[22]

1938년 5월 라이얼리는 플로리다 의학협회 학술회의에서 이 결과를 공개하면서 동료 의사들에게 이 수술 방법을 시도해보라고 권고했다. 플로리다 주 의료심의위원회 위원장 J.C. 데이비스는 이 결과에 대해 "기적에 다름없다"라고 평가했다. 다른 정신의학자들도 라이얼리의 업적을 칭찬하면서, 희망이 없던 환자들에게 이 수술의 가치는 "더 없이 크다"고 입을 모았다. P.L. 도지라는 의사는 이 수술을 "이런 질환을 앓는 모든 환자들이 받아야 한다."라고 말했다. 도지는 사랑하는 사람이 건잡을 수 없을 정도로 악화되기 전에 최대한 빠르게 이 수술을 받게 할 것을 환자 가족들에게 바로 편지로 보내겠다고 약속하기도 했다.[23]

다른 의사들이 곧 비슷한 결과를 보고하기 시작했다. 먼저 펜실베이니아 대학 신경외과 과장이자 와츠의 가까운 친구 프랜시스 그랜트가 델라웨어 주립병원에서 환자 10명에게 이 수술을 시행했다. 그는 수술을 받은 환자 7명이 퇴원했으며 그중 2명은 상태가 두드러지게 좋아졌다고 밝혔다. 그랜트에 따르면, 샐리 골드라는 환자는 수술 전에는 "전혀 희망이 없는" 환자였지만, 수술 후 1년 후에는 완전히 정상으로 회복돼 그랜트를 자신의 결혼식에 초대했다. 줄리아 코펜도르프라는 환자의 이야기도 거의 비슷하다. 전전두엽 절제술을 받기 전 이 환자는 우울증이 너무 심해 "삶의 의욕이 거의 없는" 환자였지만, 12개월 후 환자의 조카는 이 환자가 아주 정상적으로 살고 있다고 그랜트에게 밝혔다.[24]

환자들도 이 수술에 대해 극찬을 아끼지 않았다. 환자들은 자신들이 새로 태어나 행복한 삶을 살고 있다는 내용의 감사 편지를 보내기도 했다. 와츠는 환자 중 한 명으로부터 다음과 같은 시가 쓰인 편지를 받았다.

의사 선생님의 손은 부드럽고 빈틈이 없습니다.
신은 당신에게 마법의 황금 메스를 주셨습니다.
그 메스는 너무나 예리하고 너무나 큰 역할을 합니다.
그 메스는 우리 영혼을 지옥에서 건져주었습니다.
미술가의 손처럼, 음악가의 손처럼,
의사 선생님의 손은 우리에게 진정한 색채와 곡조의 아름다움을 줍니다.

의사 선생님의 손은 내게는 가장 아름다운 손입니다.
그 손은 내 영혼을 구해 정신을 자유롭게 하는 손입니다.[25]

펜실베이니아 주립병원의 에드워드 스트레커는 이 수술이 조현병 환자에게도 도움이 되는 것을 발견했다. 무니쉬와 프리먼은 이 수술이 조현병 환자의 감정을 완화하지만 망상은 없앨 수 없다고 생각했으나 스트레커의 생각은 달랐다. 스트레커가 수술을 시행한 만성 조현병 환자들이 극적으로 다시 태어났기 때문이다. 스트레커는 "다른 사람들을 생각하지 않던 조현병 환자들이 생각이 깊어지고 관대해지기 시작했다."라고 밝혔다. 그는 이 환자들의 예술적 능력과 운동 능력도 되살아났다고 말했다. 스트레커에 따르면 이 조현병 환자들은 수술 전에는 주변 일에 전혀 관심이 없었지만, 수술 후에는 미래에 대해 생각하고, 여행 계획을 짜고, 극장에 갈 수 있을 정도로 변했다. 조현병 환자들은 자신이 "어리석고" 관심을 받을 가치가 없다고 말하던 내부의 목소리를 무시할 수 있게 됐다고 그는 설명했다.[26]

이 수술과 관련된 다른 보고서들이 그랬던 것처럼 스트레커의 보고도 사람들의 상상력을 자극했다. 스트레커가 인용한 한 환자의 사례를 살펴보자. 이 환자는 정신병으로 입원한 여성으로 자해를 하고, 옷을 입지 않았으며, 다른 치료법에 전혀 반응하지 않았지만, 수술 후에는 '선한 사마리아인'으로 변했다. 이 여성은 외출을 하던 중 말에서 떨어진 사람을 목격하고 도움을 주기도 했다. 응급처치를 한 후 병원에 데려다 주고, 안정이 될 때까지 기다리는 모습을 보였다. 전두엽 차단 수술로 이 여성은 문제 해결 능력이 풍부해지고 동정심이 많아진 것으로 보였다. 스트레커의 또 다른 환자는 수술 당시 25세 여성이었는데, 수술 후 이 여성은 아이를 낳고, 리조트에 직장을 잡고, 프로 선수 수준으로 골프를 칠 수 있게 됐다. 무엇보다도 놀라운 점은 이 여성이 "지적 능력 전부를 그대로 유지했다."는 것이었다.

1943년 로이드 지글러Lloyd Ziegler는 당시까지의 전전두엽 절제술 결과를 종합했다. 미국과 캐나다 18개 지역에서 모두 618명의 환자에게 시행된 것으로 집계됐다. 그중 518명이 "호전" 또는 "회복"됐으며, 251명은 지역사회에서 전일제 또는 시간제로 일을 하고 있었다. 수술로 사망한 사람은 20명이었다. 수술 후 악화된 사람은 8명에 불과했다. 지글러는 "폐나 신장이 하나만 있어도, 간의 일부만 있어도 살 수 있다는 사실은 잘 알려져 있다. 뇌의 전두엽 섬유관이 거의 없어도, 약간 다른 방식으로 살아갈 수 있을 것이다."라고 결론지었다.[27]

수술이 과학적으로 검증된 셈이었다. 이 수술이 중증 정신병 환자에게 큰 도움이 된다는 데는 이제 의심의 여지가 없어졌다.

숨겨진 이야기

당시의 전전두엽 절제술 수술 사례를 다룬 보고서들은 지금 읽어도 놀랍다. 절망에 빠져 자살을 시도하던 사람들이 퇴원을 해 일을 다시 시작하고 결혼을 한 이야기는 특히 눈길을 끈다. 이런 보고서들은 최고의 권위를 가진 의사들이 쓴 것이었기 때문에 역사가 전전두엽 절제술에 대해 너무 가혹하고 부당한 대우를 한 게 아닌지 의문을 품는 사람도 있을 것이다. 우리는 이 수술을 신체 훼손 수술로 기억하지만, 그렇지 않을 가능성도 있다. 아마 이 수술은 되살려야 할, 가치 있는 수술일지도 모른다.

어느 쪽이든, 이런 임상 보고서에는 누락된 부분이 분명히 존재한다.

현재는 전전두엽 절제술이 미치는 영향을 좀 더 자세하게 알 수 있다. 그리고 역설적이게도 오늘날 우리가 그렇게 할 수 있는 단서는 프리먼과 와츠가 제공하고 있다. 1950년 《정신수술Psychosurgery》이라는 책에서 이들은 10여 년 동안의 전전두엽 절제술 시행 경험을 자세히 다뤘다. 당연히 긍정적인 내용이 주를 이뤘다. 이 책에 따르면, 전전두엽 절제술을 받은 환자 623명 중 80% 이상이 호전됐다. 하지만 전전두엽 절제술이 정신병자들을 정확히 어떻게 변화시켰는지 역사적으로 보여주는 책도 바로 이 책이다. 이 책에는 환자 가족들에게 환자가 회복될 때 어떤 일이 벌어질지 설명한 내용도 나오기 때문이다. 이들은 환자 가족이 지나친 기대를 하지 않도록 솔직하게 설명을 하는 과정에서 임상 보고서에는 쓰지 않은, 완전히 다른 이야기를 했다.

전전두엽 절제술을 받은 사람들은 여러 단계를 거쳤다. 수술 후 몇 주 동안 환자들은 배설 조절을 하지 못했고, 병상에서도 거의 몸을 움직이려고 하지 않았다. 이 환자들은 미라처럼 침대에 누워 꼼짝도 하지 않았기 때문에 간호사들은 욕창이 생기지 않기 위해 환자들을 자주 돌려 눕혀야 했다. 환자의 친척들은 환자가 주변에 관심을 전혀 보이지 않는 것을 어떻게 이해해야 할지 몰랐다. 프리먼과 와츠는 이 책에서 "환자는 계속해서 자극을 줄 때만 반응했으며, 반응을 하면서도 짜증을 냈다. 환자는 고통스럽거나 마음이 안정된다는 표시도 하지 않았으며, 관심 자체를 보이지 않았다. 머리가 완전히 비어있었다. 주변 환경을 전혀 인식하지 못하고, 시간이 지나는 것을 전혀 알지 못하는 환자도 있었다."[28]

환자를 움직이게 하려면 의사나 간호사가 환자를 간질이거나, 가슴을 세게 치거나, "장난하듯이" 목을 졸라야 했다. 이렇게 해서 움직이게 된 환자는 이상한 행동을 했다. 점잖았던 한 여성 환자는 물 양동이를 변기로 착각해 배변을 하기도 했다. 환자들은 "수프 접시에 토했고, 간호사가 그 접시를 가져가기 전에 다시 그 접시에 있는 수프를 먹기도 했다." 또한 환자들은 수치심도 잃었다. 이들은 자신들이 옷을 벗고 샤워를 하거나 변기에 앉아있는 것을 의사나 간호사가 봐도 전혀 당황하지 않았다.

병동에서 난동을 부리던 환자들도 수술 후에는 이런 무기력하고 창피함을 모르는 상태에 빠졌기 때문에 정신병원 내의 문제도 줄어들었다. 프리먼과 와츠는 수술 전에는 폭력적이었던 환자들이 조용하게 변했다며 다음과 같이 썼다.

> 세인트 엘리자베스 병원에 몇 년 동안 수용돼 있던 거대한 몸집의 흑인 여성이 생생하게 기억이 난다. 수술을 위해 이 환자를 수술실로 옮기려면 보호사 5명이 필요했고, 간호사가 주사를 놓아야 했다. 수술은 성공적이었다. 수술 이후에는 환자가 더 이상 발작을 하지 않았기 때문이다. 우리는 병동 직원들에게 환자의 상태를 보여주면서 안심을 시키기도 했다. 우리는 이 환자의 목을 장난으로 조르고, 갈비뼈 사이를 간질이고, 뒤에서 살짝 때리기도 했지만 환자는 그저 킥킥거리기만 했다.[29]

전전두엽 절제술은 "유아 상태를 유도하는 수술"로 인식됐다. 환자들이 몸을 뒤척이기 하면 의료진은 환자에게 색칠하기 책과 크레용을 줬다. 가족들에게는 유아 상태의 환자를 위해 곰 인형 같은 인형을 가져오라고 말했다. 하지만 수술 후 회복되는 환자 중에는 무기력함에서 벗어나 과도한 불안 증세를 보이는 사람들도 있었다. 그럴 경우 프리먼과 와츠는 전기충격을 실시했다. 뇌수술을 받은 지 한 주밖에 안 된 환자들에게도 그렇게 했다. 이들은 “전기충격 몇 번이면 환자를 고분고분하게 만들 수 있다. 전기충격은 강력하게 시행해야 한다. 처음 이틀은 결과에 따라 하루에 2~4회 시행해야 한다.”라고 생각했다.[30]

이런 초기 회복 단계에서 더 이상 진전을 보이지 않아 계속 병원에 남아있어야 했던 환자도 약 25%에 달했다. 이들 중 일부는 다시 분열적인 행동을 보였고, 2차 수술, 심지어는 3차 수술을 받기도 했다. 수술을 할 때마다 프리먼과 와츠는 이 환자들의 전두엽을 상당 부분 제거했다. 환자들이 조용해져 더 이상 분열적인 행동을 하지 않는 상태에 이르면 프리먼과 와츠는 “좋은 결과”가 나타났다고 판단했다.

하지만 프리먼과 와츠의 환자들은 대부분 퇴원했다. 임상시험에서 퇴원은 긍정적인 결과가 나왔다는 결정적인 증거였기 때문이다. 하지만 의학 학술지들은 이 환자들이 퇴원한 이후는 다루지 않았다. 집으로 돌아간 이 환자들은 가족들을 끊임없이 괴롭게 하는 경우가 매우 많았다.

많은 환자들이 퇴원 이후에도 계속해서 극도의 무기력감과 의욕상실에 시달렸다. 특히 처음 몇 달 동안은 정도가 심했다. 가족들은 매일 환자를 침대에서 일으켜야 했다. 그렇게 하지 않으면 환자가 계속 침대에 누워있었기 때문이다. 프리먼과 와츠는 이런 환자는 방광이 가득 차도 일어나지 않을 수 있다며 다음과 같이 말했다.

화장실에 가려고 하지 않는 환자는 침대에서 일으키는 것이 특히 중요하다. 그렇게 하지 않으면 침대보를 수도 없이 빨아야 할 것이다. 일단 환자를 화장실로 가게 만든다고 해도, 일을 마치는 데는 1시간이 걸릴 수도 있다. 그럴 때는 빨리 환자를 변기에서 일으켜야 한다. 환자는 다 끝났다며 조금만 기다리라고 말한다. 실제로 일을 보는 시간은 얼마 안 되지만, 환자는 시간의 흐름을 인식하지 못하기 때문에 그냥 그대로 가만히 앉아있는 것이다. 화장실을 가족들이 써야 할 경우 이런 행동은 짜증을 유발할 수 있다.[31]

가족들에게 환자의 옷을 입히고 벗기고 목욕시키는 것은 매우 힘든 일이었다. 환자들은 욕조에 들어가면 씻지도 않으면서 "어린 아이처럼" 몇 시간을 앉아있었고, "물을 사방에 튀기면서" 시간을 보냈다. 이런 환자들은 수치심이 전혀 없기 때문에 "옷을 제대로 입지 않고 사람들 앞에 나타나기도 했다." 이 환자들은 대부분 몸무게가 늘어났는데, 일부 여성 환자들은 너무 살이 쪄 "이음매가 다 터진 옷을 입고 있으면서도 꿰맬 생각을 전혀 하지 않았다." 또한 이 환자들은 먹는 것에 집착해 식탁에서 다른 사람의 접시에 있는 음식을 집어먹는 경우도 있었다. 프리먼과 와츠는 이런 행동을 "처음부터 못하게 해야 한다"라고 경고했다.[32]

하지만 환자들의 이런 행동은 교정이 거의 불가능했다. "설득하고, 타이르고, 눈물로 호소하고, 화를 내봐도" 전혀 효과가 없었다.

또한 따끔하게 얘기를 해도 소용이 없었다. 프리먼과 와츠에 따르면, 이들은 모욕적인 말을 들어도 웃기만 했다. 실제로 "환자들은 모욕을 당할수록 모욕을 즐겼다." 신체적인 학대를 가해도 전혀 신경 쓰지 않았다.

> 전전두엽 절제술을 받은 환자들은 어머니의 과잉보호, 아버지의 외면, 형제자매간의 경쟁, 신체적 고통, 가족 사이의 긴장, 가족 구성원의 사망 같은 것에 신경을 쓰지 않는다. 가족 집단 안에서 일어나는 이런 일들이 이런 환자들에게는 별 의미가 없다. 때때로 환자들은 영화나 라디오 연속극의 슬픈 장면 같은 외부 자극에 반응해 눈물을 흘린다. 하지만 자신과 자신의 불행한 상태에 대해서는 슬퍼하지 않는다. 일부 환자들은 돈이나 직업을 잃거나, 신체적인 폭행을 당해도 미소를 짓곤 한다.[33]

프리먼과 와츠에 따르면, 퇴원 환자의 약 25%는 "가족 내에 있는 환자 또는 집에서 기르는 반려동물 수준 취급을 받았다." 그럼에도 불구하고 이 환자들의 사례들은 부정적이라고 생각되지 않았다. 정신적 불안에서 해방된 이 환자들이 "이웃사람들과 이야기를 나누고 창밖을 보는 능력을 가지게 됐기 때문"이라는 이유에서였다.

> 우리는 이 환자들에 대해서 매우 만족한다. 환자 가족들은 환자들의 무기력함과 비협조적인 태도 때문에 괴로울 것이다. 그렇지만 수술을 받기 전의 환자 상태를 생각한다면 집에 그 정도 수준의 환자가 있는 것만 해도 긍정적인 결과가 아니라고 할 수 없다.[34]

프리먼과 와츠는 수술을 받은 환자가 "무기력하게 집에서 빈둥거리며 지낸다고 해도", 그 정도면 "좋은 결과"라고 생각했다. 하지만 이들은 "매우 지적이고, 재능이 있으며, 야망이 있고 생기가 넘쳤기 때문에 정신병 증상이 나타난 지 얼마 안 돼 수술을 시행하면 활동적이고 유능한 상태로 돌아갈 가능성이 매우 높은 사람이 수술 후 무기력한 상태로 집에서 빈둥거리는 것"에 대해서는 유감을 표시했다.[35]

수술을 받은 환자 중에는 "집에서 기르는 반려동물" 수준을 넘어 호전된 사람들도 있었다. 이런 환자들은 다시 일자리를 찾고 어느 정도 사회적인 생활을 시작했다. 임상 보고서에서 언급된 가장 기적적으로 결과가 좋은 환자들이 이 환자들이었다. 하지만 프리먼과 와츠는 이 환자들이 직장에서 일을 아주 잘할 것이라고 가족들이 기대해서는 안 된다고 경고했다. 수술을 받은 환자들이 가질 수 있던 유일한 일자리는 "시간을 최소한으로 지켜도 되고, 근면함, 정확성, 순응성, 적응성 면에서도 최소만을 요구하는 일자리"

였기 때문이다. 가정부 일도 이들이 하긴 너무 어려웠다. 한 번에 많은 일을 처리하고 미리 계획을 세울 수 있는 능력이 필요한 일이었기 때문이다. 성격이 좋을 경우 일자리를 얻는 데 도움이 됐지만, 얼마 지나지 않아 해고되는 경우가 많았다. "고용주가 특정한 정도의 생산성을 기대했기 때문"이었다.

성생활도 문제였다. 프리먼과 와츠는 전전두엽 절제술을 받은 남성 환자는 아내에게 "당황스러울 수 있는 불편한 시간과 환경에서 성관계를 요구해 곤란한 상황을 만들 수 있었으며, 앞뒤 상황을 생각하지 않고 성적 만족을 추구하는 미성숙한 수준에 머무르고 있다."라고 말했다. 이런 상황을 감당하는 것은 오로지 아내의 몫이었다.

> 아내가 성관계를 거부하면 남편은 야만적으로 폭력을 행사했고, 그 결과 그 부부는 여러 차례 별거를 하게 됐다. 그럴 때는 물리적인 힘을 이용해 방어하는 것이 최선의 전략일 것이다. 이 남성 환자는 원시인 수준으로 퇴화했을 수 있기 때문에, 남자에 대한 방어도 원시인 수준으로 해야 한다. 처음에는 관습상 그렇게 하는 것이 꺼려지겠지만, 하다 보면 곧 신이 날 것이다.[36]

전전두엽 절제술을 받은 환자들은 회복의 최상위 단계에 이르러도 남에게 충고를 할 정도의 수준에 미치지는 못했다. 발병 전에 미술이나 음악을 한 사람들은 회복이 돼도 예술에 대한 관심을 회복하지 못했다. 기계적으로 피아노를 잠시 연주하기도 하지만, "감정적으로 신이 나지는 않았기 때문에" 곧 연주를 중단했다. 수술 전에 상상력이 풍부했던 사람들은 "무미건조하고 영감을 떠올리지 못하게 됐다." "수술 전에 철학, 심리학, 국제 정치, 중세 역사 등의 연구에 매진하던 사람들은 소설, 살인 추리물, 스포츠, 만화책 등으로 관심사가 변화했다." 전전두엽 절제술을 받은 사람들은 영혼이나 신에 대한 관심도 잃었다.[37]

프리먼과 와츠는 이런 관심 변화를 필수적이고 긍정적인 변화라고 생각했다. 이들은 환자의 정신이 너무 창의적이었던 것이 정신병의 발병 원인이라고 생각했기 때문이다. "난해한 시의 의미를 찾거나", "고대 스칸디나비아인들이 인도인들과 결합해 식민주의자들이 세력을 확장하기 전에 그들을 공격했다면 역사는 어떻게 바뀌었을까" 따위를 생각하던 환자들이 수술을 받아 더 이상 그런 복잡한 생각에 시달리지 않게 됐다는 주장이었다. 프리먼과 와츠는 이런 과도한 상상이 "너무나 심하게 사람의 정신을 사로잡아 교육이나 생계활동 같은 일상적인 것들에 대한 관념을 흐려지게 만든다."라고 분석했다. 또한 이들은 "수술 덕분에 이런 과도한 창의성이 사라지게 되면 국민이 내는 세금도 줄어들 것"이라고 말하기도 했다. 또한 이 의사들은 과거에 그림을 그리거나, 시를 쓰거나, 음악을 작곡하던 사람들이 수술 후에는 "식당에서 일을 하거나, 침대를 정리하거나, 빈 깡통을 줍는 일을 부끄러워하지 않게 됐다."라고도 말했다. 이들이 보기에 가장 좋은 결과를 보인 환자는 이렇게 "실속 있는 일"을 할 수 있게 된 환자였다.[38]

이상이 전전두엽 절제술을 받은 환자의 행동에 대한 프리먼과 와츠의 묘사다. 무엇보다도 이들이 쓴 책에서 가장 주목을 끈 부분은 환자들의 행동 변화로 알게 된 전두엽 기능에 관한 기술이다. 이 수술로 피니어스 게이지 같은 사람들이 수백 명 생겨났기 때문이다. 이들이 내린 결론에 따르면 전두엽은 "인간이 부여받은 가장 고등한 재능"을 담당하는 부분이었다. 자아에 대한 의식을 인간에게 부여하고, 인간이 자기 자신을 경험하도록 만들며, 과거, 현재, 미래에 자신을 투영할 수 있게 만드는 부분이 바로 전두엽이었다. 우리가 누구인지, 운명이란 무엇인지 깊게 생각하게 해주는 것도 전두엽이었고, 창의적인 충동, 야망, 사랑할 수 있는 능력, 정신적인 열망을 일으키는 것도 전두엽이었다. 이들은 고대 그리스인들과 브로카의 생각이 옳았으며, 페리어와 비안키의 생각이 옳았다는 결론을 내렸다. 전두엽은 인간을 인간답게 만드는 뇌 영역이었다.

이 결론은 모두 정신병자들로부터 얻은 것이었다.

프리먼과 와츠는 이런 정신적 활동 때문에 정신병자들이 고통을 당한다며, 정신병자의 전두엽을 절제해 "불쾌한 자의식"으로부터 환자들을 해방시킬 수 있었으며, "행동의 윤리적 정당성과 관련한 개인적 책임과 불안한 자아의식을 모두 제거할 수 있었다." 라고 설명했다. 또한 이들은 이 수술을 받은 환자는 "자아"에 대해 머릿속으로 그림을 그릴 수 없기 때문에 과거나 미래에 대해 걱정을 하지 않게 된다고도 말했다.

> 환자는 불안과 열등감으로부터 해방된다. 자신의 몸, 외부 환경과 자신과의 관계에 대한 관심을 비롯해 자신에 대한 관심도 잃으며, 자신의 심장이 뛰는지, 뱃속이 요동치는지, 자신이 하는 말이 주변 사람들을 당황하게 만드는지에 전혀 신경을 쓰지 않게 된다. 환자의 관심은 외부로 향하게 되며, 집착적인 사고가 사라진다. 수술을 받은 환자는 아이 같은 행동을 하고 자신을 의식하지 않게 된다.[39]

위의 인용문은 프리먼과 와츠가 성격의 "생기" 상실에 대한 최초 임상 보고서의 한 부분이다. 전전두엽 절제술은 "마음을 고치는 수술"이 아니었다. 이 수술은 마음을 "제거하는" 수술이었다. 전전두엽 절제술은 "부분적인 안락사partial euthanasia"라고 비판한 사람도 있었다.[40] 하지만 의학 저널들에 발표된 임상 결과에는 전전두엽 절제술로 인한 심각한 상실에 대해서는 전혀 언급되지 않았다. 이 학술 논문들은 전전두엽 절제술이 희망 없는 환자들을 다시 행복하게 만들고, 이 수술로 일부 환자는 일을 하면서 정상적인 사회생활을 하고 있다는 긍정적인 측면들만 다뤘다.

오늘날 발생하는 문제의 원인은 당시 의학 논문들의 이런 기술 태도에 있다. 1930년대 후반과 1940년대 초반에 전전두엽 절제술을 시행한 의사들은 수술 결과를 왜 이렇게 낙관적으로 생각했을까? 자신들의 눈에는 낙관적인 결과만 보였기 때문이다. 사실 이들은 전전두엽 절제술이 정신병자에게 큰 이득을 줄 수 있는 수술법이라고 애초부터 생각했던 것이다.

돈의 영향

여러 가지 측면에서 볼 때 전전두엽 절제술의 성공은 무니쉬 이전부터 예견된 것이었다. 20세기 초반 이래 정신의학은 의학의 한 분야로 자리 잡기 위해 노력해왔고, 그런 노력은 정신의학이 현대적인 과학 기반 치료법을 시도하기 시작했다는 뜻이었다. 전전두엽 절제술은 정신의학의 이런 추세와 딱 들어맞았으며, 뇌의 작동 방식에 대한 이해를 기반으로 뇌수술이 기술적으로 진보한 결과이기도 했다. 이런 진보만큼 중요한 역할을 한 것은 록펠러 재단의 지원이었다. 록펠러 재단은 뇌수술 성공에 필요한 연구 자금을 지속적으로 지원한 재단이었다. 1920년대 록펠러 재단은 가장 개혁이 필요한 의학 분야가 정신의학이라고 판단하고 자금을 지원하기 시작했다. 그 이후 이 재단이 20년에 걸쳐 지원한 자금은 무려 1600만 달러에 달했다. 록펠러 재단의 자금은 몇몇 의대의 정신의학과 설립에 사용됐다. 록펠러 재단은 의대 연구실 설립에도 자금을 지원했고, 대학의 정신의학과 교수들도 새로운 임상 치료법 개발 과정에서 이 자금의 혜택을 입었다. 이 모든 지원은 하나의 고전적인 희망 또는 기대에 따른 것이었다. 기초 연구를 통해 뇌의 생물학적 작동 방식을 알게 된다면, 그 지식이 새로운 치료법을 만들게 해줄 것이라는 기대였다. 록펠러 재단의 자금이 흘러들면서 정신의학 연구는 탄력을 받기 시작했다. 목표는 분명했다. 록펠러 재단의 자금 지원을 받은 과학자들이 새로운 치료법을 만들어내는 것이었다.[41]

록펠러 재단의 지원을 받은 과학자 중의 한 명이 존 풀턴John Fulton이라는 과학자다. 당시 풀턴은 예일 대학 생리학과 과장으로, 칼라일 제이콥슨이 침팬지 실험을 진행한 연구소 소장을 겸임하고 있었다. 제이콥슨은 전두엽 손상이 유발하는 결함을 밝혀내는 방법으로 전두엽 기능을 확인하기 위해 연구를 진행하고 있었다. 전두엽 연구로 인간의 정서장애 치료법을 발견하는 것은 제이콥슨의 애초 목표가 아니었다. 하지만 제이콥슨은 침팬지 중 한 마리인 베키가 전전두엽 절제 수술을 받은 후에 성격이 조용해진 인과관계를 확인하게 됐고, 풀턴은 무니쉬가 자신의 새로운 치료법에 대해 보고한 후 제이콥슨이 발견한 이 인과관계를 자신의 목적을 위해 이용하기로 했다. 풀턴은 <뉴잉글랜드 저널 어브 메디신> 편집자이자 보스턴 대학 신경학자였던 헨리 비에츠에게 제이콥슨의 침팬지 수술이 "정교하게 고안된 수술"이었다고 말했다. 풀턴은 자신이 소장으로 있는 연구소에서 이뤄진 동물 실험이 전두엽 제거가 신경증을 예방한다는 것을 입증했으며, 제이콥슨의 수술은 이 사실을 기반으로 한 것이었다고 말한 것이다. 결국 1936년 비에츠는 <뉴잉글랜드 저널 어브 메디신>에 전전두엽 절제술이 "견고한 생리학적 관찰 결과에 기초를 두고 있으며, 합리적인 수술 방법"이라는 내용의 기사를 실었다.[42] 이 이야기는 1938년에 발간된 의학 교과서에도 실렸으며, 무니쉬가 전두엽 절제술을 시도한 것은 침팬지 실험이 전두엽 절제의 효과를 입증한 이후라는 풀턴의 주장은 곧 "사실"로 인정받기에 이르렀다. 풀턴은 자신이 꾸며낸 이 이야기를 일기에 "전전두엽 절제술은 우리 실험실에서 처음 시작됐다"라고 쓰면서 스스로도 믿게 되는 지경에 다다랐다.[43] 침팬지 실험을 이런 식으로 봄으로써 풀턴은 전전두엽 절제술 성공이라는 영광의 일부를 자신이 가질 수 있게 됐고, 록펠러 재단의 자금이 자신의 연구소에서 보람 있게 사용됐다는 점을 강조할 수 있었다.

록펠러 재단의 자금 지원을 받은 사람 중에는 펜실베이니아 대학의 에드워드 스트레커도 있었다. 스트레커의 명분은 만성 조현병 환자로 넘쳐나는 정신병원에 첨단 치료법을 도입한다는 것이었다. 이 조현병 환자들은 무니쉬와 프리먼이 전전두엽 절제술이 도움이 안 된다고 판단한 환자들이었고, 스트레커도 그 이유 때문에 조현병 환자들에게 이 수술을 시행하지 않으려고 했다. 하지만 결국 스트레커는 수술을 시행했다. 그에게 연구 자금을 지원한 록펠러 재단이 원했기 때문이다. 수술을 시행한 후 스트레커가 내린 결론은 무니쉬와 프리먼이 틀렸다는 것이었다. 전전두엽 절제술은 조현병 환자들에게도 효과가 있었다. 스트레커는 풀턴처럼 록펠러 재단의 요구에 부응한 것이었다. 미주리 주 세인트루이스 소재 워싱턴 대학도 신경수술 프로그램을 마련하기 위해 록펠러 재단의 자금을 받았다. 워싱턴 대학은 프리먼이 전전두엽 절제술의 긍정적인 결과를 보고하기 시작하자 칼라일 제이콥슨을 임상 심리학자로 고용했다. 제이콥슨은 워싱턴 대학의 신경외과 의사들이 전전두엽 절제술로 인한 결함을 최소화하는 기법을 개발하는 데 도움을 줄 것으로 기대됐다. 풀턴과 스트레커처럼 워싱턴 대학 의사들도 여러 차례 시도를 통해 록펠러 재단의 자금이 제대로 사용되고 있다는 것을 보여주는 결과를 내놓았다. 1941년부터 1944년까지 이 의사들은 회복 희망이 없는 만성 조현병 환자 101명에게 수술을 시행했고, 개선된 기법으로 환자 14명을 근본적으로 치료했으며, 30명이 퇴원했고, 악화된 환자는 없었다고 발표했다. 이 의사들은 가장 증세가 심한 조현병 환자들에게 도움이 되는 새로운 전전두엽 절제술도 개발했다고 밝혔다.

요약하자면, 이 과학자들은 모두 자신들을 위한 결과를 발표한 것이라고 할 수 있다. 이들에게 성공 발표는 록펠러 재단의 자금을 계속 확실하게 지원받게 만드는 수단이었다. 또한 전체적으로 볼 때 이 과학자들은 모두 이야기를 만들어내는 데 혈안이 돼 있었다. 기초 연구가 획기적인 의학 치료법을 만들어낸다는 이야기, 현대적인 과학 기반 학문으로서의 정신의학의 도래를 예고하는 이야기였다.

돈의 영향력은 다른 측면들에서도 확인할 수 있다. 신경외과 의사들은 전전두엽 절제술 같은 수술 방법이 개발되기를 꽤 오랫동안 기다려온 상태였다. 1930년대에 이들은 환자를 기다렸었다. 이들은 주로 뇌종양 환자를 수술했는데, 이 수술만으로는 신경외과 의사들이 크게 돈을 벌 수 없었다. 워싱턴 DC에서 처음 개업했을 때 와츠는 병원 진료로 수익이 나려면 몇 년은 걸릴 거라고 풀턴에게 말하기도 했다. 이런 상황에서 신경외과 의사들에게 완전히 새로운 환자들을 제공한 것이 바로 전전두엽 절제술이었다. 이런 환자들은 찾기가 어렵지도 않았다. 주립병원들에는 이런 환자들이 수십만 명이나 있었기 때문이다. 와츠가 하비 쿠싱 소사이어티Harvey Cushing Society(신경외과 의사들이 1932년에 설립한 이익 단체)에 초기 전전두엽 절제술 결과를 보고했을 때 회원들은 "이 수술법은 반드시 시도돼야 한다."라는 반응을 보였다.[44] 회원들은 전두엽 절제술 한 회당 수백 달러에서 1500달러에 이르는 치료비를 받을 수 있었다. 당시 한 해 수입이 5000달러 미만이었던 신경외과 의사들에게 이 액수는 엄청난 것이었다. 하버드 의대 스탠리 콥은 나중에 이렇게 말했다. "전전두엽 절제술은 의사들에게는 큰 수입을 안겨줬지만, 환자들에게 그 정도로 도움을 주었는지는 지금도 의문이다."[45]

주정부들도 재정적인 이유로 전전두엽 절제술을 전폭적으로 지지했다. 공립 정신병원 수용자가 40만 명이 넘는 상황에서 환자들을 퇴원시킬 수 있는 치료법이 재정적인 이유로 환영을 받은 것은 당연했다. 1941년 델라웨어 주립병원 원장 메스룹 태러미앤즈는 환자를 퇴원시킴으로써 주정부가 얻는 재정적 이익이 얼마나 될지 구체적으로 계산하기도 했다. 그는 그해 미국의사협회 회의에서 델라웨어 주립병원 환자 1250명 중 180명이 전전두엽 절제술 대상자라고 밝히면서, 수술을 시행하면 주정부는 4만 5000달러를 절약할 수 있다고 발표했다. 그는 수술을 받은 사람의 10%는 (대부분 대뇌 출혈로) 사망할 것으로 예상됐으며, 수술에서 생존하는 162명 중에서 81명은 퇴원이 가능할 정도로 호전될 것으로 기대된다고도 밝혔다. 종합하면, 전전두엽 절제술을 시행하면 주정부는 환자 99명을 돌보지 않아도 되고(18명은 사망하고 81명은 퇴원하므로), 10년이면 35만 1000달러를 절약할 수 있다는 주장이었다. 태러미앤즈는 이 회의에서 "이 숫자들은 델라웨어 주 같은 작은 주에서는 작아 보이지만, 미국 모든 주를 합쳐 계산하면 엄청날 것"이라고 말했다.[46]

이 모든 요인은 서로 맞물려 작용했고, 의사들과 의사 단체 모두 전전두엽 절제술을 긍정적으로 바라보게 만들었다. 전전두엽 절제술은 돈을 벌 수 있게도 해주고, 절약할 수 있게도 해주면서 학문을 발전시켜 주기도 하는 수술 방법이었다. 하지만 정신의학계가 이 이야기를 대놓고 할 수는 없었다. 사람들은 이 수술이 정신병자들에 도움이 된다고 믿어야 했다. 수술 결과도 정신병자들의 증세가 호전된다는 쪽으로 맞춰져야 했다. 의사들이 이렇게 한 이유는 매우 간단했다. 전전두엽 절제술이 실패하는 것은 사실상 불가능하다는 전제를 자기들 마음속에서 설정했기 때문이었다.

수많은 의사들이 이 수술을 시행하게 되면서 의사들은 전전두엽 절제술을 시행하지 않으면 환자가 회복될 가능성이 없다는 말을 일상적으로 하기 시작했다. 예를 들어, 프랜시스 그랜트라는 의사는 전전두엽 절제술을 처음 실시한 후 보고서에 초조우울증은 "환자의 삶을 가치 없게" 만들며, 근본적인 조치를 하지 않는다면 "죽음이 찾아올 때까지 이 불행한 상태에서 벗어나지 못할 것"이라고 썼다.[47] 위스콘신 주 신경외과 의사 데이비드 클리블랜드도 자신이 전전두엽 절제술을 시행한 환자 15명 모두 "희망이 없는" 상태라는 표현을 썼다. 이 15명 중 6명은 30세 미만이었고, 1명은 발병한 지 얼마 되지 않은 16세 소년으로 "악성으로 보이는 회피증세"와 "바보짓"이 주요 증상인 비교적 가벼운 정신병 환자인데도 이런 표현을 한 것이다.[48] 한편, 와츠는 전전두엽 절제술을 받는 환자들을 동물 취급하면서 "그들은 대부분 알몸으로 지내면서 옷을 입으려 하지 않는다. 구석에서 대소변을 본다. 음식은 마치 우리에 갇힌 동물에게 먹이를 주듯이 문에 뚫린 구멍을 통해 전달된다."라고 말하기도 했다.[49]

정신병원 환자들에 대한 이런 인식은 정신병자의 "가치"에 대한, 우생학적 사고를 기반으로 한 당시 사회의 지배적인 시각과 일치했다. 이 시각은 정신병원 환자들에게 내적인 가치가 없으며, 이런 나쁜 "생식질"을 가진 사람들은 자연적인 회복 능력이 없다는 시각이었다. 또한 사람들은 수술로 환자의 행동이 고분고분해지기만 한다면 환자가 호전됐다고 생각했다. 환자의 상태가 어떻게 변하더라도 "희망이 없는" 상태보다는 낫다고 보는 것이 당시의 지배적인 생각이었다. 위스콘신 주 위네바고 주립병원 의사들은 '변화 없음', '약간의 변화', '퇴원 가능'의 3단계로 수술 결과를 평가했다. 이 의사들은 수술로 상태가 악화할 가능성은 고려조차 하지 않았다. 라이얼리도 '상당히 호전됨', '적당히 호전됨', '약간 호전됨', '일시적으로 호전됨'으로 구성된 비슷한 평가 척도를 사용했다.[50] 1943년 지글러가 전전두엽 절제술 결과를 집계해 총 618명 중 84%가 호전됐고 1%만 "악화"됐다는 내용의 보고서를 내놓게 된 배경에는 이런 평가 척도가 있었다. 또한 전전두엽 절제술이 눈부신 성공을 거두고 있다는 생각의 바탕은 정신병자에 대한 우생학적 견해가 깔려 있었다.

간단한 수술

의학의 발전 속도가 빨라지면서 전전두엽 절제술 역시 진보를 거듭했다. 1940년대 초반 스트레커, 그랜트 등이 발표한 연구결과들은 신문과 잡지에 대서특필됐으며, 기자들과 편집자들은 과장된 보도도 마다하지 않았다. "의사의 메스가 신경 질환자에게 제정신을 찾아주다", "이를 뽑는 것보다 더 쉽게 치료하다", "마법의 수술로 정신병자 50명을 치료하다" 등의 제목을 단 기사들이 줄을 이었다.[51] <새터데이 이브닝포스트>는 전전두엽 절제술을 하는 의사들을 명인에 비유하면서, 이 의사들이 뇌에 구멍을 뚫어 "손상을 최소화하면서 매우 정교하게 도구를 주입한다. 이 의사들은 뇌의 '작동 원리'를 알고 있다."라고 보도했다.[52] 전전두엽 절제술이 폭발적으로 확산된 데에는 이런 언론 보도가 큰 역할을 했다. 제2차 세계대전이 끝나기 전에 미국에서 전전두엽 절제술을 받은 사람은 1000명이 채 안 됐지만, 종전 후 10년 동안에는 2만 명이 넘는 환자가 이 수술을 받았다. 일부 환자들은(대부분 여성이었다) 단순한 우울증 증세로도 수술을 받으려고 했다. 또한 이 수술은 신경증이나 정신병이 조기 발병한 대학 졸업자들에게 가장 효과가 크다고 생각되기도 했다. 프리먼 등 일부 의사들은 말썽을 부리는 아이들을 이 수술로 치료하려고 시도한 적도 있었다. 하지만 전전두엽 절제술이 가장 많이 시행된 곳은 역시 정신병원이었다.

프리먼은 전전두엽 절제술의 홍보 대사 역할을 한 사람이다. 그는 이 수술의 장점을 끊임없이 사람들에게 알렸으며, '안와 경유 전전두엽 절제술transorbital lobotomy'이라는 빠르고 간단한 수술 기법을 개발하기도 했다. 환자의 머리에 구멍을 뚫는 대신에 안와(눈구멍)를 통해 전두엽을 절제하는 방법이다. 프리먼은 환자의 눈꺼풀을 들추고 그 안으로 얼음송곳을 7센티미터 깊이로 박아 넣은 다음 얼음송곳을 움직여 전두엽 신경 섬유를 파괴했다.[53] 프리먼은 이 새로운 방법을 사용하면 수술 부위를 소독할 필요가 없어 시간을 절약할 수 있을 것이라고 생각했다. 또한 이 방법은 마취를 하지 않아도 되는 방법이었다. 프리먼은 환자를 마취시키는 대신에 전기충격을 가해 환자를 기절시킨 후 얼음송곳을 눈구멍에 망치로 박았다. 프리먼은 이 방법으로 시간을 절약할 수 있으며, 다른 치료 효과도 얻을 수 있다고 생각했다. 연속으로 빠르게 3번 전기충격을 가하면 정신병을 일으키는 "피질 패턴"이 교란되고, 그 상태에서 전두엽 조직을 수술로 파괴하면 "피질 패턴이 다시 형성되는 현상"을 막을 수 있다는 생각이었다.

프리먼이 이 안와 경유 전전두엽 절제술을 처음 시행한 것은 1946년이었다. 프리먼이 "간단한 수술"이라고 불렀던 이 수술에 걸린 시간은 20분이 채 안 됐다. 그는 이 새로운 수술법이 지적 결함을 없앨 수 있다며, 증상이 심하지 않아 정신병원에 입원할 필요가 없는 사람들에게 적당한 수술이라고 주장했다. 그는 우울증이나 불안을 없애고 싶은 사람은 이 수술을 받고 시간 만에 집으로 돌아갈 수 있다고도 말했다. 프리먼은 수술 환자 가족들에게 선글라스를 가져오라고 권고했는데, 수술을 받은 환자의 멍든 눈을 가리기 위해서였다. 또한 프리먼은 이 수술이 회복 시간이 짧아 환자들은 언제 수술을 받았는지 기억하지 못할 수 있다고도 말했다.

수많은 환자 가족들이 환자에게 이 간단한 수술을 받게 하기 위해 먼 곳에서 몰려들었다. 환자가 수술이 대해 어떻게 생각하는지는 중요하지 않았다. 중요한 것은 가족들의 생각이었다. 사실 프리먼은 입원 환자든, 외래 환자든 저항을 많이 하는 환자일수록 이 수술에 적합하다고 생각했다.

> 오랫동안 다양한 치료를 받았지만 효과를 보지 못하고 수술을 받으러 오는 사람들이 있다. 이들은 자신의 정신병을 없앨 수만 있다면 무엇이든 하겠다는 절박한 마음을 가진 사람들이다. 병원에 들어오지 않으려고 저항해 호텔 객실 침대에 묶어 전기충격을 가해 고분고분하게 만들어야 하는 사람들도 있다. 우리는 이 두 가지 유형을 다 좋아한다. 제일 난감한 환자는 가족들과 함께 우울한 표정으로 병원에 걸어 들어오는 환자다.[54]

곧 프리먼은 미국 전역의 주립병원을 돌아다니며 이 새로운 수술법을 알리기 시작했다. 프리먼은 여름마다 차에 얼음송곳 등 수술 장비를 싣고 정신병원들을 방문했다. 프리먼은 정신병원에 도착하자마자 환자들의 기록을 검토한 다음 빠르게 수술 대상을 선정했다. 하루에 10여 건의 수술을 하기도 했다. 수술이 계속되면서 수술 속도도 빨라졌다. 수술 시간은 10분 이하로 줄었으며, 한 번 수술을 할 때마다 정신병원에 청구한 비용은 25달러에 불과했다. 수술 속도를 높이기 위해 프리먼은 동시에 양쪽 눈에 얼음송곳을 박아 넣었다. 양쪽 전두엽 조직을 동시에 파괴함으로써 몇 분을 절약하기 위해서였다. 어느 날은 너무 여러 차례 수술을 시행해 손과 팔뚝에 통증을 느끼기도 했다.

정신병원을 방문할 때마다 프리먼은 병원 레지던트들에게 수술 방법을 교육시키기도 했다. 그는 안와 경유 전전두엽 절제술이 한나절이면 배울 수 있는 간단한 수술법이라고 생각했다. 조지아 주 밀리지빌 주립병원 의사 루이스 해처는 이 수술법에 대해 이렇게 말했다. "얼음송곳을 든 다음 안구 바로 위에 있는 뼈를 통해 뇌까지 찌르면서 휘저어 신경 섬유들을 잘라내는 것이 전부다. 환자는 아무것도 느끼지 못한다."[55]

이 수술법을 받아들인 다른 의사들도 이 수술이 간단한 수술이라는 프리먼의 주장을 반복했다. 100건이 넘는 안와 경유 전전두엽 절제술을 시행한 필라델피아 정신병원의 의사 매튜 무어는 이 수술이 쉬운 수술인데다 정교한 장비도 필요 없는 수술이라며 "이 수술이 환자에게 도움이 되지 않을 수는 있지만, 적어도 해를 끼치지는 않는다. 환자가 호전되지 않을 수는 있지만, 악화는 되지 않는다고 확신할 수 있다."라고 말했다.[56]

이런 전전두엽 절제술이 주립병원에서 널리 시행되면서 이 수술법은 전기충격으로 온순해지지 않는 골치 아픈 환자들에게 사용되기 시작했다. 1947년 이 수술법을 도입한 캘리포니아 주 스턱턴 주립병원이 전형적인 예라고 할 수 있다.[57] 이 병원에서 처음 이 수술을 받은 환자는 33세 여성으로, 그전 6년 동안 전기충격을 450회나 받았지만 여전히 행동이 통제가 안 되는 환자였다. 이 환자는 툭하면 욕을 했고, 개인위생이 형편없는 사람이었다. 하지만 수술 후 이 환자는 "아이처럼 순진하고 친화적으로" 변했고, 의료진에게도 훨씬 부드럽게 행동하게 됐다.

그 후 7년 동안 스턱턴 주립병원에서는 환자 232명이 전전두엽 절제술을 받았다. 캘리포니아 주 법에 따르면, 이 수술을 하기 위해서는 환자 가족의 동의를 받아야 했다. 병원은 가족들에게 이 수술이 "정교한 뇌수술이며 현재 가장 선진적인 치료방법"이라고 설명했다. 하지만 당시의 진료 기록을 살펴보면, 스턱턴 병원 의사들이 전전두엽 절제술을 가족들에게 추천한 진짜 이유를 알 수 있다. 이 수술은 "저항을 많이 하고 파괴적인" 환자를 "수동적인" 환자로 바꿔놓는 수술이었던 것이다. 1949년 캘리포니아 주 정신보건부도 스턱턴 병원을 비롯한 주립병원들이 "시끄럽고 공격적이고 비협조적인 환자를 온순하게 만들기 위해" 이 전전두엽 절제술을

시행했다는 사실을 인정했다.[58]

스터턴 병원에서 마지막으로 전전두엽 절제술이 시행된 것은 1954년이다. 조얼 브래슬로는 《정신병과 신체적 치료Mental Ills and Bodily Cures》라는 책에서 그동안의 전전두엽 절제술 결과를 종합했다. 수술로 사망한 환자는 12%로 대부분 뇌 과다출혈이 원인이었다. 발작이나 실금, 영구적인 시공간 감각 상실에 시달리게 된 환자도 많았다. 1960년까지 스터턴 병원에서 퇴원한 수술 환자는 23%에 불과했다. 병동에 남은 수술 환자들은 아무도 돌보려 하지 않았다. 그 후 20년 동안 탈수용화deinstitutionalization(수용시설에 장애인을 수용하는 것에서 탈피해 지역 사회에 거주하게 하고 필요한 서비스를 제공하는 정책) 추세에 따라 환자 대부분은 지역 요양시설로 보내졌다. 스터턴 병원은 이 환자들의 서류에 "호전됨" 또는 "치료 완료"라고 표기해 퇴원시켰다.[59]

미국에서 전전두엽 절제술을 받은 사람의 60% 이상은 주립 정신병원 환자들이었다. 하지만 다른 "성공적인" 치료법들처럼 결국 전전두엽 절제술은 어린이를 대상으로 시행되기 시작했다.

1950년 프리먼과 와츠는 4살짜리 아이를 포함한 문제 청소년 11명에게 이 수술을 시행했다고 발표했다. 이들은 "이 아이들이 점점 더 빠져들고 있는 환상을 분쇄하기 위한 수술"이라고 말했다. 이들은 "이 아이들의 행동을 사회적으로 수용할 수 있는 수준으로 변화시키려고 노력하는 것보다는 수술로 이 아이들이 머릿속에 가지고 있는 감정적 관심을 줄여 환상의 세계를 분쇄하는 것이 더 쉽다."라고 주장했다.[60] 그러나 수술로 2명이 사망하고, 3명이 정신병원에 입원해야 했고, 다른 3명은 "적대적이고 무책하며 심각한 무기력증을 나타냈다". 그럼에도 불구하고 프리먼과 와츠는 이 청소년들에게 시행한 수술이 "어느 정도 효과가 있었다."라고 결론 내렸고, 프리먼은 1950년대 내내 이런 청소년 대상 수술을 간헐적으로 진행했다.

우생학적 해결방법

정신병자에 대한 의학적 치료법과 그 치료법의 사용 방식에는 기본적인 사회적 가치가 반영될 수밖에 없다. 1700년대 유럽 국가들은 정신병자들이 이성이 없으며 동물 수준으로 전락한 존재라고 생각해 이들을 길들이고 제압하기 위해 가혹한 치료법을 사용했다. 1800년대 초반 영국 요크의 퀘이커교도들은 정신병자를 동정을 받아야 하는 형제로 생각해 친절한 치료법을 만들어내고 그들에게 가정과 같은 안락함을 제공했다. 20세기 전반 미국은 정신병자를 유전적으로 결함이 있는 사람들로 생각해 "정상적인" 시민의 권리가 없다고 생각했다. 미국의 이런 태도는 정신병자들의 저항에도 불구하고 강제로 치료를 할 수 있게 만드는 배경으로 작용했다.

인슐린 혼수 요법, 메트라졸 요법, 강제 전기충격 요법, 전전두엽 절제술은 이런 미국의 태도와 맞아떨어지는 것이었다. 특히 전전두엽 절제술은 이 모든 "뇌 손상 치료법"이 가장 진화한 형태였다. 1940년 리오 알렉산더라는 의사는 전전두엽 절제술이 뇌를 더 정교하게 손상시키는 방법이라며 다음과 같이 말했다.

> 메트라졸 요법과 인슐린 혼수 요법 이후에 개발된 전전두엽 절제술은 기본적으로 뇌 조직을 파괴하는 방법이다. 메트라졸 요법과 인슐린 혼수 요법은 전전두엽 절제술과 기본 원리는 같다. 과학적인 관점에서 볼 때, 뇌의 어떤 부분을 파괴해야 할지 알고 수술하는 방법은 파괴 부위를 예상할 수 없는 방법들보다 우월하다고 확실히 말할 수 있다.[61]

독일에서는 정신병자에 대한 우생학적 태도가 안락사 계획을 이끌었다. 나치 의사들은 정신병자들을 안락사시키는 것이 자비로운 "의학적 치료"라고 생각했고, 나치 정부는 안락사 시행을 위해 "의학 연구소"를 설립했다. 정신과 의사들을 비롯한 의사들은 정신병자에게서 삶의 부담을 "없애주어야 한다"고 생각했다. 미국에서는 우생학이 다른 결과를 낳았지만, 그 결과도 결국 우생학적 사고에 부합하는 것이었다. 우생학적 사고는 환자의 동의 없이 치료를 하게 만들었다. 정신병자들에게 공포를 심어주고, 그들의 뼈를 부러뜨리고, 기억을 제거하고, 부분적 안락사를 시키는 방식으로 인간의 고유의 지적 능력을 제거하는 방법이 사용됐다. 전전두엽 절제술은 무니쉬가 시작한 것이 아니라, 정신병자를 "부적자"로 생각해 멸시한 찰스 대븐포트에 의해 시작된 것이 점점 더 분명해지고 있었다. 이런 치료법들의 확대에는 정신병자들을 "생물학적으로 만족스럽지 않은" 존재로 생각한 프랜츠 콜먼, 정신병자들을 "사회의 암적인 존재"로 폄하한 미국 우생학회, 정신병자에 대한 강제 불임 수술에 합헌 판정을 내린 미국 연방 대법원 등도 상당한 기여를 했다. 메트라졸 요법, 강제 전기충격 요법, 전전두엽 절제술은 정신병자에 대한 우생학적 사고와 결을 같이 하는 것이었다.

하지만 정작 미국인들은 현재까지도 이런 치료법들을 우생학적 관점에서 바라본 적이 한 번도 없다. 미국인들은 특히 제2차 세계대전 직후 몇 년 동안은 확실히 이런 생각을 하지 않았다. 전후 뉘른베르크 전범 재판을 거친 독일 의사들은 전전두엽 절제술에서 안락사를 연상하면서 이 수술에 대한 경계심을 나타냈다. 독일 의사들은 특히 프리먼의 안와 경유 전전두엽 절제술을 끔찍하게 생각했다. 하지만 미국에서는 상황이 전혀 달랐다. 미국은 승전 분위기에 취해 자신감이 높아진 상태였고, 정신의학자들은 이 수술이야말로 정산의학을 현대적인 학문으로 자리 잡게 해줬다고 생각했다. 1948년 <미국 정신의학회지>는 "이처럼 발전이 빠른 수술

법의 특징은 환자에 대한 깊은 책임감과 인간의 뇌에 대한 심대한 존중이다."라고 자랑스럽게 언급했다.[62] <정신보건 뉴스>라는 학술지는 전전두엽 절제술이라는 횃불이 어두운 지평을 밝게 비추는 모습을 로고로 사용하기도 했다. 전전두엽 절제술은 그야말로 정신의학계를 밝히는 등불로 받아들여졌다. <뉴잉글랜드 저널 어브 메디신>은 "새로운 정신의학은 무니쉬가 정신수술 분야에서 최초의 대담한 걸음을 내딛은 1935년에 시작됐다고 말할 수 있다"라고 사설에서 말하기도 했다.[63] 1949년 무니쉬가 노벨 생리의학상을 받았을 때 <뉴욕타임스>는 "획기적인 수술법"을 발명한 "뇌의 탐구자들"을 다음과 같이 칭송했다.

> 건강염려증 환자들은 이제 자신들이 죽을 거라고 생각하지 않게 됐고, 피해망상증 환자들은 이제 가상의 적들이 공격한다는 생각을 하지 않게 되었다. 의사들은 뇌수술이 맹장수술처럼 간단한 수술이라고 생각하게 됐다. 뇌는 기능이 복잡한 신체 기관의 하나에 불과해졌으며, 간 같은 장기처럼 신성함과는 거리가 먼 기관이 돼버렸다.[64]

미국 내의 이런 목소리들은 완전히 만족스러운 결론을 이끌었다. 전전두엽 절제술은 훌륭한 과학과 정신병자들에 대한 인도주의적 공감이 맺은 열매라는 결론이다.

제 3 부

정신병원으로의 회귀

1950~1990년대

1950
~
1990s

제 6 장

현대판 연금술

이 약은 전전두엽 절제술과 비슷한 효과를 냈다.

- 윌리엄 윈켈먼 주니어(1954년)[1]

현대적인 조현병 치료의 시작 시점이 1954년 5월이라는 데는 이견이 존재하지 않는다. 이 시점은 스미스, 클라인 앤드 프렌치라는 제약회사가 클로르프로마진chlorpromazine이라는 약물을 소라진Thorazine이라는 상품명으로 미국에 도입한 시점이다. 이 약물은 최초의 "항정신병제제"로, 현재는 전전두엽 절제술을 비롯한 기존의 뇌 손상 치료법들과는 근본적으로 다르다고 생각되고 있다. 에드워드 쇼터는 1997년《정신의학의 역사A History of Psychiatry》에서 이런 생각에 대해 다음과 같이 요약했다. "클로르프로마진은 정신의학에서 혁명을 일으켰다. 일반 의학에서의 페니실린 같은 약의 등장과 견줄 수 있다." 쇼터는 클로르프로마진으로 조현병 환자들이 "비교적 정상적인 삶을 살 수 있게 됐고, 시설에 갇히지 않아도 되

게 됐다."라고도 말했다.[2]

하지만 1954년 당시 사람들은 클로르프로마진에 대해 전혀 다르게 생각했다. 클로르프로마진은 전전두엽 절제술과 똑같은 방식으로 뇌 기능을 저해하는 약물로 받아들여졌다. 클로르프로마진이 오늘날 우리가 떠올리는 "항정신병제제"로 인식되기까지는 현대의 연금술이 10년 동안 이 약물을 변화시켜야 했다.

첫인상

우생학은 나치와 연관이 깊었기 때문에 이미 1950년대에 완전히 폐기됐지만, 우생학 기반의 치료법은 쉽게 사라지지 않았다. 1950~1951년 두 해만 해도 미국에서 정신병자 약 1만 명이 전전두엽 절제술을 받았다. 이 수치는 1940년대 내내 이 수술을 받은 환자들의 수를 합친 것과 비슷한 수치였다. 전기충격 요법은 주립병원에서 여전히 가장 중요한 치료방법이었고, 환자를 혼란 상태에 빠뜨리기 위한 방법으로 사용됐다. 예를 들어, 1951년 매사추세츠주 우스터 주립병원 의사들은 조현병 환자 52명에게 실금 상태에서 스스로 먹거나 옷을 입을 수 없고 말을 할 수 없는 상태로 "퇴행할" 정도의 전기충격을 반복적으로 시행했다. 1952년 미국정신의학회 회장에 당선된 D 유언 캐머런도 전기충격을 이런 용도로 사용했다. 하루에 최대 12번까지 전기충격을 가해 환자의 기억을 "형언할 수 없을 정도로 파괴했다." 캐머런은 "이렇게 전기충격을 받은 환자들이 자신이 어디에 있는지 생각해내지 못할 정도였다."라고 말했다. 우생학 기반의 불임 수술도 중단되지 않았다. 1950년대에 불임 수술을 받은 정신병자의 수는 약 4000명에 달했으며, 이 수치는 정신병자에 대한 우생학적 대우가 가장 두드러졌던 1920년대에 불임 수술을 받은 환자 수와 거의 같았다. 클로르프로마진이 정신병원에 도입된 것은 바로 이런 분위기에서였다.[3]

프랑스 제약회사 롱프랑이 1950년에 합성한 클로르프로마진은 페노티아진phenothiazine 계열의 화합물이다. 페노티아진은 1800년대 후반에 합성염료 용도로 개발된 화합물이다. 1930년대에는 미국 농무부가 페노티아진 화합물을 살충제와 돼지 기생충 약으로 승인했다. 1940년대에는 페노티아진이 포유류를 잠들지 않게 하면서도 운동 능력을 크게 감소시킨다는 사실이 밝혀졌다. 고통스러운 전기충격을 피하려면 밧줄을 타고 올라가면 된다는 것을 학습한 쥐들에게 페노티아진을 주사하면 탈출 능력이 떨어지는 것이 관찰됐다. 이 관찰 결과를 접한 프랑스 연구자들은 수술을 할 때 페노티아진이 바르비투르산염 같은 마취제의 효과를 높여줄 수 있을 것이라고 생각하게 됐다. 페노티아진이 중추신경계를 새로운 방식으로 마비시킬 수 있다는 생각이었다. 롱프랑은 다양한 페노티아진 유도체들을 실험한 후 클로르프로마진이 이런 마비 효과를 가장 잘 낼 수 있다는 결론을 내리게 됐다.

1951년 프랑스 해군 소속 의사 앙리 라보리Henri Laborit는 수술 환자들에게 클로르프로마진을 시험한 뒤 이 약물을 이용하면 마취제를 거의 쓰지 않고도 수술을 할 수 있다는 것을 알게 됐다. 또한 라보리는 클로르프로마진이 환자들에게서 특이한 "몽롱한 상태twilight"를 유발한다는 사실도 발견했다. 클로르프로마진을 투여 받은 환자들은 주변 사람들과 감정적으로 분리되고 주위에서 일어나는 일에 관심을 상실해 질문에 대답을 할 수 없을 정도의 상태로 변했다. 동료 의사들은 클로르프로마진이 "전전두엽 절제술의 효과를 똑같이 일으키는 약물"이라고 평가했다. 이런 평가는 클로르프로마진이 정신과 치료에 사용될 가능성이 있다는 뜻이었다.[4]

1년 후 프랑스의 정신과 의사 장 들레Jean Delay와 피에르 드니케르Pierr Deniker는 파리 소재 생안느병원에서 조증 환자들을 진정시키는 데 사용했으며, 라보리가 말한 효과가 실제 환자들에게 그대로 나타났다고 발표했다. 라보리의 발견 결과에서처럼 클로르프로마진은 상당히 심한 정도의 무관심을 유도했던 것이다. 들레와 드니케르는 이 환자들이 마치 "보이지 않는 벽"에 의해 세상과 단절된 것 같았다며 다음과 같이 말했다.

> 앉아있든 누워있든 환자는 침대에서 전혀 움직이지 않는다. 대부분 얼굴은 창백하고 눈은 반쯤 감고 있다. 환자는 거의 아무 말도

> 하지 않는다. 질문을 받으면 환자는 시간이 좀 지나서야 천천히, 무관심하고 무미건조한 말투로 몇 마디를 한 다음 바로 입을 닫는다. 환자의 반응은 전체적으로 유효하고 적절하다. 이는 환자에게 주의집중과 반사 능력이 있다는 뜻이다. 하지만 환자는 절대 먼저 질문을 하지 않는다. 자신의 집착, 욕구, 선호를 표시하지도 않는다. 환자는 치료 때문에 자신의 상태가 호전된 것을 대부분 알고 있지만, 병적인 행복감euphoria을 표시하지는 않는다. 외부 자극에 대한 무관심 또는 지연 반응, 감정적·정서적 중립성, 의식적인 지각 또는 지적 능력의 변동이 없는 상태에서 주도력 또는 집착의 감소가 이 치료에 따른 정신 증상이다.[5]

들레와 드니케르는 이 새로운 치료법에 "동면 요법hibernation therapy"이라는 이름을 붙였고, 유럽의 다른 정신과 의사들도 이 요법을 채택하기 시작했다. 유럽 의사들은 클로르프로마진이 "식물인간 증후군vegetative syndrome"을 일으킨다며, 환자들은 "전혀 움직이지 않거나", "꼭두각시처럼 어색하게 움직였다"라고 말했다. 영국의 정신과 의사 D 앤턴 스티븐스는 이 약물을 투여 받은 환자들은 주변의 어떤 것에도 관심을 보이지 않고 "침대에 조용히 누워 앞만 바라본다는 사실을 발견했다. 이런 환자들은 아무도 괴롭히지 않았다.[6]

북미에서 최초로 클로르프로마진을 시험한 정신과 의사는 캐나다 몬트리올 베르덩 프로테스턴트 병원의 하인즈 레만Heinz Lehmann이었다. 유럽의 정신과 의사들처럼 레만도 클로르프로마진이 "전전두엽 절제술을 대체할 수 있는 약물"일 수 있다고 생각했다. 이 약물을 투여 받는 환자들은 "움직임이 느려졌으며, 무관심해지고, 걸으려고 하지 않고, 기민성이 떨어졌으며, 공허한 표정을 지었다." 이 환자들은 "느리고 무미건조하게" 말을 했다. 레만은 많은 환자들이 클로르프로마진 때문에 몸 안이 "텅 빈" 느낌을 만들어낸다고 불만을 표시했다며 이렇게 말했다. "이 요법 때문에 졸음이 밀려오고 몸이 약해지는 느낌을 받는다고 말하는 환자들도 있고, '몸이 뭔가로 씻긴 것 같은' 느낌을 받는다는 환자들도 있었다. 이런 환자들은 겉으로 봐도 그렇게 보였다."[7]

미국의 정신과 의사들도 처음에는 클로르프로마진의 효과를 이런 식으로 생각했다. 필라델피아의 정신과 의사 N 윌리엄 윈켈먼 주니어는 클로르프로마진이 환자를 변화시켰다며, "불안 증세가 심하고 공격적이었던 환자가 조용하고, 움직이지 않게 됐으며, 평온하면서 감정적으로 무관심한 사람으로 바뀌었다."라고 말했다.[8] 텍사스의 정신과 의사 어빈 코언도 무관심, 주도력 부족, 주변에 대한 관심 상실이 환자에게서 흔하게 나타났다"라고 말했다.[9] 1955년 들레와 드니케르는 클로르프로마진을 비롯한 페노티아진계 화합물이 일으키는 효과에 대해 "신경이완neuroleptic" 효과라는 말을 붙였다.

아주 초기부터 유럽과 미국의 의사들은 클로르프로마진이 파킨슨병 증상을 유도하는 경우가 많다는 것을 알고 있었다. 파킨슨병 증상에는 걸음걸이가 흔들리고, 얼굴이 가면을 쓴 것처럼 변하고, 침을 흘리기도 하는 증상 등이 있다. 1954년 스위스의 정신과 의사 한스 슈테크는 클로르프로마진 치료를 받은 환자 299명 중 37%가 파킨슨병 증상을 보였다고 밝혔다.[10] 레만도 비슷한 결과를 보고했다. 1955년 6월 미국 필라델피아에 모인 정신과 의사 100여 명은 클로르프로마진의 부작용에 대해 매우 자세하게 의견을 나눴다. 이 자리에서 버몬트 주립병원 의사 조지 브룩스는 "일정 기간 동안 소라진을 대용량 복용한 환자들에게는 모두 기저핵 장애가 나타나는 것으로 보인다. 완전한 파킨슨병 증상이라고 볼 수는 없지만, 운동 능력 저하나 얼굴 근육 움직임이 없어지는 증상이 관찰된다."라고 밝혔다. 뉴욕 필그림 주립병원의 정신과 의사 하이먼 플레저도 "우리 병원에서 클로르프로마진 치료를 받은 환자의 3분의 2에서 파킨슨병 증상과 유사한 증상들이 나타났다."라고 보고했다. 델라웨어 주립병원 정신과 의사 프리츠 프레이헌은 "클로르프로마진은 운동성과 활동성이 매우 높은 조증 환자를 정적이고, 천천히 그리고 어설프게 움직이는 사람으로 변화시킨다."라고 말했다.[11]

실제로 프레이헌을 비롯한 의사들은 1955년 회의에서 이런 증상들을 의도적으로 유도해야 하는지에 대해 토론을 벌였다. 많은 의사들은 환자에게서 감정적인 평온을 만들어낸다는 측면에서 가장 치료 결과가 좋았을 때 운동장애가 나타난다는 관찰 결과를 밝혔다. 이 관찰 결과는 어떤 방식인지는 확실하지 않지만 파킨슨병이 조현병과 길항적인 관계라는 추론을 낳았다. 환자에게서 경련을 일으켰을 때 조현병 증상이 사라진다고 과거에 생각했던 것과 비슷한 상황이었다. 만약 그렇다면, 적절한 클로르프로마진 투여량은 이런 운동장애를 일으킬 수 있을 정도의 양일 것이고, 운동장애 증상들은 다른 약물로 치료하면 된다는 것이 그 자리에 모인 의사들의 결론이었다. 하지만 워싱턴 DC 소재 세인트엘리자베스 병원 원장 윈프레드 오버홀저는 회의 말미에서 다음과 같은 질문을 참석자들에게 던졌다. "파킨슨병 증상을 일으킬 정도까지 이 약물을 투여하는 것이 맞을까요? 파킨슨병 증상이 나타나는 환자들에게서 조현병 증상이 호전되는 비율이 더 높다는 말은 확실한 사실일까요?"[12]

이런 논의가 이뤄지던 초기 단계에서 정신과 의사들은 클로르프로마진에 구체적인 항정신병 효과가 있다고 생각하지 않았다. 이와 관련해 1954년 영국의 조얼 엘크스는 "클로르프로마진이 정신병 증상의 근본적인 속성을 변화시킨 사례가 단 한 번도 없다는 사실이 중요하다. 조현병 환자나 망상분열증 환자들은 클로르프로마진을 투여한 이후에도, 정도가 좀 덜해지긴 했지만 망상과 환각에 계속 시달렸다."라고 쓰기도 했다.[13] 대신 클로르프로마진 같은 신경이완 약물은 뇌 기능을 방해함으로써 "효과를 낸다."고 생각됐다. 레만은 클로르프로마진이 "대뇌피질 기능을 크게 손상시키지 않으면서 중추신경계의 하부를 억제하는 놀라운 특성을 가지고 있다."라고 말했다.[14] 라보리는 이 약물의 주요 치료 효과가 "자율신경 차단"에 있다고 말했다.[15] 시상하부 꼬리 쪽에 병변이 생기면 운동 능력과 주도력 상실에 비슷한 결함이 생긴다는 내용의 동물실험 결과도 발표됐다. 신경이완 약물은 환자의 행동을 온순하게 "개량"한다는 것이 당시 연구자들의 결론이었다. 신경이완 약물은 "병을 '치료하기 위해' 사용된 것이 아니라, 신경약리학적 효과를 얻기 위해" 사용된 것이었다.[16]

1957년에는 이 신경이완 약물이 기면성 뇌염encephalitis lethargica으로 인한 증상과 비슷한 증상을 일으킨다는 것이 들레와 드니케르에 의해 발견됐다. 기면성 뇌염은 1916년에서 1927년까지 전 세계적으로 500만 명의 사망자를 발생시킨 질병으로, 뇌에 염증을 일으켜 사람을 무관심하게 만들고, 의지를 상실하게 하며, 얼굴을 밀랍인형처럼 창백하게 보이게 만드는 특징이 있었다. 의사들은 흔히 '졸음병'이라고 불리던 이 병이 "정신운동 무기력증psychomotor inertia"을 일으킨다고 생각했다. 클로르프로마진은 이상할 정도로 이 증상과 비슷한 증상을 일으켰다. 증상이 나타나는 속도가 훨씬 빨랐을 뿐이었다. 드니케르는 이렇게 썼다. "신경이완 약물은 기면성 뇌염의 거의 모든 증상을 일으키는 것으로 실험에서 확인됐다. 실제로, 신경이완 약물을 이용하면 기면성 뇌염 증상을 유행시키는 것도 가능하다."[17]

오늘날이라면 이런 식으로 설명되는 약물이 주립 정신병원에서 환영받는 것을 이상하게 생각하겠지만, 당시에는 이런 약물의 효과가 "바람직한 것"으로 받아들여졌다. 1950년대 초반 당시에는 인슐린 혼수 요법, 전기충격 요법, 전전두엽 절제술을 모두 유용한 치료법으로 생각하고 있었고, 정신병원들은 이런 뇌 손상 요법들을 여전히 사용하고 있었다. 게다가 1954년에도 정신병원 원장들은 턱없이 부족한 예산과 환자 과다 수용으로 극심한 어려움을 겪고 있었다. 파괴적인 행동을 하는 환자들을 확실하게 진정시킬 수 있는 약물이 환영을 받을 수밖에 없는 분위기였다. 인슐린 혼수 요법으로 어린 아이처럼 변한 환자들을 편하게 대해온 경험이 있는 병원 직원들은 클로르프로마진 투여로 조용해진 환자들에게는 더 너그럽게 대했다.

뉴욕 소재 마시 주립병원 의사 앤서니 세인즈는 "클로르프로마진은 정신병원에서 일어나는 야만적인 일들을 줄였다. 이는 병원 직원들의 감독이나 통제만으로는 이룰 수 없는 일이었다."라며 이렇게 말했다. "중추 신경절 장애 증상, 즉 파킨슨병 증상이 나타나더 '아파하는' 환자들에게는 직원들이 분노나 적개심보다는 동정심을 더 많이 느끼게 됐다. 그 결과, 환자들은 더 좋은 대우를 받게 됐다."[18]

처음에 클로르프로마진은 정신병원 안에서만 사용됐다. 하지만 그럼에도 불구하고 당시 미국은 정신병자 돌봄에 대해 다시 생각하기 시작하면서, 적어도 이론적으로 클로르프로마진과 다른 종류의 약물을 사용하는 변화를 고려하고 있었다. 당시 우생학은 이미 폐기된 과학이었고, 정신병자들을 사회로부터 분리해야 한다는 사회적 믿음 역시 사라진 상태였지만, 주정부들은 과거의 우생학적 정책 때문에 야기된 재정적 부담에 여전히 시달리고 있었다. 당시 공립 정신병원에 수용된 정신병자 수는 50만 명 이상이었고, 주정부들은 환자 한 명당 하루 2달러 이하라는 적은 돈을 사용하면서 최대한 비용을 절감하려고 노력했음에도 불구하고, 정신병자 전체에 사용되는 비용은 매년 5억 달러에 육박했다. 주정부들은 이런 재정적 부담에서 벗어나고자 계속 노력했고, 이 문제를 논의하기 위해 매년 회합을 해오던 주정부 협의회는 1950년대 초반이 이르러 다음과 같은 내용의 개혁 계획을 발표했다. "정신병원에 입원해 지속적인 치료를 받을 필요가 없는 수많은 사람들이 현재 정신병원에 있다. 외래 정신과 진료가 확산해야 하며, 도움이 필요한 사람들을 돌보기 위해서는 정신병원 수용 방법이 아닌 지역사회 자원을 이용하는 방법이 개발되어야 한다."[19]

미국은 정신병원 중심의 정신질환자 돌봄을 지역사회 중심의 돌봄으로 전환할 계획을 세운 것이었다. 하지만 이 계획을 진행하려면 중증 정신병자들이 지역사회에서 '기능을 수행할 수 있도록'

만드는 의학 치료법이 있다고 사람들이 믿어야 했다. 정신병원에서 사용되는 신경이완 약물, 즉 환자들을 무기력하게 만들고, 감정적으로 분리시키고, 운동 능력을 감소시키는 약물은 이런 생각과는 맞지 않았다. 다른 종류의 약물이 필요했다. 여기에 재정적인 문제까지 작용했고, 그로 인해 그 후 10년 동안 신경이완 약물은 놀라운 변화를 겪게 된다.

쓰레기로 금을 만들다

과학이 이성을 상실하는 것은 어떤 방식으로든 대규모 세력들이 사회를 지배하게 될 때 나타나는 현상이다. 1930년대의 뇌 손상 신체 치료법인 인슐린 혼수 요법, 전기충격 요법, 전전두엽 절제술은 모두 미국 사회가 우생학의 영향력 아래 있는 동안 등장한 것이었다. 클로르프로마진은 이런 요법들을 계승하는 약물로 처음 등장했지만, 사회가 제약업계 거대 자본의 영향하에 놓이게 되면서 이미지가 완전히 변화한 약물이었다.

제2차 세계대전이 끝나자 전 세계 약물 개발의 주도권은 독일에서 미국으로 넘어가기 시작했다. 돈을 벌 수 있는 기회가 미국에 훨씬 더 많았기 때문이다. 미국에서는 제약사들이 FDA 신약 승인을 얻기도 훨씬 쉬웠다. 당시에는 승인을 위해 신약의 효과를 증명할 필요가 없었다. 독성이 너무 강하지 않다는 것만 입증하면 FDA 승인을 얻을 수 있었다. 또한 미국에서는 제약사들이 약물을 다른 나라에서보다 훨씬 더 비싸게 팔 수 있었다. 미국은 특허 보호법이 강해 경쟁이 덜했기 때문이다. 게다가 제약사들은 미국의학협회라는 영향력 있는 단체의 지원을 받을 수 있었다. 당시 미국의학협회는 새로 제정된 법의 영향으로 제약업계와 밀접한 관계를 맺기 시작한 상태였다.

1951년 이전까지만 해도 미국의학협회는 제약업계를 감시하는 역할을 하고 있었다. 제약업체들이 신약의 치료효과를 증명해야 한다는 정부 규제가 없었던 시절 미국의학협회는 거의 50년 동안 이나 나쁜 약과 좋은 약을 구분하는 책임을 맡고 있었다. 미국의학협회는 자체 연구실에서 가치 있다고 판단한 약물에 미국의학협회 인증을 부여했다. 미국의학협회는 해마다 자체적으로 효과가 있다고 판단한 약물들의 목록을 책으로 발간했다. 미국의학협회 인증을 받지 못한 제약사들은 <미국의학협회지>에 광고를 실을 수도 없었다. 하지만 당시는 환자들이 의사의 처방 없이도 거의 모든 약을 살 수 있던 시기였다. 제약사들은 직접 일반인들이나 약사들에게 제품을 팔았다. 기본적으로 의사는 약을 팔지 않았다. 하지만 1951년 미네소타 주 상원의원 휴버트 험프리Hubert Humphrey가 법안 하나를 공동 발의했다. '1938년 연방 식품, 약물, 화장품 법에 대한 더럼-험프리 개정안'이라는 이름이 이후에 붙게 되는 이 법안은 의사 처방이 있어야만 살 수 있는 약물의 수를 크게 늘리는 것을 골자로 한 법안이었다. 이 개정안의 목적은 사람들이 가장 안전한 약만 약국에서 살 수 있도록 하는 것이었다. 하지만 이 법안은 사회에서 의사들에게 훨씬 더 많은 특권을 부여하는 효과도 낳았다. 효과가 강력한 약물의 대부분은 의사의 처방 없이는 살 수 없게 됐기 때문이다. 그 결과, 제약사들은 의사들과 의사 단체들을 대상으로 막대한 마케팅 비용을 사용하게 됐고, 이런 돈의 흐름은 미국의학협회를 매우 짧은 시간 안에 변화시켰다.

1950년 미국의학협회가 회비와 저널 구독료로 받은 돈은 500만 달러였다. 제약사 저널 광고료는 260만 달러에 불과했다. 10년 후 미국의학협회의 회비와 구독료 수입은 거의 그대로였지만(600만 달러), 제약사로부터 받은 돈은 1000만 달러로 크게 늘어났다. 저널 광고료가 800만 달러, 우편물 수신자 명단 판매 수입이 200만 달러였다. 이런 변화가 일어나면서 미국의학협회는 제약업계에 대한 비판적인 태도를 버리기 시작했다. 미국의학협회는 유용한 약물 목록 출판을 중지하고, 인증 프로그램을 폐지했으며, 제약사들이 협회 저널에 광고를 낼 때 광고 내용을 입증할 수 있어야 한다는 조항도 없앴다. 1961년 미국의학협회는 제약사가 신약의 효과를 FDA에 증명할 것을 내용으로 한 테네시 주 상원의원 에스테스 케포버의 법안에 반대 입장을 표시하기까지 했다. 한 의사는 이를 두고 미국의학협회가 제약업계의 '꼭두각시'로 전락했

다고 케포버에게 말하기도 했다.[20]

하지만 부패한 것은 미국의학협회만이 아니었다. 1959년부터 2년 동안 케포버는 상원 독점 금지 소위원회를 이끌면서 제약업계 관행을 조사해, 제약사들의 마케팅 활동이 의사들과 일반 대중의 신약에 대한 인식을 완전히 바꾸어놓았다는 보고서를 발표했다. 의학 저널에 실린 광고가 신약의 효과는 과장하고 위험성은 은폐했다는 내용이었다. 보고서는 의학 저널에 실린 "과학적인" 논문들도 편향된 인식을 심어줬다고 발표했다. 저명한 학자들은 케포버에게 수많은 의학 저널들이 "광고 매출에 타격을 입을 것을 우려해 약물과 약물의 작용 방식을 비판하는 논문은 싣기를 거부했다."라고 털어놨다. 화이자Pfizer 소속 의사 해스켈 와인스타인은 제약사들이 제품에 대한 긍정적인 논문 대부분을 대필 작가들에게 맡겼다며 다음과 같이 폭로하기도 했다.

> 이런 약물을 긍정적으로 다룬 소위 의학 논문들의 상당수가 해당 약물을 생산하는 제약사 안에서 쓰였다. 의사가 관찰을 통해 데이터를 만들어내면(이 데이터는 개략적이고 무비판적인 경우가 허다했다), 이 데이터는 제약사가 고용한 의학 작가에게 넘겨졌다. 작가가 논문을 작성하면, 그 논문은 의사에게로 넘겨지고, 의사는 이 논문을 자신의 이름으로 의학 저널에 싣는 방식이었다. 논문은 제약사 광고를 싣고자 하는 의학 저널로 보내졌고, 저널

이 이런 기사를 거부하는 경우는 거의 없다. 의학 저널은 매출만 보장이 된다면 논문의 내용은 거의 상관하지 않는다. 논문이 일단 의학 저널에 실리면 그 논문의 내용은 권위를 가지게 된다. 논문 형태로 의학 저널에 실리기 전에는 말도 안 된다고 생각되던 내용도 말이다.[21]

케포버가 이끈 소위원회는 1961년에 발표한 보고서에서 제약사들이 언론을 어떻게 조작했는지도 자세히 밝혔다. 제약사들은 제품을 긍정적으로 다루는 기사를 내는 잡지에 광고 매출을 약속했다. 대필 작가들은 긍정적인 기사를 작성하는 대가로 추가 수입을 올렸다. 한 대필 작가는 이런 기사 한 건에 1만 7000달러를 받기도 했다. 당시 1년 연봉보다 훨씬 많은 돈이었다. 제약사들은 이런 작가들에게 공짜 식사, 리무진 등 다양한 뇌물을 제공하기도 했다. 와인스타인은 소위원회에 "의학 저널에 실리는 논문처럼, 일반 매체에 실리는 기사의 상당 부분이 제약사 홍보실 직원들이 작성한 것"이라고 말했다. 그는 이런 식으로 일반인 대상 신문과 잡지에 실릴 기사들이 끊임없이 제공됐다고 밝혔다.[22]

요약하자면, 신약에 대한 1950년대 미국의 의사들과 일반 대중의 인식은 대부분 제약사들이 조작한 것이라고 할 수 있다. 이런 식의 인식 조작은 신경이완 약물이 안전한 약물로, 정신병자를 위한 항조현병antischizophrenic 약물로 다시 인식되는 데 결정적인 역할을 했다.

스미스, 클라인 앤드 프렌치가 프랑스 제약사 롱프랑으로부터 미국 내 클로르프로마진 판매권을 획득한 것은 1952년 봄이었다. 당시 스미스, 클라인 앤드 프렌치는 대형 제약사가 아니었다. 1년 매출이 5000만 달러에 불과했다. 클로르프로마진이 치료제로 사용될 수 있을 것이라고 예측한 이 제약사는 이 약물을 최대한 빠르게 출시했다. 처음에는 항구토제 효과를 내세웠다. 이 제약사가 클로르프로마진 제품 개발에 사용한 돈은 35만 달러에 불과했고, FDA 승인을 위해 임상시험을 실시한 정신병 환자의 수도 150명이 채 되지 않았다. 당시 스미스, 클라인 앤드 프렌치 회장 프랜시스 보이어는 내부적으로 이렇게 말한 것으로 알려진다. "일단 이 약물을 항구토제로 출시합시다. 나머지 문제는 나중에 생각합시다."[23]

1954년 3월 26일 FDA가 클로르프로마진을 승인했다. 그리고 며칠 후 스미스, 클라인 앤드 프렌치는 본격적으로 마케팅을 시작했다. 이 제약사는 "의학의 진전The March of Medicine"이라는 제목의 TV 프로그램을 제작해 전국에 내보냈다. 과학이 이제야 제 역할을 하기 시작한다는 메시지를 담은 프로그램이었다. 보이어는 소라진이 엄격한 테스트를 거친 약물이라는 점을 미국 대중에게 강조하면서 다음과 같이 말했다.

> 소라진을 5000마리가 훨씬 넘는 동물에게 투여한 결과, 인간에게 투여해도 효과가 있고 안전하다는 사실이 입증됐습니다. 또한 소라진은 미국의 대형 병원 의사들이 연구를 통해 임상적인 가치와 한계를 확인한 약물입니다. 미국과 캐나다의 의사 2000명 이상이 소라진을 테스트했습니다. 신약 개발은 어렵고 비용도 많이 듭니다. 하지만 신약 개발은 우리 제약 업계에 주어진 특권이기도 합니다.[24]

이 TV 프로그램은 소라진 판매에 결정적인 역할을 했다. 정신병원들의 약물 구입 예산을 결정하는 주의회들을 설득하기 위해 스미스, 클라인 앤드 프렌치는 50명 규모의 전담팀을 구성해 미국 50개 주의회에 한 명씩 할당했다. 이 전담팀은 병원 원장들과 의사들에게 언론과 주정부 관리들에게 소라진의 효과에 대해 어떻게 말해야 할지 조언하기 위한 "대책팀"을 구성했다. 소라진이 전전두엽 절제술이나 기면성 뇌염 같은 효과를 내는 화학 물질이라는 언급을 하지 못하도록 하기 위한 조치이기도 했다. 스미스, 클라인 앤드 프렌치는 소라진을 사용하면 주정부가 얼마나 예산을 절약할 수 있는지에 대한 통계도 작성했다. 이 제약사는 환자 다루기가 더 쉬워짐에 따라 정신병원 직원 이직률이 떨어지고, 시설 유지비용도 줄어들며, 궁극적으로는 소라진을 투여 받은 환자들은 적어도 이론상으로는, 대부분 퇴원할 수 있다고 주장했다. 환자는 삶의 질이 크게 개선되고, 국민은 세금을 적게 낼 수 있게 되는, 모두에게 이득이 되는 상황을 소라진이 만들 수 있다는 주장이었다.

스미스, 클라인 앤드 프렌치의 대책팀이 이런 활동을 하면서, 언론과 의학 논문에 비치는 클로르프로마진의 이미지는 점점 더 많이 변하기 시작했다.

1954년 6월 <타임>이 클로르프로마진에 대한 기사를 처음 냈다. 스미스, 클라인 앤드 프렌치의 전담팀이 막 구성된 시점이라 클로르프로마진의 이미지는 아직 본격적으로 변화하기 전이었다. <타임>에 실린 "1954년의 기적의 약?"이라는 기사의 일부를 살펴보자.

> 스미스, 클라인 앤드 프렌치의 찰스 웨슬러 스컬 박사에 따르면, 폭력적이었던 환자나 무기력했던 환자 모두 이 약물을 몇 번 투여 받은 후 "침대에 조용히 누워있게 됐다." 의사가 병실에 들어오면 이 환자들은 일어나 앉아 제정신으로 의사와 대화를 나눈다. 약물 투여로 몇 달 만에 처음 이런 일이 일어나는 것이다. 클로르프로마진이 정신병을 치료한다고 생각되지는 않지만, 클로르프로마진이 환자의 긴장을 이완시키고 치료를 쉽게 만든다면 큰 가치가 있을 수 있다. 극도로 흥분하거나 불안에 시달리는 환자들이 그들의 정신병의 표면 증상인 강박적인 행동을 멈추기 때문이다. 스컬 박사는 환자들이 "뭔가 나를 혼란스럽게 만드는 것이 있다는 걸 알지만, 나는 상관없습니다."라고 하는 것 같다고

말했다.[25]

클로르프로마진에 대한 찬사로 채워지긴 했지만, 이 기사는 이 약물을 투여 받은 환자들이 "치료"되거나 왕성하게 여기저기를 돌아다닌다고 묘사하지는 않았다. 클로르프로마진은 여전히 환자들을 병상에 "묶어두고" 감정적 무관심을 유도하는 화학물질로 묘사됐다. 하지만 그 후 1년이 지나자 <뉴욕타임스> 기사에서처럼 이 약물의 이미지는 바뀌어 있었다. 연구자들은 클로르프로마진에 치료 효과가 있을 수 있으며, 환자의 마음을 빠르게 치료해 정상적으로 일상생활을 할 수 있게 만드는 약물일 수 있다고 말하기 시작했다.

<뉴욕타임스>는 1955년에만 최소 11번을 클로르프로마진에 대해 다뤘다. "정신병자를 위한 새로운 치료약", "정신병 환자, 약물의 혜택을 받다" 등의 제목이 달린 기사들이었다. 이런 식으로 클로르프로마진이 "정신과 치료의 역사에서 가장 중요한 진전 결과 중 하나"라는 논조가 계속해서 반복됐다. 클로르프로마진을 사용하는 병원들은 "기록적인 속도로" 환자를 퇴원시켰다. 클로르프로마진은 동네 의사가 진료실에서 정신병을 치료할 수 있게 해주는 "기적의 약"이 됐다. "가장 증상이 심각한 환자만 정신병원에 입원하게 만드는" 약이 된 것이다. 클로르프로마진은 불안에 시달리는 환자들에게 "마음의 평화"와 "혼란으로부터의 자유"를 선사하는

약이 됐다. 이 약물의 부작용에 대해서는 거의 언급이 이뤄지지 않았다. 클로르프로마진을 다룬 <뉴욕타임스>의 기사 11건 중 이 약물이 파킨슨병 증상이나 무기력증을 유발한다는 내용을 다룬 기사는 한 건도 없었다.[26] 1955년 6월 26일 <뉴욕타임스> 의학 담당 기자 하워드 러스크는 신경이완 약물인 클로르프로마진의 효과가 입증됐다며 다음과 같이 확신에 찬 기사를 썼다.

> 연구자들이 이런 약물의 용도에 대한 연구를 통해 특정 정신질환 치료에 혁명을 일으킬 가능성이 있는 새로운 방법을 개발해냈다는 데에는 의심의 여지가 없다. 이 약물들은 점진적으로 환자들을 진정시키며, 환자들은 공포와 불안에서 벗어나 자신의 문제를 더 객관적으로 이야기할 수 있게 된다. 이 환자들에게는 바르비투르산을 투여했을 때 나타나는 무기력감이 나타나지 않는다. 환자를 치료하거나 다루기 힘든 환자를 치료하기 쉽게 만든다는 점에서 이 새로운 약물의 효과에는 의심의 여지가 없다.[27]

정신의학 연구자들은 이런 언론 보도를 의회에 연구 자금 요청을 하기 위한 기회로 이용했다. 1955년 5월 네이선 클라인, 헨리 빌, 프랭크 에이드는 상원 예산위원회에 클로르프로마진이 의료 현장에 새 희망을 주고 있다고 말했다. 이들은 이 진정제 덕분에 "이전에는 몇 주에서 몇 달을 시도해도 치료가 안 되던 환자들이 제정신을 찾고 이성적인 인간으로 바뀌었다"면서 "클로르프로마진은 입원 기간을 줄이거나 아예 입원을 할 필요가 없게 만든다."라고 주장했다. 이들의 로비 활동으로 <유에스 뉴스 앤드 월드 리포트>는 이 새로운 "기적의 약"이 "정신병 치료에 혁명을 일으킬 것"이라고 보도했다.[28] <타임>은 클로르프로마진이 "1930년대에 발견된 설퍼제(세균성 질환의 특효약)에 비교할 수 있을 정도로" 지대한 의학적 진보를 이뤘다고 보도하기까지 했다. 또한 이 잡지는 클로르프로마진 사용을 거부하는 의사들에 대해 환자가 "다섯 살 때 근친상간 욕구나 동생의 돼지저금통을 훔치고 싶은 욕망에 시달렸던 것 때문에 무의식적으로 갈등을 계속 겪으면서 세상으로부터 멀어질 수 있는지" 연구하느라 시간을 보내는 "상아탑 안의 비판자들"이라고 묘사하기도 했다.[29]

이런 분위기에서는 의회도 돈을 내놓을 수밖에 없었다. 연방 정부의 정신건강 연구 예산은 1953년 1090만 달러에서 1961년 1억 90만 달러로 대폭 상승했다. 8년 만에 10배가 늘어난 것이었다. 언론의 연이은 보도는 지역사회 돌봄 프로그램이 정신병원 치료를 대체할 수 있을 것이라는 희망을 주의회 의원들에게 심어주기도 했다. 1955년 주지사 회의에서 주정부들은 "새로운 개념과 치료방법을 고려한 정신질환과 정신건강 상태에 대한 국가 차원의 전면적 조사" 실시에 대한 지지를 약속했다.[30] 같은 해 연방 의회는 '정신건강연구법Mental Health Study Act'을 통과시켰고, 이 법에 따라 국가의 정신질환 정책을 재구성할 정신질환·정신건강 공동위원회가 설립됐다.

대중 매체에서의 클로르프로마진의 이런 이미지 변신은 의학 저널에서도 상당히 많은 정도로 일어났다. 클로르프로마진이 승인된 후 10년 동안 의학 저널에 실린 관련 논문만 해도 1만 건을 넘어섰다. 이 논문들 대부분은 긍정적인 내용이었다. 클로르프로마진에 대한 대중의 인식이 바뀌자 많은 연구자들이 처음에 가졌던 생각을 바꿨다. 윌리엄 윈켈먼이 클로르프로마진에 대해 쓴 처음 논문 2편을 비교하면 이런 변화를 쉽게 알 수 있다.

1953년 스미스, 클라인 앤드 프렌치가 윈켈먼을 클로르프로마진 초기 테스트 수석 연구원으로 임명했을 때만 해도 전전두엽 절제술은 여전히 바람직한 수술로 인식되고 있었다. 전전두엽 절제술은 클로르프로마진이 그 효과를 따라잡아야 하는 수술이었고, 윈켈먼이 1954년 5월 1일 <미국의학협회지>에 초기 테스트 결과를 발표하면서 "클로르프로마진의 효과가 전전두엽 절제술의 효과와 비슷한 효과를 냈다."라고 밝혔을 정도였다. 윈켈먼은 이 약물이 환자들을 "움직이지 못하게 만들고, 밀랍인형처럼 만들었으며, 감정적으로 무관심하게 만들었다."라고 말했다.[31] 하지만 3년 후 <미국정신의학회지>에 발표한, 환자 1090명을 연구한 논문에서 윈켈먼은 완전히 새로운 의견을 내놓았다. 운동 장애에 대한 부분이 갑자기 사라졌다. 이렇게 많은 환자를 대상으로 3년 동안 연구를 실시한 후 윈켈먼은 "본격적인 파킨슨병 증상을 관찰하지 못했다."라고 밝혔다.[32] 윈켈먼은 1090명의 환자 중에서 2명에게서만 미미한 파킨슨병 증상이 나타났다고 말했다. 2년 전 필라델피아 심포지엄에서 발표된 내용과는 전혀 다른 내용이었다. 당시 버몬트 주의 의사 브룩스는 자신의 모든 환자에게서 파킨슨병 증상이 관찰됐다고 보고했었다. 하지만 윈켈먼의 발표 내용은 희망이 없던 환자들이 갑자기 정상으로 돌아왔다는 대중 매체들의 보도와 잘 맞아떨어졌다. 클로르프로마진이 무기력증을 일으키지 않았다는 내용의 <뉴욕타임스> 보도와도 결을 같이하는 것이었다.

미국의학협회도 이런 언론 보도 내용이 잘못되지 않았다는 입장을 발표했다.

하지만 대중 매체와 의학 저널에 실린 클로르프로마진에 대한 이야기에 비판적인 정신의학자들도 적지 않았다. 이런 의사 중 한 명은 <네이션>에 기고한 글에서 클로르프로마진에 대한 이런 놀라운 이야기들이 모두 "천박한 허위"라고 말했다.[33] 뉴욕의 저명한 정신분석학자 그레고리 질보그는 대중 매체들을 비난하면서, 대중이 크게 속고 있으며 클로르프로마진의 유일한 진짜 목표는 입원 환자들을 다루기 쉽게 만드는 것이라고 말했다.[34] 미국 보건복지부 정신보건 책임자로 오랫동안 일했던 로런스 콜브라는 유명한 의사는 이 신경이완제가 "모르핀이나 헤로인보다 몸에 더 해롭다."라고 말했다.[35] 이런 비판은 대중을 혼란에 빠뜨릴 수 있는 것이었다. 신경이완 약물은 과연 기적의 약이었을까? 연방 의회에 이 약물이 기적의 약물이라고 말했던 클라인과 에이드조차 제약사들이 광고와 우편물에서 거짓 주장을 하고 있다고 비난했다. 하원 소위원회가 조사를 결정했다. 하지만 당시 제약사들과 유착관계에 있던 미국의학협회가 조사를 반대했다. 당시 미국의학협회 정신건강 위원회 위원장 리 바르테마이어는 제약사들의 광고가 믿을 만하다고 하원에서 증언했다.[36] 바르테마이어는 제약사들이 "터무니없거나 왜곡된 기사나 논문"을 만들어내 의사들에게 피해를 주고 있지 않다고 증언했다. 바르테마이어의 이런 증언으로 결국 이 논란은 희석됐고, 미국의학협회는 그 몇 달 뒤 이 새로운 기적의 약 광고가 가득 실린 <일반 정신의학 아카이브Archives of General Psychiatry>라는 저널을 창간했다.

스미스, 클라인 앤드 프렌치에게는 마케팅 비용을 충분히 지출할 능력이 있었다. 1958년 <포춘> 잡지에 따르면 당시 스미스, 클라인 앤드 프렌치는 33.1%라는 엄청난 수익을 올린 "투자 자본 당 세후 순익"이 가장 높은 500대 미국 기업 중 하나였다. 수익률이 이렇게 높았던 것은 이 제약사가 클로르프로마진 한 병에 3.03 달러를 받았기 때문이다. 클로르프로마진을 처음 합성한 제약사 롱프랑이 프랑스에서 파는 가격의 무려 6배였다.[37] 예산의 약 5%를 소라진 구입에 쓰는 주립 정신병원들도 있었다. 실제로 스미스, 클라인 앤드 프렌치가 35만 달러를 들여 개발한 클로르프로마진이 낸 수익은 기록적인 것이었다. 이 제약사의 연간 총수익은 1953년 5300만 달러에서 1970년 3억 4700만 달러로 폭증했다. 1970년 총수익 중 소라진으로 인한 수익은 1억 1600만 달러였다.[38]

망상이 완성되다

1963년 초 존 F 케네디 대통령이 국가 정신질환자 관리 개혁안을 발표했다. 불행했던 과거의 유산인 주립병원을, 지역 의원들을 중심으로 한 지역사회 돌봄 망으로 대체한다는 계획이었다. 이 계획의 핵심에는 바로 신경이완 약물이 자리 잡고 있었다. 이 계획을 발표하기 2년 전 케네디는 정신질환·정신건강 공동위원회의 권고사항을 보고 받았는데, 이 보고서는 신경이완 약물에 대해 "168년 전 피넬이 파리 정신병원에서 정신병 환자들의 사슬을 끊은 이후에 가장 환자를 구속으로부터 자유롭게 한 약물이며, 이 약물은 환자와 의료진 관계를 놀라울 정도로 좋게 만든 약물 형태의 도덕치료 수단"이라고 묘사한 보고서였다.[39] 케네디가 미국인들에게 강조한 점은 이 새로운 약물이 "정신질환자 대부분을 성공적으로 회복시키고, 지역사회에서 신속하게 치료를 받을 수 있게 함으로써 사회에서 유용한 역할을 할 수 있도록 만들었다"는 것이었다.[40]

이런 믿음을 결정적으로 굳게 만든 데에는 두 가지 연구가 핵심적인 역할을 했다. 첫 번째 연구는 뉴욕 주 정신보건국 직원 헨리 브릴과 로버트 패튼의 연구였다. 신경이완 약물이 주립 정신병원 환자 수를 감소시켰다는 내용의 연구였다. 이 연구에 따르면 미국 전역의 주립 정신병원 환자 수는 1955년 55만 8600명에서 1961년 52만 8800명으로 감소했으며, 뉴욕 주의 환자 수는 1955년 9만 3314명에서 1960년 8만 8764명으로 줄어들었다. 사람들은 이런 감소가 신경이완 약물이 환자들을 회복시켰기 때문이라고 생각했다. 하지만 브릴과 패튼도 인정했듯이, 신경이완 약물이 이런 소규모 감소의 유일한 원인이라고 생각하기는 힘들었다. 정신병원 환자 입원율은 정신병자 격리에 관한 사회 정책을 반영하기 때문이다. 게다가 1954년 당시 주정부들은 정신병원 수용자를 줄여야 한다고 주장하고 있기도 했다. 실제로 뉴욕 주를 비롯한 많은 주들은 1950년대 초반에 이미 지역사회 돌봄 계획을 세워 정신병자들을 지역 요양시설, 중간 집halfway house(병원에서 막 퇴원했거나 질병과 장애로 인한 불편으로 재활이 필요한 주민들을 가정과 같은 환경에서 24시간 돌봄을 하고 회복을 돕는 곳), 쉼터 직장(신체·정신장애인을 위해 집과 일하는 곳을 함께 마련한 곳)으로 보내기 시작한 상태였다. 이런 여러 가지 요인들에도 불구하고 브릴과 패튼은 신경이완 약물이 주립 정신병원 환자 수 감소에 최소한 어느 정도는 역할을 했을 것이라는 결론을 내렸다. 감소 정도가 매우 작음에도 불구하고 신경이완 약물의 도입 시점과 감소 시점이 일치

한다는 이유에서였다.[41]

이들의 연구결과는 널리 확산됐고, 공동위원회의 보고서에서도 여러 차례 언급이 됐다. 하지만 이 연구에서 브릴과 패튼은 약물 치료를 받은 환자의 퇴원율과 받지 않은 환자의 퇴원율을 비교하지 않았고, 이 연구의 이런 결점은 캘리포니아 주 정신보건국이 이 두 비율을 비교했을 때 확실하게 드러났다. 1956~1957년 캘리포니아 주 주립병원에 입원한 초발 조현병 남성 환자 1413명을 대상으로 한 연구에서 정신보건국 연구자들은 "약물 치료를 받은 환자들의 입원 기간이 대부분 더 길었다. 게다가 처음 입원한 조현병 환자들이 이 약물을 더 많이 투여 받았고, 이들의 퇴원율은 조현병으로 입원한 환자 전체의 평균 퇴원율보다 약간 낮았다."라고 밝혔다.[42] 요약하자면, 이 연구자들의 결론은 신경이완 약물이 환자들의 지역사회 복귀를 돕는 것이 아니라, 회복을 방해하는 것이 분명하다는 것이었다. 하지만 이 연구결과에도 불구하고, 대중의 관심을 독차지한 것은 브릴과 패튼의 연구결과였다. 이들은 대중이 듣고 싶어 한 이야기를 했기 때문이다.

케네디의 계획을 실현 가능한 것으로 보이게 만든 두 번째 연구는 미국정신보건연구원NIMH이 수행한 신경이완 약물 연구였다. 1950년대 의학 저널들에는 이 새로운 약물에 대한 긍정적인 논문들이 수없이 실렸지만, 사실 그 논문의 배경이 되는 연구는 대부분 별 가치가 없는 것이었다. 유효한 약물 연구의 필수요건인 위약 투여 집단과의 비교 연구나 이중 맹검 연구double-blind study도 거의 이뤄지지 않았다. 1961년 미국정신보건연구원이 수행한 연구는 이런 기존 연구들의 단점을 보완한, 9개 정신병원의 신규 입원 환자를 대상으로 6주에 걸쳐 치료 결과를 평가한 연구였다. 연구결과는 놀라웠다. 약물 치료를 받은 조현병 환자 270명 중 단 한 명도 악화되지 않았으며, 95%는 호전됐으며, 거의 50%가 극적으로 호전돼 "정상" 또는 "환자와 정상인의 경계선 상에 있음" 수준으로 분류됐다는 내용이었다. 실제로 미국정신보건연구원 연구자들은 클로르프로마진 그리고 다른 신경이완 약물 두 가지가 무관심 증상을 감소시키고, 운동 능력을 개선하며, 환자의 무감각 증상을 줄인다는 결론을 내렸다. 10년 전 다른 연구자들이 내렸던 결론과는 정반대의 결론이었다. 또한 연구자들은 이 약물들의 부작용이 "미미하고 드물었으며, 의학적 안전성의 문제라기보다는 환자의 편안함의 문제였다."라고 덧붙였다. 일반인들에게 가장 설득력이 있었던 부분은 이런 약물들에 치료 효과가 있다는 연구결과를 미국정신보건연구원이 다음과 발표했다는 사실이었다. "조현병 특유의 모든 증상이 약물 치료로 개선됐다. 이 결과는 페노티아진계 약물이 넓은 의미에서 '항조현병' 효과가 있다는 뜻이다. '진정제'라는 이름으로 이 약물들을 계속 불러야 하는지 의문이 들 정도다."[43]

신경이완 약물의 변신이 완료된 순간이었다. 처음에는 환자를 무기력하고 정서적으로 무관심하게 만드는 목적의 화학적 전전두엽 절제술로 도입됐던 약물이 조현병을 안전하고 효과적으로 치료할 수 있는 약물로 변신한 것이었다. 미국정신보건연구원 연구에 참여한 정신의학자들이 원한 것이 바로 이 변신이었다. 약물에 대한 정신의학자들의 인식이 사회의 목표와 제약사들이 그전 10년 동안 만들어낸 이야기에 맞춰 변화한 것이었다. 제약사들의 광고, 과학 저널에 실린 수많은 논문들, 대중 매체에 실린 기적의 약 이야기들은 모두 이 약물들이 정신질환자를 치료할 수 있다는 내용이었다. 조작된 믿음이었다. 미국정신보건연구원 연구자들은 그 조작된 믿음에 맞춰 관찰 결과를 발표했다. 이 연구자들은 약물을 투여 받은 환자들의 행동 변화를 자신들의 기대에 맞춰 해석한 것이었다.

사람들은 이런 연구결과를 “실제”로 받아들였다. 공립 정신병원이 주는 재정적 부담에서 벗어나고자 했던 주정부들은 이 “과학적인” 연구결과를 이용해 환자들을 지역사회로 퇴원시키기 시작했다. 정신의학은 완전히 현대적인 학문으로서 자부심을 가질 수 있게 됐고, 환자들에게 치료 약물을 처방할 수 있게 됐다. 한편 제약사들은 주정부들이 퇴원한 환자들에게 약물 투여 중심의 계획을 세움에 따라 수익을 늘릴 수 있었다. 신경이완 약물은 조증 환자들을 단기적으로 진정시키는 약물이 아니라, 환자들이 지속적으로 복용해야 하는 약으로 변신했다. 제약사들은 평생 고객을 확보하게 됐고, 사회는 환자들이 이 약물을 복용해야 한다는 생각을 굳히게 됐다. 결국 케네디 시절의 이런 낙관적인 분위기에서 미국인들은 과거의 사회적 학대 중 하나를 제거하고 있다고 믿었다. 사람들은 오랫동안 방치됐던 정신질환자들이 지역사회의 환대를 받으면서 돌아올 수 있게 됐다고 생각한 것이다. 당시 미국 건강교육복지부 장관 대행 윌버 코언이 몇 년 뒤 "정신병자 대부분은 직장에 복귀해 사회에서 정당한 위치를 되찾을 수 있는 사람이며, 가족이나 납세자의 재산을 축내는 사람이 아니다."라고 말했다.[44]

불행히도, 코언의 이 발언은 좋은 뉴스거리였긴 했지만 핵심적인 목소리가 빠져 있었다. 바로 정신병자들의 목소리였다. 이들이 이 기적의 약에 대해 어떻게 느끼는지는 언급하지 않았다. 이들의 인식은 이 약물이 안전하고 "항조현병" 효과가 있다는 사회의 믿음과는 전혀 다른 것이었다. 두 개의 서로 다른 현실이 존재하고 있었고, 그 상황은 미국에서 정신병자로 여겨지는 사람들에게 새로운 방식으로 고통을 가하는 배경이 됐다.

제 7 장

환자의 현실

여러 달 동안 복용했던 약물은 내 몸의 모든 부분에 영향을 미쳤다. 눈은 초점이 흐려졌다. 특히 뭔가를 읽으려 할 때 더 그랬다. 입은 마르고, 혀는 부어오르고, 말이 제대로 나오지 않았다. 내가 뭘 말하려 했는지 잃어버릴 때도 있었다. 몸 전체가 부어있었다. 몇 달 동안 월경을 하지 못했고, 설사약을 엄청나게 많이 먹어야 간신히 대변을 볼 수 있었다. 몸에 힘이 아예 없었다. 계속 몽롱한 상태에서 여기저기 걸어 다니는 상태를 안정된 상태라고 말한다면, 나는 확실히 안정된 상태에 있었다.

- 주디 체임벌린[1]

신경이완 약물이 정신병 증상으로 고통을 겪는 사람들을 안정시키는 약물에서 항조현병 약물로 변신하면서 "미친 사람들"에 대한 미국의 관리 정책은 급격하게 변하기 시작했다. 1950년대 후반은 이런 변화가 일어나기에 가장 적합한 시기였다. 정신병자에 대한 우생학적 태도가 끔찍한 현실을 만들어놓은 상태였기 때문이다. 정신병자들이 음산한 정신병원에 갇혀 인슐린 혼수 요법, 메트라졸 경련 요법, 강제 전기충격, 전전두엽 절제술 같은 의학 치료를 받던 시기였다. 1955년 정신질환·정신건강 공동위원회가 구성되면서, 미국은 정신병자관리에 대해 다시 생각하게 됐고, 그와 함께 정신병자의 개념에 대해서도 다시 생각하게 됐다. 정신병자는 생물학적으로 결함이 있는 사람이었을까? 아니면, 정신이 좀 이상하기는 하지만 정상적인 인간으로 되돌아와야 하는 사람이었을 뿐일까? 1950년대 후반에 미국에 주어진 기회는 요크의 퀘이커교도들의 도덕치료 개념을 되살리고, 퀘이커교도들이 "제정신이 아닌 사람들"에 대해 가졌던 생각과 결을 같이하는 국가 차원의 관리 프로그램을 만들어낼 수 있는 것이었다.

하지만 이런 상황에서 신경이완 약물이 항조현병 약물로 재탄생하자 전혀 다른 미래가 예견되기 시작했다.

신경이완 약물 사용에 선도적인 역할을 한 드니케르, 들레, 레먼 등은 이 약물이 뇌의 화학적 기능을 "정상화"하는 게 아니라, 뇌의 기능을 방해함으로써 효과를 낸다는 것을 정확하게 알고 있었다. 신경이완 약물의 이런 메커니즘이 분명하게 밝혀지기 시작한 것은 1963년이었다. 그 해 스웨덴의 약리학자 아르비드 칼슨Arvid Carlsson은 신경이완 약물이 뇌 내 화학 메신저인 도파민의 활동을 억제한다는 사실을 밝혀냈다. 그 후 양전자 방출 단층 촬영Positron Emission Tomography, PET 같은 뇌 영상 기법이 등장하자 신경이완 약물의 억제 작용 정도를 수량화할 수 있게 됐다. 표준적인 신경이완 약물의 상대적인 효능은 도파민 수용체의 일종인 D2 수용체와 얼마나 잘 결합할 수 있는지에 의해 결정된다. 치료용으로 사용되는 신경이완 약물은 전체 D2 수용체의 70~90%와 결합한다.[2] 이렇게 수용체가 억제되면, 도파민은 세포에 안정적으로 메시지를 전달할 수 없게 된다. 이런 식으로 뇌의 소통 시스템이 무너지고, D2 수용체에 주로 의존하는 신경섬유들이 치명적인 타격을 입게 된다. 표준적인 신경이완 약물의 이런 방식으로 작용한다. 신경이완 약물은 핵심적인 도파민 신경 경로를 폐쇄함으로써 사람의 행동과 사고를 변화시키는 것이다.

이 메커니즘이 밝혀지자, 신경이완 약물이 왜 파킨슨병 증상이나 전전두엽 절제술과 유사한 증상을 일으키는지도 분명해졌다.

뇌에는 3가지 확실한 도파민 경로가 있다. 첫 번째 경로는 기저핵에서 시작되는 흑질-선조체 경로nigrostriatal pathway로, 운동 조절에 필수적인 경로다. 파킨슨병은 이 경로를 작동시키는 데 필요한 도파민 생성 뉴런이 손실돼 발생한다. 파킨슨병 환자의 뇌는 신경전달물질인 도파민을 충분히 생성하지 못하며(파킨슨병 환자의 도파민 수준은 정상인의 도파민 수준의 약 20%에 불과하다), 도파민이 부족하게 되면 흑질-선조체 경로가 작동 이상을 일으킨다. 신경이완 약물이 파킨슨병 증상을 유도하는 이유는 이 약물이 이와 비슷한 작동 이상을 일으키기 때문이다. 환자의 뇌는 충분한 양의 도파민을 생성함에도 불구하고, 이 도파민이 수용체와 결합하지 못해 흑질-선조체 경로의 정상적인 기능이 와해되는 것이다. 이 점에서 신경이완 약물은 화학적 억제제로 볼 수 있다. 신경이완 약물은 운동을 가능하게 하는 신경전달물질의 활동을 급격하게 감소시킨다는 뜻이다.*

두 번째 경로는 중변연계 경로mesolimbic pathway다. 이 경로는 복측 피개ventral tegmentum 영역이라고 불리는 중뇌 영역에서 시작돼 변연계limbic area로 이어지는 경로다. 변연계 영역은 전두엽 옆에 위치하며 감정을 통제한다. 우리가 세상을 느끼게 해주는 영역이 바로 이 영역이며, 이 느낌은 우리의 자아 감각과 현실 인식에 필수적인 부분이다. 진화론적 관점에서 보면 변연계는 편집증paranoia(심각한 걱정이나 두려움으로 자신이 주변으로부터 피해를 받을 것이라는 병리적인 의심을 고집하는 이상심리학적 상태)을 일으키는 영역이기도 하다. 주변의 위협에 대비해 항상 경계를 하는 영역이 바로 변연계이며, 이 변연계는 위험이 관찰되면 감정적인 반응을 일으킨다. 신경이완 약물은 변연계를 손상시켜 이런 반응이 일어나지 못하게 만든다. 수의사들이 동물을 길들이기 위해 신경이완 약물을 사용하는 이유가 바로 이 효과에 있다. 신경이완 약물은 이와 같은 메커니즘으로 사람들을 "진정시킨다." 하지만 이렇게 진정된 사람들은 변연계가 망가져 자신이 세상과 감정

---

*1991년 연구자들은 오염된 헤로인에서 발견된 MPTP라는 독성물질이 신경이완 약물 3종, 즉 할로페리돌, 클로르프로마진, 시오식센(thiothixene)과 매우 비슷하다는 사실을 발견했다. 곧 MPTP는 동물에서 연구목적으로 파킨슨병 증상을 유발하기 위해 사용됐다. 할로페리돌도 이런 연구에서 사용됐다.

적으로 분리돼 있다고 느끼게 된다. 신경이완 약물을 복용한 사람들은 마치 자신이 모든 감정이 사라진 "좀비"가 된 것 같은 느낌이 든다고 호소했다. 실제로 이들은 자신을 감정적으로 경험할 수 없는 상태로 변했다.

세 번째 도파민 경로는 중뇌-피질mesocortical 경로다. 복측 피개에서 시작돼 전두엽으로 이어지는 경로다. 신경이완 약물은 이 경로를 억제해 복측 피개와 전두엽 사이의 소통을 막는다. 전전두엽 절제술이 전두엽과 "오래된" 뇌 영역 중 하나인 시상thalamus을 연결하는 신경섬유들을 절단하는 것과 비슷하다. 약리학자 피터 브레긴이 지적했듯이, 이 두 경우 모두 전두엽 기능과 뇌의 다른 영역들 간의 연결이 끊어진다.[3] 실제로 원숭이 실험 결과 중뇌-피질 경로가 손상되면 전전두엽 피질 기능에 이상이 생긴다는 것이 밝혀진 바 있다. 현대의 신경학 교과서인 《신경과학의 원칙Principles of Neural Science》은 다음과 같이 설명하고 있다. "전전두엽 피질에서 도파민이 고갈된 원숭이들은 인지 능력이 감소한다. 전전두엽 피질을 제거했을 때와 비슷한 효과다.[4] 전두엽의 기능은 도파민에 의존한다. 따라서 표준적인 신경이완 약물은 이 도파민을 부분적으로 억제해 약리학적으로 전전두엽 절제술의 효과를 일으키는 것이다.

그렇다면 신경이완 약물의 역할은 도파민 전달 과정에 병리학적 결함을 유도하는 것이라고 할 수 있다. 드니케르의 표현에 따르면 신경이완 약물은 "치료 효과를 내는 파킨슨병 증상"을 유발한다.[5] 정신과 치료에서 신경이완 약물 투여가 표준 치료법으로 자리 잡으면서 이런 증상은 미국에서 광기를 대표하는 증상으로 인식되기에 이른다. 현재 우리는 조현병의 실체가 무엇이든, 자연 상태의 광기 증상이라고 생각하지 않는다. 어색한 걸음걸이, 뒤틀린 팔, 공허한 표정, 졸림 증상, 주도력 부족 등 조현병을 연상시키는 증상들은 대부분 도파민 전달 과정에 약물이 작용해 생긴 결함 때문에 발생하는 것이다. 흥분해서 뛰어다니는 증상처럼 이런 나태한 이미지와는 반대로 보이는 증상을 나타내는 조현병 환자도 많다. 우리가 "조현병" 환자들의 생각, 행동, 외양이라고 생각하는 것들은 "질병"의 진행에 의한 것이 아니라, 약물 투여에 의해 발생하는 것이다.

조현병 진단의 남발

신경이완 약물이 "항조현병" 효과가 있다고 생각되면서 의학 치료 모델은 매우 단순하게 변화하기 시작했다. 조현병은 진단 가능한 질환이며, 적절한 약물을 사용해 성공적으로 치료할 수 있다는 생각을 기초로 한 모델이었다. 당시에는 진단과 약물치료 사이의 이런 분명한 상관관계 때문에 약물을 최고의 치료 수단으로 여긴 사람들도 있었다. 진단을 정교하게 하면 매우 적절한 치료법을 찾아낼 수 있었다. 하지만 약물치료는 여러 가지 장점에도 불구하고, 정신과 의사들이 확실하게 조현병 진단을 내릴 수 있을 때만 사용할 수 있는 방법이었고, 1970년대 정신과 의사들은 이런 진단을 내릴 수 있는 능력이 없었다. 따라서 조현병이라는 말은 다양한 감정적 문제를 가진 사람들에게 광범위하게 사용되기에 이르렀다. 조현병이라는 용어는 가난한 사람들과 아프리카계 미국인들에게는 훨씬 더 빠르게 적용되기 시작했다.

조현병이라는 진단 용어의 기원은 독일의 정신과 의사 에밀 크레펠린Emil Kraepelin의 연구에서 찾을 수 있다. 19세기 내내 의사들은 수많은 정신병 유형을 만들어냈다. 당시 의학 교과서에는 "노처녀 광기", "호색증erotomania", "자위 정신증", "빈민 광기", "만성 망상장애" 같은 질병 이름이 실렸다. 이런 병명들은 과학적인 근거가 없었으며, 이런 병을 앓는 환자들의 예후를 예측하는 데도 거의 도움이 되지 않았다. 이런 무질서한 명명 관행에 제동을 건 사람이 크레펠린이었다. 그는 10여 년 동안 정신병원 환자들의 병력을 연구한 뒤, 환자의 증상과 예상되는 결과를 연결시킨 분류법을 만들어냈다. 크레펠린은 정신병을 크게 2가지 유형으로 분류했다. 첫 번째 유형은 감정 장애가 있는 조울증 환자다. 이 유형은 호전될 가능성이 있는 집단이다. 두 번째 유형은 정동, 즉 감정 결핍을 보이는 조발성 치매dementia praecox 환자다. 이 유형의 운명은 훨씬 어두웠다. 이 유형은 75%(또는 그 이상)가 말기 치매로 악화되는 유형이었다. 1908년 스위스의 정신과 의사 오이겐 블로일러Eugen Bleuler는 조발성 치매를 대체할 용어로 "조현병"이라는 용어를 만들어냈다.

20세기 정신의학자들이 일반적으로 조현병 환자들에 대해 비관적인 견해를 가지게 된 것은 바로 크레펠린과 블로일러의 이런 연구 때문이었다. 게다가 예상 결과가 나빴던 것도 공격적인 치료에 명분을 제공했다. 조현병 환자는 더 이상 나빠질 것이 없는 사람들이었기 때문이다. 하지만 1990년 영국의 역사학자 메리 보일의 설득력 있는 주장에 따르면, 크레펠린이 연구한 정신병 환자들에는 기질성 뇌 질환 환자가 상당히 많이 포함돼 있었다. 대부분 기면성 뇌염 환자였다.[6] 실제로, 만성 조현병이 시간이 지나면 치매로 악화된다는 크레펠린의 설명은 기면성 뇌염 바이러스에 감염된 사람들에 대한 설명이다.

크레펠린이 연구를 활발히 진행하던 1800년대 후반은 기면성뇌염이 낯선 질병이었다. 이 질병을 앓았던 사람들은 정신병자들이 가득 찬 요양원에 버려지던 시대였다. 크레펠린이 분류한 대상은 이렇게 정신병자와 기면성 뇌염 환자가 섞인 집단이었다. 크레펠린은 이 집단에서 공통적인 신체적 증상을 보이는 환자들을 선별해 자신이 조발성 치매 집단에 포함시켰다. 이 환자들은 정신적·정서적 문제 외에도 걸음걸이가 이상하고, 안면 틱, 근육 경련, 갑자기 잠드는 증상이 있는 환자들이었다. 이들은 동공이 빛에 반응하는 속도가 느렸고, 침을 흘렸으며, 음식을 삼키는 데 어려움을 보이거나, 만성적으로 변비가 나타났고, 자신의 의지대로 몸을 움직이지 못했다. 크레펠린에 따르면 이 환자들은 자신들의 정신적, 정서적, 물리적 공간에 영향을 미치는 어떤 공통적인 질환을 앓고 있었으며, 치매로 환자가 될 가능성이 가장 높은 집단이었다.

오스트리아 빈을 비롯한 유럽의 도시들에서 원인을 알 수 없는 질병이 발생했던 1916~1917년 겨울에만 해도 크레펠린의 연구는 의사들에게 거의 알려지지 않은 상태였다. 당시 의사들은 이 새로운 질병에 어떻게 대처해야 할지 전혀 모르고 있었다. 이 질병에 걸린 사람들은 갑자기 섬망에 시달리거나 혼미 상태에 빠졌고, 걸음걸이가 흔들리는 증상을 나타냈다. "유행성 파킨슨병", "유행성 섬망", "유행성 조현병" 같은 이름으로 불리던 이 질병은 1927년까지 전 세계적으로 유행했지만, 이 질병의 원인 자체는 유행 초기에 오스트리아의 신경학자 콘스탄틴 폰 에코노모에 의해 규명됐다. 폰 에코노모는 원숭이에게 이 질병을 전파하는 병원체(바이러스였을 것이다)를 사망한 환자의 뇌 조직에서 발견했다. 또한 사망 환자들은 대부분 흑색질(기저핵의 도파민 경로)이라는 뇌의 특정한 부분이 손상돼 있었다. 폰 에코노모는 이 전염병에 "기면성 뇌염"이라는 이름을 붙였다.[7]

당시에 이 질병은 새로 등장한 질병으로 널리 인식됐었다. 하지만 이 질병이 새롭게 등장한 것이라면 크레펠린이 정의한 조현병과의 차이가 무엇인지에 대한 의문이 곧 제기됐다. 폰 에코노모와 크레펠린은 자신들의 환자에 대한 묘사가 매우 비슷했기 때문이다. 이 두 집단 모두 근육 경련, 어색한 걸음걸이, 안면 틱을 공통적인 증상으로 가지고 있었다. 망상이나 깊은 혼미 상태에 빠지는 것도 같았다. 부검 결과도 두 집단이 매우 비슷했다. 현미경으로 검사했을 때 크레펠린의 사망 환자들은 심각한 뇌신경 손상이 관찰됐는데, 이는 폰 에코노모의 환자들에게서 발견된 뇌신경 손상과 같은 종류의 손상이었다.

이런 관찰 결과에도 불구하고 유럽 의학계는 여전히 이 두 질환이 서로 다른 질환이라고 확신하고 있었다. 의사들은 이 두 질환 중 한 질환에 걸렸다고 진단이 되면 다른 한 질환에도 걸렸을 가능성이 있다는 의견을 내기도 했다. 하지만 여기서 간과되고 있는 사실이 있다. 1920년대 말 기면성 뇌염이 수그러들면서 크레펠린이 설명한, 예후가 어두운 "조현병 환자"의 수도 줄어들었다는 사실이다. 보일에 따르면, "접근이 불가능한 긴장성 혼미 증상이 있으며 지적으로 퇴화한" 조현병 환자들이 대부분 사라졌다. 크레펠린이 설명한 동공 장애, 급격한 체중 변화, 안면 틱 같은 발현 증상들이 더 이상 흔하게 관찰되지 않게 된 것이다.

또한 현대 학자들은 기면성 뇌염이 1917년에 처음 발생한 질병이 아니라, 훨씬 이전에 이미 발생한 질병이라고 생각하고 있다.

신경학자 올리버 색스Oliver Sacks는 《깨어남Awakenings》에서 졸음병(기면성 뇌염)은 적어도 500년 전부터 주기적으로 창궐했다고 설명했다. 예를 들어, 색스는 이탈리아에서도 1889~1890년에 기면성 뇌염이 한 차례 유행했다고 썼다. 하지만 불행하게도 지금까지 정신의학계는 크레펠린의 연구에는 별 관심을 두지 않았다. 크레펠린이 자신이 연구했던 정신병원 환자 집단에서 기면성 뇌염 환자들을 제외했다면 정신질환에 대해 어떤 결론을 내렸을까? 그렇게 했어도 기질적 뇌 손상이 없으면서 장기적 결과가 나쁘게 예측되는 집단을 찾아낼 수 있었을까? 그렇게 했어도 조현병에 대한 크레펠린의 비관론이 정당화될 수 있었을까? 정신의학계는 이런 의문을 한 번도 가져본 적이 없다. 조현병은 정신과 의사들의 의학적 정당성 확보에 너무나 핵심적인 개념이었기 때문이다. 게다가 크레펠린이 주장한, 악화된 조현병 환자들이 사라지자 정신과 의사들은 조현병에 대한 진단 기준을 바꿔버렸다. 조현병의 신체적 증상이 진단 기준에서 빠진 것이다. 번질번질한 피부, 이상한 걸음걸이, 근육 경련, 안면 틱 같은 증상이 모두 진단 매뉴얼에서 사라졌다. 진단 매뉴얼에 남은 것은 환각, 망상, 기괴한 생각 등 정신적 증상들뿐이었다. 보일은 "조현병 진단 기준은 크레펠린이 정의한 조현병의 증상과 부분적으로만 조금 유사하고 표면적인 증상을 나타내는 사람들에게도 적용될 수 있을 정도로 점차 변화했다"라고 말했다.

따라서 조현병이라는 질병은 개념 자체가 진단 혼선에서 유래된 것이라고 할 수 있다. 또한 조현병은 그 후 40년 만에 완전히 새로운 질병으로 변신했다. 조현병은 크레펠린의 환자 대부분에게 영향을 미쳤던 신체적·정신적 질병에서 비정상적인 생각을 주요 증상으로 하는 질병으로 변화했다. 이런 식으로 조현병이 정의되자 당연히 진단에 문제가 발생했다. 1985년 저명한 메릴랜드 대학 정신의학자 윌리엄 카펜터는 망상과 환각이 "정상적인 기능의 왜곡과 과장"이라고 말하기도 했다.[8] 산책을 하면서 스포츠 스타가 되는 환상에 사로잡히거나, 예수가 자신의 몸에 들어온다고 느낀다거나, 신의 목소리나 오래 전에 세상을 떠난 친척의 목소리가 들리는 사람들을 가리키는 말이었다. 하지만 이런 생각과 목소리가 어느 정도 왜곡되고 과장되어야 병적이라고 말할 수 있을까? 병적인 수준과 문화적으로 받아들일 수 있는 수준의 경계를 설정하는 것의 어려움을 보여준 대표적인 예가 있다. 텍사스 주 엘패소 주민 463명을 대상으로 한 1970년대의 연구로서, 연구자들은 대상 주민들이 고립된 상태에서 정신건강 인터뷰를 할 경우, 모두가 예외 없이 정신질환 증상으로 진단될 수 있을 정도의 생각, 믿음, 기분, 환상 등을 가지고 있다는 것을 발견했다. 무엇인가에 사로잡힌 것 같은 느낌, 극도의 편집증, 자신에게 특별한 능력이 있다는 생각 등 조현병 진단을 내리게 만드는 증상들은 꽤 많은 사람들이 "자주 경험하는" 증상이라는 결론이었다.[9]

미국의 정신과 의사들이 "정상"과 "비정상"의 경계가 되는 기준을 근본적으로 바꾸기 시작한 것은 1940년대부터다. 그때까지도 뉴욕 주 정신병원 입원 환자 중 조현병 진단을 받은 사람은 3분의 1 정도에 불과했다. 나머지는 조울증 같은 덜 심각한 질환 진단을 받은 사람들이었다. 하지만 20년이 지나자 입원 환자의 반 이상이 조현병 진단을 받게 됐다. 뉴욕과 런던의 진단 관행을 비교한 연구자들은 미국의 정신과 의사들이 조울증 환자나 단순한 신경증 환자로 진단되어야 할 환자들에게 자주 조현병 진단을 내린다는 사실을 발견했다. 한 실험에서는 미국 정신과 의사들에게 사회성이 떨어지고 침울해 보이는 30세 남성의 영상을 보여줬는데, 이 의사들의 69%가 이 남성에게 조현병 진단을 내렸다. 반면, 같은 영상을 영국의 정신과 의사들에게 보여줬을 때 조현병 진단율은 2%에 불과했다. 1971년 영국의 한 정신과 의사는 "적어도 유럽 의사들이 보기에 미국 동부의 의사들은 조현병의 원래 의미가 훼손될 정도로 조현병 진단을 남발하고 있다."라고 말했다.[10]

미국에서 조현병 진단이 이렇게 남발된 이유 중 하나는 당시 미국 사회에 팽배했던 정치적·사회적 긴장에 있었다. 1950년대 소련과 냉전 중이던 미국은 비주류적인 움직임을 용납하지 못했고, 그로 인해 시위가 잇달았다. 이 과정에서 문화 간 충돌이 발생했고, 미국의 정신과 의사들은 "조현병" 진단을 남발하게 된 것이다. 마르셀 프루스트의 소설을 끼고 다니고 부모가 동성애자라고 생각한 남자친구와 가출을 한 조니카 업튼의 "증상"이 조현병 증상으로 진단되던 시기였다. 1970년대 반정신의학 시위 주도자로 널리 알려진 레너드 로이 프랭크도 부동산 영업일을 그만둔 후 수염을 기르고 채식을 시작하면서 종교 관련 책을 읽는 행동을 하자 1962년에 편집성 조현병 진단을 받은 경험이 있다. 그의 이 모든 행동은 조현병 증상이라고 기록됐고(그는 "비트족의 삶"을 살고 있다고 비판 받았다), 의사들은 "치료 조치"의 하나로 그의 수염을 강제로 밀어버리기까지 했다.[11]

미국의 정신과 의사들이 얼마나 조현병 진단을 남발했는지 보여주는 연구는 수없이 많다. 맨해튼 주립 정신병원의 1982년 의료기록을 조사한 한 연구자는 이 병원의 "조현병" 환자 중 80%가 조현병 진단을 받을 정도의 증상을 전혀 보이지 않았다는 것을 밝혀내기도 했다. 전국적으로 보면, 1978년 한 해 동안 10만 명 이상이 이런 잘못된 진단을 받았다. 캐나다의 정신과 의사 하인즈 레먼은 "현재 많은 곳에서 이뤄지는 정신과 진단은 과거의 정교하고 유용한 진단에서 부적절하고, 표면적이고, 설득력 없고, 쓸모없는 과정으로 전락했다."라고 말했다.[12]

레먼의 이런 주장은 1973년 스탠퍼드 대학 심리학 교수 데이비드 로젠헌David Rosenhan의 실험에 의해 입증됐다. 로젠헌과 "정상인" 7명은 12개 정신병원(2개 이상의 정신병원에 찾아간 사람도 있었다)에 찾아가 정체를 알 수 없는 환청이 들린다고 호소했다.

이것은 이들이 만들어낸 가짜 증상이었다. 이들은 정신병원에 찾아가기 전에 조용히 행동하면서 친구들과 가족들이 자신들을 어떻게 대하는지 있는 그대로 기록했다. 정신병원에 찾아간 이 "가짜 환자들"은 예외 없이 모두 입원 조치됐으며, 한 명을 제외하고는 모두 조현병 진단을 받았다.

일단 입원을 한 후부터 이들은 증상 호소를 멈췄다. 사람들이 있는 곳에서 공개적으로 메모를 작성하면서 자신의 원래 모습인 교육 받은 관찰자의 모습을 그대로 드러냈다. 하지만 병원 직원 중 누구도 이들이 가짜 환자라는 것을 알아차리지 못했다. 이 가짜 환자 8명은 다 합쳐서 신경이완 약물 2100알을 받았다(이들은 약을 받고는 다른 진짜 환자들 대부분이 그랬던 것처럼 약을 숨기거나 화장실에 버렸다). 정작 이들의 속임수에 넘어가지 않은 사람들은 "진짜" 환자들이었다. 진짜 환자들은 이들에게 "당신은 미치지 않았어.", (메모를 가리키면서) "당신, 병원 조사하러 온 기자 아니면 교수지?"라고 말했다. 이 가짜 환자들은 조현병 환자 입장에서 다른 사람들이 자신들을 어떻게 대하는지도 기록했다. 의사들과 간호사들은 환자들과 거의 시간을 보내지 않았으며, 환자들과 눈을 마주치지 않았으며, 환자들이 아주 간단한 질문을 해도 제대로 답을 하지 않았다. 병원 보호사들은 아침마다 병동을 돌아다니면서 이렇게 외쳤다. "빨리 침대에서 일어나, 개자식들아!"

로젠헌은 이 실험을 반대로 진행하기도 했다. 로젠헌은 유명한 대학병원 한 곳에 3개월 안에 가짜 환자가 입원을 시도할 것이라고 말했다. 그 90일 동안 이 대학병원은 정신병 환자 193명을 입원시켰고, 그중 41명이 적어도 의료진 1명에 의해 로젠헌이 보낸 가짜 환자라고 지목됐다. 하지만 사실 이 병원에 입원한 가짜 환자는 단 한 명도 없었다. 로젠헌은 <사이언스science>에 이렇게 썼다. "문제는 우리가 오랫동안, 유효하지 않거나 믿을 수 없는 경우의 진단이 많다는 것을 알고 있었음에도 불구하고 계속 그런 진단을 받아들이고 있다는 것이다. 이제 우리는 제정신과 제정신이 아닌 상태를 구분할 수 없다는 것을 알게 됐다."[13]

로젠헌의 연구는 미국 정신의학계의 민낯을 드러냈다. 미국의 정신과 의사들이 멋대로 조현병 진단을 내린다는 사실을 드러낸 연구였다. 이 밖에도 흑인들과 가난한 사람들에게 조현병 진단이 더 많이 내려졌다는 사실을 밝힌 수많은 연구들이 이뤄지기도 했다.

아프리카계 미국인들에게 정신병 진단을 남발한 것은 부끄러운 역사다. 19세기 동안 아프리카계 미국인들의 정신건강에 대한 인식은 이들이 자유의 신분인지, 노예인지에 따라 달랐다. 자유주(노예 제도를 금지했거나 이미 폐지한 주)에 사는 흑인들, 즉 노예였지만 자유인이 되겠다는 의지를 공개적으로 밝힌 흑인들은 특히 미친 사람으로 보일 위험이 컸다. 1840년 미국 총 인구조사에 따르면 광증은 남부의 흑인보다 북부의 흑인에게서 11배나 더 많이 나타났다. 일부 북부 주의 백인들이 자기 동네에 사는 흑인들이 미쳤다고 응답을 한 것이 원인 중 하나였다. 11:1이라는 비율은 어처구니없는 수치였지만, 남부의 정치인들은 이 수치를 이용해 노예 제도가 흑인에게 좋은 것이라는 주장을 폈다. 상원의원 존 칼훈은 "이 수치야말로 노예제가 필요하다는 증거다. 흑인은 스스로를 책임질 능력이 없으며, 자유라는 부담을 지게 되면 광인으로 돌변한다. 흑인이 정신적인 죽음을 당하지 않도록 감시하고 보호해주는 것은 그들에게 자비를 베푸는 것이다."라고 말했다.[14] 1851년 남부의 저명한 의사 새뮤얼 카트라이트는 이 주장을 한층 더 발전시켰다. <뉴올리언스 메디컬 앤드 서지컬 저널New orleans Medical and surgical Journal>에서 카트라이트는 노예들에게서 2가지 유형의 광증이 새로 발견됐다고 썼다. 그중 하나는 흑인 노예가 자꾸 도망을 가는 배회증(徘徊症)drapetomania이었다. 카트라이트는 노예 주인들이 "노예를 너무 친절하고 동등하게 대하기 때문에" 이런 정신병이 생긴다고 주장했다. 카트라이트는 신이 흑인을 "순종적으로 무릎을 꿇는 자들"로 만들었기 때문에 흑인들은 이런 대우를 받으면 혼란을 겪게 된다고 말했다. 심지어 그는 흑인들의 무릎 관절이 매우 유연한 이유가 무릎을 꿇기 좋게 신이 만들었기 때문이라고까지 말했다. 두 번째 광증은 감각이상증dysaesthesia aethiopis으로, 주인을 존경하지 않고 게으름을 피우는 것이 특징이었다. 카트라이트는 가벼운 체벌과 힘든 노동으로 이 감각이상증을 치료할 수 있으며, "불량한 흑인"을 "괭이질을 하거나 쟁기질을 하는 착한 흑

인"으로 바꿔놓을 수 있다고 주장했다.[15]

남북전쟁이 끝나고 남부의 흑인들은 노예의 굴레에서 해방됐지만 정신병원 수용이라는 새로운 위험에 직면하게 됐다. 해방이 됐어도 흑인들에게 적용되는 제정신의 정의는 여전히 노예 시절 주인이 원하던 행동과 밀접한 관련이 있었다. 순종적이고 열심히 일하는 흑인이어야 제정신이라는 평가를 받았다. 이런 행동 기준에서 크게 벗어난 흑인들은 미쳤다는 판정을 받고 정신병원이나 교도소, 빈민보호소에 수용될 확률이 높았다. 1860년부터 1880년까지 흑인의 "광증"은 전국적으로 5배나 늘었으며, 남부의 의사들은 이런 통계를 "유색인종"이 자유를 감당하지 못한다는 증거라고 주장했다. 1886년 미시시피 주의 한 정신병원 의사 J.M. 뷰캐넌은 흑인들의 생물학적인 뇌 역량은 문명국가에서 자유롭게 살 수 있을 정도로 크지 않다고 주장했다. 뷰캐넌은 "흑인은 두개골 봉합부가 빨리 닫혀 뇌 성장이 지체된다."며 "노예 상태의 어린 흑인은 통통하고 매끈하고 만족한 상태에서 인생을 즐길 수 있었으며, 걱정에 시달리지 않았고, 욕정과 동물적인 본능은 주인의 의지에 맞춰 통제됐다."라고 말했다.[16] 그로부터 35년 후 워싱턴 DC의 세인트엘리자베스 병원 의사 W.M. 베비스는 <미국심리학회지>에 이 이론을 다시 다뤘다. 베비스는 "야만인과 식인종의 후손인 흑인은 아직 생물학적으로 문명을 누릴 정도의 수준에 있지 않은 상태에서 미국에서 자유인으로 살고 있기 때문에 정신병에 걸릴 확률이 높다."라고 말했다. 이런 주장들은 1927년 아프리카계 미국인 학자 E 프랭클린 프레이저가 백인들은 인종에 대한 편향적인 시각을 가지고 있으며 흑인들에게 폭행 등 잔인한 행동을 하고 있으며, 이런 백인들이야말로 제정신이 아닌 사람들로 봐야 한다는 주장을 하게 만들었다. 프레이저는 이 발언으로 애틀랜타 대학 사회복지학과 과장 자리에서 해고됐다. 당시 백인들의 분노가 너무 심해 프레이저는 총을 가지고 다녀야 했고, 결국 한밤중에 몰래 다른 곳으로 도망을 쳤다.[17]

20세기 전반, 조울증이나 갱년기 우울증 진단을 받은 흑인들을 조현병 환자로 몰았던 배경에는 흑인들이 되는 대로 편하게 살고 삶의 스트레스를 감당할 만한 지능이 없다는 당시 사회의 생각이 자리 잡고 있었다. 흑인들도 조증을 나타내거나 미친 생각을 할 수 있지만, 병적으로 슬픈 상태에 이르지는 않는다는 것이 당시 사회의 믿음이었다. 세인트엘리자베스 병원 의사 메리 오맬리는 이렇게 말했다. "우울증은 유색인종에게는 매우 드물게 나타난다. 유색인종은 슬픔, 후회 같은 무거운 감정에는 반응하지 않는다. 그들에게는 엄격한 도적적 기준도, 사회 관습을 지켜야 한다는 의무감도 없기 때문이다."[18] 유색인종에 대한 이런 편견은 20세기 후반에 사라졌지만, 흑인들을 조현병 환자로 모는 관행은 사라지지 않았다. 아프리카계 미국인 1023명 대상의 한 1982년 연구에 따르면, 대상자 중 64%는 당시 미국정신의학회 가이드라인에 명시된 조현병 증상을 나타내지 않았다. 백인들과 비교할 때 흑인들이 "위험성과 병리학적 강도가 확실한" 조현병 범주 안으로 분류될 확률이 상대적으로 높으며, 흑인들은 본인의 의지에 반해 정신병원에 수용될 확률도 상대적으로 높다는 연구결과도 있었다. 1988년 인디애나 대학 사회학자 마티 로링과 브라이언 파월은 이런 편견이 얼마나 뿌리 깊은 것인지 연구했다. 이 연구자들은 정신과 의사 290명에게 백인 남성, 백인 여성, 흑인 남성, 흑인 여성의 의료 기록을 검토하도록 만들었다(인종과 성별을 제외하면 나머지 내용은 모두 같았다). 이 정신과 의사들의 진단은 두 가지로 갈렸다. 흑인 남성에게는 중증 진단을 더 많이 내렸고, 백인 남성에게는 더 적게 내렸다. 로링과 파월은 이렇게 썼다. "의사들은 의료 기록 내용이 동일함에도 불구하고 흑인 남성 환자가 더 폭력적이고, 더 의심이 많으며, 더 위험성이 높다고 생각하는 것으로 나타났다."[19]

가난한 사람들이 미치는 확률이 더 높게 나타나는 현상은 미국 정신의학계에서 매우 오래전부터 나타난 현상이다. 과밀했던 19세기 정신병원들은 빈민보호소로서의 역할을 하는 경우가 대부분이었다. 당시의 정신병원은 사회적 부적격자, 만성 환자, 감정 장애인으로 가득 찬 공간이었다. "광인"이라는 말은 이런 다양한 부류의 사람들을 한꺼번에 가리키는 말이었다. 지역 정신병원에 수용된 환자들의 공통점 중 하나는 이들이 대부분 가난한 사람들이었다는 것이었다. 에드워드 자비스는 매사추세츠의 정신병 상황에 관한 1855년 보고서에서 경제적으로 궁핍한 사람들의 정신병 발병률이 그렇지 않은 사람들의 정신병 발병률의 64배에 이른다고 썼다.[20] 그로부터 130년이 지난 후에도 유행병학자들은 여전히 가난과 정신병 발병률 사이에 상관관계가 있다는 것을 확인했다. 사회경제적으로 하위 4분위에 있는 사람들의 조현병 진단율이 상위 4분위에 있는 사람들의 조현병 진단율의 거의 8배로 나타났다.[21] 조현병 진단을 이끌 수 있는 적대감, 분노, 정서적 위축, 편집증 같은 행동과 감정은 빈곤에 수반되는 감정이기 때문이다.

로젠헌의 실험, 미국 의사와 영국 의사 간의 진단 격차, 흑인과 빈곤층에 대한 편향적인 정신병 진단 등 이 모든 것은 피할 수 없는 하나의 결론을 가리키고 있다. 과거에도 그랬지만, 좋은 의학의 시작은 정교한 진료라는 것이다. 하지만 1960년대와 1970년대에는 좋은 의학의 정반대편에 위치한 의학이 시대의 표준이었다. 불안, 우울증, 적개심, 이상한 생각 등 서로 다른 정서 문제나 행동 문제가 있는 사람들이 하나의 진단 범주, 즉 조현병이라는 범주로 뭉뚱그려졌고 모두 신경이완 약물 치료를 받았다. 이렇게 동일한 약물 치료를 받게 되면서 이들의 행동과 뇌의 화학작용도 서로 비슷해졌다. 이들은 모두 약물로 인한 도파민 전달 과정 와해 때문에 발생한 결함을 가지게 됐다. 또한 이들에게 조현병이라는 낙인이 찍히면서 다른 사람들은 "빨리 침대에서 일어나, 개자식들아!"라고 소리 지르는 정신병원 보호사 같은 눈빛으로 이들을 보게 됐다.

본질적으로 미국의 정신의학은 사회에서 추방된 문제적 인간들로부터 "조현병 환자들"을 만드는 과정, 흑인과 가난한 사람을 조현병 환자로 모는 과정을 통해 발전한 학문이었다.

1985년 뉴욕 주 정신의학국 국장 앨런 립튼은 이 과정을 자세하게 밝혔다. 립튼은 맨해튼 주립병원에서 조현병 진단을 받은 환자 89명의 의료 기록을 검토한 결과, 초기 증상들을 기초로 판단했을 때 실제 조현병 환자로 진단 받았어야 하는 사람은 16명에 불과했다고 밝혔다. 립튼의 발표 내용 일부를 살펴보자.

> 연구 대상 환자 대부분의 의료 기록에서는 이들의 조현병 예후가 나쁠 것이라는 예측이 두드러졌다. 대부분의 경우 한 번 조현병 진단을 받고 그 진단이 기록된 후에는 진단을 뒤집을 수도, 진단에 대해 다시 생각할 수도 없었다. 진단에 대한 재고 가능성은 "정신 이상 행동을 하는" 환자들을 "진정시키는" 신경이완 약물의 사용함으로써 더 떨어졌다. 조증 장애는 증상을 고려할 때 신경이완 약물을 충분히 사용해야 하고, 망상 증상 발현 여부와 상관없이 우울증 환자에게도 신경이완 약물을 사용해야 하기 때문에, "약물을 투여 받는 조현병 환자들"이라는 비교적 동질적인 환자 집단이 생기게 된다. 그 뒤 이 집단의 환자들이 정신병원의 요구와 사회의 요구에 자신을 맞추게 됨으로써 이런 동질성은 더욱 강화된다.[22]

요약하자면, 진단이 "약물을 투여 받는 조현병 환자들"의 질병을 만들어냈다는 얘기다.

크레펠린의 초기 연구를 되짚어보면 약물로 변화된 환자들의 미래를 예측할 수 있다. 크레펠린이 정신병 환자들이 맞을 수 있는 최악의 결과로 예측했던 바로 그 증상인 이상한 걸음걸이, 근육 경련, 극도의 무기력증, 안면 경련 등이 신경이완 약물을 투여 받은 조현병 환자들에서 모두 나타나고 있다. 기면성 뇌염은 뇌 내 도파민 경로를 손상시킨 질병이었다. 신경이완 약물은 도파민 전달 경로를 부분적으로 폐쇄함으로써 비슷한 생물학적 병리현상을 일으킨다. 만성으로 진행해 치매로 악화할 가능성이 가장 높다고 크레펠린이 판단한 정신병 환자들을 현대의 약물이 다시 만들어낸 것이다.

환자의 시점

의학적인 광기 치료법에 대한 평가는 의사들 그리고 어느 정도는 사회 전체에 의해 이뤄진다. 대개는 치료법이 정신 이상자들을 관리할 수 있는 수단을 제공할 수 있는지가 평가의 핵심이다. 치료법에 대한 환자의 주관적인 반응, 즉 치료법으로 환자가 더 잘 느끼거나 더 또렷하게 생각할 수 있게 되는지는 이 평가에서 전혀 고려되지 않는다. 실제로 “미친 사람들”은 증인으로서는 믿을 수 없을 수 없다고 생각돼 배제된다. 미친 사람은 러시의 자이레이터, 전신습지찜질, 위장 수술, 메트라졸 경련 요법, 전기충격 요법, 신경이완 약물 요법 등이 효과가 있는지 알 수 없다는 생각이 깔려 있었다. 하지만 이런 치료를 받은 사람들 입장에서는 자신들의 주관적인 경험이 가장 중요했다.

“미친 사람들”은 종류가 점점 다양해졌기 때문에 신경이완 약물에 반응하는 방식도 따라서 다양해졌다. 게다가 약물 자체도 점점 종류가 다양해졌고, 더 강력해졌다. 소라진은 결국 주사가 가능하고 장시간 작용하는 프롤릭신Prolixin(플루페나진fluphenazine)과 할돌Haldol(할로페리돌haloperidol)에 자리를 내주었다. 이 두 약물은 도파민 전달 경로를 더 강력하게 차단하는 약물이었다. 이렇게 환자와 약물이 모두 다양해짐에 따라 신경이완 약물에 대한 주관적인 반응은 예측을 하기 힘들 정도가 됐다. 어떤 환자들은 약물이 유도한 뇌 기능 변화를 긍정적인 것으로 받아들이면서, 약물이 자신을 평온하게 만들고, 공포를 줄여주며, 마음을 맑게 만든다고 말했다. (적어도 이 환자들은 의사에게는 그렇게 말했다. 표준 신경이완 약물에 대해 좋게 말한 환자는 극소수였다) 하지만 훨씬 더 흔한 반응은 부정적인 반응이었다. 환자들은 약물이 자신들을 “좀비”로 만들거나, “갇혀 있는 느낌”이나 “미라가 된 것 같은 느낌”이 들게 만들거나, “초조하거나”, “혼란스럽거나”, “무서운 느낌”

이 들게 만든다고 호소했다. 이 환자들은 약물이 "최악의 고통"을 만들어내는 "독"이라고 말했다.[23] 환자였던 사람들은 약물이 "정신의학적 폭행 도구"라고 말했다.

이런 경험에 대해서 말한 재닛 코트킨이라는 사람이 있다. 1960년대 초반 대학을 다닐 때 정신이 이상해져 자살 시도를 한 여성이었다. 그 후 10년 동안 이 여성은 100만 밀리그램이 넘는 신경이완 약물을 처방 받았다. 이 정도면 엄청나게 많은 양이다.(하루에 소라진 2000 밀리그램을 먹은 적도 있었다. 1950년대 의사들이 전전두엽 절제술의 효과를 내는 용량이라고 생각한 양의 10배였다). 이 여성은《극도의 분노와 고통Too Much Anger, Too Many Tears》이라는 책과 1975년 상원 청문회에서 "약물은 정신건강이라는 명분으로 나를 비참한 환자로 만들었다."라고 말했다. 이 여성의 이야기를 들어보자.

> 나는 내 자아, 생각, 삶에서 분리됐다. 세상에서 격리된 이방인, 약물과 정체를 알 수 없는 정신과 치료의 포로가 된 나는 정신병원 외에는 살 수 있는 곳이 없었다. 나는 외부 세계와 소통하려고 했지만 소라진이 일으킨 불안과 공포가 무서운 곰처럼 나를 짓밟았고, 나는 다시 소라진이 만든 누에고치 같은 공간 안에 갇힐 수밖에 없었다. 혀가 너무 두껍고 둔해져서 말도 거의 할 수 없었다. 항상 목이 말랐고, 물을 마셔도 말은 제대로 나오지 않았다. 생각

을 하려고 무진 노력을 했지만, 생각을 하기가 너무 힘들었다. 자주 혼미 상태에 빠지거나 잠을 잤다. 8년 동안 나는 책이나 신문을 끝까지 읽어본 적이 없다. 영화도 끝까지 다 본 적이 없다. 눈이 흐릿해져 글자를 제대로 읽을 수 없었다. 영화를 볼 때는 늘 잠이 들었다. 사람들의 목소리는 마치 막을 통해 듣는 것처럼 이상하게 들렸다. 사람들의 목소리는 소라진이 만든 장막을 뚫지 못했다. 약물이 만든 감옥을 탈출할 수 없었다. 약물은 변비를 일으켰지만 나는 항상 미친 듯이 배가 고팠다. 또한 약물은 나를 살찌게 만들었다. 8년 동안 나는 설사약을 먹고 고통을 당했지만, 몸무게는 늘어나고 몸은 뒤틀린 모양으로 변했다. 손이 너무 심하게 떨려 연필을 쥘 수도 없었다. 스턴필드 의사가 아무렇지도 않게 "춤추는 다리"라고 부른 증상에 시달렸다. 약물이 일으킨 파킨슨병 증상 같은 "부작용"이었다. 이 부작용 때문에 나는 케마드린이라는 약물을 복용했다. 이 약물은 한 번 또는 하루라도 먹지 않으면 어깨 근육이 조이고 뭉치면서 참을 수 없는 고통을 유발했고, 다리를 제멋대로 움직이게 했다. 이 약물들은 환자를 치료하거나 환자에게 도움을 주기 위한 것이 아니라, 환자를 고문하고 통제하기 위한 것이다. 너무나 간단한 사실이다.[24]

재닛 고트킨이 증언한 상원 소위원회 의장은 인디애나 주 의원 버치 베이였고, 이 소위원회는 청소년 보호 시설, 교도소, 정신지체인 요양원에서의 신경이완 약물 사용 실태에 대한 조사를 벌이고 있었다. 하지만 이 소위원회에서 공공 기록으로 남겨진, 약물 경험에 대한 구두 증언과 문서 증언을 한 사람들은 정신병을 앓았던 경험이 있는 사람들이었다. 대니얼 아이젠버그라는 정신병원 경험자는 "입이 열린 상태에서 그대로 굳어 참을 수 없을 정도로 아팠다."라고 증언했고, 베스 기로스라는 전 환자는 "너무 약을 많이 먹어서 말을 하거나 걷기가 힘들었다. 사람들은 나를 '좀비'라고 불렀다. 사람들은 내 꼴이 역겹다며 입을 다물고 침을 그만 흘리라고 말하곤 했다."라고 증언했다. 애닐 파히니는 이렇게 말했다. "약물 때문에 나는 살면서 가장 치명적이고 절망적인 순간들을 겪었다. 그때 나는 의식이 사라지고 있다는 느낌을 받았다. 약물은 생각을 제대로 못하게 만든다. 약물은 끝없이 같은 생각만을 하게 만들어, 자유롭게 의사를 표현하지 못하게 한다." 명문 대학인 캘리포니아 대학 버클리 캠퍼스 출신의 웨이드 허드슨이라는 사람은 청문회에서 프롤록신 주사를 맞았을 때의 경험에 대해 다음과 같이 말했다.

> 프롤록신 주사를 맞고 열흘쯤 지나자 몸에서 효과가 본격적으로 나타나기 시작했다. 몸이 그야말로 지옥에 있는 것 같았다. 프롤록신이나 프롤록신과 비슷한 약물이 어떤 효과를 내는지는 말로 표현하기가 매우 힘들다. '좀비' 같은 말을 쓰는 이유도 여기

에 있다. 내 경우, 프롤록신은 고문을 받는 느낌을 만들어냈다. 온몸 근육에 경련이 건잡을 수 없을 정도로 심하게 일어났다. 입안이 너무 말라 아무리 물을 먹어도 갈증이 해소되지 않았다. 혀도 퉁퉁 부어올랐다. 몸 전체를 몸 안에 있는 어떤 것이 잡아당겨 비틀고 있는 것 같은 느낌이 들었다. 머릿속이 몽롱해지고 생각을 빨리 할 수 없게 됐다. 약물 주사를 맞기 전에는 제대로는 아니더라도 판단을 할 수 있었지만, 주사를 맞은 후에는 판단 자체를 할 수 없었다. 하지만 가장 힘들었던 것은 약물이 일으킨 이 모든 고통스러운 경험이 내 머릿속에서 일어나고 있다는 두려움이었다. 내 머릿속에 있는 사악함 때문에 이런 일이 일어나고 있다는 두려움이었다.[25]

환자였던 사람들은 모두 공통적으로 신체적 고통, 판단 능력 상실, 자아와의 분리, 다른 사람들에 대한 감정 둔화, 내부의 절망감 같은 것들에 대해 언급했다. 존 머로는 1992년에 출간한 책 《어떻게 조현병 환자가 되는가How to Become a Schizophrenic》에서 다음과 같이 자신의 경험을 털어놨다.

이 약들을 먹을 때마다 내가 조현병 환자, 한심하고 무기력하고 결함이 있는 인간이라는 생각이 들었다. 신경이완 약물을 먹으면 자존감이 상실된다. 내 자신이 무기력하고 희망이 없는 인간이라

> 는 생각이 들면서 모든 의지가 사라진다. 이런 약을 먹으면서 자신을 자유 의지를 가진 사람이라고 생각하는 것은 거의 불가능하다. 이런 약은 자신이 통제할 수 없는 어떤 힘의 지배를 받는 결함 있는 인간이라는 생각에 길들여지게 만든다.[26]

이런 주관적인 경험은 미친 사람들만 하는 것이 아니었다. 별로 증세가 심하지 않았던 사람들도 같은 이야기를 했다. 1973년부터 1978년까지 브루클린 킹스버러 정신병원 진료과장을 맡았던 의사 너새니얼 레어먼도 그런 사람 중 한 명이었다. 레어먼은 1963년에 정신병 발작이 일어나 정신병원에 입원해 소라진 처방을 받은 경험이 있는 사람이었다. 병원에서 레어먼은 처방받은 소라진을 목으로 넘기지 않고 입 안에 숨겼다가 뱉어냈다. 레어먼은 이렇게 한 것이 회복에 결정적인 역할을 했다며 다음과 같이 인터뷰에서 밝혔다.

> 정신병 발작 자체가 불쾌한 것이었지만, 훨씬 더 불쾌했던 것은 약물의 효과였다. 처음에 소라진은 대사 과정을 촉진시키는 것 같았다. 그다음 날 먹었을 때는 내 생각과 느낌 사이의 연결이 끊어지는 현상이 발생했다. 내가 느끼는 것이 생각하는 것과 심한 불균형을 이루고 있었다. 살아남을 수 있는 유일한 방법은 옷 속에서 꼼짝도 하지 않는 것밖에는 없다는 생각이 들었다. 똑바로 서 있기도 힘들었다. 눈은 초점이 흐려졌고, 걷기가 너무 힘들어

> 졌다. 심지어는 생각을 하기도 너무 힘들었다. 글자를 읽을 수도 없었다. 소라진은 나의 의지, 내 운명에 대한 통제력을 앗아가고 있었다. 매일 1.6킬로미터 정도를 달리고, 바이올린을 연주하고, 공부를 시작하자 나아지기 시작했다. 이런 활동은 효과가 있고 만족감을 주는 활동이다. 다른 환자들도 이런 활동을 해야 한다. 내가 계속 약을 먹었다면 이런 활동을 하지 못했을 것이다.[27]

이스라엘 의사 로버트 벨메이커와 데이비드 윌드는 <영국정신의학회지>에 발표한 논문에서 할돌 1회 복용이 자신들에게 어떤 효과를 냈는지에 대해 다음과 같이 썼다.

> 할돌의 효과는 우리 두 명 모두에서 비슷한 정도로 두드러지게 나타났다. 복용 10분 만에 사고와 행동이 크게 느려졌고, 심한 불안감이 몰려왔다. 실험 대상들(우리 두 명)은 계속 일을 할 수 있었고, 각자 집에 돌아가 36시간 이상을 지냈다. 우리는 둘 다 의지가 없어지고, 몸과 정신의 에너지가 사라지는 것을 느꼈다. 두 사람 모두 책을 읽거나, 전화를 하거나, 의지대로 집안일을 할 수 없다는 것을 느꼈지만, 꼭 해야 한다는 요구를 받았을 때는 집안일을 했다. 졸음이 오거나 진정이 되지는 않았다. 오히려 그 반대로 둘 다 심각한 불안 증세를 호소했다.[28]

이 모든 증언은 표준 신경이완 약물이 도파민 전달 경로를 와해시켜 심각한 변화를 일으킨다는 것을 보여주고 있다. 이런 주관적 경험들의 핵심은 이런 약물이 사람에게서 존재에 대한 제대로 된 감각을 앗아간다는 사실에 있다. 신경이완 약물을 투여 받은 사람은 외부 세계를 제대로 느낄 수도, 자신의 마음을 완전히 느낄 수도, 생각을 제대로 할 수도 없게 된다. 정신질환자를 위한 직통 라인 개설에 참여한 영국 기자 마조리 월러스는 약물을 투여 받은 환자들이 잃는 것은 자기 자신이라며 다음과 같이 썼다.

> 직통 라인으로 전화를 하는 사람들 대부분이 약물을 거부하거나 약물 투여에 분노하는 이유가 무엇일까? "세인라인SANELINE"에 익명으로 전화를 하는 사람들 대부분은 아무리 망상 증세가 심한 사람이라도 놀라울 정도로 분명하게 말을 하며, 자신들에게 투여되는 약물이 대해서도 정확하게 알고 있다. 이들은 자신의 이름, 약물 이름의 철자, 복용량, 부작용에 대해 매우 객관적으로 말한다. 세인라인에 전화한 한 젊은 남성은 "약물을 복용하면 마치 신발 속에 무거운 납덩이가 들어간 것처럼 걷게 된다."라고 말했다. "몸이 텅 빈 것 같은 느낌이 들고, 생각이 없어진다."라고 말한 사람도 있다. 또 다른 젊은 남성은 약물을 복용했을 때 드는 느낌을 물속에 빠지는 느낌이라고 시적으로 비유하면서 "물에 빠져 헐떡이면서 공기와 햇빛을 갈구하는 느낌"이라고 말했다. 직통 라

> 인에 전화를 하는 사람들 대부분은 자신들이 유리벽으로 외부 세계로부터 차단당하는 느낌이 든다고 호소했다. 감각이 무뎌지고, 의지가 없어지면서 삶의 의미도 없어진다고 말했다. 근육 경련 같은 극심한 신체적 증상보다 이들을 더 심하게 괴롭힌 것은 이런 느낌들이었다.[29]

월러스가 인터뷰한 한 젊은 남성은 약물이 미친 영향에 대한 다음과 같은 시적인 표현을 하기도 했다. "약물을 그만 먹고 싶다. 아무리 무서운 꿈이라고 해도, 나만의 꿈을 꾸고 싶다. 약물을 먹고 허무하게 잠을 자면서 인생을 낭비하긴 싫다."

1975년 상원 청문회는 정신질환자들의 이런 호소를 대중에게 널리 알린 청문회였다. 당시는 노인 환자, 비행청소년, 지체장애인에게도 신경이완 약물이 자주 사용되던 시기였고, 사회복지사, 변호사, 청년 운동가들은 이런 약물 투여가 매우 잔인하고 비정상적인 종류의 처벌이라고 비난하던 시기였다. 한 증인은 이렇게 약물을 투여 받은 사람들은 죄수가 독방 감금보다 더한 "새로운 형태의 치명적인 감금"을 경험한다고 말했다. 또 다른 증인은 신경이완 약물이 "생각과 존엄성을 박탈하고, 생명을 박탈할 수도 있다."라고 말했다. 위원장인 베이도 비슷한 어조로 신경이완 약물이 "마음을 독방에 가두는 화학적 수갑"이라고 말했다. 이 모든 증언과 발언은 미국 정신의학계를 뒤흔들만한 것이었다. 정신병자에게 이런 약물로 정신적인 고문을 가하는 정신과 의사들이 어떻게 정당성을 확보할 수 있었겠는가? 하지만 베이는 예외를 인정하는 다음과 같은 놀라운 발언을 했다. "우리는 적절한 진단 후에 이런 약물들이 사용되는 의학적 상황에는 관여하지 않는다."[30]

정신병자들이 인류의 나머지 사람들과 확실하게 분리되는 순간이었다. 정신적 수갑 채우기와 화학적 독방 감금이 "조현병 환자"로 여겨지는 사람들을 위한 적절한 의학적 치료 수단이 된 순간이었다.

병리 현상의 정의

뇌의 병리 현상은 발현증상, 발현증상에 대한 개인의 주관적인 경험, 병의 진행 경과라는 3가지 부분으로 나눠 이해할 수 있다. 신경이완 약물이 도파민 전달 경로를 병리학적으로 와해시킨다는 사실이 알려짐에 따라 이 병리학적 현상도 3가지 부분으로 이해가 가능해졌다. 신경이완 약물이 일으키는 발현증상은 이미 1950년대에 자세히 밝혀졌다. 그것은 무기력증, 운동 지체, 감정적 무관심이다. 주관적인 경험은 베이 청문회 이후 외부에 많이 알려지게 됐다. 하지만 "병"의 진행 경과라는 세 번째 부분, 즉 신경이완 약물이 시간이 지나면서 환자에 미치는 영향이 밝혀지는 데는 많은 시간이 걸렸다. 1980년대 중반이 돼서야 "약물 유도 조현병"의 장기적 진행 양상이 밝혀지기 시작했기 때문이다. 신경이완 약물은 만성 질환을 일으켰고, 환자들을 폭력적으로 만들었으며, 환자들의 범죄율을 높였고, 사회적으로 더 위축되게 만들었다. 영구적인 뇌 손상과 조기 사망도 신경이완 약물이 유도한 결과였다.

미친 사람을 더 미치게 만든 신경이완 약물

신경이완 약물이 사람들에게 만성 질환을 일으킨다는 증거는 매우 일찍부터 나오기 시작했다. 1967년 미국정신보건연구원은 신경이완 약물의 항조현병 효과를 선언한 이전 연구의 대상이었던 환자 270명의 1년 후 경과에 대해 발표했다. 실망스럽게도, 약물 치료를 받지 않았던 환자들이 "페노티아진계 약물 3종 중 하나로 치료를 받은 환자들보다 재발률이 낮았다." 이 연구결과를 설명할 수 있는 방법을 찾던 연구자들은 병원 의료진이 위약을 투여 받은 환자들에게 미안함을 느껴(이 환자들은 약물을 복용한 환자들만큼 빨리 호전되지 않았다) "특별히 잘 돌보고, 치료하고, 걱정했기 때문에" 1년 후 결과가 더 좋게 나왔다는 설명을 내놓았다.[31] 이 설명은 환자보다 연구자들에 대해 더 많은 것을 알려준 설명이었다. 미국정신보건연구원 연구자들은 신경이완 약물이 사람들에게 해를 끼칠 가능성에 대해서는 아예 생각도 하지 않았다는 사실이다.

하지만 그로부터 4년 뒤 미국정신보건연구원 연구자들은 충격적인 연구결과를 또 다시 발표했다. 환자 301명을 대상으로 24주 동안 약물 금단 현상을 관찰한 이 연구에 따르면 재발률이 초기 약물 사용량과 정비례해 상승했으며, 약물을 복용하지 않은 환자들의 재발률이 월등히 낮았다.* 연구가 시작된 시점에서 약물을 복용하지 않았던 환자 중 재발한 환자는 7%에 불과했다. 같은 시점에서 약물을 복용하고 있다가 중단한 환자 중 재발한 환자는 45%였다. 또한, 약물 복용을 중단하기 전에 복용하던 신경이완 약물의 양이 많을수록 재발률이 높았다.[32]

뭔가 분명히 잘못된 것이었다. 이 두 연구 모두 신경이완 약물이 정신병 발병 확률을 생물학적으로 높이는 방식으로 뇌의 생리학적 기능을 변화시킨다고 말하고 있었기 때문이다. 뒤이어 발표된 다른 연구결과들도 이런 의심을 심화시켰다. 환자들이 약물을 안정적으로 복용했을 때도 재발이 흔했고, 1976년에는 "약물을 복용하는 동안의 재발이 약물을 전혀 복용하고 있지 않은 상태에서의

---

*조현병 약물 연구는 보통 "재발"을 결과 측정의 척도로 사용한다. 하지만 재발의 정의는 아직 명확하지 않다. 재입원율을 재발의 척도로 보는 연구자들도 있고, 증상 악화 정도, 즉 "정신병적인" 생각이나 행동 동요의 증가만을 재발의 척도로 보는 연구자들도 있다. 과학적 관점에서 볼 때 이런 생각들은 모두 너무 허술한 생각이다.

재발보다 정도가 더 심한 것으로 나타났다."라는 연구결과도 발표됐다. 장시간 작용하는 프롤릭신(플루페나진)을 복용하고 있을 때는 "심각한 임상적 악화"로 볼 수 있을 수준으로 재발 정도가 훨씬 더 높았다. 갑자기 약물 복용을 중단했을 때도 정신병 증상이 "지속되고 심화되는" 확률이 높았다. 신경이완 약물은 재발 확률만 높인 것이 아니었다. 신경이완 약물은 재발 환자들의 증상도 더 심하게 만들고 있었던 것이다.[33]

신경이완 약물에는 재발 관련 문제가 하나 더 있었다. 약물 복용을 중단한 사람들에게서 빈번하게 나타나는 고통스러운 금단 증상이었다. 이런 금단 증상은 환자들이 약물 없이 살 수 있는 상태로 돌아가는 것을 매우 힘들게 만들었다. 구역질, 설사, 두통, 불안, 불면증, "반동성rebound" 정신병, 근육 경련 같은 증상이 흔하게 나타났기 때문이다. 오리건 주 거주자 솔 모리스는 15살 때부터 이런 금단 증상을 겪었다며 다음과 같이 말했다.

> 악몽이었다. 정신적인 고통뿐만 아니라, 육체적인 고통도 말로 할 수 없을 정도다. 오줌을 누고 싶지만 눌 수가 없고, 결국 누는 데 성공한다고 해도 마치 몸에서 불이 빠져나오는 것 같은 통증을 느끼게 된다. 자고 싶어도 잘 수가 없다. 항상 몸이 떨린다. 불개미들이 피부 속에 들어가 몸을 무는 것 같은 느낌에 항상 시달린다. 한밤중에도 몸이 떨려 잠을 잘 수가 없고, 몸을 계속 긁게

> 된다. 정신이 나가고 있다는 생각에 시달린다. 세상에서 나 홀로 떨어져 있다는 느낌이 든다. 그래서 결국 다시 약을 먹게 된다. 약물은 모든 것을 엉망으로 만든다.[34]

이 모든 연구결과와 증언은 일부 연구자들이 약물 기반 치료에 대해 다시 생각하도록 만들었다. 이 연구자들은 신경이완 약물 복용을 한 번도 하지 않은 조현병 환자들의 재발률이 어느 정도인지 의문을 가지고, 약물이 아닌 사람들의 도움만으로 치료를 받은 사람들의 재발률이 낮은지 조사했다. 보스턴의 정신과 의사 J 샌번 보커번과 해리 솔로몬은 그 답을 과거 기록에서 찾아냈다. 이들은 1947년 보스턴 정신병원에서 지역사회 지원 중심의 점진적인 치료를 받은 환자들의 45%가 퇴원 후 5년 동안 재발하지 않았으며, 76%는 그 5년 동안의 후속 치료 기간이 끝날 때까지 지역사회에서 문제없이 지냈다는 사실을 발견했다. 이와는 대조적으로, 1967년 지역사회 건강센터에서 약물 치료를 받은 환자들 중 그 후 5년 동안 재발하지 않은 사람은 31%에 불과했다. 이 환자들은 1947년 연구 대상 환자들보다 훨씬 더 "사회적인 의존도가 높은", 즉 복지 등 다양한 형태의 도움에 의존을 많이 한 사람들이었다. 다른 3개 연구진도 실험을 통해 이와 비슷한 결과를 얻었다. 미국정신보건연구원 윌리엄 카펜터 등의 연구자들은 조현병 환자 49명을 무작위로 추출한 후 약물 투여 집단과 약물을 투여하지 않는 집단으로 나눴다. 두 집단에는 공통적으로 심리사회학적 도움을 제공했다. 1977년 이 연구자들은 약물을 복용하지 않은 환자 중 퇴원 후 1년 안에 재발한 사람은 35%에 불과했다고 밝혔다. 신경이완 약물 치료를 받은 환자들의 같은 기간 재발률은 45%였다. 약물 치료를 받은 환자들은 우울증, 정서적 둔마, 운동 지체 등도 더 많이 겪었다. 1년 후 모리스 래퍼포트 등은 주립병원에 입원한 젊은 조현병 환자 80명을 무작위로 선정해 연구를 진행한 후, 신경이완 약물 치료를 받지 않은 환자 중에서 퇴원 후 3년 동안 재발한 환자는 27%에 불과하다는 연구결과를 발표했다. 약물을 복용한 환자의 재발률은 62%였다. 세 번째 연구는 미국정신보건연구원 조현병 연구 책임자 로런 모셔의 연구다. 1979년 모셔는 비전문가들이 운영하는 실험적 요양원에 살면서 신경이완 약물 치료를 받지 않은 환자들의 2년 내 재발률이 기존 정신병원에서 치료를 받은 대조 집단에 비해 낮았다고 발표했다. 다른 두 연구결과처럼 모셔도 약물 치료를 받지 않은 환자들이 기능면에서도 더 나았다고 밝혔다.[35]

이 연구들은 모두 같은 결론을 내리고 있다. 신경이완 약물에 노출되면 장기 재발률이 높아진다는 결론이다. 카펜터는 이 문제에 대해 다음과 같이 설명했다.

> 약물 치료를 받기 시작한 환자가 계속해서 약물을 복용하게 되면 재발률이 떨어진다는 데에는 의심의 여지가 없다. 하지만 이 환

> 자들이 애초부터 약물 치료를 받지 않았다면 어떻게 됐을까? 우리는 항정신병 약물을 복용한 일부 조현병 환자들의 미래 재발률이 약물을 복용하지 않은 환자들의 자연스러운 재발률보다 높을 가능성이 있다고 생각한다.[36]

1970년대 후반 몬트리올 소재 맥길 대학 소속 의사 기 쉬나르와 배리 존스는 이 현상에 대한 생물학적 설명을 내놨다. 이 설명에 따르면, 뇌는 신경이완 약물의 도파민 전달 경로 억제를 병을 일으키는 원인으로 받아들인다. 약물의 공격을 받으면 뇌 안의 도파민 관련 세포들은 보상 차원에서 D2 수용체를 더 많이 만들어낸다. 이렇게 D2 수용체는 밀도가 50% 이상 높아질 수 있다. 처음에 이 보상 메커니즘은 신경이완 약물이 일으킨 신체적·정서적 문제인 파킨슨병 증상과 극도의 정서적 무기력감 등을 부분적으로 줄일 수 있다. 하지만 이때는 생리학적으로 뇌가 이미 도파민에 "극도로 과민하게" 변한 상태이고, 이때 도파민은 정신병의 매개 역할을 한다고 생각되고 있다. 약물 복용을 갑자기 중단하면 생물학적으로 정신병에 더 취약해지고, 심각하게 증상이 재발할 가능성이 높아지는 것이다. 1979년 존스는 캐나다 정신의학회 회의에서 이렇게 밝혔다. "일부 환자들이 평생 신경이완 약물을 복용해야 하는 이유는 약물 치료 자체에 있는 것으로 보인다."[37]

신경이완 약물 복용의 결과가 회복이 아니라 만성 질환 쪽으로

표 7.1 신경이완 약물 치료를 받지 않은 환자의 건강 유지율

연구자	치료 연도	환자 수	연구 기간	재발하지 않은 비율
보커번, 1972년	1833~1846년	1,173명	40년 이상	48%
레어먼, 1960년	1943~1944년	2,941명	5년	44%
보커번, 1975년	1947년	100명	5년	45%
래클린, 1956년	1950년	317명	4년	52%
카펜터, 1977년	1970년대	27명	1년	65%
래퍼포트, 1978년	1970년대	41명	3년	73%

출처: J 샌번 보커번, 《미국 정신의학에서의 도덕치료》(스프링어 출판, 1972년); 너새니얼 레어먼, "입원 5년 후 주립병원 잔류 환자 수", <계간 정신의학> 34호(1960년), 658~681쪽; H L 래클린, "1950년 힐사이드 병원 퇴원 환자 317명에 대한 후속 연구", <힐사이드 병원 저널> 5호(1956년), 17~40쪽; J 샌번 보커번, "5년 후속 연구 비교: 1947~1952년 연구와 1967~1972년 연구", <미국정신의학회지> 132호(1975년), 796~801쪽; 윌리엄 카펜터 주니어, "중증 조현병의 비약물 치료", <미국정신의학회지> 134호(1977년), 14~20쪽; 모리스 래퍼포트, "조현병 환자에게 약물이 불필요하거나 금지돼야 하는가?", <국제 약리정신의학> 13호(1978년), 100~111쪽.

이동하고 있는 것도 분명해졌다. 보커번의 연구를 포함한 다양한 실험들의 결과는 모두 동일하다. 정신병 증상으로 조현병 진단을 받은 환자가 신경이완 약물을 최소로 복용하거나 전혀 복용하지 않으면 그중 약 50%는 퇴원 후 증상이 재발하지 않으며, 75%는 장기적으로도 매우 정상적인 생활을 한다는 것이다.[38] 조현병의 장기적인 진행 경과가 환자 다수에게서 매우 양성으로 나타났으며,

신경이완 약물이 일으키는 인지적, 정서적, 신체적 문제들도 전혀 나타나지 않았다. 이 환자들은 진짜 삶을 살게 된 것이었다. 하지만 "초발" 환자가 신경이완 약물 치료를 일단 받기 시작하면 완전히 다른 운명을 맞이하게 됐다. 약물 복용 중에 증상이 재발한 환자(첫 해에 40%가 재발했다)는 약물 복용 이전보다 더 심한 증상에 시달리게 되는 경우가 많았다. 이 환자들이 갑자기 약물 복용을 중단하면 심각한 금단 증상에 시달렸고, 약물을 전혀 복용하지 않았던 환자들에 비해 재발 확률이 훨씬 더 높았다. 신경이완 약물은 처음 약물 치료를 받았을 때 정신이 이상했던 사람이 건강하고 약물을 복용하지 않는 삶으로 돌아갈 수 있는 확률을 줄였던 것이다.*

*1995년 뉴욕시 소재 세인트 루크스 루즈벨트 병원 정신과 의사 피터 와이든은 이 모든 현상이 "실제" 세상에서는 어떻게 나타나는지에 대해 조사를 시행했다. 표준 신경이완 약물을 복용한 조현병 환자의 80%는 퇴원 후 2년 안에 증상이 재발했고, 증상이 재발한 환자들 대부분은 약물을 꾸준히 복용하는 동안 재발한 환자였다. 미국정신의학회는 1980년에 발간한 진단지침서에서 만성질환으로 많은 환자들이 진행하는 현상에 대해 이렇게 언급했다. "조현병의 가장 흔한 진행은 증상 발현 사이에 잔여 손상이 늘어나면서 급격하게 악화되는 것이다. 증상이 나타나기 전 상태로 기능이 완전히 회복되는 경우는 매우 드물며, 실제로 일부 의사들은 진단에 의문을 가지기도 한다." 이 우울한 예후는 조현병의 자연적인 결과들의 범위에 들어맞지 않으며, 표준 신경이완 약물에 의한 결과라고 보는 것이 정확하다.[39]

악몽에 나오는 미친 사람

초과민성 정신병은 도파민 전달 경로 억제가 역설적인 효과를 일으킬 수 있다는 증거였다. 신경이완 약물은 일시적으로 정신병을 완화하지만, 장기적으로는 환자를 생물학적으로 정신병에 취약하게 만든다. 또 다른 역설적인 효과는 강력한 신경이완 약물, 특히 프롤릭신이나 할돌을 복용 중단하면 좌불안석증 또는 정좌불능증 akathisia이라는 부작용이 발생한다는 것이다. 신경이완 약물의 목적은 환자를 진정시키는 것이지만, 강력한 신경이완 약물은 극도의 불안과 초조를 유발했다. 환자들은 끊임없이 서성이거나, 의자에 앉아서 안절부절 못하거나, 손을 꼬았다. 내부의 괴로움을 보여주는 행동이었다. 이런 부작용은 공격적이고 폭력적인 행동과도 연결이 됐다.

대중은 "미친" 사람들이 폭력적으로 행동한다고 생각하지만, 신경이완 약물이 치료에 도입되기 전의 정신병자들은 그렇지 않았다. 1955년 이전에는 정신병원 퇴원 환자의 범죄율이 정상인의 범죄율과 같거나 오히려 낮았다는 연구결과만 해도 4개나 된다. 하지만 1965년부터 1979년 사이에 이뤄진 연구 8건에 따르면, 정신병원 퇴원 환자가 체포되는 비율이 정상인에 비해 높았다.[40] 상대적인 체포율이 이렇게 변한 데에는 여러 가지 사회적 원인이 있었겠지만(정신병자들의 노숙 비율이 높다는 것도 원인 중 하나였다), 정좌불능증이야말로 확실한 원인 중 하나였다.

잭 헨리 애보트는 《야수의 배 안에서In the Belly of the Beast》라는 책에서 정좌불능증이 사람을 어떻게 만드는지 다음과 같이 묘사했다.

> 이 약물들은 신경을 진정시키거나 안정시키지 않는다. 신경을 공격한다. 이 약물들은 몸 깊숙한 곳에서 공격이 일어나게 만들기 때문에 고통이 어디서 시작되는지 알 수가 없다. 턱뼈 근육에 미친 듯이 경련을 일어나 입 안쪽을 깨물게 되고, 그렇게 되면 턱이 다물어지면서 참을 수 없는 고통을 느끼게 된다. 하루에도 몇 시간씩 이런 일이 지속된다. 등뼈가 뻣뻣해져 머리와 목을 움직일 수 없게 되고, 등이 활처럼 구부러져 서 있을 수도 없게 된다. 고통은 신경을 파고든다. 통증과 함께 초조감이 밀려오면서 걷거나 서성이지 않으면 견딜 수 없을 것 같은 느낌이 든다. 일어나서 걷기 시작하면, 그때는 다시 앉아서 쉬어야 한다는 생각이 든다. 고통 속에서 앞뒤, 위아래로 움직이다보면 자신이 어디에 있는지도 모르게 된다. 이렇게 비참한 불안감에 시달리면서 어쩔 줄 모르는 상태가 된다. 숨도 편하게 쉴 수 없기 때문이다.[41]

정좌불능증은 거의 20년 동안 정신의학 연구자들의 관심 밖에 있었다. 의사들은 환자의 안절부절 못하는 행동을 재발의 징조라고 판단해, 이런 행동을 유발하는 약물의 처방 용량을 더 늘렸다. 하지만 연구자들이 조사를 시작하자 환자들은 약물 때문에 당한 고통에 대해 엄청나게 많은 이야기를 하기 시작했다. 환자들은 고통이 너무 심해 "몸에서 빠져나가고 싶은 충동"을 느낄 정도라고 말했다. 한 여성 환자는 벽에 머리를 찧으면서 "몸을 없애버리고 싶다."라고 절규하기도 했다. 사례 연구들에는 이런 고통에서 벗어나기 위해 환자들이 건물에서 뛰어내리거나, 목을 매거나, 칼로 자신을 찌른 예들이 기록돼 있다. 자살 시도를 한 정신병자의 79%가 정좌불능증을 앓고 있었다는 연구결과도 발표된 바 있으며, 정좌불능증 관련 자살 사건 30건을 다룬 연구결과도 있었다. 연구자들은 "환자들은 뭐라도 해서 긴장감을 없애달라고 애원하는 환자가 수없이 많았다. 환자들은 미친 듯이 자신을 안정시킬 방법을 찾았다."라고 말했다. 정좌불능증 때문에 자살한 사람 중에 36세 히스패닉계 남성이 한 명 있었다. 이 남성은 불안이 너무 심해 잠을 잘 수 없어 병원에 갔던 사람이었다. 장시간 작용하는 플루페나진 주사를 맞은 이 남성은 그 후 몇 주 동안 극도로 불안한 상태에서 응급실에 반복적으로 찾아가 "도와달라고 호소했다". 하지만 병원에서는 이 남성의 극심한 신체적 고통에 대해 아무 조치도 취하지 않았고, 결국 이 남성은 "지하철 열차 앞에 뛰어들어 자살했다." UCLA 정신의학자 시어도어 반 푸텐은 할돌 치료를 받은 환자의 75%가 정좌불능증을 경험했다는 연구결과를 발표했다.[42]

이 부작용이 환자들을 더 폭력적으로 만든다는 사실을 밝힌 연구는 적지 않다. 1990년의 한 연구는 정신병동에서 일어나는 싸움의 50%가 정좌불능증과 관련이 있을 수 있다는 결론을 내렸다. 할로페리돌을 중간 용량에서 고용량 수준으로 복용한 환자의 절반에서 공격성이 두드러지게 증가했다는 연구결과도 있었다. 환자들은 "주변의 아무나 공격하고자 하는 폭력적인 욕망", "개자식들을 죽이고 싶은 욕구"가 자신들을 괴롭힌다고 증언했다. 정좌불능증을 기괴한 행동과 연관시킨 사례 연구들도 있었다. 할로페리돌 주사를 맞은 후 "온몸의 뼈가 다 부러지는 것 같은 느낌"을 호소하던 한 39세 백인 남성은 망치로 자신의 엄마를 때리고는, 나중에 자신이 왜 그런 행동을 했는지 이해가 가지 않는다고 말했다. 한 35세 남성은 오랫동안 알고 지내던 식품점 주인을 칼로 찌른 이유를 묻자, 약물 때문에 생긴 고통을 머릿속에서 지워버리기 위해 그랬다며 "그 남자를 칼로 찌른 것은 할돌 때문이다. 할돌이 나를 엉망으로 만들었다. 프롤릭신도 사람을 죽이고 싶게 만든다."라고 말했다. <법정신의학 저널>에 실린 한 23세 남성의 폭력 행각은 가장 끔찍한 예일 것이다. 아내가 떠난 후 정신 이상 행동을 하던 이 남성은 경찰에 의해 응급실로 옮겨졌다. 이전에도 여러 번 단기 입원을 한 경험이 있는 이 남성은 병원 의료진에게 할로페리돌을 맞으면 이상한 행동을 하게 됐다고 미리 말했다. 하지만 이 남성은 저항에도 불구하고 할로페리돌 주사를 맞게 됐고, 바로 분노가 폭발했다. 이 남성은 응급실에서 뛰쳐나가 입고 있던 옷을 다 찢어서 근처 공원에 버린 뒤 눈에 보이는 사람들을 모두 공격하기 시작했다. 45분에 걸쳐 이 남성은 공원에서 걸어가던 여성 한 명에게 강간 시도를 하고, 남의 집에 침입해 81세 된 여성을 죽도록 때렸으며, 경찰과 싸우다 도망가던 중, 여성 두 명을 칼로 찌른 후 경찰관 8명에게 제압당했다.[43]

이런 사례들로 연구자들은 할로페리돌이 폭력을 휘두른 적이 한 번도 없는 환자들에게서도 "폭력성을 현저히 증가시킬 수" 있다는 결론을 내리게 됐다. 연구자들은 신경이완 약물의 이런 부작용에 "행동적 유독성"이라는 이름을 붙였다. 대중은 악몽에나 나올 법한 이런 미친 사람이 경고도, 이유도 없이 사람을 죽이는 행동이 악마가 일으킨 것이 아니라 널리 사용되는 약물이 일으킨 것이라는 사실을 거의 알지 못했다.*

---

*갑작스럽게 신경이완 약물 복용을 중단한 환자들이 더 심각한 정신병 증상을 보인다는 사실은 신경이완 약물 사용이 정신질환자들을 더 폭력적으로 만들 수 있는 또 다른 이유가 된다. 최근 일어난 끔찍한 살인 사건 중 일부는 이런 방식으로 약물 복용을 중단한 사람들이 금단 증상을 겪는 상태에서 저지른 범죄였다. 최근 <뉴스위크> 보도에 따르면, 휴스턴에 사는 앤드리어 예이츠라는 여성이 자신의 아이들 5명을 살해했는데, "강력한 항정신병 약물인 할돌을 끊은 상태에서" 저지른 일이었다. 하지만 이런 살인 사건들은 약물의 위험성에 대해 경고하기보다는, 정신질환자들에게 왜 약물을 계속 투약해야 하는지 설명하는 예로 보도되고 있다. 범죄의 책임을 약물이 아닌 환자와 환자의 "질환"에 묻고 있는 것이다.

혼자 사는 삶

만성 질환 유발과 공격적인 행동이 신경이완 약물 복용의 결과라는 것이 알려진 뒤, 또 다른 충격적인 결과가 발견됐다. 아이러니하게도 이 세 번째 결과는 "결과가 좋은" 환자들에서 발견됐다. 1980년 미국정신보건연구원 연구자들은 신경이완 약물로 성공적으로 "안정화된" 환자들은 사회적으로 상당히 많이 위축된다는 결론을 내렸다. 하지만 1967년에 그랬듯이 이들은 설명을 만들어냈다. 이들은 이 환자들의 사회적 고립이 약물 때문이 아니라며, 환자들이 사회적으로 고립되는 것은 살아남기 위한 전략이라고 추정했다. 다음의 설명을 보자.

> 증상이 재발하지 않은 환자들의 정동 둔마와 (시간에 따른) 정서적 위축 정도가 커진다는 연구결과는 환자들이 위축됨에도 불구하고 살고 있는 것이 아니라, 어느 정도의 위축 상태를 유지할 수 있는 것이기 때문에 이 환자들의 치료가 성공적으로 되고 있다는 증거로 볼 수 있다. 반면, 병원이나 지역사회에서 적응을 거의 하지 못하는 환자들에게서 나타나는 사회적 위축은 이들의 적응 과정이 부실하다는 것을 보여주는 메커니즘이라고 볼 수 있다.[44]

1979년 시어도어 반 푸텐은 이 "성공"이 실제 삶에서 어떻게 나타났는지 자세하게 기술했다. 기숙시설에서 안정적이게 살고 있으며, 약물을 복용한 조현병 환자 46명을 대상으로 한 이 연구에서 반 푸텐은 이 환자들이 깨어있는 시간 대부분을 "사실상 고독 속에서 보내거나, TV를 멍하게 쳐다보거나(즐겨보는 TV 프로그램이 있어서 본다는 환자는 거의 없었다. 대부분은 좋아하는 프로그램이 뭐냐는 질문에 당황하는 모습을 보였다), 기숙시설 주변을 하릴없이 돌아다니거나, 잔디나 공원 벤치에 누워 낮밤을 자면서" 보냈다고 묘사했다. 취미 활동을 하는 사람도, 일을 하는 사람도 거의 없었고, 이 환자들 대부분은 혼자 힘으로 목욕을 할 수도 없었다. 기숙시설의 보호사들은 이 환자들을 "무능력하고, 유치한 사람들"로 취급했다. 반 푸텐은 이렇게 결론을 내렸다. "이 환자들은 무미건조하며, 수동적이고, 주도력이 없으며, 정동이 둔마된 상태이며, 직접적인 질문에도 짧고 간단하게만 대답하며, 일을 자진해서 하지 않는다. 다른 사람들과의 상호작용과 주도력이 없을 뿐만 아니라, 어떤 활동에도 관심을 보이지 않는다."[45]

요약하자면 이렇다. 연구자들이 발견한 사실은 신경이완 약물을 잘 견디며 "재발"하지 않는 사람들은 아무 목적 없이 고립된 상태에서, 대부분 친구 한 명도 없이 살아가고 있다는 것이었다.

진행성 뇌질환

도파민 전달 경로를 억제하는 신경이완 약물은 뇌 기능에 즉각적인 병리학적 이상을 일으킨다. 1959년에는 신경이완 약물이 영구적인 뇌 손상을 일으켰을 가능성을 보여주는 사례도 발표됐다. 약물 복용을 중단해도 운동 기능 장애가 그대로 유지된 사례였다. 그해 프랑스의 정신과 의사들도 나중에 지연성 운동장애tardive dyskinesia, TD라는 이름으로 불리게 되는 이상한 증상을 발견했다. "혀가 계속 앞뒤로 빠르게 움직이고, 때로는 왼쪽이나 오른쪽으로 움직이며, 턱이 다물어지면서 입술이 오므라들어 계속 입안으로 말려들어가는 증상"이었다.[46]

이런 증상은 운동을 통제하는 뇌 영역에 뭔가 심각한 문제가 발생했다는 것을 확실하게 보여주는 것이었다. 이 운동장애는 얼굴 근육에만 영향을 미치는 것이 아니라는 사실이 곧 밝혀졌다. 팔, 발목, 손가락, 발가락, 몸통, 목, 후두 등에서 갑자기 경련을 일으키는 증상이 관찰됐다. 걷거나, 앉거나, 서있는 데 어려움을 겪는 환자들도 있었다. 말이 알아들 수 없게 변하는 환자도 있었고, 씹기가 어려워 음식을 잘 먹지 못하는 환자들도 있었다. 미국정신보건연구원 의사 조지 크레인은 중증 지연성 운동장애가 "헌팅턴병, 변형근긴장이상증dystonia musculorum deformans, 뇌염 후 뇌 손상 같은 신경질환과 모든 면에서" 비슷하다고 분석했다. 지연성 운동장애는 신경이완 약물 치료 기간이 1년 미만인 환자의 5%에서 발생하며, 이 환자들이 약물에 노출되는 기간이 1년이 늘 때마다 발병률이 5%씩 증가한다는 사실도 밝혀졌다.[47]

지연성 운동장애는 운동장애로 주로 생각됐지만, 도파민 시스템은 지적 기능과 행동 기능에도 관여하기 때문에, 지연성 운동장애 환자들은 대부분 이 두 기능에도 문제가 발생했다. 지연성 운동장애 환자들은 많은 경우 학습 기능, 기억력 등 다양한 지적 기능 저하를 보였고, 이런 기능 저하를 다룬 논문만 해도 20편이 넘게 발표됐다. 한 논문에 따르면 지연성 운동장애 환자의 44%는 자신이 운동 장애가 있다는 사실조차 인식하지 못했다. 자신의 신체적 기능 이상을 감지할 능력조차 상실했다는 증거였다. 지연성 운동장애에서 흔하게 나타나는 이상한 혀 움직임이 "잠재성 치매"의 징조일 수 있다고 말한 연구자도 있었다.[48]

어떤 신경병리학적 이상 때문에 이런 뇌 기능 장애가 발생하는지는 아직도 확실히 규명이 안 된 상태다. 신경이완 약물이 뇌 안에서 엄청나게 많은 병리학적 변화를 일으킨다는 사실만 밝혀졌을 뿐이다. 신경이완 약물이 뇌 기저핵을 직접 손상시킨다는 이론도 있다. 신경이완 약물이 쥐의 뇌 기저핵 내의 세포 수를 감소시키는 것이 확인됐다는 관찰 결과에 기초한 것이다. 부검과 자기공명영상(MRI) 연구에서도 지연성 운동장애 환자 일부의 기저핵에 병변이 발생했다는 결과가 나왔다. 파킨슨병이나 헌팅턴병의 특징인 퇴화 과정과 지연성 운동장애가 유사하다는 결론을 내리게 만드는 결과였다. 하버드 대학 과학자들은 신경이완 약물이 “산화 스트레스 수준을 높여” 뉴런을 손상시킨다고 주장하기도 했다.[49]

지연성 운동장애가 뇌를 도파민 초과민성으로 변화시키는 데 관련이 있다는 연구결과도 있다. 신경이완 약물은 시상과 기저핵 구조들(꼬리핵, 조가비핵, 창백핵)이 비대해지는 현상과 관련이 있으며, 이런 비정상적인 비대 현상은 도파민 수용체가 증가했기 때문이라는 연구결과다. 펜실베이니아 대학 연구자들은 신경이완 약물 복용 후 18개월 안에 나타나는 이런 비대 현상이 지연성 운동장애의 원인일 뿐만 아니라, “부정적 증상과 긍정적 증상이 모두 심해지는 현상”과도 연관이 있다는 사실을 입증했다. 이 연구는 약물이 뇌를 변화시켜 환자들의 정신병 증상과 감정 장애를 더 심하게 만든다는 확실한 증거를 제시한 연구였다.[50]

약물이 유도하는 병적 이상은 이게 끝이 아니다. 신경이완 약물이 전두엽과 측두엽 위축과 관련이 있으며, 신경이완 약물을 10그램 복용할 때마다 전두엽이 6.5%씩 위축된다는 또 다른 MRI 연구결과들이 발표됐다. 신경이완 약물 복용은 이런 신경퇴화 과정과 직접 연관이 있으며, 뇌 손상을 가속화한다는 사실이 밝혀진 것이다.[51]

신경이완 약물의 결정적인 위험은 조기 사망 유도다. 이 연관관계는 별로 연구가 되지는 않았지만, 신경이완 약물을 지속적으로 복용한 환자들은 자연스럽게 건강 악화에 시달렸다. 신경이완 약물 복용으로 인한 체중 증가는 당뇨병과 심혈관질환 발생 위험을 높였다. 약물을 복용한 조현병 환자의 거의 90%는 흡연자였다. 이는 니코틴이 혈중 신경이완 약물 수준을 낮추고 뇌 내 도파민 활동을 증가시켜 신경이완 약물의 역겨운 효과를 일부 줄여줄 수 있기 때문이라는 이론도 발표된 바 있다. 하지만 지속적인 흡연은 암, 호흡기 질환, 심장 질환으로 인한 사망률을 높였다. 연구자들은 지연성 운동장애 환자와 두 가지 이상의 신경이완 약물을 같이 복용하는(당시에는 흔한 일이었다) 환자는 사망률이 높아진다는 사실도 발견했다.[52]

따라서 시간이 지나면서 신경이완 약물이 사람들에 미치는 영향은 매우 일관된 양상을 띠게 됐다. 뇌 내 도파민 전달 경로를 억제하는 신경이완 약물은 즉각적으로 감정을 둔하게 만들고 운동장애를 일으켰다. 짧은 기간 안에 뇌는 신경이완 약물이 일으킨 병적 현상을 보상하기 위해 도파민에 엄청나게 민감해졌고, 그로 인해 환자는 생물학적으로 정신병에 더 취약해지고 재발 가능성이 높아졌다. 프롤릭신이나 할돌 같은 강력한 약물로 인한 불안과 과민한 신체적 반응은 공격적인 범죄 행위를 유발하기도 했다. 신경이완 약물로 안정을 찾은 환자들은 사회적으로 위축되고 고립됐다. 결국 환자들은 기저핵은 비대해지고 전두엽은 줄어들면서 다양한 종류의 뇌 손상을 겪게 됐고, 이는 지연성 운동장애로 인한 근육 경련을 포함해 몸과 마음 전체에 더 큰 문제를 일으키는 경우가 적지 않았다. 환자들의 신체적 건강이 악화되면서 조기 사망할 확률이 높아진 것이다.

어떤 기준으로 봐도 "약물 유도 조현병"은 친절한 운명이 아니었다.

제 8 장
우리가 아는 이야기

그렇다면 "조현병 환자들"을 어떻게 도와야 할까? 답은 간단하다. 거짓말을 멈추면 된다.

- 존 모드로[1]

신경이완 약물이 뇌에서 기면성 뇌염이나 파킨슨병 증상과 유사한 병리학적 증상을 유도했다는 이야기는 다양한 의학 논문을 찾으면 쉽게 볼 수 있다. 의학 논문들에는 이 두 질병의 비교, 신경이완 약물의 도파민 전달 경로 억제에 대한 설명, 정상적인 뇌 기능에서 도파민이 차지하는 중요성, 약물이 유도한 병리학적 이상이 미치는 단기적, 장기적 결함들이 모두 나와 있다. 하지만 1960년대 초반에 신경이완 약물을 안전하고 효과적인 약물로 인정한 미국 정신의학계는 이런 이야기를 내부에서도, 미국의 대중에게도 하지 않았다. 미국인들은 이 약물을 신뢰하고 있었고, 의사들은 당연히 이 약물이 효과가 있으며, 최소한 어느 정도 안전한 약물이라고 생각하고 있었다. 하지만 이런 믿음을 계속 유지시키기 위해서는 매우 정교한 지적 조작이 필요했다. 자기기만과 잘못된 과학 이론 수준을 넘어서는 무엇인가가 필요했다. 바로 노골적인 사기 수법이었다.

약물의 생물학적 측면

매드 닥터들은 항상 자신들의 치료법에 대한 "과학적인" 설명을 만들어냈었다. 벤저민 러시는 환자에게서 피를 뽑으면서 뇌에 너무 많은 혈액이 공급돼 광기가 발생하는 것이라고 설명했고, 헨리 코튼은 환자의 치아와 다른 신체 부분을 제거하면서 그렇게 해야 광기를 일으키는 박테리아를 없앨 수 있다고 주장했다. 만프레트 자켈은 인슐린 혼수 요법을 시행하면서 이 요법이 정신병을 일으키는 "병든" 뇌세포들을 기적적으로 죽인다고 주장했으며, 에가즈 무니쉬는 전전두엽 절제술로 편집증을 일으키는 생각이 저장된 신경섬유들을 제거할 수 있다고 말했다. 신경이완 약물이 도파민 수용체를 억제한다는 사실이 알려지자 정신과 의사들은 조현병 환자들의 도파민 시스템이 지나치게 활성화돼 있을 것이라는 생각을 하게 됐다. 병에 대한 이론이 치료법을 만들어 낸 것이 아니라, 치료법이 병에 대한 이론을 만들어 낸 경우였다.

이 가설 때문에 1970년대 초반의 환자들과 환자 가족들은 정신질환은 뇌 안의 화학적 불균형에 의해 발생한다는 이야기를 흔하게 들었다. 뉴욕 소재 노스센트럴 브롱크스 병원 정신과 의사 수전 켐커는 당시를 다음과 같은 이야기를 들었다고 회상했다. "정신질환은 체내 화학적 불균형 때문에 발생하는 당뇨병과 비슷하다고 할 수 있다. 환자의 정신장애는 만성이라고 할 수 있으며, 환자는 평생 매일 약물을 복용해야 한다. 약물을 복용한다면 더 정상적인 삶을 살 수 있게 될 것이다."[2]

신경이완 약물이 뇌 안의 도파민 활동을 병적인 수준으로 확실히 줄인다는 밝혀졌지만, 문제는 조현병 환자들이 원래부터 도파민 시스템이 과도하게 활성화된 사람들일 가능성이 있었다. 뇌에서 도파민 전달은 다음과 같은 과정으로 일어난다. "시냅스 전presynaptic" 뉴런이 신경전달물질(도파민)을 시냅스 틈(뉴런들 사이의 공간)으로 분비하고, 이 신경전달물질은 "시냅스 후" 뉴런 상의 수용체와 결합한다. 도파민 가설은 이 시냅스 전 뉴런이 신경전달물질을 너무 많이 분비하거나, 시냅스 후 뉴런에 수용체가 너무 많아 도파민에 "극도로 민감해지는" 상태가 정신병을 일으킬 수 있다는 가설이다.

첫 번째 가능성을 확인하기 위해 연구자들은 혈액, 소변, 뇌척수액 내 도파민 대사산물(분해산물) 수준을 측정했다(대사산물의 수준을 측정하면 뇌 내 도파민 분비량을 간접적으로 알 수 있다). 예일 대학 맬콤 바우어스의 1974년 실험이 바로 이런 연구 중 하나였다. 이 실험 결과에 따르면 약물을 복용하지 않은 조현병 환자의 도파민 대사산물 수준은 매우 정상적이었다. 바우어스는 "우리 실험 결과에 따르면, 조현병 환자들의 중뇌 도파민 시스템이 과도하게 활성화돼있다고 말할 수 있는 신경화학적 근거는 없다."라고 썼다. 하지만 바우어스의 연구결과에는 놀라운 사실이 하나 더 있었다. 약물 복용 이후에 도파민 분비량이 급격하게 증가했다는 사실이었다. 이 사실은 "정상적인" 뇌라면 약물의 도파민 신호 억제에 필사적으로 대처한다는 것을 보여주는 증거였다.[3]

다른 연구자들도 곧 이와 비슷한 결과를 발표했다. 미국정신보건연구원의 로버트 포스트는 약물을 복용하지 않은 조현병 환자 20명의 도파민 수준이 건강한 사람들의 도파민 수준보다 높지 않다는 증거를 발표했다. 이 외에도 3개 연구진이 부검을 통해 약물을 복용하지 않은 조현병 환자들의 도파민 수준이 정상이라는 결과를 발표했다. 한편, 세인트루이스 의대 등의 약리학자들은 약물이 도파민 전달 경로를 억제해 병적 현상을 일으키는 과정을 상세하게 밝혔다. 도파민 경로 억제에 대응해 시냅스 전 도파민 뉴런들이 약 3주 동안 초긴장 상태를 유지하면서 평소보다 도파민을 훨씬 더 많이 분비하며, 이후 뇌 세포들은 마치 지친 것처럼 정상치보다 더 적게 도파민을 분비하는 수준으로 도파민 분비 속도를 낮춘다는 내용이었다. 이 연구에 따르면 도파민 관련 세포 중 일부는 잠잠해지고, 다른 일부는 불규칙한 패턴으로 도파민을 분비하게 된다.[4]

이 도파민 이야기에는 또 다른 충격적인 반전이 숨어있었다. 미국정신보건연구원 연구팀을 포함한 수많은 연구팀이 약물을 복용하지 않은 만성 조현병 환자들 일부의 도파민 회전율이 비정상적으로 낮다고 발표한 것이다. 이는 조현병이 도파민이 부족해 생기는 질환일 수 있다는 얘기였다. 그렇다면 신경이완 약물은 이 도파민 부족 현상을 가속화시키는 효과를 가지는 것이었다. 이 모든 연구결과를 기초로 UCLA 신경과학자 존 하라치는 1982년에 다음과 같은 결론을 내렸다. "도파민 가설의 직접적인 증거로 제시된 이론들은 설득력이 없거나 충분히 재현 실험이 이뤄지지 않은 이론들이다."[5]

조현병 환자들의 도파민 수준이 비정상적으로 높다는 것을 증명하는 데 실패한 연구자들은 이 환자들의 시냅스 후 뉴런에 도파민 수용체가 과다하게 분포하는지 확인하는 연구로 관심을 돌렸다. 처음에는 그렇다는 결과가 나온 것으로 보였다. 1978년 토론토 대학의 필립 시먼과 카이론 리는 조현병 환자들의 뇌 내 도파민 양이 정상인에 비해 50% 이상 많다는 연구결과를 <네이처>에 발표했다. 하지만 이 연구자들이 연구한 조현병 환자들은 신경이완 약물을 복용하고 있던 환자들이었고, 시먼과 리도 신경이완 약물이 도파민 과다 분비를 일으켰을 가능성을 바로 인정했다. 곧 동물 실험과 부검 연구들을 통해서 이 가능성이 실제로 확인됐다. 미국, 영국, 독일의 연구자들은 모두 신경이완 약물 복용이 뇌 내 도파민 수용체 수를 증가시켰다는 결론을 내렸고, 약물 복용 이전 도파민 수용체의 수가 정상치보다 많았다는 증거는 거의 없다고 발표했다. 1989년 독일 연구자들은 "우리는 이번 실험 데이터로부터 조현병 환자들의 수용체 밀도 변화가 약물 때문에 일어난 것이라는 결론을 얻었다."라고 말했다.[6]

조현병 환자들의 도파민 기능에 대한 15년 동안의 연구로 얻은 결론은 충격적인 것이었다. 연구자들은 조현병 환자들이 날 때부터 도파민 시스템이 과도하게 활성화된 사람들이라고 생각했지만, 그렇지 않다는 사실이 밝혀진 것이다. 급기야 1994년 롱아일랜드 유태인 병원의 저명한 학자 존 케인은 "도파민 과다 분비가 조현병의 원인이라는 단순한 이론은 이제 믿을 수 없게 됐다."라고 말했다. 또한 케인은 "이 가설을 처음 주장한 아르비드 칼슨도 '조현병이 도파민 기능 교란 때문에 발생한다는 확실한 증거는 없다'라고 말했다."라고 지적했다.[7] 연구자들이 결국 발견해낸 것은 약물이 도파민 기능을 방해하고 뇌 내 도파민 수용체를 병적인 수준으로 증가시킨다는 것이었다. 이런 도파민 수용체 증가는 도파민 가설이 처음 제기됐을 때 조현병의 원인으로 지목됐던 것이다. 어떤 의미에서, 정상적인 뇌를 조현병 환자의 뇌로 변화시킨 것은 바로 약물이었다.

하지만 이런 이야기는 대중에게 알려지지 않았다. 대중은 전혀 다른 이야기를 알고 있었다. 1996년 8월 18일 제약사들이 연합으로 <뉴욕타임스>에 광고를 실었다. 제약사들이 말하는 것처럼 신경이완 약물이 효과를 낸다는 사실이 과학 연구에 의해 입증됐다는 다음과 같은 내용이었다.

> 조현병을 비롯한 정신병의 원인이 신경전달물질이라는 뇌 안의 강력한 화학물질에 깊이 뿌리를 두고 있다는 것은 과학적으로 증명된 사실입니다. 이런 신경전달물질 중 하나가 도파민입니다. 조현병 같은 정신병은 뇌 내 도파민이 비정상적으로 늘어난 결과입니다. 최근의 진전 덕분에 도파민 수준을 변화시킬 수 있는 약물로 많은 환자들을 끔찍한 정신질환 증상으로부터 해방시킬 수 있게 됐습니다.[8]

순수한 과학적 가설이 결국 뻔뻔한 거짓말로 탈바꿈한 것이었다.

재발을 예방하겠지? 그럴 거야

도파민 가설은 신경이완 약물의 도움이 되는 약물이라는 이미지를 유지하기 위해 1960년부터 계속 조작돼 온 이야기의 일부였다. 이 이야기의 또 다른 부분은 신경이완 약물이 두 가지 면에서 유효성이 반복적으로 입증됐다는 주장이었다. 즉, 신경이완 약물은 급성 정신병 증상 발현을 억제하고 재발 확률을 크게 낮춘다는 주장이었다. E 풀러 토리는 1983년 《조현병에서 살아남기Surviving Schizophrenia》에서 다음과 같이 말했다. "항정신병 약물이 효과가 있다는 사실은 확실히 입증이 된 상태다. 항정신병 약물은 정신병 증상을 감소시키고, 입원 기간을 단축시키며, 재입원 확률을 극적으로 낮춘다."[9]

하지만 1990년대에 들어서 주류 정신과 의사들조차 항정신병 약물에 대해 비관적인 목소리를 내면서 이런 주장은 과학적 기초가 허술한 것이라는 사실이 밝혀지기 시작했다.

새로운 의학 치료법이 등장할 때 연구자들은 보통 그 치료법을 기존 치료법들과 비교하는 작업을 진행한다(위약 투여 집단에 대한 연구도 여기에 포함된다). 신경이완 약물이 등장하기 전 정신병원에서는 급성 정신병 증상 발현을 억제하기 위해 다양한 진정제가 사용됐고, 그 진정제들은 상당히 효과가 있다고 생각됐다. 1800년대와 1900년대 초반에는 아편, 바르비투르, 브롬화물 등의 효과에 대한 논문이 수없이 많이 의학 저널에 발표되기도 했다. 이와 비슷하게, 1980년대까지만 해도 신경이완 약물의 우수성에 대한 의학 논문이 수없이 발표됐다. 하지만 1989년 폴 케크를 비롯한 하버드 의대 의사들이 신경이완 약물의 효과를 기존의 진정제와 비교한 논문들을 검색한 결과, 찾아낸 논문은 딱 2건이었다. 이 논문들은 "기존 진정제와 신경이완 약물은 투여 초기 몇 주

정도까지는 유사한 증상 개선 효과를 냈다."라는 결론을 내고 있었다.[10] 이 연구결과는 신경이완 약물에 대한 기존의 인식과 너무나 달랐고, 이 결과에 충격을 받은 한 의사는 다음과 같이 말했다. "항정신병 약물의 효과에 대한 우리의 임상적 판단은 망상과 고정관념에 기초한 것이었을까? 항정신병 정신약리학을 원점에서부터 다시 연구해야 하는 것일까?"[11] 신경이완 약물이 도입된 지 40년이 지난 상태였지만, 정신병 증상 억제 면에서 이 약물이 과거에 사용하던 아편 가루보다 조금이라도 더 낫다는 증거가 전혀 없는 상태였다.*

언뜻 생각하면, 신경이완 약물의 재발 예방 효과에 대한 의문은 매우 복잡해 보인다. 보커번, 카펜터, 래퍼포트, 모셔 등은 신경이완 약물이 재발률을 높인다는 연구결과를 발표했지만, 그 반대의 결론을 낸 논문들도 수십 편에 달했기 때문이다. 예를 들어, 1995년 캘리포니아 대학 샌디에이고 캠퍼스의 퍼트리셔 길버트 등은

---

*약한 진정제인 벤조디아제핀과 신경이완 약물을 비교한 다른 7개 연구들을 살펴보면 케크의 연구가 제기한 의문이 증폭된다. 이 연구들 중 4개 연구에서는 약한 벤조디아제핀과 신경이완 약물의 차이가 없었고, 2개 연구에서는 벤조디아제핀의 약간 더 효과가 있었으며, 신경이완 약물은 1개 연구에서 더 효과가 있었다. 오언 볼코비츠의 논문 '조현병 치료에서의 벤조디아제핀의 효과: 검토와 재평가', <미국정신의학회지> 148호(1991년) 참조. 특히 716쪽의 6개 임상시험 결과 비교 참조. 윌리엄 카펜터의 논문 '조현병의 초기 악화 징후와 디아제팜 치료', <미국정신의학회지> 156호(1999년), 299~303쪽 참조.

환자 4365명을 대상으로 재발 사례 66건을 분석해 다음과 같은 결론을 내렸다. "신경이완 약물 복용을 중단한 환자의 53%가 10개월 안에 재발한 데 비해 신경이완 약물을 계속 복용한 환자 중에서 증상이 재발한 환자는 16%에 그쳤다. 신경이완 약물이 정신병 재발률을 줄이는 효과가 입증됐다고 할 수 있다."[12]

이런 상반된 결과들이 나온 데는 다 이유가 있었다. 보커번은 신경이완 약물을 한 번도 복용한 적이 없는 환자들의 재발률이 낮다는 결과를 발표했기 때문이다. 래퍼포트, 모셔, 카펜터도 실험 시작 당시 신경이완 약물을 복용하고 있지 않았지만 실험 시작 직후 위약이나 신경이완 약물을 복용한 환자들을 연구 대상으로 했다. 이 연구들에서 재발률은 위약 집단이 더 낮았다. 이와는 대조적으로, 길버트가 검토한 66건의 재발 사례는 약물 금단 증상에 관한 연구였다. 길버트는 신경이완 약물로 안정을 찾은 환자들을 두 집단으로 분류했다. 약물을 계속 복용한 환자들과 그렇지 않은 환자들이다. 이 연구의 결론은 신경이완 약물 복용을 중단한 환자들의 재발률이 높다는 것이었다. 따라서 이 연구들을 종합하면, 재발률은 3가지 범주로 나눌 수 있다. 처음부터 신경이완 약물을 복용하지 않은 환자들의 재발률이 가장 낮았고, 약물을 계속 복용한 환자들의 재발률은 이보다 더 높았고, 약물을 복용하다 중단한 환자들의 재발률은 가장 높았다.

재발률과 관련해 더 살펴볼 것이 있다. 길버트가 검토한 재발 관련 연구들은 약물을 계속 복용한 환자들과 약물 복용을 중단한 환자들 사이의 재발률 격차를 엄청나게 과장되게 보여주는 것이 목적인 연구들이었다는 점이다. 첫째, 이 연구들의 대상이 된 환자들의 3분의 2는 갑자기 약물 복용을 중단한 사람들이었다. 갑자기 약물 복용을 중단하면 서서히 중단할 때에 비해 재발률이 엄청나게 높아진다. 길버트의 이런 연구에 반응해 하버드 의대의 로스 발데사리니는 길버트가 검토했던 66건의 재발 사례를 다시 분석했다. 하지만 발데사리니는 약물 복용 중단 환자들을 "갑자기 약물 복용을 중단한 환자들"과 "서서히 약물 복용을 중단한 환자들"로 나눴다. 발데사리니가 내린 결론은 갑자기 약물 복용을 중단한 환자들의 재발률이 서서히 중단한 환자들의 재발률보다 3배 높다는 것이었다. 바꿔 말하면, 길버트가 발표한 약물 복용 중단 환자들의 53%라는 높은 재발률은 재발 사례 66건을 분석 방법에 의해 만들어진 재발률이라는 뜻이다. 실제로, 추후 연구를 통해 발데사리니를 비롯한 하버드 의대 연구자들은 서서히 약물 복용을 중단한 조현병 환자들 중에서 6개월 안에 재발한 사람은 35% 미만이었고, 재발하지 않고 이 6개월을 지낸 사람들은 평생 재발하지 않을 가능성이 매우 높다고 발표했다. 이 연구자들은 "이 환자들은 6개월 후에 재발할 가능성이 매우 낮다."라며 다음과 같이 이 결과에 대한 생물학적으로 설명했다. "약물이 몸에서 사라지면 뇌 내 D2 수용체의 밀도가 정상에 가까워지고, 그렇게 되면 재발 가능성이 줄어들어 '약물 치료를 아예 받지 않은 조현병 환자의 상태에 가까운 수준'으로 돌아가기 때문이다."[13]

재발 사례 66건 연구의 두 번째 결함은 약물을 계속 복용한 환자들의 1년 재발률이 16%로 낮게 나오도록 인위적인 조작을 했다는 점에 있었다. 실제 사례에서는 입원 환자들이 약물에 반응하지 않는 경우가 최대 30%에 이르기 때문이다. 약물에 반응을 보이는 퇴원 환자들이 퇴원 후에 계속 약물을 복용한다고 해도, 퇴원 12개월 이내 재발해 재입원하는 비율이 3분의 1을 넘는다. 따라서 조현병 증상 발현을 겪는 환자 중에서 표준 신경이완 약물에 반응해 퇴원 1년 후까지 증상이 재발하지 않는 비율은 50%를 넘지 않는다. 하지만 길버트의 연구는 약물에 반응을 잘하는 환자들만을 골라 연구 대상으로 삼은 연구였다. 길버트는 바로 이 환자들만 가지고 약물을 계속 복용한 환자들과 약물 복용을 중단 환자들로 분류했기 때문에, 약물을 계속 복용한 환자들의 재발률이 낮게 나온 것은 당연한 결과였다. 1998년 피츠버그 대학의 제러드 호가티는 약물 복용을 중단하지 않은 환자들의 재발률이 얼마나 큰 오해를 불러일으킬 수 있는지에 대해 이렇게 말했다. "논문들을 다시 분석해보면, 약물을 계속 복용한 환자들의 퇴원 후 1년 내 재발률이 40%라는 것을 알 수 있다. 스트레스가 많은 환경에서 사는 이 환자들의 재발률이 애초에 추산됐던 16%보다 훨씬 높게 나온 것이다."[14]

요약하면, 길버트의 재발 사례 연구는 신경이완 약물의 장점을 드러내기 위해 조작된 연구라고 할 수 있다. 이 연구는 아예 약물 치료를 받지 않았던 환자들과 약물 치료를 받은 환자들만을 대상으로 결과 비교를 한 데서 그치지 않고, 그 결과도 다시 왜곡했다. 갑자기 약물 복용을 중단한 환자들의 재발률을 결과에 포함시켜 약물 복용을 중단한 환자들의 재발률을 인위적으로 올리고, 약물을 잘 견뎌낸다고 이미 확인이 된 환자들만을 선택함으로써 약물을 계속 복용한 환자들의 재발률을 인위적으로 낮춘 것이었다. 현실을 전혀 고려하지 않은 이런 연구결과의 허점은 높은 재입원율에 의해 실체가 드러났다. 한 추정 연구에 따르면, 1986년 정신병원에서 퇴원한 환자 25만 7446명 중 80% 이상이 2년 안에 재입원했다. "약물을 한 번도 복용하지 않은" 환자들이나 약물 복용을 서서히 중단한 환자들의 재입원율에 비해 상당히 높은 비율이었다.[15] 의학 저널들이 예측한 16%라는 재발률은 신경이완 약물의 효과를 홍보하는 데, 유용한 수치였지만, 이 수치는 최악의 과학이 만들어낸 통계 수치였으며, 약물 치료를 받은 환자들에게 실제로 어떤 일이 일어나는지 대중이 알지 못하도록 만든 숫자였다.

약물의 사악한 실체

신경이완 약물에 대해 우리가 아는 이야기를 구성하는 세 번째 주춧돌은 이 약물이 비교적 안전하다는 주장이다. 1964년 미국정신보건연구원은 신경이완 약물의 부작용이 "미미하고 드물다. 이 부작용은 환자의 안전 문제라기보다는 환자의 편안함에 관한 문제다."라고 구체적으로 밝히기도 했다. 1983년 E 풀러 토리도 《조현병에서 살아남기Surviving Schizophrenia》에서 "항정신병 약물은 현재까지 나온 약물 중에서 가장 안전한 약물 중 하나"라고 강조했다.[16] 하지만 거의 40년 동안 이런 주장을 유지하는 것은 쉬운 일이 아니었다. 그러기 위해 FDA와 미국 정신의학계는 신경이완 약물이 지연성 운동장애를 일으키며, 때로는 신경이완제 악성증후군neuroleptic malignant syndrome이라는 치명적인 독성 반응을 일으킨다는 사실을 최대한 외면해야 했기 때문이다.

신경이완 약물이 장기적인 해를 끼칠 수 있다는 추론은 약물 등장 초기부터 있었다. 1930년대에 1세대 페노티아진 계열 약물들은 농업용 살충제와 돼지 기생충 박멸 용도로 사용됐다. 이 약물들은 임상에서 사용되기 전에 해충과 기생충을 없애기 위해 사용된 약물이었던 것이다. 그 후 프랑스 화학자들이 수술용 신경계 마취제로 클로르프로마진을 개발했다. 클로르프로마진이 정신병 환자들에게 사용되기 시작하면서, 파킨슨병 증상이나 기면성 뇌염 증상과 비슷한 증상을 일으킨다는 사실이 밝혀졌다. 클로르프로마진으로 스미스, 클라인 앤드 프렌치가 성공을 거둔 후 다른 제약사들도 잇따라 새롭고 강력한 신경이완 약물을 출시하기 시작했다. 동물에게서 강경증(catalepsy, 갑작스런 근육경직으로 몸을 움직일 수 없는 증상)을 일으키는 화합물로 만든 약물이었다. 이 약물들은 애초에 합성될 때 신경독소로 합성된 것이었다. 그 후 1959년 신경이완 약물과 비가역적 운동기능 장애의 연관성을 보여주는 연구결과가 처음 발표됐다. 1년 후 이 부작용에는 지연성 운동장애라는 이름이 붙었고, 그 후 10년 동안 지연성 운동장애가 약물 복용 환자의 10% 이상에서 발생한다는 연구결과가 9편이나 발표됐다. 이 연구 중 하나는 지연성 운동장애가 지속적으로 약물을 복용하는 사람들의 40%에서 발생할 수 있다는 내용을 담고 있었다.[17]

하지만 정작 정신질환자들은 이런 위험성에 대해 전혀 듣지 못하고 있었다.

FDA가 대중에게 약물 관련 위험성을 알리는 방식은 제약사가 약물 용기 레이블에 위험성을 상세하게 표기하도록 만든 것이다. 환자의 1%에서만 부작용이 발생해도 흔한 부작용으로 간주되며, 제약사는 반드시 이 위험성에 대해 경고해야 한다. 이 기준에 따르면 지연성 운동장애는 매우 흔한 부작용이었다. 하지만 1960년대 내내 FDA는 제약사들에게 이런 경고를 강제하지 않았다. 당시 약물 용기의 레이블에는 영구적인 신경 손상이 있을 수 있다는 단 하나의 문장밖에는 표기되지 않았다. 레이블에는 지연성 운동장애에 대한 언급이 전혀 없었고, 지연성 운동장애는 환자의 최대 40%에게 발생할 수 있다는 연구결과에도 불구하고 흔하지 않은 부작용으로 무시됐다. 1968년 미국정신보건연구원 과학자 조지 크레인George Crane이 당시 널리 읽히던 <미국정신의학회지>에 지연성 운동장애에 대한 논문을 발표했지만, FDA는 아무런 조치도 취하지 않았다. 결국 지연성 운동장애가 처음 의학 논문에 언급된 지 13년 만인 1972년에 돼서야 FDA는 제약사들에게 약물 레이블 내용을 수정하라는 명령을 내렸다.

정신과 의사들도 FDA 못지않게 직업인으로서 이 문제를 인정하려고 하지 않았다. 1970년대 초반 크레인은 이 문제를 전면으로 부상시키기 위해 갖은 노력을 다 했다. 크레인은 지연성 운동장애에 대한 논문을 여러 번 발표했지만, 그때마다 다른 정신과 의사들은 크레인이 사소한 문제를 크게 만들고 있다는 견해를 표명했다. 1968년 네이선 클라인은 지연성 운동장애가 "임상적으로 중요하지 않은 희귀한 부작용"이라고 썼고, 보스턴의 정신과 의사 조너선 콜은 크레인에 대해 "필요 이상으로 현재의 과학적인 임상 활동의 여러 가지 측면을 어둡게 바라보는 사람"이라고 말했다. FDA가 결국 태도를 조금씩 바꾸기 시작한 직후인 1973년에도 미네소타 주의 의사 존 커런은 크레인의 경고가 "너무 조급한데다 오해를 불러일으킬 소지가 있다"라며, 약물이 실제로 뇌 손상을 일으킨다고 해도 크레인의 우려는 적절하지 않다고 비난했다. 커런은 "모든 정신병은 자연스럽게 완화될 수 있는 것은 사실이지만, 솔직히 나는 추정에 불과한 뇌 손상을 염려해 효과가 이미 입증된 약물 치료를 중단하는 것은 이해가 되지 않는다."라고 말했다. 지연성 운동장애가 약물이 아니라 환자가 과거에 받았던 전전두엽 절제술이나 전기충격 요법 때문에 발생했거나, 원래부터 정신병에 수반되는 증상이라고 주장한 의사들도 있었다. 이런 주장들에 대해 크레인은 이렇게 응수했다. "의사들은 대부분이 이 합병증의 존재를 계속 무시하고 있다. 이렇게 심각한 문제를 그렇게 오랫동안 무시해온 데에는 사실에 대한 무지 이상의 거대한 배경이 있다."[18]

그 거대한 배경은 물론 돈이었다.

제약사들에게는 신경이완 약물이 안전하다는 이미지를 지켜야 할 확실한 이유가 있었다. 신경이완 약물은 수익이 보장된 안전한 상품이었기 때문이다. 게다가 제약사들은 정신질환자들에게만 이런 약물을 팔고 있지 않았다. 1970년 현재 미국의 정신지체 아동과 요양원 거주 노인의 50% 이상이 신경이완 약물을 복용하고 있었다. 또한 이런 약물은 비행청소년들에게도 자주 처방되고 있었고, 이들은 "좀비 주스"라는 말로 신경이완 약물을 부르고 있었다. 종합하면, 신경이완 약물은 매년 1900만 명에게 처방되고 있었다.[19] 이 상황에서 신경이완 약물이 돌이킬 수 없는 뇌 손상을 일으킨다는 사실에 대중이 관심을 기울이게 된다면 제약 산업 전반이 흔들릴 수도 있었다.

지연성 운동장애에 정신과 의사들의 외면에는 좀 더 복잡한 배경이 있었다. 약물 처방은 현대 의학을 정의하는 가장 중요한 의식이기 때문에, 정신과 의사들은 "안전하고 효과적인" 조현병 치료약물로 신경이완 약물을 처방할 수 있는 권리를 유지해야 했다. 또한 심리학자들과 환자 확보 경쟁을 해야 했던 정신과 의사들이 내세울 수 있는 우위는 심리학자들과는 달라 자신들이 의사이기 때문에 약물을 처방할 권리가 있다는 사실이었다. 이 상황에서 신경이완 약물이 효과가 없을 뿐만 아니라 뇌 손상까지 일으킨다면 정신과 의사들은 자신들이 우월한 치료 능력을 가지고 있다고 주장할 수 없었다. 결국 1970년 초반이 되자 정신과 의사들 전체가 제약회사 자본의 영향하에 놓이게 됐다. 약물 치료를 주로 하는 의사들은 심리요법에 주로 의존하는 의사들보다 훨씬 더 많은 돈을 벌 수 있었고(약물 처방에 드는 시간은 심리치료에 드는 시간보다 훨씬 적기 때문이다), 제약사 영업사원들은 정신과 의사들에게 식사, 공연 티켓 같은 선물 공세를 벌였다. 정신과 의사들의 이익단체인 미국정신의학회의 제약사에 대한 재정적 의존도도 역대 최고치를 기록했다. 미국정신의학회 연간 예산의 30%가 이 단체가 발행하는 의학 저널에 실리는 제약사 광고에서 나오고 있었다. 또한 미국정신의학회는 교육 프로그램 예산의 상당 부분도 제약사들의 "보조금"으로 채우고 있었다. 미국정신의학회 간부였던 프레드 고틀리프는 이렇게 털어놨다. "우리는 제약사들의 돈을 기꺼이 받으면서 그들과 편하면서 진지한 관계로 발전했다. 우리는 근본적인 이해충돌 가능성을 계속 무시했다."[20]

간단히 말하면, 제약사, 정신과 의사, 미국정신의학회의 이익이 모두 일치한 상황에서 지연성 운동장애에 관심을 기울이면 신경이완 약물이 만든 거대한 판이 뒤집힐 수 있었던 것이다.

크레인은 신경이완 약물에 대해 경종을 울리면서도 이 약물 복용을 중단해야 한다고는 주장하지는 않았다. 크레인이 주장은 미국정신의학회가 신경약물의 지연성 운동장애 유발 위험에 대처하는 방법에 대해 의사들에게 대대적인 교육을 실시해야 한다는 것이었다. 크레인은 의사들이 신경이완 약물을 저용량으로 처방한다면 지연성 운동장애 발생률을 크게 줄일 수 있다고 주장했다. 지연성 운동장애를 조기에 진단해 적절한 조치(약물 복용 중단)를 취하는 것도 피해를 최소화할 수 있다고 그는 주장했다. 하지만 크레인의 주장은 받아들여지지 않았고, 의사들은 대부분 약물 복용량을 늘리는 방법으로 지연성 운동장애를 치료하려고 했다(약물 복용량을 늘리면 운동 기능이 억제돼 요동치는 움직임이 어느 정도 진정이 된다). 이에 1973년 크레인은 하루라도 빨리 미국인 수십만 명을 약물 유도 뇌 손상으로부터 구할 수 있는 조치가 시행돼야 한다며 "모든 의사에게 편지를 보내 이런 위험성을 알려야 한다."라고 호소했다.[21] 하지만 미국정신의학회는 미온적인 태도를 보였다. 미국정신의학회가 발행하는 <일반 정신의학 아카이브> 편집장 대니얼 프리드먼은 정신과 의사들이 이미 "올바른 판단을 도와줄 상당히 많은 데이터와 지침을 가지고 있다."라고 말하기도 했다.[22] 해가 계속 바뀌어도 미국정신의학회는 정신과 의사들을 교육시키려는 시도를 전혀 하지 않았다. 지연성 운동장애라는 돌이킬 수 없는 뇌 질환에 걸린 미국인 수는 하루에 250명 이상씩 늘어나고 있었지만, 미국정신의학회는 여전히 아무런 조치도 취하지 않았다.[23] 결국 1979년 미국정신의학회는 이 문제에 대한 보고서를 발표했지만, 그 후에도 상당 기간 미온적인 태도를 유지했다. 미국정신의학회가 정신과 의사들에게 경고 편지를 보내기까지는 다시 6년이 걸렸고, 그나마 이 경고 편지도 몇몇 정신과 의사들(그리고 그 의사들이 소속된 병원들)이 환자들에게 지연성 운동장애에 대한 경고를 하지 않았다는 이유로 소송에 휘말린 후에야 보낸 것이었다. 이런 소송 중 한 건은 손해배상 청구액이 300만 달러에 이르는 고액 소송이었다. 미국정신의학회는 경고 편지에 이렇게 썼다. "우리는 지연성 운동장애 관련 소송이 늘어나고 있는 상황에 우려를 표시한다."[24] 미국정신의학회가 의사들에게 결국 교육을 시키게 배경은 바로 돈 또는 돈을 잃을지도 모른다는 두려움이었다.

미국정신의학회의 이런 미온적인 움직임은 이 단체가 정신질환자들을 얼마나 무시했는지 확실하게 보여준 예라고 할 수 있다. 하지만 이런 무시보다 훨씬 더 심각한 결과를 낳은 것은 의사들에 대한 교육이 별로 효과가 없었다는 사실이다. 크레인은 한 유명한 병원에서 저용량 약물 처방에 대해 교육을 한 후 6개월이 지나 그 병원을 다시 방문했지만, 아무것도 바뀐 것이 없었다. 크레인은 "의사들의 처방 관행을 바꾸기 위한 내 노력은 모두 수포로 돌아갔다."라고 자조적으로 말했다.[25] 환자 가족들에게 위험성을 반드시 알릴 것을 강제하는 법이 제정돼도 효과가 없었다. 25개가 넘는 주들이 1980년대 초반에 이런 내용의 법을 통과시켰지만, 오히려 이런 법을 제정한 주의 의사들이 환자 가족들에게 가장 적게 위험에 대해 경고했다는 조사 결과가 나왔다. 정신과 의사들은 이 법이 자신들이 의무를 제대로 수행하지 않는다는 메시지를 담고 있다고 생각했기 때문이다.[26] 1984년 노스캐롤라이나 대학의 의사 토머스 괄티에리는 이 암울했던 역사에 대해 이렇게 요약했다. "지연성 운동장애 관련 과거사를 돌이켜보면, 실망스러운 사실이 확실히 드러난다. 1957년 이래, 공개된 지침, 과학 논문, 학회 회의, 《미국의사 처방 참고집Physicians Desk Deference》 중 그 어떤 것도 의사들의 신경이완 약물 처방 관행에 거의 영향을 미치지 못하고 있다."[27]

이런 눈 가리고 아웅 식의 태도는 수없이 많은 비극적인 결과를 낳았다. 시러큐스 소재 뉴욕 주립대 건강과학센터의 맨토시 듀언에 따르면 1980년대에는 "돌이킬 수 없는 지연성 운동장애 증상이 나타난 사람"의 수가 해마다 9만 명이 넘었다.[28] 또한 지연성 운동장애에 대한 이런 외면은 신경이완 약물이 일으킬 수 있는 문제에 대한 미국 정신의학계 전체의 외면의 일부에 불과했다. 미국 정신의학계는 정좌불능증, 운동불능증akinesia, 파킨슨병 같은 문제들도 대부분 무시했기 때문이다. 1987년에 발표된 한 연구에 따르면, 정신과 의사들의 75%는 정좌불능증 증상을 무시했다. 한편, 신경이완제 악성증후군이라고 부르는 부작용이 몇 십 년 동안이나 무시되면서 그로 인해 수천 명이 사망하는 일도 벌어졌다. 신경이완 약물이 일으키는 이 증상은 보통 약물 복용 후 2주 내에 발생하며, 1960년대 프랑스 의사들이 발견한 증상이다. 발병률은 0.2~1.4%다. 이 환자들은 고열과 함께 혼미, 불안, 극도의 경직 현상이 나타난다. 증상이 나타난 후 사망에 이르는 시간도 매우 짧다. 하지만 미국에서 신경이완제 악성증후군은 1980년대 초반까지는 별 관심을 받지 못했다. 이 증후군을 무시한 대가는 1980년대 전후의 이 증후군 환자들의 급격한 사망률 증가로 나타났다. 신경이완제 증후군에 대한 관심이 높아지자 사망률은 22%에서 4%로 떨어졌다. 이 증후군에 대한 무시 때문에 사망한 사람의 수는 정확하게 집계할 수 없지만, 대략 계산을 해본다고 해도 1960년부터 1980년까지 약 10만 명은 됐으며, 의사들이 이 증후군에 관심을 가졌더라면 이 10만 명 중 8만 명은 목숨을 잃지 않았을 것으로 추정된다.[29]

미국에서만 일어난 일

신경이완 약물은 선진국 모든 곳에서 표준적인 치료법이 됐지만, 유럽의 의사들은 이 약물이 "당뇨병 환자의 인슐린"이라고 생각하지는 않았다. 약물 치료의 개척자인 프랑스의 피에르 드니케르는 1985년 캐나다 퀘벡시티에서 열린 회의에서 미국 밖에서는 신경이완 약물을 어떻게 보는지 설명했다. 먼저, 드니케르는 자신과 들레가 신경이완 약물이라는 용어를 만들어냈고, 미국인들은 이 용어가 화학적인 방식으로 중추신경계를 억제한다는 뜻을 가지고 있기 때문에 "경악했다"라고 말했다. 드니케르는 미국인들이 "진정제" 같은 훨씬 부드러운 용어를 선호했다고 말했다. 하지만 그 후 미국인들은 이 약물의 이미지를 진정제에서 "항조현병 약물"로 바꿨다. 드니케르는 이 항조현병약이라는 말은 "너무 지나친" 말이라고 말했다. 그는 신경이완 약물이 조현병 증상 중 일부를 완화시킬 수도 있겠지만, 신경이완 약물은 지금까지 알려진 생물학적 질환 중 그 어떤 것에 대해서도 치료 효과를 가진다고 "주장된 적이 없다"고 강조했다.[30]

드니케르는 이런 관점 차이 때문에 처방도 달라졌다고 지적했다. 유럽 의사들은 이 약물을 신경이완 약물로 간주했기 때문에 해로운 부작용을 최소화하기 위해 초기 단계부터 저용량을 처방했다. 클로르프로마진에 대한 초기 임상 적용 후에 드니케르와 들레는 하루에 100밀리그램이 최적의 복용량이라고 판단했다. 영국 정신과 의사들은 하루 300밀리그램으로 복용량을 늘린 적이 있었지만, 부작용이 너무 많이 발생한다는 것을 발견했다. 이와는 대조적으로, 미국의 연구자들은 초기에 클로르프로마진 복용량을 훨씬 더 높였다. 1955년 베일러 대학의 존 버논 로스라이트라는 의사는 환자들에게 하루 4000밀리그램을 처방했다고 말할 정도였다. 로스라이트는 이런 고용량 처방으로 환자들을 안정시켜 퇴원시키는 시간이 절약됐다고 말했다. 미국의 다른 정신과 의사들도 곧 로스라이트의 생각에 동조하기 시작했다. 하루에 5000밀리그램을 복용한 환자들이 "완벽하게 기능을 한다."라는 관찰 결과가 발표되기도 했다. "소라진의 효과가 의심된다면 처방 용량을 줄이지 말고 늘려야 한다."라고 조언한 의사도 있었다. 1960년 뉴욕의 의사 네이선 클라인은 "성공적인 치료를 위해서는 장기적인 대용량 투여가 필수적"이라고 말했다.[31]

1960년대가 되자 약물 투여량은 더 늘어났다. 프롤릭신(플루페나진)과 할돌(할로페리돌)의 출시와 함께였다. 스퀴브, 얀슨 두 제약사가 개발한 이 약물들은 클로르프로마진보다 50배는 더 강력한 약물이었다. 스퀴브의 플루페나진 주사약은 도파민 경로를 매우 빠르게 억제해 의사들이 이 약물에 "파킨슨병 순간 유도제"라는 이름을 붙일 정도였다. 예상대로 이 두 약물은 심각한 부작용을 일으켰지만, 미국 정신과 의사들은 이 약물들에 의존했다. 1980년

대가 되자, 미국 내 조현병 환자의 85% 이상이 이 고효능 신경이완 약물들 처방을 받게 됐다.

또한 1980년대 동안 미국의 정신과 의사들은 이 두 약물 처방 용량도 단계적으로 늘려나갔다. 1973년에서 1985년까지 평균 일일 처방 용량은 두 배로 상승했다. 1980년대 중반의 환자들이 퇴원하면서 처방 받은 1일 할로페리돌 또는 플루페나진 양은 클로르프로마진 1500밀리그램에 해당하는 양이었다(영국 의사들이 초기에 너무 문제를 많이 일으킬 수 있다고 생각한 양의 5배였다). 게다가 이렇게 고용량을 처방한 의사들은 다른 과 의사들이 아닌 정신과 의사들이었다. 1970년대는 정신과 의사와 비정신과 의사가 신경이완 약물을 처방하는 비율이 거의 비슷했었다. 하지만 1970년대가 지나고 지연성 운동장애의 위험성이 널리 알려지게 되면서 10년 동안 의사들의 처방 관행이 다양해지기 시작했다. 비정신과 의사들은 저용량 처방을 선호하게 된 반면, 정신과 의사들은 처방 용량을 더 늘렸다. 1985년이 되자 미국 정신과 의사들이 처방하는 신경이완 약물 용량은 비정신과 의사들이 처방하는 용량의 4배로 늘어났다.[32] 드니케르는 퀘벡시티 회의에서 이런 미국 정신과 의사들의 처방 용량이 "유럽 의사들의 관점에서는 엄청나게 많은 용량"이라고 말했다.[33]

미국 정신과 의사들의 이런 처방 관행은 신경이완 약물에 대한 과거의 "과학적인" 이론에 근거를 둔 것이었다. 중간에 복용을 중단하지만 않는다면 고용량 신경이완 약물 복용이 재발을 방지할 수 있다는 이론이었다. 1983년 토리가 자신의 책에서 말했듯이, 더 강력한 약물을 사용할수록 더 "좋은" 결과가 나온다는 이론이었다. 실제로, 이 문제를 연구한 피츠버그 대학 연구자들은 미국 정신과 의사들이 비판을 피하기 위해 고용량 처방을 하는 경우가 많다고 결론지었다. 강력한 항조현병 약물을 고용량으로 처방함으로써 정신과 의사는 환자 가족들에게 환자를 돕기 위해 "가능한 모든 조치를 다 취하는" 의사로 보이길 원했던 것이다.[34]

하지만 늘 그래왔듯이 이런 망상의 대가는 환자들이 치러야 했다. 고용량 복용으로 발생한 피해 사례들을 다룬 논문들이 줄을 이었다. 고용량을 투여 받은 환자들은 저용량을 투여 받은 환자들보다 우울증, 불안, 운동 지체, 감정적 위축, 정좌불능증에 더 많이 시달렸다. 근육긴장이상증dystonia, 즉 고통스러운 근육 경련 지속 증상 발생률도 폭증했다. 고용량 복용 환자들은 일시적으로 정신병 재발이 일어나지 않았지만, 일단 일어나면 환자들은 더 심각한 증상에 시달렸다. 플루페나진 고용량 복용은 자살 위험도 높였고, 할로페리돌은 플루페나진 만큼 고용량을 복용하지 않아도 폭력적인 행동을 유발했다. 반 푸텐은 하루에 할돌 20밀리그램을 복용한 환자들에게 "중간 정도에서 심각한 정도 사이의" 정좌불능증이 빈번하게 발생하며, 복용 2주가 지나면 이 환자들이 외부 세계에 정서적으로 반응하거나 외부 세계에서 움직이는 능력이 "상당히 악화된다."라는 연구결과를 발표했다. 반 푸텐은 이 정도 용량의 할돌은 많은 환자들의 정신에 "유해한" 영향을 미친다는 결론을 내렸다.[35] 드니케르는 지연성 운동장애가 미국에서는 환자들이 흔하게 겪는 문제가 됐지만, 유럽에서는 "알려져 있긴 하지만 심각성과 질 면에서 미국처럼 중요성을 갖지는 않는다."라고 말했다.[36]

이 모든 이야기는 매우 참혹한 진실로 귀결된다. 도파민 수준을 변화시켜 "정신병의 끔찍한 영향으로부터 환자들을 해방한" 약으로 대중에게 선전된 신경이완 약물이 실제로는 기면성 뇌염에 의한 증상과 비슷한 병적 증상을 유발한다는 진실이다. 미국의 정신과 의사들은 이런 약물을 치명적인 수준으로 30년이 넘는 기간 동안 처방했다.

제 9 장

국가적 수치

그들은 내가 미쳤다고 했고, 나는 그들이 미쳤다고 했다. 제길, 나는 한 명이고, 그들은 여럿이었다.

- 너새니얼 리[1]

신경이완 약물을 항조현병 약물로 바꾼 연금술은 근본적으로 두 가지 "현실"이 펼쳐지게 만들었다. 환자들이 경험하는 현실과 사회가 믿는 현실이다. 이 두 가지 현실은 극적으로 충돌했다. 1970년대에는 이 두 현실 중 어떤 현실이 "진짜 현실"인지를 두고 갈등이 빚어져 법적 소송으로 이어졌고, 미국정신보건연구원도 이 갈등에 깊숙이 휘말렸다. 환자들은 "치료"를 포기할 권리를 요구했고, 미국정신보건연구원 조현병 연구 책임자 로런 모셔는 신경이완 약물을 복용하지 않았을 때 환자들의 경과가 더 좋을 수 있는지 연구하기 시작했다. 이 두 현실 간의 갈등은 정신질환자에 대한 미래의 치료 방법을 결정할 가치들에 대한 근본적인 의문을 표면화시켰다. 정신질환자들의 말에 귀를 기울여 그들의 요구에 대응하는 치료를 할 것인가? 약물 치료를 대체할 방법을 진지하게 찾아야 할 것인가? 조현병 치료 약물이 효과가 있다고 주장하면서 현 상태를 유지할 것인가? 하는 의문들이었다.

현재는 이 의문들에 대한 답이 분명하다.

1970년대에 환자들이 법적 투쟁을 시작하기 전까지 미국 사회는 정신질환자를 강제로 치료하는 것이 매우 당연한 일이라고 생각했다. 사회가 정신병자들을 강제로 수용할 권리가 있는지에 관해서는 1800년대와 1900년대 초반에도 법적 투쟁이 수없이 많이 벌어졌었다. 하지만 일단 환자들이 강제 수용되면 환자에 대한 강제적인 치료는 당연한 것으로 받아들여졌다. 정신병 환자들은 치료에 동의할 능력이 없기 때문에 국가가 이들의 부모 자격으로 최선의 방법을 결정해야 한다는 논리가 배경이었다. 정신병자는 치료 방법에 대해 평가할 능력이 없다는 논리는 설득력을 가졌지만, 광기 치료의 역사를 보면 이런 치료가 학대로 이어진 경우가 많았다는 것을 알 수 있다. 정신병원 환자들은 진정 의자에 줄로 묶여 피를 뽑히고, 강제로 불임 수술을 받고, 메트라졸 주사나 전기충격을 피해 병동에서 도망 다녔다. 프리먼은 강제 전전두엽 절제술 시행에 대해 아무렇지도 않게 생각했다. 알몸의 여성 환자가 소리를 지르면서 수술대로 끌려가는 사진을 자신의 책에 집어넣을 정도였다. 환자들에게 이런 치료는 자신의 존재에 대한 공격으로 생각됐다.

신경이완 약물의 정신병원 도입은 의사와 환자 사이의 이 오래된 싸움에 새로운 장을 열었다. 정신병원 의사들은 아주 초기부터 환자들이 입안에 약물을 숨기고 의사들이 안 볼 때 화장실에 뱉는다는 사실을 알고 있었다. 퇴원한 환자들도 "약물을 구입하지 않으려고 했다."[2] 다양한 연구들에 따르면 40~60%의 환자들이 이런 식으로 약물 복용을 피하려고 했다. 한 의사는 "정신과 환자 중에는 약을 피하는 환자들이 상당히 많다."라고 탄식하기도 했다.[3] 1960년대 환자들의 이런 치료 저항 문제는 매우 심해 제약사들은 이런 저항을 우회할 수 있는 약물 투여 방법을 개발하느라 애를 먹었다. 이런 방법 중 하나는 알약을 무색무취의 액체로 만든 다음 몰래 환자의 음식에 섞는 것이었다. 스미스, 클라인 앤드 프렌치가 의학 저널들에 실은 아래의 액상 소라진 광고 문구를 보면 이런 속임수의 배경이 된 의학적 태도를 알 수 있다.

> 경고! 정신질환자들은 약을 잘 피하는 것으로 악명이 높습니다. 많은 정신병자들이 입안에 알약을 숨긴 다음 버립니다. 이런 행동을 중지시키지 않는다면 환자들은 증세가 호전되거나 완화될 기회를 놓치게 됩니다. 환자들은 이런 식으로 의사를 속여 약물이 효과를 내지 못했다고 믿게 만듭니다. 또한 이런 행동은 병원 재정을 축내기도 합니다. 약물을 피하는 환자들이 여러분 병원의 치료 프로그램의 효과를 떨어뜨린다면, 농축 액상 소라진을 사용

> 하십시오. 농축 액상은 알약을 먹지 않으려고 하는 흔한 형태의 치료 기피에 대처할 수 있는 실용적인 제품입니다. 농축 액상은 다른 액체나 반고체 음식과 쉽게 섞을 수 있으므로 환자가 확실히 소화할 수 있습니다.[4]

1963년에 도입된 장시간 작용 주사약도 농축 액상만큼 투약을 쉽게 만든 "획기적인 전술적 진보"로 환영받았다. 광고는 이 주사약이 "조현병 환자들을 쉽게 통제할 수 있게 해주고, 병원 의료진의 부담을 덜어주고, 시간과 병원 예산을 절약해준다"라고 의사들을 설득했다.[5] 하인즈 레어먼은 주사 한 방이면 저항하는 환자가 "어떤 약이든, 어떤 형태의 투약 방법이든 협조적으로 받아들이게 된다."라고 조언했다. 레어먼은 퇴원 환자들에게 약물 주사는 자궁내 피임기구와 비슷하다며 "일단 약물이 몸 안에 들어가면, 환자는 일정 기간 동안 안전해진다."라고 말했다.[6] 이런 장시간 작용 약물이 더 심한 부작용을 일으킨다는 사실은 거의 무시됐다. 이 부작용은 "약물 순응" 상태로 남아있게 될 확률이 높아진 대가로 환자들이 치러야 하는 얼마 안 되는 대가로 생각된 것이다.

이런 약물 치료를 받은 사람 중에 데이비드 오크스라는 사람이 있다. 현재는 정신병 투병 경험자들을 위한 매체인 <마인드 프리덤Mind Freedom>의 편집자다. 오크스는 하버드 대학을 다니던 1975년에 정신병 증상을 겪었다. 그의 말을 들어보자. "당뇨병 환자가 평생 인슐린 주사를 맞듯이 평생 약물을 투여 받아야 한다는 말을 들었다. 약물 주사를 거부하자 나는 제압당했고, 독방에 감금돼 강제로 주사를 맞았다. 이런 압제에 맞서 싸워야 한다는 생각이 들었다. 강제 약물 주입은 미국의 핵심 가치인 자유에 대한 끔찍한 훼손 행위다."[7]

강제 약물 치료가 핵심적인 미국의 가치를 훼손했다는 이 주장은 약물 거부 권리 확보를 위한 환자들의 법적 투쟁의 기초였다. 정신질환자 단체들은 이런 투쟁이 역사적인 관점에서 볼 때 너무 늦게 이뤄진 시민권 투쟁이라고 생각했다. 폴란드에서 결성된 '정신이상자 해방전선Insane Liberation Front', 뉴욕의 '정신질환자 해방 프로젝트', 샌프란시스코의 '정신질환자 공격에 대항하는 네트워크' 등의 단체가 시위를 벌이고, 인권 공청회를 개최했으며, 1975년에는 법정 투쟁을 시작했다. 이 단체들의 변호인들은 강제 약물 투여가 의학적인 폭행이며, "잔인하고 비정상적인 처벌"이며 환자들의 표현의 자유를 훼손하고 있다고 주장했다. 환자들은 시위 현장에서 "우리에게 필요한 것은 사랑과 음식과 이해다. 약물이 아니다."라고 외쳤다.[8]

하지만 주류 정신과 의사들은 이런 목소리에 귀를 기울이려 하지 않았다. 환자들의 정치적 활동과 소송은 오히려 이들의 격렬한 분노를 불러일으켰을 뿐이다. 미국 경련 요법의 개척자 에이브럼 베넷은 <샌디에이고 유니언>과의 인터뷰에서 강제 투약과 전기충격 요법에 반대하는 전 환자들은 "사회를 위협하는 존재"이며 대중이 이들의 말에 귀를 기울인다면 "광기가 나라 전체를 지배할 것"이라고 말했다. 서던 캘리포니아 의대 교수 앨리그잰더 로가와스키는 이들을 공개적으로 "무뢰배"라고 부르면서 '정신질환자 공격에 대항하는 네트워크'는 "매우 중요한 일을 방해하는, 우리의 발뒤꿈치를 물어뜯는 개"라고 비난했다.[9] 정신의학계 지도층 인사들도 강제 치료를 방해한다면 정신병자들이 "권리를 누리면서 부패하도록" 만드는 결과가 발생할 것이며, 강제 치료 금지 판결을 내리는 판사들은 정신병이 "인간의 완결성을 침해하는, 스스로 통제할 수 없는 병"이라는 사실을 이해하지 못하고 있다고 말했다. 또한 이들은 항정신병 약물이 "질병의 굴레에서 환자를 해방시킨다."라고 법정에서 증언했다.[10] 평상시였다면 정신과 의사들이 쉽게 이 싸움에서 이겼을 수도 있다. 하지만 당시는 소련의 반체제 인사들이 신경이완 약물이 최악의 고문 도구라는 내용의 문서들을 해외로 밀반출하고 있던 시기였다. 미국에서는 환자에게 도움을 주는 약물이 어떻게 소련에서는 독이 되는지에 대한 생각을 미국인들이 하고 있을 때 이 모든 일이 발생한 것이었다.

관점의 문제

소련이 반체제 인사들을 처벌하는 데 신경이완 약물을 사용하고 있다는 소문이 나기 시작한 것은 1969년이었다. 1년이 지나자 이 소문은 보통 사람들도 다 아는 이야기가 됐다. 소련 정부는 반체제 인사들에게 "완만 진행성 조현병" 진단을 내렸고, 이들의 개혁적인 생각을 "망상"의 증거이자 소련 사회에 적응하지 못한 증거로 간주해 이들을 특수 정신병원 12곳에 입원시켰다. 소련 정부의 이런 조치는 어처구니없는 것이었지만, 미국 정부는 소련 정부를 선뜻 대놓고 비난하기에는 어려운 상황이었다. 당시 미국은 자국민의 상당수에게 의심스러운 방식으로 "조현병" 판정을 내렸다는 점에서 소련과 비슷했기 때문이다. 미국에서도 조현병 진단은 정치적, 인종적, 계급적 색채에서 자유롭지 못했다. 예를 들어, 1958년 미국 최초로 미시시피 대학에 지원한 아프리카계 미국인 클레넌 킹이 정신병원에 강제 수용되는 일이 발생했다. 미시시피 대학에 지원할 수 있다고 생각한 흑인은 현실에 대한 감각이 없는 것이 확실하다는 이유에서였다.[11] 또한, 1970년대 초반 미국 정신병원들은 정신지체인, 노인, 비행청소년을 진정시키기 위해 신경이완 약물을 일상적으로 사용하고 있었다. 이는 신경이완 약물이 정신과 치료 목적이 아닌 다른 목적으로 사용된 예다. 상황이 이런데도 미국 정치인들은 소련을 비난하기 시작했고, 1972년 미국 상원은 소련의 "정치적 탄압 목적의 정신과 치료 남용"에 대한 조사에 착수했다.

조사 결과는 상원을 경악하게 만들었다. 캐나다 정신과 의사 노먼 허트가 밝힌 반체제 인사 고문 수단은 전신습지찜질, 인슐린 혼수 요법, 메트라졸 요법 같은 미국 정신의학계에서도 사용한 방법들이었다. 허트는 "반체제 인사들이 이 방법들로 어떻게 고문을 당했는지는 말로 표현하기 불가능할 정도"라고 말했다. 하지만 그중 최악은 신경이완 약물이었다. 아미나진aminazine(소라진과 유사한 신경이완 약물) 처방을 받았던 바실리 체르니쇼프는 다음과 같이 썼다.

> 이 치료의 결과로 정체성이 사라지고, 정신이 멍해지고, 감정과 기억이 모두 사라졌다. 개인의 미묘한 특성들도 모두 사라졌다. 창의성도 사라졌다. 아미나진을 복용한 사람들은 책조차 읽을 수 없었다. 점점 지적 퇴화가 심해졌다. 죽는 것은 두려웠지만, 약물을 복용하는 것보다 총살당하는 게 차라리 낫겠다는 생각이 들었다. 약물이 내 영혼을 더럽히고 파괴한 생각을 하면 지금도 몸서리가 쳐진다.

이런 약물 강제 투여는 나치 의사 요제프 멩겔레의 실험에 비유될 정도였다. 플로리다 출신 상원의원 에드워드 거니는 이렇게 말했다. "이 모든 정신과 치료 고문 중에서 가장 끔찍한 것은 KGB 소속 정신과 의사들이 인간을 식물 상태로 만든 화학물질을 사용했다는 사실이다."[12]

그 후 몇 년 동안 소련 반체제 인사들은 계속해서 "공포의 치료실"에 대한 자세한 내용을 담은 책을 출간했다. 고문에 가장 흔하게 사용된 약물은 아미나진과 할로페리돌이었다. 《처벌을 위한 의학Punitive medicine》이란 글에서 반체제 인사들은 할로페리돌 복용 후 당한 끔찍한 고통에 대해 다음과 같이 묘사했다.

> 할로페리돌이 일으킨 추체외로 증상(錐體外路症狀)Extrapyramidal symptom에는 근육 경직, 운동 지체, 육체적 초조감, 자세를 계속 바꾸고 싶다는 끊임없는 욕구 등이 있다. 이 욕구에 대해서 특수 정신병원 환자들이 이렇게 말했다. "앉을 수도 없고, 누울 수도 없고, 걸을 수도 없다." 상상도 하기 힘든 불안감, 이유 없는 공포감, 불면증을 호소한 환자들도 많았다.[13]

소련 반체제 인사들에 따르면, 의사들은 "고통을 일으켜 환자를 제압하기 위해" 신경이완 약물을 사용했다. 정치범 중 일부는 신념을 포기하고 자신이 정신병자라고 인정했으며, 약물 치료를 끝내는 대가로 다시는 '범죄 행위'를 저지르지 않겠다고 약속했다.[14] 미국 정신과 의사들도 이런 증언을 직접 들었다. 소련 정신병원에서 몇 년 동안 감금됐다 풀려난 수학자 레니드 플리시크가 1976년 3월 26일 뉴욕 과학아카데미 회의에서 증언한 내용을 살펴보자.

> 질문: 치료를 받으면서 가장 끔찍했던 것은 무엇이었습니까?
>
> 답: 정신과 치료가 돌이킬 수 없는 효과를 내는지는 확실하지 않지만, 드네프로페트로프스크 특수 정신병원 수용자들은 모두 그런 효과가 있을지 모른다는 두려움 속에 살았습니다. 수용자들은 그런 치료가 영구적으로 사람을 미치게 만든다는 이야기를 듣곤 했습니다. 시간 순으로 말하자면, 처음에 나는 할로페리돌을 대용량으로 투여 받았습니다. 부작용을 치료하는 조치는 받지 못했습니다. 기본적으로 그 치료는 고문이었습니다. 그 치료의 목적은 환자의 신념을 바꾸는 것이었어요. 정신병 환자인 척하면서 강제노동수용소에서 빠져나온 일반 범죄인들도 그곳에 같이 수용돼 있었습니다. 하지만 이들도 근육이 뒤틀리고, 얼굴이 찌그러지고, 혀가 튀어나오는 약물의 부작용이 나타나는 것을 본 뒤에는 자신의 범죄를 인정하고 다시 강제노동수용소로 돌아갈 정도였습니다.[15]

이런 증언들은 미국의 언론을 흔들게 됐고, 언론은 소련의 만행을 격렬하게 비난하기 시작했다. 플리시크의 증언이 있은 후 얼마 되지 않아 <뉴욕타임스>는 “러시아의 정신병자 감옥”에 대해 대서특필했다. 이 기사는 환자가 아닌 사람들에게 신경이완 약물을 투여하는 행위를 “정신적 살인”, “나치 가스실의 재현”이라고 비난했다. 이 신문은 소련 반체제 인사들이 강제로 소라진 주사를 맞았으며, 이 주사는 “정상인에게 수면을 유도하고 몸을 가누지 못하게 만들어 결국 식물인간 상태로 변화시켰다.”라고 보도했다. 신경이완 약물은 “사람의 의지를 파괴하는” 약물이었다.[16]

스미스, 클라인 앤드 프렌치 등 신경이완 약물을 만드는 제약사들에게 고문, 나치 의사, 가스실, 정신적 살인, 식물인간 같은 말은 결코 달가운 말이 아니었다. 미국의 정신질환자들은 소련 반체제 인사들의 증언을 발판으로 매사추세츠 주, 캘리포니아 주, 오하이오 주 등에서 본격적으로 법적 소송을 제기하기 시작했다. 신경이완 약물 치료가 헌법에 보장된 권리를 침해한다는 취지였다. 이런 소송이 진행되면서 밝혀진 사실들은 매우 충격적이었다. 병원들이 환자들에게 약물의 부작용에 알려주지 않으며, 환자들이 “폭력배에 가까운” 병원 직원들에 의해 제압당해 엉덩이에 주사를 맞고, 약물 치료를 받은 환자 중에 지연성 운동장애가 있는 사람이 많다는 사실을 은폐한다고 증언한 정신과 의사들도 있었다. 비행기 조종사 출신으로 매우 지적 능력이 뛰어났던 존 레니라는 사람이 뉴저지 주 앵코라 정신병원에서 약물을 거부하다 보호사들에게 몽둥이로 구타를 당한 일이 있었다. 로니가 정신병원에 수감된 이유 중 하나는 제럴드 포드 대통령을 죽이겠다는 협박을 했기 때문이었다. 펜실베이니아 주 페어뷰 주립병원 의사들은 "프롤릭신이 든 주사기들로 가득 찬 쟁반을 들고 병동에 들어와 환자 전부 또는 일부에게 약물을 주입하곤 했다." 과거 정신병원 환자들에게 실시했던 집단 전기충격 요법을 연상시키게 하는 치료였다.[17] 하지만 신문들이 정신병자 학대에 대해 비난의 목소리를 높이는 와중에도 여전히 미국에서는 약물 치료가 소련의 반체제 인사 학대용 약물과는 달리 환자에게 도움이 된다고 생각했다. <뉴욕타임스>는 존 레니가 제기한 소송을 다루면서 약물은 "효과가 있다고 널리 인정된다."라고 쓰기도 했다.[18]

이 기사는 환자들의 법정 소송이 어떻게 펼쳐졌는지 정확하게 보여주고 있다. 1979년 10월 29일 보스턴 법원의 조지프 토로 판사는 다음과 같은 판결을 내렸다. "헌법이 우리 정부에 어떤 권한을 부여하든, 특수한 상황을 제외한다면, 비자발적으로 정신을 조종할 수 있는 권리는 그 권리 중 하나가 아니다. 의학적으로 안전한 치료의 형태로 정신병원에서 정신 조종을 시행하는 상황은 본질적으로 인간의 완전성에 대한 공인되지 않은 침해를 정당화할 수 있는 특수한 상황이 아니다."[19] 토로 판사는 미국 정신병원의 관행을 한 편으로는 용인하고, 다른 한편으로는 비난하는 판결문을 쓴 것이다. 강제 치료는 환자의 헌법적 권리에 대한 침해지만, 신경이완 약물을 사용하는 "정신 조종"은 "의학적으로 안전한 치료의 형태"라는 해석이었다. 신경이완 약물이 정신질환자에게 도움이 되는 약물이라는 이미지는 계속 유지됐고, 이 점에서 환자들은 소송에서 이겨도 결국 얻는 것이 아무것도 없는 상황이 돼버렸다. 토로 판사의 판결이 나오자 정신병원들은 약물을 거부하는 환자들에게 강제 치료를 할 수 있도록 승인해 달라는 소송을 진행할 수 있었고(절차의 적법성이 문제가 됐다), 학자들의 관련 검토가 끝나자 법원은 거의 어쩔 수 없이 강제 치료를 승인했다. 매사추세츠 의대 정신과 교수 폴 애플봄은 "약물을 거부하는 환자는 결국 대부분 강제 치료를 받게 된다."라고 말했다.[20] 게다가 여전히 사람들은 신경이완 약물이 효과가 있다고 생각했기 때문에, 약물을 사용하지 않는 치료 방법을 개발할 이유도 없었고, 지역사회에 사는 환자들에게 지낼 곳과 음식 등의 지원을 하는 대가로 신경이완 약물 복용을 요구하는 것이 정당하다고까지 생각했다. 현재 서던 캘리포니아 대학 사회복지학과 조교수인 존 볼라는 "지역사회 소재 건강센터에서 오랫동안 지낸 적이 있다. 그곳에서 계속 살려면 약물 복용에 동의해야 했다. 직원들은 약물 반응이 격렬하게 나타나는 환자들에게도 약물을 복용하지 않으면 쫓아내겠다고 협박을 하곤 했다."라고 말했다.[21]

이런 사회적 분위기에서 약물을 거부하는 환자들은 의지할 곳이 없었다. 수전 퍽스라는 환자가 바로 이런 경우였다. 브루클린의 단란한 가정에서 자란 이 여성은 어린 시절을 밝게 보낸 후 뉴욕 대학 버밍엄 캠퍼스 수학과를 졸업했다. 하지만 이 여성은 졸업 후 극심한 정신병 증상에 시달리게 됐다. 도움이 간절하게 필요했지만 신경이완 약물은 절망을 더 깊게 만들 뿐이었다. 절망이 너무 심한 나머지 허드슨 강에 뛰어내려 자살을 시도한 적도 있었다. 퍽스는 "약을 먹으면 식물인간처럼 변한다. 생각도 할 수 없고, 읽을 수도 없고, 아무 것에도 기쁨을 느끼지 못하게 된다. 그렇게 정신이 나간 상태에서는 살 수가 없다."라고 말했다. 이 여성은 행인에 의해 구조됐지만, 삶이 달라지지는 않았다. 도움이 절실하게 필요했지만 사회가 준 "도움"은 자신이 그렇게 싫어한 약물뿐이었다. 그 후 15년 동안 이 여성은 뉴욕 주 정신병원을 들락거리면서, 병동을 옮겨 다니면서, 응급실에 계속 실려 다니면서, 노숙자 쉼터를 전전하면서 살았다. 쉼터에서는 성폭행을 당하기도 했다. 결국 1999년 7월 22일 자정이 막 지난 순간 센트럴파크에서 여성의 비명소리가 들렸다. 수전 퍽스가 도움을 청하는 소리였다. 아무도 경찰을 부르지 않았고, 그날 아침 퍽스는 살해당한 채 발견됐다. 옷이 찢겨 있었고, 머리를 돌로 맞은 상태였다.[22]

도덕치료의 패배

1970년대의 또 다른 결정적인 정치적 투쟁은 로런 모셔가 주도한 소테리아 프로젝트Soteria Project라는 실험의 형태로 일어났다. 정신병 경험자들은 시위에서 "우리에게 필요한 것은 사랑과 음식과 이해다. 약물이 아니다."라고 외쳤고, 소테리아 프로젝트는 본질적으로 "사랑과 음식과 이해"의 결과와 약물의 결과를 비교하기 위한 실험이었다. 사랑과 음식과 이해가 치료 효과가 있다는 것은 증명됐지만, 소테리아 프로젝트는 결국 이런 종류의 실험 중에서 마지막으로 이뤄진 실험이 됐고, 그 후 아무도 이런 종류의 연구는 다시 시도하지 않았다.

하버드 의대를 나온 모셔는 소테리아 프로젝트를 시작할 당시에는 신경이완 약물에 "반대하지 않았다." 모셔는 예일 대학 조교수로 일하면서 정신병원 병동의 책임자로서 신경이완 약물을 처방한 경험도 있었다. 하지만 1968년 미국정신보건연구원 조현병 연구센터장으로 임명되면서 모셔는 신경이완 약물의 장점이 너무 심하게 과장됐다고 확신하게 됐다. 또한 모셔는 미국정신보건연구원의 연구가 약물 연구에 너무 쏠려있다고 생각하게 됐다. 모셔는 미국정신보건연구원 승인검토 위원회 위원인 학자들과 제약업계가 "친밀한" 관계를 유지하고 있다고 말했다.[23] 모셔는 소테리아 프로젝트를 간단한 문제를 시험하기 위한 실험이라고 생각했다. 공감과 돌봄을 통해 중증 정신병자를 인간적으로 대하고 신경 이완 약물을 사용하지 않는 것이 병원의 약물 치료만큼 효과를 낼 수 있을지의 문제였다.

모셔가 이 문제에 관심을 가지게 된 이유는 조현병 개념이 당시 사람들 대부분이 가졌던 생각과 충돌하는 것을 발견했기 때문이다. 모셔는 조현병이 정신적이고 내적인 손상에 반응해 발생하며, 조현병 발병은 일종의 대처 메커니즘일 수 있다고 생각했다. 모셔는 "조현병 환자들"의 뇌가 반드시 망가져 있는 것은 아니라고 생각했다. 망상과 환각을 극복하고, 조현병 증상을 이겨내 제정신을 찾을 가능성이 있다고 본 것이다. 모셔는 조현병 치료에 낙관적이었고, 인간적인 환경이 치료에 도움을 줄 수 있다고 생각했다. 소테리아 프로젝트는 위기 상황에 빠진 사람들에게 집 같은 쉼터를 제공하는 프로젝트였다. 프로젝트 직원들도 정신건강 분야 종사자가 아니라, 타인에 대한 공감 능력이 뛰어난 사람들, 이상하고 거슬리고 위협적인 행동을 하는 사람들을 잘 다룰 수 있는 사회적 능력을 갖춘 사람들로 채용했다. 모셔는 "진지한 인간적 개입과 이해가 치료 과정에서 가장 중요하다고 생각했다. 사람을 사람으로 대하자는, 존엄성을 가진 인간으로 대하자는 생각이었다."라고 후에 회상했다. 그의 이런 생각을 확실하게 시험하기 위해 그는 결혼하지 않은 젊은 중증 조현병 환자들만을 대상으로 선정했다. 치료 결과가 안 좋을 것으로 예상되는 집단이었다.

방 12개로 구성된 소테리아 하우스는 캘리포니아 주 샌타클래라의 노동자들이 주로 사는 곳에 1971년 문을 열었다. 입주한 환자들은 처음부터 통상적인 문제들을 보이기 시작했다. 거미와 벌레가 벽에서 나오는 환영을 보거나, 자신이 악마가 되는 환상에 사로잡히거나, CIA가 추격하는 환상을 보곤 했다. 환자들은 시끄럽고, 공격적이고, 아무 미친 사람이 하는 행동을 했다. 1차로 입주한 한 18세 여성은 방 안에 소변을 아무렇지도 않게 보곤 했다. 이 여성은 체중이 39킬로그램으로 줄어든 상태였고, 몸을 씻거나 이를 닦지 않았다. 툭하면 옷을 다 벗어던지고 남성 직원의 무릎 위에 앉아 "섹스하자"라고 말하곤 했다. 하지만 소테리아 직원들은 이런 행동을 보고도 전신습지찜질, 독방 감금, 약물 투여 등의 조치를 취하지 않았다. 이렇게 10년 동안 200여 명이 소테리아 하우스에서 치료를 받았으며, 2차로 문을 연 에마논Emanon 하우스에서 환자들이 일으킨 폭력 사건은 10건이 채 안됐다. 그나마도 대부분 가벼운 사건이었다.

소테리아의 기본 철학은 "입주자들에게" 뭔가를 해주는 것이 아니라, "입주자들과 함께" 뭔가를 한다는 것이었다. 입주자들의 터무니없는 이야기에 귀를 기울인다는 뜻이었다. 이런 이야기에는 가족 문제, 학대, 참담한 사회적 실패 등 과거의 상처가 담겨 있었다. 소테리아 직원들은 입주자들의 비이성적인 생각을 바꾸려고 하지 않았다. 예를 들어, 한 입주자가 금성에서 온 외계인들이 자신에게 비밀 임무를 맡기러 새벽에 근처 공원으로 온다고 말하면, 직원은 그 입주자를 그 시간에 공원으로 데려갔다. 외계인들이 나타나지 않자, 이 입주자는 어깨를 으쓱하며 "오늘은 안 올 것 같네."라고 말하고는 소테리아 하우스로 돌아가 편하게 잠을 잤다.

현실을 정확하게 인식시켜 정신병을 완화하기 위한 방법이었다.

이 외에도, 소테리아 직원들은 자신들이 원하는 특정한 행동 방식이 어떤 것인지 입주자들에게 알려줬다. 예를 들어, 직원들은 입주자들에게 청소를 요구했다. 입주자들은 청소 외에도 요리 같은 일을 하기도 했다. 또한 입주자들은 폭력적으로 행동하지 말 것을 요구받았다. 직원들은 요크의 퀘이커교도들처럼 환자들에게 정신병자가 아닌 자신의 모습을 보여주는 거울을 마련해 주었다고 할 수 있다. 직원들과 입주자들은 친구가 됐고, 같이 카드를 치거나 게임을 하기도 했다. 입주자들의 방에는 자물쇠를 달지 않았다. 입주자들은 서로에게 책 읽어주기, 마사지 같은 활동을 하기도 했다.

소테리아 하우스 입주자들이 이런 치료방식을 좋아했던 당연한 일이었다. 당시 소테리아 하우스에서 촬영한 다큐멘터리에서 입주자들은 "여기가 집 같아요.", "제일 좋은 것은 치료 요법을 받지 않는다는 거지요.", "소테리아 하우스 같은 시설이 많이 생겨야 합니다."라고 말했다. 이 다큐멘터리의 주인공 중 한 명은 소테리아 하우스에 입주하기 전에는 여러 남자를 집으로 불러 성관계를 가졌던 젊은 여성 환자였는데, 소테리아 하우스에서 치료를 받은 후 완쾌돼 정상적인 남자를 만나 가정을 꾸렸다. 소테리아 하우스에서 나갈 수 있을 정도로 회복이 된 입주민들은 "졸업생"이라고 불렸고, 직원들과 다른 입주민들은 소소한 퇴원 축하 파티를 열기도 했다. 헌 젊은 입주자는 퇴원하는 날 이렇게 말했다. "여기가 아니었다면, 지금 내가 어떻게 됐을지 상상이 안 갑니다. 여기가 소테리아 하우스가 아니었다면, 벌써 도망갔을 겁니다. 소테리아 하우스는 죽음보다 더 끔직한 운명에서 나를 구해줬습니다. 음식도 좋습니다. 이곳은 내가 있었던 그 어느 곳보다 사랑이 넘치는 곳입니다."

1974년 모셔와 그의 동료들은 소테리아 프로젝트의 결과를 발표했다. 소테리아 하우스 환자들의 경과가 매우 좋다는 내용이었다. 모셔는 입주 6주가 지나면 입주자들의 정신병 증상이 약물을 복용한 환자 수준으로 완화되며, 장기적인 결과가 좋다며, 소테리아 하우스 환자들의 1년 후 재발률과 2년 후 재발률이 약물 복용 환자보다 낮았다고 밝혔다. 소테리아 하우스 출신 환자들은 사회적인 기능 회복도 빨라 직장을 구하거나 학교에 입학하기도 했다.[24]

하지만 이 결과는 모셔와 소테리아 프로젝트에게는 끝의 시작이기도 했다.

모셔는 미국정신보건연구원에서 높은 위치에 있었지만, 소테리아 프로젝트를 계속 진행하려면 이 연구원의 외부 연구 프로그램을 감독하는 승인 위원회에서 예산을 할당받아야 했다. '임상 프로젝트 검토 위원회'라는 이름의 이 위원회는 정상급 정신의학자들로 구성돼 있었는데, 이들은 1970년 모셔가 처음 소테리아 프로젝트를 시작할 때부터 별로 곱지 않은 시선을 보내고 있었다. 이 위원들이 왜 그랬는지는 이해하기가 어렵지 않다. 소테리아 프로젝트는 신경이완 약물의 효과를 의심했기 때문이다. 위원회는 최고의 교육을 받은 정신의학자들보다 평범한 사람들이 정신질환자에게 더 도움이 될 것이라고 생각하지 않았다. 소테리아 프로젝트는 기초 가설부터 정신의학자들에게 모욕감을 주었던 것이다. 1970년에 모셔가 아닌 다른 사람이 이 프로젝트를 제안했다면, 위원회는 분명 프로젝트 승인을 거절했을 것이다. 위원회는 모셔에게 그렇게 할 수 없는 정치적인 상황에 놓여있었다. 미국정신보건연구원 조현병 연구 책임자가 제안한 실험을 학자들이 감히 거부하기는 힘들었다. 위원회는 결국 소테리아 프로젝트를 승인했지만, 모셔가 처음에 요청한 5년간 예산 70만 달러를, 2년간 예산 15만 달러로 축소해 승인했다.[25]

모셔는 이 한정된 예산으로 소테리아 프로젝트를 힘들게 출범시켰다. 모셔는 다른 분야에서도 이 프로젝트를 방해하려고 안간힘을 쓰던 위원회와 부딪쳐야 했다. 위원회는 정기적으로 감사관들을 소테리아 하우스에 보냈다. "연구팀의 과학적 성실성"에 대해 의심을 가졌기 때문이다. 위원회는 반복적으로 모셔에게 실험계획을 특정한 방식으로 다시 짜라고 요청하기도 했다. 위원회는 모셔가 조현병에 대해 말하는 방식을 문제 삼기도 했다. 위원회는 모셔와 그의 동료들이 정신병에 대해 "진지하게 고려해야 하는 가치 있는 경험"이라고 말하면서 정신병자들을 옹호한다고 말했다. 결국 1973년에 위원회는 소테리아 프로젝트 예산을 1년에 5만 달러로 축소했다. 소테리아 프로젝트는 치명상을 입었다.

하지만 모셔는 온갖 수단을 다 동원해 위기 돌파를 시도했다. 모셔는 정신질환자들에게 주거 등의 사회적 서비스 제공을 감독하는 미국정신보건연구원 보조금 검토 위원회는 흔쾌히 수락했다. 이 검토 위원회는 소테리아 프로젝트가 우선순위가 높은 프로젝트이며, 과학적 설계 면에서도 "정교한" 연구라며, 두 번째 소테리아 하우스 설립을 위해 5년 동안 50만 달러의 예산을 승인했다. 이 하우스에는 에마논이라는 이름이 붙었다.

모셔를 공격하는 위원회와 모셔를 지원하는 위원회가 충돌을 하는 상황이 벌어진 것이었다. 누가 이길지는 분명했다. 약물 치료를 옹호하는 정신의학계의 신뢰성이 위협받고 있었다. 환자들은 신경이완 약물이 고문 도구라고 말했고, 미국 조현병 연구의 최고 책임자이자 저명한 의학 저널 <조현병 불레틴>의 편집 책임자인 모셔는 환자들의 불만에 과학적 근거가 있다는 것을 증명하기 위한 실험을 하고 있었다. 에마논 하우스 설립 예산을 승인한 미국정신보건연구원 보조금 검토 위원회도 모셔에게 힘을 실어줬다. 이 위원회는 소테리아가 "조현병 환자들을 인간적으로 대하는 '해결 방법'이며, 조현병을 성공적으로 치료할 수 있는 대체 수단을 찾아야 필요성이 크다."라고 입장을 밝혔다.

따라서 모셔가 좋은 결과를 발표하기 시작했을 때 임상 프로젝트 검토 위원회는 유일한 무기를 동원해 모셔를 공격했다. 이 위원회는 "이 시험 프로젝트의 데이터는 신뢰성이 매우 낮다."라며 프로젝트 자체에 "심각한 결함들"이 있다며, 소테리아 환자들의 결과가 좋다는 근거는 "설득력이 없다"고 주장했다. 또한 이 위원회는 가장 저열한 수단을 동원해 모셔를 공격했다. 소테리아 프로젝트를 이 위원회와 공동으로 다시 설계할 수 있는 사람으로 책임자를 바꿔야 추후 예산을 승인하겠다고 밝힌 것이다. 25년 후에도 불쾌한 감정을 가지고 있던 모셔는 "메시지는 분명했다. 우리가 그 정도로 좋은 결과를 내고 있다면, 우리는 정직한 과학자가 아닐 거라는 메시지였다."

아이러니한 사실은 결과 평가에 모셔가 개입하지 않았다는 것이다. 소테리아 환자들과 신경이완 약물 치료를 받은 기존 환자들의 결과 데이터는 독립 연구자들에 의해 수집됐기 때문이다. 모셔는 실험자의 편견이 약물 연구를 오염시킨다는 것을 잘 알고 있었기 때문에 편견이 없는 독립 연구자들에게 소테리아 실험의 결과 평가를 맡겼다. 그럼에도 불구하고 모셔는 소테리아 프로젝트 책임자 자리에서 물러나야 했다. 새로 책임자가 임명됐고, 소테리아 프로젝트는 몇 년 더 지속되다, 1977년이 되자 임상 프로젝트 검토 위원회는 프로젝트 종결을 결정했다. 이 위원회는 마지막까지도

프로젝트에 대해 곱지 않은 시선을 다음과 같이 표시했다. "이 프로젝트는 약물을 사용하지 않고도 비전문가 직원들이 동원된 지역사회 기반의 유동적인 거주 심리사회학적 프로그램이 더 전통적인 정신건강 프로그램만큼 효과가 있을 수 있다는 것을 보여줬다고 할 수 있다."*

소테리아는 곧 역사 속으로 사라졌고, 미국의 정신과 의사들은 이 실험에 대해 바로 잊어버렸다. 하지만 이 실험은 몇몇 유럽 국가에서 비슷한 실험이 이뤄지도록 만들었다. 스위스 정신과 의사들은 소테리아 실험을 그대로 복제해 소테리아의 치료 방식이 대상 환자의 3분의 2에서 좋은 결과를 낳았다고 발표했다. 1992년

---

*이 위원회의 1977년 결정 이후, 1978년 소테리아 연구자들은 미국정신보건연구원에 연구비 신청을 재개했고, 소테리아 프로젝트는 몇 년 더 진행이 됐다. 하지만 1977년 결정은 결국 주류 정신의학계를 위협할 수 있는 실험으로서의 소테리아 프로젝트를 종결시킨 결정이었다. 소테리아 프로젝트는 지지부진을 거듭한 결과 1975년 이후 20년 동안 결과를 발표하지도 못했고, 자금 부족 때문에 결과 데이터의 대부분이 분석조차 되지 못했다. 대중은 이 사실에 대해 전혀 알지 못했다. 서던캘리포니아 대학 조교수 존 볼라는 최근 1975년 이후의 데이터를 포함한 모든 소테리아 데이터를 분석해 이 프로젝트의 결과가 신경이완 약물 치료의 결과에 비해 매우 좋았다는 결과를 발표했다. 볼라는 "놀랍게도 이 결과는 모셔가 발표했던 결과보다 더 좋은 결과다."라고 말했다. 소테리아 하우스를 나온 후에도 계속 약물 복용을 하지 않았던 환자들 중에서 2년 내에 증상이 재발한 사람은 31%에 불과했다. 신경이완 약물 치료를 받은 환자들의 재발률은 68%였다(하지만 재발률은 소테리아 하우스를 나온 후 다시 신경이완 약물을 복용하게 된 환자들이 더 높았다).

이 스위스 연구자들은 "약물을 전혀 복용하지 않거나 매우 적은 용량을 복용한 환자들에게서 더 좋은 결과가 나타났다."라고 말했다.[26] 스웨덴에서는 소테리아 하우스 같은 시설이 10개 정도 설립됐다. 스웨덴과 핀란드 연구자들은 모두 신경이완 약물을 최소로 사용하거나 전혀 사용하지 않은 심리사회학적 프로그램이 좋은 결과를 냈다고 발표했다.

소테리아 프로젝트의 침몰과 함께 모셔의 경력도 침몰했다. 모셔는 과학의 적, 생물학적 정신의학의 진보를 방해하는 사람으로 몰렸다. 결국 1980년에는 미국정신건강연구소에서도 쫓겨났다. 1970년대 신경이완 약물의 효과에 의문을 제기한 사람들도 비슷한 운명을 맞았다. 신경이완 약물을 복용하지 않은 환자들의 경과가 더 좋다는 결과를 얻은 모리스 래퍼포트는 <국제 약물정신과학>이라는 거의 알려지지 않은 의학 저널에만 논문을 실을 수밖에 없었고, 바로 관련 연구를 포기했다. 지연성 운동장애의 위험성을 알린 크레인은 쓸데없는 의문을 제기하는 사람으로 몰려 미국정신보건연구원을 떠나야 했고, 노스다코타 의대 임상 교수로 살면서 학계를 등져야 했다. 1980년대에는 메릴랜드 주 정신과 의사 피터 브레진이 글과 TV 출연을 통해 신경이완 약물의 위험을 적극적으로 강조했지만, 결국 동료 의사들에게 "무식하고 시대착오적인 무뢰한"이란 비난을 들으면서 학계에서 매장됐다. 언론도 여기에 가세했다. <타임>은 브레진에 대해 "모든 주장에 다 답을 하는, 말만 번지르르하게 하는 변호사", "약물이 조현병 환자에게 도움이 안 된다는 매우 의심스러운 주장을 하는 사람"이라고 썼다.[27]

메시지는 분명했다. 미국 정신과 의사들과 사회는 그들만의 신념 체계가 있으며, 그 신념 체계에 도전하는 바보들을 용납하지 않는다는 것이었다.

조현병은 선진국 병인가

모셔의 실험과 법정 투쟁은 미국 역사에서 매우 특별한 시기인 1970년대 초반에 진행됐다. 당시는 시민권 운동, 베트남전 반대 시위, 워터게이트 사건 등으로 민중의 목소리가 전례 없이 두드러지던 시기였다. 미친 사람들의 목소리에도 귀를 기울여야 한다고 주장한 켄 키지의 《뻐꾸기 둥지 위로 날아간 새One Flew over the Cuckoo's Nest》가 영화화 돼 큰 반향을 일으킨 것도 이 시기였다. 두 가지 현실, 즉 환자들이 경험하는 현실과 사회 전체가 믿는 현실의 충돌이 잠시 대중의 관심을 끌었던 데에는 이런 사회적 배경이 있었다. 하지만 소테리아 프로젝트가 실패한 후에는 이런 관심도 완전히 사라졌다. 1970년대가 지나고 1980년대로 접어들면서, 약물을 둘러싼 환자들의 시위는 미친 사람들의 외침으로 치부돼 외면되기 시작했다. 1997년 에드워드 쇼터가 《정신의학의 역사》에서 언급했듯이, 항정신병 약물은 정신의학계에서 "혁명"을 일으켰고, 조현병 환자들이 "시설에 수용되지 않고 정상적인 삶을 살 수 있도록 만들었다."* 조현병에 대한 이런 생각은 사회의 지배적인 생각으로 자리를 잡았고, 신경이완 약물을 후진국보다 훨씬 많이 사용하는 선진국의 조현병 환자들이 후진국의 조현병 환자들에 비

---

*신경이완 약물에 대해 우리가 잘못 알고 있는 "이야기"의 일부다. 신경이완 약물이 정신병원에 도입된 것은 1954~1955년이다. 당시 주정부들은 재정적 압박 때문에 정신질환자들을 입원시키는 방법의 대안을 찾고 있었다. 그럼에도 불구하고 주립 정신병원 입원 환자 수는 1955년 55만 9000명에서 1962년 51만 5000명으로 줄어드는 데 그쳤다. 주립 정신병원이 본격적으로 비워지기 시작한 것은 1965년 메디케이드(Medicaid, 65세 미만의 저소득층과 장애인을 위한 미국의 국민 의료 보조 제도) 법과 메디케어(Medicare, 65세 이상 혹은 소정의 자격 요건을 갖춘 사람에게 건강보험을 제공하는 미국의 사회보장제도) 법이 제정된 이후부터였다. 이 법들은 요양원에는 보조금을 지원했지만, 주립 정신병원에는 보조금을 지원하지 않았기 때문에, 주정부들은 경제적인 이유로 만성 정신질환자들을 요양원으로 보내는 선택을 할 수밖에 없었다. 따라서 주립 정신병원 환자 수는 1965년에서 1970년 사이에 거의 14만 명이나 줄어든 반면, 요양원 수용자 수는 그만큼 늘어났다. 그러던 1972년 연방 정부가 장애인들에게 사회보장 급여를 제공하는 복지 법안을 통과시켰다. 이 법안이 통과됨에 따라 주립 정신병원들은 입원환자들을 기숙시설로 보내거나, 사회 보장 급여를 받는 사람들을 위한 임시 주거 시설인 '복지 호텔'로 보낼 수 있게 됐고, 연방 정부가 이들을 위한 비용을 책임지게 됐다. 생활 보조금 법이 발효된 다음 해에는 주립 정신병원 환자 수가 15.4% 줄어들었다. 역대 최대 감소였다. 1980년에는 미국 전역의 주립 정신병원 환자 수가 13만 2164명으로 떨어졌다. 15년이라는 짧은 기간 동안 40만 병상이 제거됐다. 하지만 이런 감소는 재정적인 이유에 의한 탈수용화 과정의 일부였지, 신경이완 약물의 등장으로 인한 것이 아니었다.

해 경과가 훨씬 나쁘다는 세계보건기구WHO의 반복된 연구결과 발표에도 불구하고 이런 생각은 흔들리지 않았다.

세계보건기구가 다양한 나라들의 조현병 환자들의 경과에 대한 비교 연구를 처음 시작한 것은 1969년이다. 이 연구는 8년 동안 진행됐다. 결과는 충격적이었다. 2년 후 경과와 5년 후 경과 모두에서 인도, 나이지리아, 콜롬비아 같은 가난한 나라들의 조현병 환자들이 미국과 다른 선진국 4개국의 환자들보다 훨씬 좋았던 것이다. 후진국 환자들의 완쾌 비율과 사회 적응도가 훨씬 높았다. 세계보건기구는 후진국 환자들이 "사회적 결과가 두드러지게 좋았다."라며 이 환자들 중에서 만성으로 진행한 사람은 극소수에 불과했다고 발표했다. 5년 후 경과에서도 후진국 환자들의 약 64%가 증상을 전혀 나타내지 않았고 정상적인 생활을 한 것으로 나타났다. 이 환자들의 12%는 완전히 회복되지도 만성으로 진행되지도 않았으며, 나머지 24%는 경과가 여전히 나빴다. 이와는 대조적으로, 선진국 환자들 중 증상을 전혀 나타내지 않고 정상적인 생활을 한 사람은 18%에 불과했고, 그저 그런 정도의 경과를 보인 환자가 17%였으며, 경과가 여전히 나쁜 환자가 거의 65%에 달했다.[28] 가난한 나라들의 조현병 진행 양상은 부자 나라들의 양상과 너무나 달라 세계보건기구 연구자들은 선진국에서 사는 것이 조현병 환자들이 완전히 회복되지 않는 현상의 "강력한 예측 변수"라는 결론을 내리게 됐다.[29]

1979년에 발표된 이 연구결과가 미국을 비롯한 선진국들의 정신의학계를 흔들어 놓은 것은 당연했다. 하지만 서양의 의사들은 자신들이 처방한 약물이 이런 당황스러운 결과를 유도했다는 결론을 받아들이지 않았고, 이 의사들 대부분은 세계보건기구의 연구결과에 결함이 있다며 무시했다. 이들은 가난한 나라에서 조현병 진단을 받은 사람들은 증상이 심각한 사람들이 아니라 가벼운 증상을 나타낸 사람들이었을 것이라고 주장했고, 이런 비판을 의식해 세계보건기구는 후속 연구에 착수했다. 이번에는 10개국 환자들의 2년 후 경과를 비교했고, 동일한 판단기준에 의한 초발 조현병 환자들에 초점을 맞췄다. 세계보건기구 연구자들은 환자들을 다시 하위 그룹들로 분류하고 그 하위 그룹들 사이의 결과를 비교하기도 했다. 하지만 결과는 달라지지 않았다. 데이터를 어떻게 자르고 분류해도 후진국 환자들의 결과가 훨씬 좋다는 결과가 나왔다. 1992년 세계보건기구 연구자들은 "개발도상국 환자들의 결과가 더 좋다는 사실이 확인됐다."라고 발표했다.[30] 통계 수치도 첫 번째 연구와 거의 똑같이 나왔다. 가난한 나라들의 조현병 환자 중 거의 3분의 2가 좋은 결과를 나타냈고, 만성으로 진행한 환자는 3분의 1이 약간 넘는 수준이었다. 부자 나라에서는 좋은 결과와 나쁜 결과의 비율이 거의 정반대였다. 좋은 결과를 보인 환자는 3분의 1을 조금 넘는 수준이었고, 나머지 환자들은 경과가 그리 좋지 않았다.

이런 대조적인 결과가 제기하는 의문은 분명했다. 같은 질환의 결과가 이렇게 극명하게 차이가 나는 이유에 대한 의문이었다. 인도, 나이지리아, 콜롬비아의 조현병 환자들은 회복될 가능성이 매우 높은 반면, 미국, 영국, 덴마크 같은 나라의 조현병 환자들은 만성으로 진행될 확률이 높은 이유가 무엇이었을까? 왜 선진국에서 사는 것이 조현병 환자들에게 불리한 것이었을까? 세계보건기구 연구자들은 이런 극명한 차이를 설명하기 위해 가족 관계, 유년 시절의 경험, 사회의 태도 등의 다양한 요소들을 조사했지만, 답을 얻지 못했다. 이 연구자들이 내릴 수 있는 결론은 선진국의 조현병 환자들이 어떤 미지의 이유로 일반적으로 "증상이 완전하게 완화되거나 완화된 상태를 유지하지 못한다."라는 것밖에 없었다.

하지만 이런 차이를 설명할 수 있는 요소는 세계보건기구가 발표한 데이터 안에 숨어있었다. 이 요소는 서양 의학에 너무 위협적이어서 은폐된 것이었다.

"문화적" 요소들이 이런 차이를 설명할 수 있다는 생각은 확실히 잘못된 생각이다. 세계보건기구가 연구한 인도, 나이지리아, 콜롬비아는 문화적으로 비슷한 나라가 아니다. 이 나라들은 종교, 사람들의 신념 체계, 민족 구성 면에서 모두 다르다. 문화가 완전히 다른 나라들이다. 비슷한 맥락에서, 세계보건기구가 연구한 미국, 영국, 덴마크, 아일랜드, 러시아, 체코슬로바키아, 일본도 문화와 민족 구성 면에서 서로 다른 나라다. 그렇다면 차별 변수는 이 나라들의 의학 치료 방식에서밖에 찾을 수 없고, 그 차별 변수는 다음과 같다. 가난한 나라들의 의사는 일반적으로 정신병 환자에게 신경이완 약물을 계속 처방하지 않지만, 부자 나라들의 의사는 계속 신경이완 약물을 처방한다는 사실이다. 가난한 나라에서 계속 신경이완 약물을 처방받은 환자는 16%에 불과했지만, 부자 나라에서는 61%가 계속 신경이완 약물을 처방 받았다.

약물 사용과 환자의 결과 사이의 강력한 통계적 상관관계는 이 의학 치료 방식에 있었던 것이다. 이 상관관계가 반대로, 즉 약물 사용과 좋은 결과를 낳는다는 쪽으로 밝혀졌다면, 서양 정신의학계는 약물 사용에 과학적 근거가 있다는 것이 확인됐다며 만족감을 나타냈을 것이다. 어쨌든 약물 치료는 미국 정신의학계가 치료의 중심으로 생각해 왔던 의학적 방법이었기 때문이다. 하지만 세계보건기구 연구에 따르면 약물 치료는 최악의 결과를 낸 치료 모델이었다. 실제로 가장 결과가 나쁜 나라는 소련이었다. 소련은 다른 선진국들보다 훨씬 더 지속적으로 환자들에게 약물 치료를 실시한 나라였다. 소련 환자들은 88%가 지속적으로 약물을 투여 받았고, 2년 후 결과에서 호전된 비율은 20%를 넘지 못했다.[31]

1992년 세계보건기구 보고서 발표 이전에도 미국 연구자들에게는 이런 상관관계가 있을 것이라고 추론할 수 있는 계기가 있었다. 1987년 콜로라도 대학 심리학자 커트니 하딩은 1950년대 말 버몬트 주립병원에서 퇴원한 만성 조현병 환자 82명의 장기 경과를 추

표 9.1 조현병 결과: 선진국 대 개도국

	개도국	선진국
약물 사용		
후속 치료 기간 동안 항정신병 약물 비율 76~100% 투여	15.9%	61%
예상 가능한 최선의 결과		
완전한 완화를 포함한 완화 진행	62.7%	36.9%
후속 치료 기간 동안 완전한 완화 76~100%	38.3%	23.3%
장애가 없는 상태	42.9%	31.6%
예상 가능한 최악의 결과		
완전한 완화가 되지 않는 지속적 증상 발현	21.6%	38.3%
후속 치료 기간 동안 정신병 증상 발현 76~100%	15.1%	20.2%
후속 치료 기간 동안 사회 기능 장애	15.7%	41.6%

출처: <심리 의학(Psychological Medicine)>, 부록 20쪽(1992년).

적해 이 환자들의 3분의 1이 완전히 회복됐다는 조사 결과를 발표했다. 하딩의 후속 연구결과에 따르면, 결과가 가장 좋은 환자들에게는 하나의 공통적인 요소가 있었다. 이 환자들은 모두 신경이완 약물 복용을 중단한 사람들이었다. 하딩의 이 연구는 그때까지 미국에서 수행된 가장 대규모 장기 연구였다. 하딩은 조현병 환자들이 평생 신경이완 약물을 복용해야 한다는 생각은 "허구"에 불과하다고 결론지었다.[32]

나쁜 결과와 신경이완 약물의 상관관계는 신경이완 약물의 생물학적 효과에 대한 알려진 사실들과도 정확하게 일치했다. 신경이완 약물은 도파민 전달 경로에 파킨슨병과 기면성 뇌염에 의한 병적 손상과 비슷한 병리학적 현상을 유도하며, 도파민 시스템을 와해시켜 재발률을 높이고, 상당히 높은 비율로 비가역적인 뇌 손상 형태인 지연성 운동장애를 일으킨다는 사실이다. 이런 약물을 지속적으로 복용하는데 어떻게 정신병 환자가 회복돼 사회에 적응을 하고 정신병에서 완전히 회복될 수 있을 것인가. 플로리다 인터내셔널 대학 교수 데이비드 코언은 이렇게 말했다. "약물은 이미 삶이 망가져 상처를 입은 사람들을 완전히 망가뜨린다."[33]

하지만 세계보건기구의 연구는 미국 정신의학계가 신경이완 약물 치료에 대해 다시 생각하도록 만든 것 이상의 일을 해냈다. 이 연구는 미국 정신의학계가 조현병이라는 질환에 대해서도 처음부터 다시 생각하도록 만들었기 때문이다. 적어도 이 연구는 항정신병 약물을 지속적으로 처방하는 나라의 환자들은 조현병에서 회복할 수 있으며, 그런 회복이 흔한 일이라는 것을 증명했다. 세계보건기구 연구는 조현병 환자들이 모두 생물학적 뇌 질환을 앓고 있기 때문에 평생 약물에 의존해야 한다는 미국인들의 믿음이 잘못됐다는 것을 증명한 연구였다. 미국 정신의학계는 다른 나라들의 치료 성공 예로부터 교훈을 얻어 조현병이라는 불행한 질환을 앓고 있는 사람들에게 회복이 가능하다는 메시지를 전달했어야 했다. 이 메시지야말로 가장 효과가 뛰어난 '희망의 메시지'였을 것이다. 환자들에게 이런 메시지를 전달했다면 환자들은 정신을 마비시키는 약물에 평생 시달리지 않아도 됐을 것이다. 또한 조현병을 이런 식으로 생각했다면 중증 정신질환자들이 약물을 복용하지 않고 삶을 살아갈 수 있게 만드는 방향으로 의학 치료가 변화했을 것이다. 그렇게 됐다면, 환자들은 처음부터 신경이완 약물에 노출되지 않거나, 이미 복용하고 있었다면 점진적으로 복용을 중단하게 됐을 것이다. 신경이완 약물로부터의 해방이 바람직한 치료의 목적이 됐을 것이다.

하지만 당연히 이런 일은 일어나지 않았다. 제약사들의 돈에 의해 맺어진 항정신병 약물과 미국 정신의학계와의 밀접한 관계 때문에 정신과 의사들은 세계보건기구의 연구를 무시했고, 하딩의 연구를 외면했다. 조현병 환자들은 생물학적 뇌 장애를 겪고 있고, 항정신병 약물은 재발을 예방한다는 미국 정신의학계의 주장은 그대로 유지됐다. 미국의 대중을 속이기 위해 날조된 이야기는 계속해서 그 자리를 지켰다. 실제로 세계보건기구의 결과 발표 몇 년 후 미국정신보건연구원이 후원한 한 연구는 미국 내 치료가 가난한 나라들의 치료와는 정반대 방향으로 치닫고 있다는 연구결과를 발표했다. 이 연구에 따르면, 1998년 현재 미국 조현병 환자의 92%가 지속적으로 항정신병 약물을 복용하고 있었다.[34] 미국 정신의학계에서는 약물 투여 중단에 대한 생각조차도 금기시됐다. 미국 정신의학계의 태도가 얼마나 폐쇄적인지 보여주는 증거다.

제 10 장

무시되는 뉘른베르크 강령

그들이 내게 한 모든 짓의 목적은 연구였다. 의료 기록이 말해주듯 병원에 입원했을 때 나는 조용하고 협조적이었다. 단지 걱정이 많고 정신적으로 취약한 상태였을 뿐이었다. 하지만 퇴원할 때 나는 내가 미쳤다고 생각했다. 가족들도 내가 미쳤다고 생각했다. 친구들도 내가 미쳤다고 생각했다. 우리 가족과 나는 내게 나타나는 정신병적인 느낌과 행동이 그들의 실험 때문이 아니라, 내 자신에게 원인이 있기 때문이라고 생각했다.

- 샐마 프린스[1]

표준 신경이완 약물 치료가 성행했던 1950년대 초반부터 1990년대 초반까지의 미국 중증 정신질환자들에 대한 치료 기록을 살펴보면 충격을 받지 않을 수가 없다. 신경이완 약물은 치료적인 측면에서 볼 때도 중립적이지 않았고, 장기적으로는 확실히 해를 끼치는 약물이었다. (유럽과는 대조적으로) 미국에서는 다양한 나쁜 의학적 관행 때문에 신경이완 약물이 끼친 피해가 더 컸다. 미국 의사들은 진단을 부실하게 내리고, 지연성 운동장애의 위험성에 대한 경고를 환자에게 하지 않았고, 신경이완 약물을 초고용량으로 처방했기 때문이다. 1985년 하버드 의대 정신과 의사 조지프리핀스키는 조현병 환자로 오진돼 신경이완 약물을 처방 받은 환자들에 대해 "엄청난 피해를 입은 사람들"이라고 말했다.[2] 게다가 미국 정신의학계의 현실에는 다른 심각한 문제가 하나 더 있었다. 미국에서만 발생한 문제였다.

이 문제는 정신질환자들을 대상으로 한 의학 실험이었다. 이 문제를 정확하게 이해하려면 1947년으로 거슬러 올라가야 한다. 1947년은 미국이 뉘른베르크 재판에 나치 의사들을 회부한 해로, 추후에 인간 대상 실험에 지침이 되는 강령이 제정된 해였다.

미국인들이 잘 알고 있는 뉘른베르크 재판은 나치 전범들과 그들의 "인류에 대한 범죄"를 다룬 제1차 뉘른베르크 재판이다. 이 재판은 제2차 세계대전 연합국 진영 국가들이 모두 참여한 재판이었다. 제2차 뉘른베르크 재판은 나치 의사들이 전쟁 기간 동안 시행했던 인간 대상 실험을 다룬 재판으로, 미국 판사들만 참여했다. 미국 변호사들이 검사 역할을 맡고, 미국 판사들이 주재한 재판이었다. 미국은 이 재판을 통해 윤리적 연구의 범위를 확정하는 나라, 과학 연구가 도적적인 방식으로 이뤄져야 한다고 주장하는 나라라는 이미지를 심었다.

나치의 인간 실험은 극도로 끔찍한 실험이었지만, 확실한 과학적인 목적이 있었다. 나치 실험의 대부분은 전시에 유용한 정보를 제공하기 위해 이뤄진 것이었다. 예를 들어, 전쟁 당시 독일군은 격추된 전투기에서 낙하산을 타고 탈출한 조종사가 차가운 북대서양

바다에 떨어질 때 살아남을 수 있는 방법에 관심이 있었다. 이 상황에서의 생존 전략을 연구하기 위해 나치 의사들은 다하우 강제수용소의 유대인에게 바닷물을 마시게 만들고, 죽을 때까지 얼음물에 집어넣고 관찰했다. 나치 의사들은 전투기에서 탈출하는 조종사들에게 급격한 기압 변화가 어떤 영향을 미치는지 알아내기 위해 유대인, 폴란드인, 러시아인들을 압력실에 집어넣기도 했다. 라벤스브뤼크 강제수용소에서는 혈액 응고 실험을 위해 수용자들을 총으로 쏘기도 했다. 나치 의사들은 의도적으로 수용자들에게 부상을 입히고, 상처를 세균에 노출시키기도 했다. 감염 환자 치료법을 시험하기 위해서였다. 또한 역사학자 로버트 프록터에 따르면, 나치 의사들은 자신들이 하는 실험에 도덕적인 근거가 있다고 믿었다. 당시의 우생학적 철학에 따라 이들은 어떤 사람들이 다른 사람들보다 더 가치 있다고 믿었다. 이런 실험 과정에서 사망하거나 다친 유대인과 포로들은 하등한 존재로 생각됐다. 나치 의사들은 이렇게 얻은 지식이 우월한 독일인의 목숨을 구할 수 있다고 믿은 것이었다. 이런 식의 논리에 기초해 나치 의사들은 자신들이 하는 실험이 궁극적인 "선"의 구현에 도움이 된다고 믿었다.

1947년 8월 미국 판사들은 피고 23명 중 15명에게 유죄 판결을 내리고, 그중 7명에게 교수형을 선고했다. 이 판결문에는 미국 의사 앤드류 아이비와 리오 알렉산더가 작성한 윤리적 인간 실험을 위한 뉘른베르크 강령 10개 조항이 포함됐다. 모든 사람이 지켜야 하는 "자연법"으로 내세운 이 강령의 핵심은 과학으로 인한 이득이 실험 대상이 되는 인간의 권리에 우선할 수 없다는 원칙이다. 연구 대상이 되는 인간은 과학적 목적을 위한 수단으로 보아서는 안 되며, 항상 이들에게 미리 설명을 하고 동의를 받아야 한다는 원칙이다. 나치 대학살 생존자 엘리 위젤Elie Weisel은 이렇게 썼다. "인간 실험에서 인권에 대한 존중은 인간을 고유하고 존재로, 인간 자체를 목적으로 보아야 가능하다."[3]

하지만 뉘른베르크 강령의 잉크가 마르기도 전에 뉴욕 주립 정신의학연구소 소장 폴 호흐는 정신병의 "화학적 과정"을 연구할 목적으로 조현병 환자들에게 LSD와 메스칼린mescaline을 투여하기 시작했다.

처음에는 메스칼린, 다음은 전전두엽 절제술

정신병을 생물학적으로 다룬 수많은 전후 세대 정신과 의사들처럼 호흐도 유럽에서 교육을 받았다. 헝가리 부다페스트에서 태어난 호흐는 독일 괴팅겐에서 의대를 다닌 후 1929년 독일 시민권을 획득했다. 1933년 미국으로 이주해 맨해튼 주립병원 의사가 된 호흐는 1939년에는 충격요법 책임자가 됐다. 당시의 다양한 신체 치료법을 신봉했던 호흐는 같은 독일 출신 이민자인 로타르 칼리노프스키와 공동으로 신체 치료법에 대한 책을 쓰기도 했다. 1948년부터 1955년까지 호흐는 뉴욕 정신의학연구소 실험 정신과학 부문을 이끌면서 조현병 연구의 미국 내 최고 권위자로 발돋움했다.

호흐 같은 의사들이 당면한 문제 중 하나는 조현병 모델을 개발하는 것이었다. 의학계의 통상적인 관행은 동물 연구를 통해 질병의 모델을 개발하는 방식을 취한다. 하지만 호흐와 동료들은 조현병에는 동물 연구결과를 적용할 수 없다고 생각했다. 조현병은 인간에게만 발생하는 질환이라고 생각했기 때문이다. 호흐는 조현병의 생물학적 과정을 연구하기 위해서는 인간에게서 "정신병 모델"을 찾아야 한다고 믿었다. 호흐는 약물을 사용해 정신질환자에서 실험적으로 망상과 환각을 일으킴으로써 "실험으로 유도한 정신병 증상의 화학적 배경 규명"이 가능할 것이라고 주장했다.[4]

6가지 약물로 실험을 진행한 후 호흐와 동료들은 LSD와 메스칼린을 선택했다. 1949년부터 1952년까지 이들은 이 약물들을 정신질환자 60명 이상에게 투여했다. 호흐는 이 두 약물 모두 "환자의 조현병 정신분열 현상을 심화시켰다. 따라서 이 두 약물은 조현병 환자의 조현병 구조를 들여다볼 수 있게 해주는 돋보기 같은 중요한 역할을 한다."라고 밝혔다. 또한 호흐는 LSD와 메스칼린은 실험 전에는 "조현병적 사고를 별로 드러내지 않았던 유사 신경증 환자들"에게 LSD와 메스칼린을 투여했을 때 본격적인 조현병 증상이 유도됐다고 말했다. 1950년 디트로이트에서 열린 미국정신의학회 연례 회의에서 호흐는 LSD와 메스칼린을 투여했을 때 이 환자들이 “강렬한 증상을 겪었으며”, “지적인 분열현상이 두드러졌으며”, “환각과 망상에 지배됐다”라고 발표했다. 후에 호흐는 이런 종류의 연구가 “정신의학을 사실에 근거한 튼튼한 학문으로 자리 잡게 만드는 데 도움이 됐다.”라고 썼다.

이 연례 회의에서 호흐는 약물로 유도된 정신병 증상을 전기충격과 전전두엽 절제술이 어떻게 억제한지에 대해서도 자세히 설명했다. 이 실험의 대상이 된 사람들은 뇌에 끔찍한 손상을 입었다. 호흐는 이 환자들에게 먼저 메스칼린을 주입한 뒤 어떤 반응을 보이는지 관찰했다. 그 뒤에는 메스칼린을 주입라고 전기충격을 가해 정신병 증상이 없어지는지 관찰했다. 하지만 전기충격으로는 증상이 없어지지 않았다. 마지막으로 호흐는 전전두엽 절제술(또는 전전두엽 절제술의 변형된 형태인 뇌겉질부분절제술topectomy)을 시행한 다음 메스칼린을 다시 주사했다. 호흐는 “정신수술 전후의 정신병 증상 변화의 임상적 구조를 연구하기 위해” 이런 실험을 진행했다고 말했다. 실험 결과에 따르면, 메스칼린은 성공적으로 “정신병 증상을 재발시켰지만” 전전두엽 절제술을 받은 환자들에게서는 격렬한 감정적 동요를 수반한 정신병 증상이 나타나지 않았다.

호흐의 실험 대상이 된 사람 중에 36세 남성이 있었다. 실험 전에는 연속되는 긴장감, 사회적 부적응 등의 비교적 가벼운 증상이 있던 사람이었다. 실험 전 이 남성은 조현병적 사고를 별로 드러내지 않았던 "유사 신경증 환자"였다. 하지만 이 남성은 사실 연구를 위해 희생당한 피해자였다. 이 실험 기록을 살펴보자.

> 메스칼린을 주사하자 환자는 입에서 특정한 맛이 느껴지고, 추운 느낌이 들고, 침을 삼키기가 어렵다고 호소했다. 환각 증상도 나타났다. 환자는 용과 호랑이가 자신을 잡아먹으러 온다고 말하면서, 이 환각에 매우 불안한 반응을 나타냈다. 또한 환자는 방 안의 물체들이 뒤틀려 보인다고 말하기도 했다. 불안과 공포가 심해졌고, 공황 수준에 이르기도 했다. 주변 물체들이 자신을 괴롭힌다고 말했으며, 죽음의 공포, 자극에 과민해지고 의심, 당혹, 자아 상실 등의 증상이 나타났다. 약물의 효과가 지속되는 동안 전형적인 조현병 증상이 나타났다. 다음으로 환자에게 안와 경유 전전두엽 절제술을 시행하고 다시 메스칼린을 주입했다. 증상이 수술 전에 비해 많이 나타나지 않았다는 점을 제외하면 이 환자는 수술 전에 보였던 증상을 거의 그대로 나타냈다.[5]

그때까지 호흐는 전전두엽 절제술로 치러야 할 대가에 대해 별로 중요하게 생각하지 않고 있었다. 호흐는 전전두엽 절제술이 인격을 "손상시킨다."라고 썼다. 이 수술이 환자들을 무관심하게 만들고, 의지를 약화시키고, 감정을 무디게 만든다는 설명이었다.[6] 다른 사람들이 전전두엽 절제술을 "영혼을 절단하는 수술"이라고 비판하고 있을 때도 호흐는 그렇게 생각하지 않았다. 그럼에도 불구하고 호흐의 동료 연구자들은 호흐의 발표가 끝날 때 그의 실험이 "주의 깊으면서 독창적인 연구"라고 환호를 보냈다. 네바다 주의 정신과 의사 월터 브롬버그는 메스칼린이 조현병 연구를 가능하게 하는 "돋보기"로 기능한다고 말했고, 켄터키 주의 정신과 의사 빅터 보걸은 "정신병 증상 유발 실험에는 엄청난 가능성이 있는 것이 분명하다."라고 말했다.[7] 호흐의 연구의 윤리성을 의심하는 사람은 아무도 없었다. 참석자들은 모두 이 연구를 과학적 지식의 추구로 생각했고, 곧 다른 연구자들도 정신질환자에게 환각 약물을 투여하는 실험을 진행한 후 자랑스럽게 실험 경과를 설명하는 분위기가 미국 내에서 형성됐다. 웨인 주립대의 의사들은 감각 차단, 수면 박탈, 펜시클리딘phencyclidine 등의 수단을 동원해 조현병 환자들의 증상을 악화시키기도 했다. 펜시클리딘은 한 번 주입으로 한 달 넘게 "중증 분열 퇴화 상태"를 지속시킬 수 있는 약물이다.[8] 호흐는 이 실험으로 미국 정신의학계에서 더 큰 명성을 얻게 돼 생물정신의학회 회장으로 선출된 데 이어 <종합 정신의학Comprehensive Psychiatry>의 편집장으로 선임됐다. 1964년 호흐가 세상을 떠났을 때 사람들은 그를 "완벽한 정신의학자"로 치켜세웠고, 뉴욕 정신의학연구소 로비에는 호흐의 흉상이 세워졌다. 흉상 밑에 붙은 명판에는 "인정 많은 의사, 영감을 주는 스승, 독창적인 연구자, 헌신적인 과학자"라는 문구가 새겨져 있다.

도파민 가설의 부활

1950년대에 커다란 가능성이 있다고 생각되던 이런 실험들은 1960년대 초반이 되자 거의 끝이 났다. 1962년 미국 캘리포니아 재향군인관리국 소속 정신과 의사 레오 홀리스터는 LSD, 메스칼린, 실로시빈psylocybin 등의 환각 약물로는 정신병 모델을 개발할 수 없다고 강력하게 비판했다. 이런 환각 약물은 환시를 주로 일으키지만, 조현병 환자들은 주로 환청에 시달리기 때문이라는 게 홀리스터의 설명이었다.[9] 환각 약물은 전혀 새로운 방식으로 조현병 환자들에게 고통을 주고 있었던 것에 불과했다. 이보다 훨씬 더 큰 문제는 1960년 초반 미국 연방정부가 LSD 등의 환각 약물이 위험한 약물이라고 선언하면서 이런 환각 약물들의 판매나 소지를 범죄로 규정했다는 것이었다. 정부가 이런 입장을 취하자 미국정신보건연구원이 중증 정신질환자들에게 이런 환각 약물을 투여하는 실험에 연구비를 지원하기 어려워졌다.

하지만 이 상황에서 도파민 가설이 증상 악화 실험에 새 생명을 불어넣었다. 도파민 가설의 과학적 근거는 매우 간단하다. 정신병이 도파민 시스템의 지나친 활성화 때문에 발생한다면(당시에는 참신한 가설이었다), 뇌 내 뉴런이 도파민을 분비하게 만드는 암페타민amphetamine, 메틸페니데이트methylphenidate, L-도파L-dopa 같은 약물은 이론적으로는 중증 정신질환자의 증상을 더 악화시켜야 한다. 이 가설을 최초로 시험한 연구자는 캘리포니아대 샌디에이고 캠퍼스 의대 교수 데이비드 야노프스키다. 1973년 야노프스키는 암페타민 주사가 "정신병 환자 또는 '경계성' 정신병 환자의 정신병 증상을 빠르게 심화시킨다."라고 발표했다. 또한 야노프스키는 후속 실험에서 도파민 분비 약물인 d-암페타민, l-암페타민, 메틸페니데이트가 정신질환자에게서 환각과 망상을 일으키는 상대적인 강도를 명시하기까지 했다. 이 약물 중 증상을 가장 심하게 일으킨 약물은 메틸페니데이트였다.[10]

야노프스키의 연구는 도파민 가설의 유효성을 증명하는 연구로 받아들여졌다. 야노프스키는 소량의 암페타민 투여로도 기존 정신병 환자를 악화시킬 수 있다는 사실을 이미 발견한 상태에서, 암페타민이 "정상인"도 정신병 환자로 만들 수 있다는 것을 증명했다. 또한 야노프스키는 자신의 연구에 윤리적 명분도 부여하면서 다음과 같이 말했다. "약물 유도 반응이 일어나는 동안 관찰한 결과를 통해 얻은 진단적·정신치료적 지식에 따라, 정신자극제 주입으로 정신병 증상을 1~2 시간 동안 확실하게 증폭시키는 것이 가능하다고 생각한다."

이 연구 이후 미국 정신의학계에서 증상 유발 실험은 확고한 자리를 잡게 됐고, 그 후 25년 동안 그 자리를 유지하게 된다. 연구자들은 정신병 환자들을 "일시적으로" 악화시키는 것이 윤리적으로 문제가 없다는 야노프스키의 주장을 받아들였고, 1980년대 중반이 되자 정부가 지원한 이런 연구들의 대상이 된 정신병 환자의 수는 750명을 넘어섰다. 조현병 환자가 도파민 시스템 이상 때문에 증상이 나타나는 것으로 보이지 않는다는 연구결과들이 발표됐지만, 증상 유발 실험을 막을 수는 없었다. 최소한 증상 악화 실험은 조현병 환자의 도파민 시스템이 정상인에 비해 "불안정"하며, 극심한 정신병 증상 발현이 도파민 활동의 일시적인 증가와 연관이 있을 수 있다는 가능성을 보여줬기 때문이다. 연구자들은 이런 식으로 정신병의 생물학적 메커니즘을 밝혀내다보면 언젠가는 새로운 조현병 진단 방법과 더 좋은 치료약을 개발할 수 있을 것이라고 생각했다.

이런 연구에 동원된 환자들의 조현병 진행 단계는 다양했다. 정신병 증상을 처음 나타나 응급실에 실려 온 사람들을 대상으로 진행된 실험도 있었다. 뉴욕 주 퀸스 소재 힐사이드 병원 의사들은 초발 환자 70명에게 메틸페니데이트를 주입해 관찰한 뒤, 이 환자들의 59%가 일시적으로 "훨씬 더 악화되거나", "극도로 악화됐다"라는 결과를 발표하기도 했다. 그 후 이 의사들은 이 환자들에게 신경이완 약물을 투여했지만 진정되는 데 평균보다 더 많은 시간이 걸린다는 것을 확인했다. 70명 중 12명은 1년 후에도 정신병 증상이 그대로 유지됐다. 이 의사들은 "환자가 회복될 때까지 시간이 너무 많이 걸려 놀랐다."라고 털어놨다.[11] 한편, 1997년 신시내티 병원 의사들은 18세 청소년들을 포함한 초발 입원환자 17명에게 암페타민을 여러 차례 투여한 실험 결과를 발표했다. 암페타민을 투여할 때마다 환자들이 증상이 더 악화되는지 확인하기 위한 실험이었다. 이 의사들은 이 실험으로 "명백한 정신병"에 이르는 "증감" 과정을 규명할 수 있을 것이라고 생각했다.[12]

환각 약물이 급성 정신병에서 어느 정도 회복된 입원환자들에게 미치는 영향을 연구한 의사들도 있었다. 도파민 분비를 유도하는 환각 약물이 정신병 증상을 다시 일으킬 수 있는지 확인하기 위한 연구였다. 1991년 일리노이 주립 정신병원 의사들은 입원한 지 2주 된 환자 20명(이들 중 일부는 전혀 증상이 없었고 신경이완 약물을 성공적으로 끊은 상태였다)에게 메틸페니데이트를 주입한 결과 환자 대부분에서 "중간 정도의 악화" 또는 "현저한 악화"가 나타났다고 발표했다. 이 의사들은 이 실험 결과가 "메틸페니데이트가 휴면 상태의 정신병 증상을 활성화한다."는 사실을 증명한다고 결론지었다.[13] 이와 비슷한 맥락에서, 버지니아 의대 의사들은 퇴원할 수 있는 수준으로 회복된 환자 19명에게 암페타민을 투여하는 실험을 진행했다. 대상 환자 중 4명은 상당히 악화됐고, 1명은 극심한 정신병 증상을 다시 나타냈다.[14]

지역사회에 살고 있던 환자들을 대상으로 이런 실험을 진행한 연구자들도 있었다. 1987년 브롱크스 재향군인관리국 산하 병원 의사들은 "현재 상태로는 조현병 환자로 간주되지 않는" 7명을 포함한 환자 28명의 약물 복용을 갑자기 중단시킨 후 L-도파를 7

일 연속 주입했다. L-도파는 환각 등의 정신병 증상을 일으킨다고 1970년대에 밝혀진 약물이다. L-도파를 주입받은 환자 중에서 가장 증상이 많이 악화된 환자들이 극심한 재발을 가장 빨리 겪는지 확인하기 위한 실험이었다. 이 환자 28명 모두에게서 결국 정신병 증상이 재발했다. 이 환자들 중에는 실험 전 15년 동안 안정적으로 지내던 환자도 포함돼 있었다.[15]

연구자들은 <생물정신의학>, <일반 정신의학 아카이브>, <미국정신의학회지> 같은 의학 저널에 결과를 발표하면서 환자 개개인의 경과는 자세하게 기술하지 않았다. 연구자들은 증상이 악화된 환자들의 비율을 묶어서 발표했을 뿐이다. 하지만 1987년 미국정신보건연구원 연구자들이 이런 관행을 깼다. 메틸페니데이트가 환자들에게 "끔찍할 정도의 강도로" 증상을 일으키는 과정을 자세하게 기술한 것이다. 이 연구자들이 한 환자에 관해 쓴 내용을 살펴보자.

> 메틸페니데이트 주입 후 몇 분 만에 환자 A는 메스꺼움과 운동기능 이상을 경험했다. 곧 환자는 걷잡을 수 없이 몸부림을 치면서 화를 냈다. 얼굴을 찡그리고 끙끙거리거나 소리를 질렀다. 맥박과 혈압이 크게 증가했다. 약물 주입 후 15분이 지나자 환자는 "그놈이 또 온다. 나보다 센 놈이다."라고 소리쳤다. 환자는 주먹으로 침대와 탁자를 내려치면서 건드리지 말라고 했다. 건드리면 공격하겠다는 경고였다.[16]

놀라운 것은 환자의 이런 고통이 생생하게 묘사되는데도 이런 연구가 타격을 받지 않았다는 사실이다. 1990년대가 되자 오히려 이런 실험은 더 활발하게 이뤄졌다. PET 같은 새로운 촬영 기법이 발명되면서 정신병 증상이 나타나는 동안 뇌의 어떤 부분이 가장 크게 활성화되는지 알아낼 수 있게 된 연구자들은 필요할 때마다 암페타민 등의 도파민 방출 유도 약물을 사용하게 됐다. “비정형적Atypical” 항정신병 약물이라는 새로운 약물도 출시되고 있었다. 이 약물은 도파민과 세로토닌 수준을 모두 변화시키는 약물이다. 이런 약물의 등장으로 정신병을 매개하는 과정에 도파민, 세로토닌, 글루타메이트, 노르에피네프린norepinephrine 등 수많은 신경전달물질이 연관돼 있을 것이라는 추정이 이뤄지게 됐고, 연구자들은 이런 신경전달물질들의 역할을 연구하기 위해 조현병 증상을 악화시키는 새로운 약물을 사용하기 시작했다.

예일 대학 의사들은 재향군인관리국 산하 병원의 조현병 환자 12명에게 메타-클로로페닐피페라진meta-chlorophenylpiperazine을 주입했다. 세로토닌 활성에 영향을 미치는 약물이다. 이 환자들은 의사들의 예상대로 “모든 환자의 특징적인 증상들이 악화됐다.”[17] 미국정신보건연구원과 메릴랜드 대학의 정신의학자들은 케타민이 조현병 증상에 미치는 효과를 연구했다. 케타민은 “엔젤 더스트angel dust라는 이름으로 잘 알려진 마약과 화학적 성분이 비슷한 약물이다. 미국정신보건연구원 연구결과에 따르면, 뇌 내 글루타

메이트 활성을 변화시키는 이 약물은 긍정적 증상, 부정적 증상, 인지기능을 증폭시키기 때문에, 광범위한 증상을 악화시키는 암페타민보다 조현병 모델 연구에 유리하다고 생각됐다.[18] 메릴랜드 대학 연구자들은 케타민 주입으로 인한 증상 악화가 몇 시간 동안 지속되며, 다음 날까지 지속되는 경우도 있다고 밝혔다. 이 연구자들이 28세 남성 환자에 관해 쓴 내용을 살펴보자.

> 케타민을 주입하자 환자는 사고 분열(신어조작증, 사고 비약, 연상이완)과 의심 그리고 편집증적 망상 증상이 모두 늘어났다. 0.1밀리그램을 주입했을 때는 가벼운 의심 증상이 나타났지만, 주입량이 0.3밀리그램이 되자 중등도 정도의 사고 분열과 편집증적 망상 증상이 나타났고, 주입량이 0.5밀리그램이 되자 망상 증상 극도로 심해지면서, 자신이 미국 대통령을 암살 위협으로부터 어떻게 구했는지 말하기 시작했다.[19]

미국 유명 의대 정신과 의사들이 시행한 증상 악화 실험은 미국 시민이 낸 세금으로 이뤄진 실험이었다. 이런 실험을 진행한 나라는 미국이 거의 유일했다. 1970년부터 1990년대까지 유럽의 연구자들은 의학 저널에 이런 실험과 관련된 논문을 발표한 적이 없었다. 또한 이 오랜 기간 동안 증상 악화 실험은 대중에게는 노출되지 않았다. 대중이 이런 실험에 대해 처음 알게 된 것은 아들을 신경이완 약물 부작용으로 잃은 나치 홀로코스트 생존자 베라 샤라프가 이끄는 서케어Circare라는 시민운동단체와 아들이 조현병 환자였던 메릴랜드 의대 생물학 교수 아딜 샤무가 이런 실험에 대해 밝히기 시작한 1990년대 중후반에 이르러서였다. 샤라프는 "이런 실험들은 힘없는 사람들에게만 시행됐다."라고 말했고,[20] 미국의 정신의학 연구자들은 졸지에 비판의 대상으로 전락했다. 이런 상황에서 증상 악화 실험에 자원할 사람은 아무도 없었다.

샤라프와 샤무의 조사 결과는 조현병 환자들에 대한 대중의 생각을 완전히 바꿔놓았다.

일부 연구자들은 조현병 환자들이 증상 악화 실험에 자원한 이유는 과학 발전에 기여한다는 생각 때문이었다며, 이런 실험을 중단시키려고 하는 서케어 같은 단체들이 정신질환자들에게 이런 기회를 박탈하고 있다고 주장했다. 미국정신보건연구원 임상연구 부책임자 데이비드 쇼어는 "사람들에게는 위험을 무릅쓸 권리가 있다. 조현병의 원인을 규명하는 데 도움이 된다고 믿는 사람이라면 일시적으로 증상을 악화시키는 실험에 참여할 권리가 있다. 정신장애를 가진 사람도 이타주의적인 행동을 할 수 있다는 것이 내 생각이다. 정신질환을 가진 사람들을 그 정신질환의 원인을 규명하는 연구에 참여하지 못하게 만드는 것은 그 사람들의 인주도의적인 생각을 무시하는 것이다."라고 말했다.[21]

대중은 종종 정신질환자들이 이성적인 사고를 하지 못한다고 잘못 생각하고 있다는 것이 이런 연구자들의 주장이었다. 이 연구자들은 정신병 증상 때문에 응급실에 실려 온 환자들도 자신들의 증상을 악화시키는 실험에 "사전 동의informed consent"할 정도의 정신은 유지하고 있다고 주장했다. 매사추세츠 의대 정신의학과 과장 폴 애플봄은 이렇게 말했다. "정신병 증상이 있는 환자들도 삶의 다른 영역에서는 정상적인 경우가 많다. 이들은 망상을 겪거나 CIA나 FBI가 자신을 추격한다는 터무니없는 생각을 하면서도, 슈퍼마켓에 가서 저녁거리로 뭘 사야 하는지 생각할 수 있고, 실험 참여 조건이 무엇인지 이해할 수 있는 사람들이다."[22] 신시내티 대학 정신의학자 스티븐 스트라코프스는 다음과 같이 말하기도 했다. "이 환자들과 대화하다 보면, 대부분은 연구 절차에 대해 확실하게 이해한 후 이성적인 결정을 내린다는 것을 알 수 있다. 정신질환자들이 이런 결정을 내릴 수 없다고 생각하는 것은 이들에게 낙인을 찍는 것이다."[23]

하지만 이들의 이런 설명에는 결정적인 결함이 있었다. 이런 설명은 실제 실험 기록과 상반되는 것이었다.

동의 없는 실험

모든 자원자들은 "사전 동의"를 해야 한다고 규정한 뉘른베르크 강령에도 불구하고, 증상 악화 시험을 진행한 미국의 정신의학자들은 1980년대 이전에는 사전 동의를 거의 구하지 않았다. 1994년에 확실하게 밝혀진 바에 따르면, 사전 동의를 구하지 않은 이유 중 하나는 사전 동의서를 통해 이런 실험이 환자들의 증상을 악화시킬 수 있다는 사실을 환자 가족들에게 알리는 것이 바람직하지 않다고 연구자들이 생각했기 때문이다. 환자들이 이런 실험의 어두운 면에 대해 전혀 알지 못했다는 충격적인 사실을 기록한 사람은 브롱크스 재향군인관리국 산하 병원 L-도파 연구 책임자 마이클 데이비드슨 박사였다.

1994년 초 샤라프는 L-도파 연구에 참여한 환자들의 사전 동의서를 입수했다. 이 사전 동의서에서 데이비드슨은 L-도파가 "치명적인 정신병 증상"을 일으킨다는 사실이 이전 실험에서 밝혀졌다는 사실을 환자들에게 고지하지 않았던 것이다. 데이비드슨은 실험의 목적이 "L-도파에 의해 분비된 다양한 뇌 호르몬의 혈중 수치를 측정하는 것"이며 "주기적인 약물 투여가 안전한지 환자에게 알려줄 수도 있다"라고 사전 동의서에 기록했다. 데이비드슨과 동료들은 환자들에게 발생할 수 있는 위험에 대해서는 L-도파가 혈압을 높이거나 위통을 일으킬 가능성이 있지만, "실험에서 우리가 투여할 용량으로는 이런 부작용이 전혀 발생하지 않을 것으로 예상한다."라고 썼다.[24] 데이비드슨은 샤라프에게 보낸 편지에서 이 사전 동의서가 환자들에게 잘못된 정보를 줬다고 고백했다. 데이비드슨은 이런 실험이 구상되던 1979년 당시의 연구자들의 생각을 다음과 같이 밝혔다.

> 당시 연구자들은 정신병 증상 발현이나 재발에 대해 환자들에게 알려주지 않는 것이 바람직하다고 생각했다. 사전 동의서에 "재발될 수 있다." 또는 "정신병 증상이 악화될 수 있다."라는 말 대신 "환자가 투여 받는 약물이 안전한지 관찰하는 것이 목적이다.", "환자의 증상이 악화되거나, 환자의 요청이 있을 때 약물 투여를 중지한다." 같은 문구가 최종 문구로 확정된 이유가 여기에 있다. 정신병 증상이나 조현병에 대해 환자들에게 고지하는 것은 환자들에게 불필요한 불안을 유발해 환자에게 이득이 되지 않을 수 있다는 것이 내부 검토 위원회의 생각이었던 것 같다. 1994년 기준으로는 이런 관행이 권위주의적으로 보일 수 있지만, 1979년 당시는 환자를 "나쁜 소식"으로부터 보호하는 것이 표준적인 관행으로 인정되던 때였다.[25]

과거의 악행을 인정하면서 데이비드슨은 상황이 변했다고 말했다. 연구자들은 이제 그런 식으로 환자들에게 거짓말을 하지 않는다는 말이었다. 하지만 정보자유법에 따라 공개된 1985년 이후의 증상 악화 실험 사전 동의서들도 이전과 같은 내용을 담고 있었다. 이 사전 동의서들 중에서 실험이 환자의 증상을 악화시킬 수 있다는 문구가 포함된 동의서는 한 건도 없었다.

예를 들어, 1994년 뉴욕대 의대 애덤 월킨과 동료들은 <생물정신의학>에 자신들이 PET 기술을 이용해 "암페타민이 정신병 증상을 악화시킨 환자들의 대사 활동을 측정하는" 실험을 진행했다고 발표했다. 하지만 이 연구자들이 대상 환자들에게 제시한 사전 동의서는 전혀 다른 내용이었다. 이 사전 동의서에는 실험이 "PET를 이용해 뇌의 다양한 영역들의 이상을 측정하고, 그 이상이 약물이 환자들의 증상에 미치는 영향과 어떤 관계를 가지는지 측정하기 위한 것"이라고만 명시돼 있었다. 뉴욕대 연구자들이 언급한 "약물"은 암페타민이었다. 이들은 환자 가족들에게 이 약물이 "대부분의 사람들에게서 에너지와 자신감이 높아지는 느낌을 일으킬 수 있다."라고만 설명했다(이 연구자들은 암페타민에 "위험성"이 있고, "일부 환자들에게서 확실한 부작용을 일으킬 수 있다"는 사실을 확실히 알고 있었다).[26]

메릴랜드 대학의 캐럴 태밍가 박사와 동료들이 사용한 케타민 실험용 사전 동의서는 더 많은 사실을 왜곡했다. 이 연구자들은 케타민이 환자의 망상을 악화시키고 감정을 둔화시킬 것이라고 예상했음에도 불구하고, 사전 동의서에서는 이 실험이 "케타민이라는 약물이 조현병 치료에 효과가 있는지, 만약 효과가 있다면 환자의 기저 질환에 영향을 미치는지, 아니면 케타민이 증상 치료에만 효과가 있는지 확인하기 위한 실험"이라고 밝혔다. 이들은 사전 동의서에서 케타민이 마취제로 사용될 때 "감각 왜곡"을 일으킨다는 사실은 인정했지만, 환자들에게는 "이 실험에서 투여될 용량으로는 의식 수준이 변화되지 않는다."라고 안심시켰다.[27]

미국정신보건연구원의 도널드 로젠스타인은 1998년 미국생명윤리자문위원회 회의에서 이렇게 환자들을 속이는 일이 일상적으로 일어나고 있다는 것을 암묵적으로 인정했다. 로젠스타인은 연구자들이 환자들에게 약물이 증상을 악화시킬 것으로 예상된다는 말을 하지 않고 있다고 말했다. 로젠스타인은 "이런 연구에 참여하는 사람들은 두 가지 사실을 반드시 알아야 한다."라며 위원회에서 다음과 같이 말했다.

> 첫 번째는 연구의 목적이 환자에게 도움을 주는 것이 아니라는 사실이다. 연구의 목적은 환자의 기저 상태에 대해 더 많은 것을 알아내는 것이다. 두 번째는 증상 발생이 예상된다는 사실이다. 이는 연구가 환자에게 도움이 되지 않을 수 있다는 사실과는 전혀 다른 사실이다. 수많은 사전 동의서에서 이런 표현이 사용돼 환자들을 오도하고 있다. 실험 결과로 나타나는 증상은 예상치 못한 부작용이 아니다. 연구자들을 포함한 수많은 사람들이 이런

문구들 때문에 혼란에 빠지고 있다.[28]

더 많은 것을 말해준 것은 실험 대상이었던 사람들의 반응이었다. 1998년 실험의 실체에 대해 알게 된 이들은 경악을 금치 못했다. 이들은 이런 실험이 "나치의 실험 같은 악"이며, "구시대의 정신요양소"에서 이뤄지던 학대를 연상케 한다고 말했다. 25세에 정신병 증상을 겪은 경험이 있으며 현재는 볼티모어 소재 정신질환자 요양원에서 일하는 마이클 서스코는 "이미 엄청난 고통을 겪고 있는 환자에게 의사가 신체적 고통을 추가하는 것은 권력 남용"이라고 말했다.[29] '정신건강을 위한 예술가들'의 창립자 프랭클린 마퀴트는 정신건강 "소비자들"을 대상으로 일시적으로 증상을 악화시키는 것이 환자에게 거의 해를 끼치지 않는다는 생각에 대해 설문조사를 실시한 결과, 응답자 전원이 이런 실험에 격렬한 반대 반응을 보였다고 밝혔다. 마퀴트는 "이런 고통스러운 일을 당해보지 않은 사람은 모를 것이다. 나는 공황 장애만으로도 세상 끝에 서있는 느낌에 시달린다."라고 말했다.[30]

하지만 실험 대상이었던 사람들을 가장 괴롭힌 것은 연구자들의 거짓말이었다. 1998년 전미정신질환자연맹NAMI 회장 웨슬리 앨콘은 "연구자들의 설명은 기만 그 자체였다."라며 다음과 같이 말했다.

사람들이 "가서 사전 동의서에 서명하고 고통을 더 당해야겠다." 라고 말할 것 같습니까? 이런 실험이 아니더라고 우린 충분히 고통을 당하고 있습니다. 이 연구자들은 우리가 아프다는 것을 알 능력이 없기 때문에 강제 입원법이 있어야 한다고 주장하는 사람들과 다를 게 없는 사람들입니다. 하지만 이제 그들은 우리가 이런 증상 악화 실험 참여에 동의할 정도로 판단력이 있으며, 우리가 자의에 의해 실험에 참여하며, 우리들이 그렇게 할 권리를 사회가 부정해서는 안 된다고 주장하고 있습니다. 그들의 위선은 상상을 초월합니다. 그들의 위선은 우리가 지금도 인간 이하의 취급을 받고 있다는 것을 보여주고 있습니다.[31]

종합해보면, 이런 문서 기록과 실험 대상 환자들의 반응은 모두 하나의 끔찍한 결론을 가리키고 있다. 50년 동안 미국의 과학자들은 정신질환자들의 증상을 악화시킬 것으로 예상되는 실험을 시행했고, 그 과정에서 실험의 목적을 은폐하면서 환자들을 기만했다는 결론이다. 이런 실험은 자신들에 어떤 일이 일어나는지 몰랐던 취약한 환자들을 주 대상으로 했으며, 뉘른베르크 강령이 근절하려고 했던 바로 그 유형의 과학 실험이었던 것이다.

이렇게 기만당하면서 실험 대상이 되는 일이 어떤 것인지 적나라하게 보여준 미국인이 있다. 샐마 프린스라는 사람이다.

"그전으로 돌아갈 수는 없을 겁니다."

프린스는 신시내티에 사는 초상화가다. 1975년 애빌린 크리스천 대학 미대를 졸업한 프린스는 잠시 뉴욕 아츠 스튜던트 리그에서 공부를 하면서 블루밍데일 백화점에서 초상화 그리는 일을 했다. 1981년 프린스는 조증 발작을 겪었고, 조울증(양극성 장애) 진단을 받았다. 의사들은 프린스에게 리튬을 처방했다. 리튬은 신경이완 약물보다는 견디기 쉬운 약물이지만, 숨겨진 부작용이 있는 약물이었다. 리튬을 계속 복용하다 갑자기 중단하면 증상 재발률이 높아지고, 리튬 복용 전보다 훨씬 증상이 악화됐다. 또한 이렇게 증상이 재발한 환자들은 다시 리튬을 복용해도 완전히 회복되지 않았다. 프린스는 리튬 복용을 하는 동안에는 경과가 꽤 좋았지만, 1983년 초 불안 증상이 나타나 신시내티 대학병원 응급실을 찾았다. 프린스는 무슨 수를 써서라도 조증 발작을 피하고 싶었다. 처음 조증 증상이 나타났을 때 남편이 떠나버렸기 때문이었다.[32]

병원 기록에 따르면 응급실에 도착했을 때 프린스는 옷매무새, 정신이 모두 멀쩡했다. 의사 데이비드 가버와 잭 허쇼비츠가 나중에 법정에서 진술한 바에 따르면, 혈중 리튬 농도를 측정한 후 약물 용량을 치료 수준까지 올리는 것이 외래 환자 표준 치료법이었다. 하지만 프린스는 입원 조치를 받고 조명이 흐릿한 방으로 옮겨졌고, 그 방에서 의사는 연구에 참여하겠냐고 물었다. 프린스는 며칠 동안 리튬을 복용하지 못한 상태에서 아포모르핀apomorphine을 투여 받았다. 성장호르몬 분비량을 늘릴 것으로 예상되는 약물이었다. 표면적으로 이 연구는 프린스 같은 환자에게 도움을 주기 위한 연구였다. 프린스가 서명한 사전 동의서의 내용은 다음과 같다. "나 샐마 프린스는 내 병에 대해 확실하게 진단하고 리튬 치료가 내 증상을 장기적으로 완화시키는지 확인하기 위한 의학 연구에 참여하는 데 동의한다."

프린스는 이렇게 회상했다. "서명을 했어요. 안전하기만을 바랐습니다. 의료보험이 없어서 불안했지만, 도움은 받아야 했어요. 의사 한 번 만나는 데 150달러였어요. 하지만 조증 발작은 피해야 했어요. 게다가 의사들은 자신들의 목표가 나를 낫게 해주는 것이라고 말했지요. 진짜 그렇게 말했어요. 나를 치료하는 게 목적이라고 말이에요."

하지만 사실 프린스는 치료를 스스로 포기할 수밖에 없는 "조현병의 생물학적 하위유형"에 관한 실험의 대상이 된 것이었다. 프린스는 최소 1주일 동안 리튬 복용을 하지 않은 상태에서 아포모르핀 주사를 맞았다. 아포모르핀은 정신병 증상 유발이 확인된 도파민 분비 유도 약물, 즉 프린스가 그렇게 두려워했던 조증 발작 위험을 높이는 약물이었다. 가버는 법정에서 갑작스러운 리튬 복용 중단은 양극성 장애 환자가 "자신 또는 다른 사람에게 해를 끼칠 수 있는 수준으로 망상을 일으킬 가능성이 있다."라고 인정했다. 가버는 사전 동의서에 이런 위험에 대해 경고하지 않았던 이유가 "의학 교육을 받지 않은 사람이 볼 때도 너무 명백한 위험이기 때문"이라고 말했다.

리튬 투여를 갑자기 중단하자 프린스의 상태는 예상대로 빠르게 악화됐다. 프린스는 시끄럽게 소란을 피웠고, 밤에도 잠을 이루지 못했다. 프린스는 간호사들에게 "당신들이 주는 성장호르몬이 내 가슴도 더 크게 만들면 좋겠다."라고 농담을 하기도 했다. 프린스가 자신에게 행해진 실험에 대해 거의 아무것도 몰랐다는 것을 보여주는 말이다. 리튬 복용을 중단한 지 4일째인 1월 17일, 프린스의 감정은 걷잡을 수 없을 정도로 증폭되기 시작했다. 프린스는 다른 환자를 때리기 시작했다. 병원 가구에 불을 지르고, 머리에 봉지를 뒤집어쓰고 자살 시도를 하기도 했다. 허쇼비츠는 프린스의 조증 증상이 "상당히 심해졌다"고 판단했다.

상태가 이렇게까지 됐는데도 허쇼비츠는 프린스에게 리튬을 다시 투여하지 않았다.

1월 19일 아침 병원 의사들은 프린스에게 아포모르핀을 처방했다. 프린스의 조증 증상과 망상 행동이 급격하게 심해졌다. 프린스는 "그때 나는 완전히 미쳤었다."라며 이렇게 말했다. "남미로 날아갈 수 있겠다는 생각이 들었던 게 기억난다. 정신이 완전히 나갈 것 같은 느낌이 들어 너무 두려웠다. 내 주변 환자들도 약물 복용을 중단하고 같은 주사를 맞은 사람들이었다. 죽을까봐 겁이 났다. 우리는 도와달라고 호소했다. 너무 무기력하게 느껴졌다." 프린스의 행동은 의사들이 프린스를 가죽 구속 도구에 묶어둘 정도로 난폭해졌다. 그렇게 사흘 동안 비참하게 묶여 지내는 동안 가족, 친구, 남자친구가 찾아와 이 모습에 입을 다물지 못했다. 다음은 당시 상황에 대한 프린스의 회상이다.

> "그때 이후 전과 같이 돌아갈 수는 없었다. 너무 힘이 없어 몸을 제대로 움직일 수 없게 됐다. 머리가 혼란스럽고 창피했다. 묶여서 누워있는 모습을 가족과 친구들, 남자친구가 볼 때 나는 모든 존엄성이 박탈되는 느낌이 들었다. 퇴원을 할 때는 자아 감각이 없었고, 내 자신이 완전히 바뀐 상태였다. 수치스럽고 당황스러웠다. 실험은 내 사회적인 능력도 변화시켰다. 친구들과의 관계와 직업 계획을 다시 시작해야 했고, 내가 누구인지에 대한 생각도 처음부터 다시 해야 했다."

당시 프린스는 자신에게 어떤 일이 일어났는지 전혀 몰랐다. 퇴원할 때 병원은 치료 명목으로 1만 5000달러를 청구했고, 프린스는 망가진 삶을 다시 시작해야 했다. 그러던 1994년 프린스는 <유에스 뉴스 앤드 월드 리포트>에서 냉전시대 아무것도 모르던 미국인을 대상으로 한 방사선 실험에 대해 읽게 됐고, 자신이 경험했던 끔찍한 실험에 대해 생각하게 됐다. 자신도 이용당했다는 생각이 든 것이었다. 프린스는 병원에 자신의 의료기록과 자신이 참여했던 실험 기록 사본을 요구해 받아냈고, 당시 병원 의사들을 고소해 자신에게 실험의 위험성을 알리지 않았던 이유를 설명하도록 만들었다. 프린스를 속인 내용이 모두 그 문서들에 담겨 있었다.

하지만 프린스의 이런 노력의 끝은 좋지 않았다. 소송을 담당한 판사들은 "사실"은 인정하면서도, 원고가 실험으로 피해를 입었다는 것을 더 일찍 알 수 있었으며, 실험 후 2년 이내에 소송을 제기하지 않았다는 이유를 들어 공소시효 만료로 인한 소송 각하 결정을 내렸다. 의사 측 변호인 켄 폴러는 프린스가 소송을 제기할 이유 자체가 애초부터 없었다면서 다음과 같이 말하기도 했다. "원고는 치료를 받았고, 그 치료는 현재까지 원고에게 도움을 주고 있다. 병원에 입원했을 당시 원고는 아픈 상태였지만, 퇴원할 때는 매우 좋은 상태였던 것으로 보인다."[33]

현재 증상 악화 실험에 대한 미국정신보건연구원의 연구비 지원은 중단된 것으로 보인다. 1998년에 진행된 증상 악화 실험들에 대중의 관심이 집중된 후 미국정신보건연구원은 관련 연구를 중지시켰기 때문이다. 임상적 진전 측면에서 볼 때 이 50년 동안의 실험은 아무런 성과도 내지 못했다. 조현병의 생물학적 메커니즘은 현재까지도 분명하게 밝혀지지 않고 있으며, 조현병 진단 방법도 아직 없고, 1990년대에 출시된 "비정형적(atypical) 약물"도 이런 연구의 결과물이 아니다. "정신병 모델"을 만들기 위한 반세기 동안의 노력은 정신병 치료에 전혀 기여하지 못한 것이다.

제 4 부

오늘날의 정신의학

1900년대~현재

1990 ~ Present

제 11 장

아주 비정형적이지는 않은

이 분야는 유행과 공상이 난무하는 분야다. 해마다 조현병의 원인이나 치료법을 발견했다는 새로운 주장이 제기된다. 하지만 이런 주장들이 처음에 내놓은 전망 중에서 현실화된 것은 아무 것도 없다. 새로운 "기적의" 치료법의 첫 번째 실험 대상이었던 환자들보다 그 치료법의 다음 실험 대상이 된 환자들이 항상 더 많은 내성을 보인다.

- 정신질환·정신건강 공동위원회, 1961년[1]

정신의학 분야의 중요한 특징 중 하나는 치료법이 떠올랐다 사라지는 일이 계속 된다는 것이다. 정신의학 분야에서는 효과적이라고 각광을 받던 치료법이 늘 존재했다. 채찍질, 사혈요법, 구토 유발 요법, 양의 갑상선을 먹이는 요법, 장시간 욕조에 담그는 요법, 전기충격 요법, 전전두엽 절제술 등의 요법은 한 때 "효과를 냈다." 하지만 곧 새로운 치료법이 떠올라 갑자기 조명을 받다가 결점이 밝혀지는 일이 반복됐다. 1990년대에도 이런 반복이 계속됐다. 새로운 "비정형적" 조현병 치료 약물들이 환호를 받으면서 출시돼 "획기적인" 치료 수단으로 각광을 받았고, 기존의 신경이완 약물들은 하루아침에 결함이 있는 약물로 전락했다.

하지만 최근의 정신의학 분야에서는 뭔가 다른 일이 일어났다.

클로르프로마진이 도입되기 전에는 치료법의 효능에 대한 믿음이 중구난방이었다. 요법을 고안한 사람은 매우 낙관적인 시각으로 이 치료법을 봤고, 그러면 정신병원 환자들에게 적용할 새로운 신체 치료법을 갈구하던 사람들은 이 치료법이 상당히 도움이 된다고 생각했다. 또한 기존의 치료법들은 모두 의심의 여지없이 확실히 "효과가 있었다." 이 치료법들은 어떤 방식으로든 환자를 조용하거나 약하게 만들었고, 이 치료법들로 인한 환자의 행동변화는 긍정적으로 받아들여졌다. 클로르프로마진에 대한 믿음은 수익을 추구하는 기업에 의해 효능에 대한 믿음이 최초로 조작된 예였다. 하지만 당시 제약업계는 태동기에 있었다. 기적의 신약 이야기를 만들어내는 방법이 아직 세련되지 않을 때였다. 화학적 전전두엽 절제술 효과를 내는 약물에서 항조현병 약물로 클로르프로마진이 변신하는 데는 10년이나 걸렸기 때문이다. 하지만 1980년대 후반이 되자 제약사들은 이야기를 만들어내는 능력이 상당히 진화했고, 획기적인 약물을 만드는 데 성공했다는 제약사들의 이야기는 상당히 정교한 형태를 가지게 됐다. 비정형적 약물에 관한 이야기도 그 이야기 중 하나였다. 의학의 진보라는 가면 뒤에는 탐욕, 죽음, 미국 대중에 대한 의도적 기만으로 점철된 과학 이야기가 숨어있는 것이다.

기존 약물에 대한 재평가

비정형 약물은 미국인들이 항정신병 약물의 치료 효과에 대해 그 어떤 때보다 확신을 하게 된 시점에 출시됐다. 제약사들의 자금 지원을 받는 전미정신질환자연맹NAMI은 1980년대에 들어 세력이 크게 성장했고, 이 단체의 메시지는 매우 간단했다. 조현병은 생물학적 질환이며, 뇌 내 화학작용 이상으로 발생하므로, 약물이 그 화학작용 이상을 바로잡는 데 도움이 된다는 것이었다. 이런 논리는 조현병 외의 정신질환들을 설명하는 데도 사용됐고, 항우울제, 항불안제 등 다양한 향정신성 약물이 널리 사용되던 미국에서는 이 논리가 정신에 대한 이해 방법 중 하나로 받아들였다. 정신질환이 이런 식으로 이해되면서 신경이완 약물 사용에 반대하는 환자들의 저항도 수그러들었다. 정신질환자들은 뇌가 망가진 사람들이고, 그들의 정신을 최소한 어느 정도라도 바로잡으려면 아무리 역겨워도 약물이 필요한 사람들이었다.

이런 상황에서 비정형 약물이 등장하면서, 기존 신경이완 약물들의 치료 효과에 대한 두 가지 이야기가 돌기 시작했다. 다른 의사들을 겨냥한 이야기와 대중을 겨냥한 이야기였다.

새로운 약물을 판매하려면 기존 약물과의 차별성을 강조해야 한다. 기존 약물의 단점이 부각될수록 새로운 약물은 더 좋은 약물로 보이기 때문이다. 따라서 제약사들은 비정형 약물을 출시하면서 저명한 정신의학자들을 고문으로 초빙해 임상시험을 의뢰해 표준 신경이완 약물의 단점을 수집하기 시작했다. 제약사들의 이런 움직임은 미국 정신의학계 내부에서 일시적인 해방 분위기를 조성하는 것처럼 보이기도 했다. 오랜 세월 동안 소라진, 할돌 등의 약물이 효과적인 항정신병 약물이며, 환자들에게 궁극적으로 도움이 되는 약물이라는 생각에 매여 있던 정신의학자들이 드디어 이런 약물을 자유로운 시각으로 볼 수 있게 된 계기가 생긴 것이었다.

연구자들이 내린 결론은 기존 약물이 인식 가능한 병리 증상을 일으킨다는 결론을 내리고, 이 증상에 '신경이완 약물 유도 결핍 증후군neuroleptic-induced deficit syndrome, NIDS'라는 이름을 붙였다. NIDS는 도파민 시스템을 손상시키는 파킨슨병이나 기면성 뇌염 같은 자연적 질환을 모방한 약물 유도 질환이었다. 연구자들은 기존 약물로 치료를 받은 환자의 3분의 2가 "지속적 파킨슨병 증상"에 시달렸다고 추산했다. 기존 약물을 복용한 거의 모든(100%라고 주장한 의사들도 있었다) 환자들이 어떤 형태로든 추체외로 증상(EPS)을 겪었다고 발표한 의사들도 있었다(추체외로 증상에는 파킨슨병 증상, 정좌불능증, 근육 경직 같은 다양한 운동 장애 증상이 포함된다). 또한 연구자들은 기존 약물 복용 환자들의 지연성 운동장애 발생 위험이 과거에 생각했던 것보다 더 클 수 있다는 연구결과를 발표하기도 했다. 할로페리돌 같은 강력한 신경이완 약물에 노출된 지 1년 이내에 환자의 8%가 지연성 운동장애를 나타냈다는 내용이었다. 파킨슨병, 정좌불능증, 감정 둔화, 지연성 운동장애, 신경이완 약물 악성 증후군 외에도 실명, 치명적 혈액 응고, 부정맥, 열사병, 유방 팽창, 유두분비, 발기불능, 비만, 성기능장애, 혈액 질환, 피부 발진, 발작, 장애아 출산 등 신경이완 약물의 부작용이 끝도 없이 밝혀지기 시작했다. 사우스캐롤라이나 의대 정신과 의사 조지 아라나는 1999년 댈러스에서 열린 학회에서 "환자들에게 나타나는 부작용은 몸 전체에 영향을 미친다."라고 말했다. 부작용은 신체 기능 손상에 국한되지 않았다. 듀크 대학의 리처드 키프는 "정형 항정신병 약물은 학습기능을 저하시키고 운동 능력, 기억력, 문제 해결 능력이나 성과 평가 능력 등의 실행 기능을 악화시킨다."라고 발표했다.[2]

또한 연구자들은 신경이완 약물이 망상과 환각을 제대로 통제하지 못한다고 인정하기 시작했다. 약물 처방 환자의 3분의 2가 최초 증상 발현 1년 후에도 지속적인 정신병 증상을 나타냈으며, 이 환자들의 30%는 약물에 전혀 반응을 보이지 않았다는 연구결과가 발표됐다. 이런 "무반응" 비율은 1980년대까지는 거의 언급되지 않았었다. 심지어는 이 30%라는 비율도 너무 낮은 비율이며, 실제로는 모든 정신질환자의 3분의 2가 약물에 반응을 보이지 않았다는 연구결과가 발표되기도 했다.[3] 가장 충격적인 것은 미국정신보건연구원 과학자들의 다음과 같은 고백이었다. "임상 경험에 따르면 약물은 사고장애의 강도를 줄일 수 있지만, 사고장애 자체의 윤곽은 바꾸지 못한다."[4] 신경이완 약물은 결국 "항정신병" 약물이 아닐 수도 있다는 생각이 퍼지기 시작한 것이다.

신경이완 약물이 환자의 삶의 질을 악화시켰다는 점에 대해서는 거의 모든 사람이 동의했다. 조현병 환자의 80% 이상이 만성적 실업 상태였기 때문이다. 뉴욕 주의 피터 와이든은 이 환자들의 삶의 질이 "매우 나쁜 수준"이라고 발표했고, 아라나는 "환자들은 여전히 고통을 당하면서 하루 종일 침대에 누워 지낸다."라고 말했다. 뉴욕 소재 마운트 사이나이 의대의 필립 하비는 신경이완 약물 치료의 장기적인 결과가 "물 요법보다 나을 것이 없다."라고 말했다. 댈러스 학회에 참가한 한 의사는 "초발 환자에게 정형 항정신병 약물을 투여하지 않음으로써 그들에게 큰 도움을 줄 것"이라고 말했다. 1999년에 실시된 설문조사의 결과에 따르면, 신경이완 약물 치료를 받은 환자의 90%가 우울 증상을 보였고, 88%는 자신이 진정됐다고 느꼈으며, 78%는 집중력 저하 증상을 호소했다.[5]

이 모든 연구결과와 조사 결과는 의심의 여지가 없는 사실이었고, 효과적인 시점에 발표된 것이기도 했다. 새로운 약물이 출시되고 있었고, 기존 약물에 대한 솔직한 연구결과들은 새로운 약물을 돋보이게 만들었다. 비정형 약물인 리스페리돈risperidone의 제조사인 얀센이 후원한 댈러스 학회의 메시지는 분명했다. 중증 정신질환을 다루는 의사들은 얀센의 새 약물을 비롯한 비정형 약물을 최대한 빨리 처방하기 시작해야 한다는 것이었다. 정신의학계를 움직이는 자본 세력이 의학계 전체가 기존 약물을 신랄하게 비판하도록 만든 상황이었다.

그렇다면 대중은 어떤 메시지가 던져졌을까? 항정신병 약물로 포장된 신경이완 약물은 40년 동안 조현병 치료에서 중심적인 위치를 차지했던 약물이다. 이 기간 동안 대중은 조현병이 생물학적 질환이며, 약물이 이 생물학적 질환을 완화하는 데 도움이 된다는 이야기를 반복적으로 들어왔었다. 신경이완 약물은 "당뇨 환자의 인슐린" 같은 존재로 인식됐었다. 그런데 갑자기 정신과 의사들이 도파민 가설을 부정하면서 신경이완 약물이 NIDS 같은 장애를 유발하며, 이 약물의 효과가 환자를 몇 시간 동안 물에 담그는 물 요법보다 나을 게 없다고 공개적으로 말하기 시작한 것이었다. 최소한 물 요법은 지연성 운동장애, 파킨슨병 증상 등 수많은 부작용을 수반하지는 않았다. 대중은 의사들의 이런 태도 변화를 어떻게 받아들였을까?

공개 학회들에서 절묘한 설명이 나오기 시작했다. 기존 약물은 도움은 되지만 문제가 많으며, 새로운 약물은 기존 약물을 놀라울 정도로 진보시킨 약물이라는 설명이었다. 케케묵은 도파민 이론도 여전히 부분적으로는 생명력을 유지하게 된 것이었다.

"획기적인" 치료법

비즈니스 측면에서 볼 때 새로운 항정신병 약물의 도입은 매우 늦었다고 할 수 있다. 산도스Sandoz가 최초의 비정형 약물인 클로자핀clozapine을 미국에서 출시한 시점이 1990년이었고, 1980년대 초반에 이미 신경이완 약물 판매는 수익을 창출하기 어려운 단계로 접어든 상태였기 때문이다. 시장에 나와 있는 신경이완 약물만 해도 10여 종인 상태에서, 선두에 있는 클로르프로마진과 할로페리돌도 특허가 만료돼 복제약generic drug(이미 출시된 약을 그대로 만들어낸 의약품)과 경쟁을 해야 했다. 클로르프로마진 1개월 치 가격은 10달러 미만이었고, 할로페리돌도 큰 차이가 없었다. 1980년대 후반 미국 내 모든 신경이완 약물의 연간 총매출은 4억 달러 미만이었다. 이 정도 매출은 "획기적인" 약물이 하나 등장해 1년에 창출할 수 있을 것으로 기대되는 매출보다 훨씬 적은 것이었다. 시장에 새로운 항정신병 약물이 등장할 시점이었고, 그 새로운 약물은 15년 전에는 너무 위험하다고 판단돼 버려졌던 약물의 형태로 등장했다.

산도스가 클로자릴Clozaril이라는 상품명으로 출시한 클로자핀clozapine은 이미 1960년대에 항정신병 약물로 처음 시험된 약물이었다. 클로자핀은 도파민 수용체와 세로토닌 수용체 모두를 억제한다는 점에서 다른 신경이완 약물과 달랐다. 시험 결과, 클로자핀은 다른 신경이완 약물과는 달리 추체외로 증상 유발 비율이 높지 않았다. 하지만 클로자핀은 다른 신경독성 증상을 수없이 일으켰다. 발작, 깊은 진정 증상, 두드러진 침 흘림 증상, 돌연사, 변비, 요실금, 체중 증가, 호흡정지, 심장마비 등이었다. 산도스는 1970년대에 유럽 시장에 클로자핀을 출시했지만, 클로자핀이 무과립세포증agranulocytosis도 일으킨다는 사실이 발견돼 바로 시장에서 철수시켰다. 무과립세포증은 백혈구가 치명적인 수준으로 고갈되는 증상으로 클로자핀 복용 환자의 최대 2%에서 나타났다.

클로자핀이 다시 시장으로 돌아올 수 있었던 이유는 1980년대 중반이 되자 신경이완 약물의 수많은 결점을 무시하기가 더 이상 불가능해졌기 때문이었다. 무과립세포증 위험 때문에 FDA는 표준 신경이완 약물에 반응하지 않는 환자들을 위한 2차 치료 약물로만 승인했다. 그럼에도 불구하고 클로자핀은 출시 직후 시장에서 히트 상품이 됐다. 클로자핀은 추체외로 증상을 일으키지 않았고, 최소한 일부 환자는 클로자핀에 반응을 보여 생각이 확실히 명료해졌기 때문이다. 또한 산도스는 초기 단계부터 클로자핀을 1주일 단위 무과립세포증 진단 혈액 검사권과 묶어서 팔았다. 이 혈액 검사는 산도스의 계열사인 케어마크Caremark에서만 받을 수 있는 검사였고, 산도스는 이 묶음 상품을 1년에 9000달러라는 거액을 받고 팔았다.

다른 제약사들도 산도스를 따라 하기 시작했다. 세로토닌 수용체와 도파민 수용체 모두를 억제해 추체외로 증상을 일으키지 않으면서 인지 기능을 개선할 수 있는 약물을 개발하기 위해 나선 것이다. 제약사들은 무과립세포증을 일으키지 않으면서 추체외로 증상도 유발하지 않고, 인지 기능을 개선할 수 있는 약물을 개발한다면 1차 치료 약물로 시장을 장악해 막대한 수익을 얻을 수 있을 것이라고 생각했다. 그러던 1990년대 초반 리스페리돈risperidone이라는 약물에 대한 의학 논문이 쏟아져 나오기 시작했다. 제약사들이 꿈꾸던 바로 그 약물이었다. 1993년 얀센은 리스페리돈에 대한 FDA 승인을 받았고, 1995년 말까지 리스페리돈의 장점을 다룬 정신의학 논문이 20여 편 정신의학 저널에 발표됐다. 리스페리돈은 양성 증상(정신병 증상) 완화 면에서는 할로페리돌과 비슷하거나 우월했고, 음성 증상(감정 결핍) 개선 면에서는 할로페리돌보다 우월했다. 연구자들은 리스페리돈이 입원 기간을 줄이고, 사회적 기능을 개선하며, 적대감을 완화한다는 연구결과를 발표했다. 리스페리돈의 가장 큰 장점은 리스페리돈이 추체외로 증상을 일으킬 가능성이 "위약과 같은 수준"으로 낮다는 것이었다.[6] 당연히 얀센은 의학 저널 광고에 이 점을 대대적으로 내세웠다.

리스페리돈에 더 환호한 것은 언론매체들이었다. <워싱턴포스트>는 이 새로운 약물이 "최근까지 희망이 없다고 생각되던 질환에 희망의 빛을 선사했다."라고 썼다. 이 신문은 리스페리돈이 "진정 상태, 시력 저하, 기억력 감퇴, 근육 경직 등 기존 항정신병 약물에 공통적으로 수반됐던 부작용을 일으키지 않았다."라고도 썼다. 펜실베이니아 의더 의사 조지 심프슨은 이 신문과의 인터뷰에서 "데이터가 매우 설득력 있다. 리스페리돈은 새로운 희망이며, 현재 리스페리돈은 기존의 모든 약물과 다른 약물로 보인다."라고 말했다. <뉴욕타임스>는 얀센의 임상연구 책임자 리처드 마이바흐의 말을 인용해 임상시험 대상 환자 2000명 이상에게서 "큰 부작용이 전혀 나타나지 않았다."라고 보도했다. 또한 이 신문은 리스페리돈의 작용 메커니즘을 그림으로 설명하기도 했다. 이 신문은 "연구자들은 리스페리돈 같은 약물이 세로토닌이나 도파민의 흐름 또는 둘 다의 과다한 흐름을 억제해 조현병 증상을 완화한다고 생각한다."라고도 썼다.[7]

도파민 이론이 약간 수정된 형태로 부활한 것이었다. 조현병 환자들은 한 종류의 신경화학적 이상이 아니라 두 종류의 신경화학적 이상을 겪고 있으며, 비정형 약물은 이 두 가지 이상을 정상화하는 데 도움이 된다는 이론으로 수정됐다. <뉴욕타임스>는 기존 약물이 "망상, 환청 같은 전형적인 증상을 완화하지만, 위축, 기력과 동기 저하, 즐거움을 느끼지 못하는 증상 등 조현병의 다른 증상들에는 별 효과가 없다."라고 썼다. 다른 신문들도 모두 표준 신경이완 약물을 같은 시각에서 다뤘다. 이 신문들은 신경이완 약물이 음성 증상을 치료하는 데는 효과가 적지만(또는 없지만), 양성 증상은 환자의 70%에서 치료 효과가 있었다고 썼다. 이 신문 중 어떤 신문도 신경이완 약물이 인지 기능을 손상시키고 음성 증상을 악화시킨다고 쓰지 않았으며, 신경이완 약물이 NIDS라는 병리 과정을 일으키고, “조현병 환자의 전반적인 경과를 개선하는 데 효과가 전혀 없을 수 있다.”라는 필립 하디 등의 연구결과를 다루지 않았다.[8] 오히려 신문들은 리스페리돈이 시장에서 성공을 거둔 이유가 기존 신경이완 약물의 전반적인 효능을 바탕으로 했기 때문이라는 이야기를 대중에게 퍼뜨렸다. 결국 항정신병 약물이 도움이 된다는 이론이 계속 유효성을 유지하게 된 것이었다.

얀센은 대중매체의 칭찬 일색의 이런 기사들과 과학 논문들을 바탕으로 리스페리돈 1달치를 240달러에 팔았다. 클로르프로마진의 30배가 넘는 가격이었다. 1996년 미국 내 리스페리돌 매출은 5억 달러를 넘어섰다. 다른 모든 신경이완 약물들의 미국 내 매출을 합한 것보다 더 많은 액수였다. 같은 해 얀센은 리스페리돈으로 제약업계의 노벨상으로 불리는 프리 갈리엥Prix Galien 상을 받았다.

비정형 약물을 두 번째로 출시한 제약사는 일라이 릴리Eli Lilly였다. 하지만 얀센이 이미 최초로 비정형 약물을 출시한 상태였기 때문에 일라이 릴리는 임상시험을 통해 자사의 새로운 약물인 올란자핀olanzapine(상품명 자이프렉사Zyprexa)이 할로페리돌이나 리스페리돈보다 우월하다는 것을 증명하려고 했다. 올란자핀은 얀센의 약물보다는 클로자핀에 화학적으로 더 유사한 약물이었고(리스페리돈은 클로자핀이나 올란자핀보다 더 강력하게 D2 수용체를 억제하는 약물이었다), 1996년 올란자핀이 출시되면서 의학 저널들은 일라이 릴리가 원하던 내용의 논문들을 싣기 시작했다. 이 논문들에 따르면 올란자핀은 리스페리돈이나 할로페리돌보다 더 "광범위한" 방식으로 작용했다. 올란자핀은 전반적으로 증상들을 개선하고 환자들이 잘 견딜 수 있는 약물이며, 양성 증상들을 감소시키며, 리스페리돈이나 할로페리돌보다 운동 기능 관련 부작용을 적게 일으키며, 음성 증상과 인지 기능을 개선하며, 입원 기간을 줄이고, 재발을 방지하며, 치료가 잘 안 되는 조현병 환자들에게 효과가 있다고 본 연구결과들이 잇따라 발표된 것이었다.[9]

올란자핀은 계속 상승 기류를 탔다. <월스트리트저널>은 올란자핀이 기존 약물들보다 "상당히 장점이 많다."라고 보도했고, 시카고 소재 러시 의대의 존 자예카는 "자이프렉사는 정신질환자를 위한 기적의 약물"이라고 말했다. 하버드 의대의 윌리엄 글레이저는 <월스트리저널>과의 인터뷰에서 "자이프렉사가 리스페르달 Risperdal(리스페리돈의 상품명)에 비해 추체외로 증상을 적게 일으킨다는 사실이 증명되고 있다."라고 말했다. 스탠퍼드 대학 정신의학자 앨런 샤츠버그도 <뉴욕타임스>에 "올란자핀은 엄청나게 획기적인 잠재력을 가진 약물"이라고 말했다. 이런 긍정적인 평가는 계속 이어졌다. 전미정신질환자연맹 상임이사 로리 플린은 다음과 같이 말함으로써 이 모든 긍정적인 평가의 정점을 찍었다. "이 새로운 약물은 진정으로 획기적인 약물이다. 이 약물의 등장은 우리가 드디어 사람들을 병원에서 퇴원시킬 수 있게 됐다는 의미이며, 조현병에 의한 장기적인 장애가 끝날 수 있다는 의미다."[10]

올란자핀이 약물이 얀센의 약물보다 더 좋은 약물로 인식되면서, 일라이 일리는 올라자핀을 리스페리돈보다 비싸게 팔 수 있게 됐다. 이 기적의 신약 하루 치를 사기 위해 환자들이 지불해야 한 돈은 거의 10달러나 됐다. 1998년 미국 내 올란자핀 매출은 10억 달러를 넘어섰다. 그해 미국 내 항정신병 약물 총매출도 23억 달러를 넘어섰다. 리스페리돈이 출시되기 전 미국 내 항정신병 약물 총매출의 약 6배에 달하는 수치였다. 그때쯤 아스트라제네카(AstraZeneca)가 세 번째 비정형 약물을 출시했다. 쿠에티아핀 quetiapine(상품명 세로쿠엘Seroquel)이었다. 이런 비정형 약물의 우월성에 대한 의구심이 모두 사라진 시점이었다. <퍼레이드> 잡지는 "쿠에티아핀이 훨씬 더 안전한 약물이며, 사고 장애와 언어 장애 같은 음성 증상들을 치료하는 데 더 효과적이다."라고 썼다. <시카고트리뷴>도 비슷한 기사를 실었다. 이 새로운 약물이 "기존 약물보다 더 안전하고 효과가 좋으며", 환자들을 다시 일자리에 복귀하는 데 도움이 된다는 내용이었다. <로스앤젤레스타임스>는 "조현병 환자들에게는 회복에 대한 희망이 없었지만, 이제 새로운 약물이 등장함에 따라 이 환자들은 다시 사회로 나갈 수 있게 됐다."라고 썼다.[11]

이런 신약의 등장은 미국 과학의 확실한 의학적 진보에 따른 광기 치료 약물의 등장으로 받아들여졌던 것이다.

임상연구, 사업 수단이 되다

비정형 약물이 안전성과 효능 면에서 우월하다는 믿음은 '견고한' 과학 이론을 배경으로 하고 있었다. 이 믿음은 제약사들이 FDA 승인을 받기 위해 진행한 임상시험의 결과들에 바탕을 두고 있었다. 최고 수준의 <미국정신의학회지>, <임상 정신약리학 저널>, <신경정신약리학> 같은 의학 저널에 비정형 약물의 장점을 다룬 논문들이 계속 발표됐다. 미국 정신의학계의 저명한 학자들이 작성한 이 논문들은 통계 수치, 차트, 방법론에 대한 자세한 설명, 근엄한 결론으로 이뤄져 있었다. 당시 대중이 알지 못했던 사실은 1990년대 들어 약물 임상시험의 성격이 근본적으로 변화했다는 사실이었다. 약물 임상시험은 동화 같은 이야기를 만들어내기 위한 것으로 성격이 바뀌었고, FDA는 이런 임상시험들의 데이터를 검토하면서 약물의 우월성에 대한 제약사의 주장을 아예 믿지 않게 됐다.

상용 약물의 임상시험의 성격이 처음 변화하기 시작한 것은 1980년대 중반부터였다. 그때까지 제약사들은 주로 학계 의사들에게 약물 임상시험을 의뢰했다. 당시 약물 임상시험의 70%는 대학에서 이뤄졌고, 제약사와 학계 의사들의 관계에서 거의 항상 우위에 있었던 것은 학계 의사들이었다. 학계 의사들은 제약사들을 무시하는 경우가 많았다. 학계 의사들은 미국 국립보건원NIH의 지원금을 받을 수 있었기 때문에 제약사들은 기본적으로 의사들에게 비굴한 태도를 보일 수밖에 없었다. 학계 의사들은 '생각의 지도자들'로 불렸다. 학계 의사들이 제약사와의 관계에서 우위를 가졌다는 사실은 실험적 약물이 적어도 독립적인 방법으로는 시험됐다는 뜻이다. 학계 의사들은 임상시험 절차를 자주 수정했고, 제약사들은 학계 의사들의 이런 수정 때문에 분통을 터뜨리는 일이 비일비재했다.

하지만 1980년대 후반이 되자, 제약사들의 이익에 봉사하는, 영리 목적의 임상시험 사업체들이 중구난방으로 생겨나기 시작했다. 먼저, 의료보험과 의료서비스 공급을 통합한 건강관리조직들HMO, Health Maintenance Organization이 생겨나면서 재정적인 압박을 느끼던 지역사회 의사들이 소득을 늘리기 위한 방법으로 임상시험 사업을 하기 시작했다. 진료와 임상시험을 병행한 의사들도 있고, 전적으로 임상시험에만 집중한 의사들도 있었다. 19개 주의 비뇨기과 의사들이 연합해 '연계 연구센터'를 만들었고, 비뇨기과 약물을 개발하는 제약사들은 이 연구센터에 찾아와 약물 임상시험을 맡겼다. 다른 분야의 의사들도 곧 비슷한 연구센터를 차렸다. 이후 얼마 지나지 않아 완전한 사업 목적의 벤처기업들도 등장했고, 이 기업들은 제약사들을 위한 임상시험을 통합적으로 진행하는 방법으로 수익을 올렸다. 사업가들은 전국 규모의 연구센터 조직을 만들기 위해 벤처캐피탈을 유치하기도 했다. 1997년이 되자 이런 임상시험 사업에 투자된 벤처캐피탈 액수가 1억 달러에 이르렀고, 이런 벤처캐피탈을 유치한 업체들은 주식시장에 상장하기도 했다. 대학병원 연합 임상 연구 책임자 피터 블래시스는 당시 상황에 대해 "이젠 누구나 다 임상연구를 한다. 학교 연구실에서만 이뤄지던 임상연구가 이제는 어디서나 이뤄지고 있다."라고 탄식했다.[12]

영리 목적 연구센터들이 이렇게 우후죽순으로 생겨나면서 제약사들이 이런 임상시험에 투자하는 액수도 1990년 10억 달러에서 2000년 35억 달러로 급증했다. 이런 영리 추구 기업들이 임상시험에서 한 역할은 매우 분명했다. 빠르게 환자들을 모아 임상시험에 투입한 뒤 연구의 목적이 달성될 때까지 잡아두는 것이었다. 1995년 텍사스 주의 한 연구자는 이렇게 말했다. "제약사들이 나를 하청업자로 보는 것에 불만이 없다. 나는 기술적인 서비스를 제공하는 사람이고, 그점에서 나는 내 일을 사업이라고 본다. 수익을 내지 못한다면 이 일을 하지 않을 것이다. 대부분의 연구자들도 그럴 것이라고 생각한다." 약물 임상시험은 확실히 돈을 벌 수 있는 사업이었다. 1997년 이런 약물 임상시험을 진행한 지역사회 의사들의 1인당 평균 수입은 33만 1500달러에 이를 정도였다. 약물 임상시험에만 "전념한" 연구센터들은 평균 135만 달러의 수익을 올리기도 했다. <뉴로프랙티스Neuropractice>라는 신경의학 뉴스레터는 상용 약물 임상시험 시장에 대해 "수많은 신경의학자들이 임상시험에서 금을 캐고 있다. 환자라는 금이다." 이런 연구센터들보다 훨씬 더 큰 규모로 사업을 벌인 연구자들도 있었다. 1996년 약학자 제프 그린은 자신이 세운 '연합 임상 연구소'라는 사업체를 확장하겠다는 계획을 공개해 4200만 달러의 투자를 유치했다. 가장 돈을 많이 번 것은 로드아일랜드 주 정신과 의사 월터 브라운과 마이클 로스먼이었다. 1997년 이들은 미국 동부 해안 지역의 연구소들로 구성된 7년 된 자신들의 업체 '클리나컬 스터디즈'를 9600만 달러에 매각했다.[13]

신약 임상시험이 학계에서 영리 목적 업체들의 손으로 넘어간 것이었다. 이로 인한 수익 손실을 만회하기 위해 대학 연구소들도 태도를 바꾸기 시작했다. 많은 대학들이 상용 약물 임상시험 계약을 유치하기 위해 전담팀을 꾸렸다. 이런 전담팀들은 대학 소속 의사들이 빠르게 임상시험을 시작할 수 있도록 돕고 임상시험에 필요한 환자들을 모집하겠다고 제약회사에 약속했다. 또한 이 전담팀들은 서비스 정신을 가지고 제약사들을 대했다. 임상시험 사업 시장에서 경쟁력을 확보하기 위해서였다. 제약사들의 돈을 무시하던 학계의 태도가 사라지고, 학계 의사들은 제약사의 임상시험 의뢰를 받고 싶어 하는 입장이 됐다. 2000년 <뉴잉글랜드 저널

어브 메디신> 편집장 마르시아 앤젤은 “의학을 파는 시대”라는 사설에서 제약사의 돈이 학계 의사들에게 흘러들어가는 방식에 대해 다음과 같이 말했다.

> 임상 연구자들과 제약업계의 유착 관계는 연구 지원금 외에도 수많은 형태로 구성된다. 연구자들은 자신들이 연구하는 제품을 출시하는 제약사의 자문 역할을 하고, 제품 관련 강의를 하면서 금전적 보상을 받고, 특허나 로열티 계약에 참여하거나, 제약사가 고용한 대필 작자들이 쓴 논문에 이름을 빌려주거나, 제약사가 개최하는 판촉 목적 심포지엄에 참가해 제품을 홍보하면서 돈을 받는다. 제약사들이 주는 비싼 선물을 받기도 하며, 제약사가 지원한 경비로 호화로운 여행을 가기도 한다. 제약사의 주식을 제공받는 연구자들도 많다.[14]

이 새로운 환경에서 제약사들은 누릴 수 있는 모든 것을 누렸다. 제약사들은 영리 목적 연구소들이 환자들을 동원한 대규모 임상시험의 결과를 활용했다. 동시에 제약사들은 학계 의사들을 동원해 이런 임상시험 결과에 지적인 이미지를 입히고, 임상시험 결과가 독립적인 방법에 의해 얻어진 것이라는 인상을 대중에게 각인시켰다. 이 모든 것이 결합돼 나온 결과는 완벽했다. 제약사들은 약물 임상시험을 빠르게 해치울 수 있었고, 대중은 논문에 있는 학계 의사들의 이름을 보고 안심할 수 있었다. 가장 중요한 것은 제약사들이 이런 임상시험의 모든 과정을 통제했다는 사실이다. 제약사들은 학계 의사들이 임상시험 계획을 수정할까봐 걱정할 필요 없이 자신들의 원래 의도대로 임상시험을 진행했다. 1999년 <임상 정신의학 저널> 편집장 앨런 겔런버그는 "제약사들은 제품에 유리한 결과가 나오도록 임상시험 계획을 짜기 위해 엄청난 노력을 하고 있다."라고 말했다.[15] 제약사들은 데이터 분석 방법도 통제했으며, <뉴잉글랜드 저널 어브 메디신>은 이런 제약사들의 행태에 대해 "자신들에게 유리한 결과가 나오도록 데이터를 왜곡하는 행위"라고 비난했다.[16]

간단히 말하자면, 1990년대는 미국 의학계의 어두운 진실이 드러난 시기였다. 나쁜 과학의 특징인 실험 설계와 결과의 조작이 상용 약물 임상시험에서 중심적인 위치를 차지한 시기였다. 이런 약물 임상시험 과정의 오염이 정신의학 분야에서만 일어난 일은 아니었다. 하지만 <뉴잉글랜드 저널 어브 메디신>이 결정적인 증거를 확보하고 정신의학 분야의 이런 문제를 다룬 것은 결코 우연이 아니었다. 이 저널은 항우울제에 대한 솔직한 비판을 해줄 학계 의사를 찾으려고 했지만, "제약사와 금전적으로 엮여있지 않은 사람은 거의 찾을 수 없었다." 2000년 앤젤은 한 윤리위원회에서 "항우울제에 대한 논문을 쓴 한 연구자는 제약회사로부터 너무 자주 돈을 받아, 돈은 받은 내역을 다 쓴다면 논문보다 양이 많을 것"이라고 지적했다. 앤젤은 "의학계 전체에서 정신의학 분야만큼 극단적인 일들이 벌어지는 분야는 없을 것"이라고 덧붙였다.[17]

이 모든 극단적인 일은 비정형 약물이 출시되면서 생긴 일이었다.

사기로 번 돈으로 성을 짓다

리스페리돈의 장점을 처음으로 극찬한 학계 의사 중 한 명은 1992년 <정신약리학 불레틴>에 논문을 발표한 조지아 의대 리처드 보리슨이었다. 이 논문은 다른 논문들에서 널리 인용됐고, 이 논문 발표 후 5년 동안 보리슨은 이 비정형 약물의 장점에 대한 논문들을 계속 발표했다. 1994년 보리슨은 호주로 건너가 리스페리돈에 관한 강연을 해 현지 언론의 주목을 받기도 했다. 또한 1992년 보리슨은 <뉴욕타임스>와의 인터뷰에서 리스페리돈이 "충분히 돈값을 하는" 결과를 내고 있다고도 말했다.[18]

하지만 이 말은 리스페리돈에 대한 말이 아니라, 사실은 보리슨 자신에 관한 말이었다.

당시 보리슨은 제약회사들에게 인기가 있었지만, 한편으로는 수치스러운 전력이 있는 사람이기도 했다. 1984년 스미스 클라인이 보리슨에게 소라진과 복제약의 효과를 비교하는 실험을 의뢰했을 때의 이야기다. 이 실험은 복제약이 소라진과 같은 효과를 내지 못한다는 것을 보여주기 위해 스미스 클라인이 의뢰한 것이었다. 다음 해 미국정신의학회 연례 회의에서 보리슨은 스미스 클라인이 듣고자 했던 이야기를 했다. 소라진을 복용하다 복제약으로 바꾼 조현병 환자들은 불안이 심해지고 적대적으로 변했다는 내용이었다. 의료진은 복제약을 사용하지 말고 스미스 클라인의 소라진을 사용하는 것이 좋다고 권고한 보리슨의 이 연구결과는 널리 인용됐다. 하지만 1984년 오거스타 소재 재향군인관리국 병원에서 시행한 보리슨의 이 연구에 대해 조사를 실시한 FDA는 당시 이 병원은 소라진을 보유하고 있지 않았다는 사실을 밝혀냈다. 이 병원 환자들은 소라진에서 복제 클로르프로마진으로 약물을 바꾼 적이 없었던 것이었다. 이 환자들은 처음부터 복제약만 복용한 사람들이었다. 보리슨은 해명을 하기 위해 갖은 애를 썼지만, 결론은 분명했다. 보리슨이 연구결과를 조작했다는 것이었다.[19]

FDA는 공개적으로 보리슨을 비난했다. 하지만 보리슨이 FDA에 자신의 연구결과 데이터를 제출한 것은 아니었기에 FDA가 공식적으로 보리슨에게 징계를 내릴 수는 없었다. 이 사건 이후 보리슨의 연구 활동은 1~2년 동안 지지부진했고, 사건 자체도 모두 잊히게 됐다. 1988년 보리슨은 조지아 의대 정교수가 됐고, 그 뒤를 이어 재향군인관리국 병원 정신과 과장이 됐다. 보리슨과 그의 연구 파트너인 약리학자이자 교수 브루스 다이아몬드는 제약사들로부터 고액 임상시험 의뢰를 계속 받게 됐다. 일라이 릴리, 제네카,

글락소, 애보트, 화이자, 훽스트 마리온 러셀 같은 제약사들이 계속 이들에게 임상연구를 맡겼다. 보리슨과 다이아몬드는 10년에 걸쳐 160건의 임상연구 의뢰를 제약회사들로부터 받았다. 다 합치면 1000만 달러가 넘는 규모였다. 이들은 조현병 관련 약물 시험만으로 400만 달러를 받았다. 보리슨의 직원이었던 한 사람은 1996년 재향군인관리국 병원 간부들에게 이렇게 말했다. "우리는 그들이 우리에게 원하는 정보를 수집하는 방법을 알고 있었다. 우리는 환자들을 임상시험에 참여시키는 데 선수들이었다. 제약사들이 우리를 좋아했던 이유다."[20]

보리슨과 다이아몬드는 둘 다 교수였기 때문에 약물 시험을 하기 위해서는 의대의 승인을 받아야 했고, 제약사들은 상용 약물 시험 비용을 의대에 직접 지불했다. 하지만 1989년이 되자 보리슨과 다이아몬드는 이 연결고리에서 학교를 배제하고, 자신들에게 직접 입금을 하라고 제약사에 요구했다. 이들은 의대 건너편에 사무실을 열고 그 공간을 본격적인 연구 공간으로 바꿨다. '임상 치료 연구소Clinical Therapeutics'라는 이름도 붙였다. 자신들의 연구 활동을 학교가 모르게 하기 위해 이들은 자신들의 연구에 대한 윤리 검토를 다른 영리 연구센터에 맡겼다. 학교는 아무 것도 모르는 상태에서 이들의 연구비용 일부를 댔다. 심지어 이들은 자신들의 임상 치료 연구소 직원들의 급여를 학교가 지급하게 만들기도 했다.

임상시험 대상 환자를 모집하기 위해 이들은 젊고 매력적인 여성들을 코디네이터로 고용했다. 당시 이 연구소 직원이었던 앤절라 투히는 재향군인관리국 병원 간두들에게 이렇게 말했다. "코디네이터 지원자로 여성이 찾아오면 다이아몬드는 대기실에서 외모를 확인한 후 뚱뚱하거나 나이 든 여성들은 면접을 보려고 하지 않았다. 그런 여성들은 코디네이터를 시켜 돌려보냈다." 젊고 매력적인 여성들을 선호한 데는 경제적인 이유가 있었다. 임상시험에 동원되는 환자들 대부분은 남성이었고, 가장 수익성이 높은 임상연구 중 하나인 조현병 관련 임상시험 대상 환자는 특히 남성이 많았기 때문이다. 젊은 여성 코디네이터가 조현병 환자 한 명을 설득해 실험에 참여시킬 때마다 보리슨과 다이아몬드는 1만~2만 5000달러를 벌었다.

보리슨과 다이아몬드는 환자를 임상시험에 참여시키는 데 성공한 코디네이터들에게 수천 달러에 이르는 보너스를 지급하기도 했다. 보너스로 고급 승용차를 받은 사람도 있었다. 제약사와 임상시험 계약이 체결되는 순간 코디네이터들은 전화를 걸기 시작했다. 이들은 지역사회에 사는 정신질환자들에게 전화를 해 연구에 참여하면 150달러를 주겠다고 약속했다. 정신병원 폐쇄병동에 수용된 환자들에게는 임상시험 참가 대가로 담배를 제공했다. 임상시험에 연속으로 참여한 환자들도 있었다. 투히는 "자동차를 받을 수 있는 가능성이 있다면 뭐든 하지 않았겠어요?"라고 말했다.

코디네이터들은 의학 교육을 받은 사람들이 아니었지만, 환자의 임상시험 적합 여부를 결정할 때가 많았다. 적합성 기준에 맞추기 위해 환자에게 모호한 말로 적당히 둘러대는 코디네이터들도 있었다. 코디네이터들은 혈액 샘플을 채취하고 환자의 약물 복용량을 조절하기도 했다. 당시 직원들에 따르면 보리슨은 사무실에 거의 나오지 않았다. 코디네이터들이 서류 작업을 해서 다이아몬드에게 넘기면, 다이아몬드는 보리슨의 서명을 위조했다. 투히가 재향군인관리국 병원 간부들에게 털어놓은 말에 따르면, 한 주례 회의에서 다이아몬드는 환자들의 이야기를 듣는 데 관심이 전혀 없다고 말하기도 했다. 투히에 따르면 당시 다이아몬드는 코디네이터들에게 "환자들의 상태가 어떤지는 관심 없다. 우리가 관심 있는 것은 당신들이 지난 1~2주 동안 환자를 얼마나 많이 등록시켰는지밖에는 없다."라고 말했다. 투히는 실제로 보리스와 다이아몬드는 "환자들에 대해서는 아무것도 아는 게 없었다."라고 덧붙였다.

이런 상황에서 계속 돈이 굴러들어오면서, 보리슨과 다이아몬드는 미국과 영국의 여러 은행에 500만 달러에 이르는 현금과 증권을 숨겨놓을 수준까지 이르렀다. 이 둘은 새 벤츠 차를 타고 시내를 돌아다녔고, 다이아몬드는 1만 달러가 넘는 고급 금시계를 자랑하고 다녔다. 보리슨의 물욕은 점점 더 커져만 갔다. 보리슨은 1000제곱미터 규모의 성의 설계를 건축가에게 맡겼다. 해자와 중세 귀족의 깃발로 마무리되는 호화스러운 성을 짓겠다는 계획이었다. 이 성에 들여놓을 물건들을 사기 위해 보리슨은 뉴욕과 런던의 소더비 경매장에 자주 모습을 드러냈다. 보리슨이 경매에서 산 물건은 15세기 마상시합 때 착용하던 갑옷(6600달러), 청동 문(1만6000달러), 사자 모양 석조분수(3만2000달러), 2미터 높이 사자 석상 2개(1만500달러), 큐피드 대리석상(6250달러), 크리스탈 샹들리에(5000달러), 문장(紋章)(1650달러) 외에도 비싼 그림, 대리석 화병, 골동품 가구 등이 있었다. 모두 왕이 사는 성에나 어울리는 물건들이었다.

이런 식으로 4년이 흘렀다. 그러던 1994년 초반, 기준에 미달된 상태에서 올란자핀 임상시험에 참여한 환자 한 명이 자살 시도를 한 후, 테리 데이비스라는 코디네이터가 이 사실을 폭로하겠다는 협박을 했다. 하지만 보리슨과 다이아몬드는 돈으로 입을 막았다. 이들의 임상연구 기록을 감사하기 위해 제약회사에서 보낸 사람들이 계속 오갔지만, 보리슨은 그들이 오는 날에 맞춰 “가짜 사무실을 꾸며” 그들을 속였다. 리스페리돈은 1993년에 FDA 승인을 받았지만, 보리슨은 FDA 승인 이전에 얀센이 미국에서 수행한 2번의 핵심적인 연구의 책임자였다. 보리슨의 임상 치료 연구소 직원들은 리스페리돈이 FDA 승인을 받는 데 자신들이 역할을 했다는 데 자부심을 가지기도 했다. 결국 1996년 앤절라 투히는 임상 치료 연구소를 떠나 데이비드 헤스가 신경과 과장을 맡고 있던 오거스타 소재 재향군인관리국 병원으로 옮겼고, 그곳에서 임상 치료 연구소 몰락의 단초를 제공했다. 투히는 헤스에게 그동안 임상

치료 연구소에서 있었던 일들을 다 털어놨고, 헤스는 경찰에 연락했다. 헤스는 보리슨이 소속된 의대와 병원에 "이 모든 일은 매우 추악한 일이었다. 이 모든 일은 숫자 놀음이었으며, 보리슨의 환자들은 전적으로 연구자들의 탐욕을 채우는 데 이용됐다. 그동안 어떤 일이 일어났는지 너무나 분명하게 알 수 있다."라고 말했다.

보리슨과 다이아몬드는 교도소에 들어갔다. 하지만 죄명은 사기 임상 연구가 아니었다. 이들의 주 혐의는 소속 의대에서 절도를 저질렀다는 것이었다. 다이아몬드는 징역 5년, 벌금 12만 5000달러 선고와 함께 대학 측에 110만 달러를 배상하라는 명령을 받았다. 보리슨은 징역 15년, 벌금 12만 5000달러 선고와 함께 대학 측에 426만 달러를 배상하라는 명령을 받았다. 보리슨이 기소된 1997년 초 비정형 약물의 장점에 대한 보리슨의 11번째 논문이자 마지막 논문이 의학 저널에 실렸다. 이 논문의 제목은 "약리학적 조현병 치료법의 최근의 진보"였다. 비정형 약물이 환자의 회복에 어떻게 도움을 주었는지에 대해 자신이 알고 있는 모든 것을 16쪽에 걸쳐 정리한 논문이었다.[21]

은폐

보리슨과 다이아몬드가 저지른 악행은 비정형 약물의 장점에 대해서 아무것도 드러내지 않지만, 이들의 악행은 임상시험을 시행한 연구자들에게 얼마나 많은 돈이 흘러들어오는지, 약물에 대해 긍정적인 평가를 하는 학계 의사들에게 제약사의 연구 의뢰가 어떻게 꾸준하게 들어오는지, 그 의사들의 출세 길이 어떻게 열리는지에 대해서는 많은 것을 보여준다. 보리슨과 다이아몬드 사건은 새로운 비정형 약물이 출시될 때 어떤 방식으로 스토리텔링이 이뤄지는지 잘 보여준다. 이 스토리텔링을 주도하는 세력은 비정형 약물 임상시험의 막후 세력이며, 이 세력은 임상시험 과정에서 사망한 환자들의 사인을 은폐하는 세력이기도 하다. 리스페리돈, 올란자핀, 쿠에티아핀 그리고 4번째 비정형 약물인 세르틴돌sertindole 임상시험에 참여한 환자 145명 중 1명이 사망했다. 하지만 이 환자들의 사망은 의학 논문에서 한 번도 언급된 적이 없다.[22] 또한 아무도 이렇게 높은 사망률이 대부분 임상시험 설계 때문이라는 사실을 언급한 적이 없다.

새로운 약물을 개발하는 제약사들은 최대한 신속하게 임상시험을 하고 싶어 한다. 제약업계에서는 임상시험이 하루 늦춰질 때마다 잠재적 매출 손실이 100만 달러에 달한다는 속설이 있다. 비정형 약물을 승인받기 위해 얀센, 일라이 릴리 같은 제약사들은 이 약물이 정신병 증상을 감소시킨다는 것을 입증해야 했다. 따라서 이 제약사들에게는 정신병 증상이 두드러지는 환자들이 필요했다. 또한, 약물이 효과를 나타낸다는 것을 보여줄 환자 집단을 (최대한 빠르게) 만들어내기 위해서는 제약사 입장에서는 환자들이 복용 중인 약물을 갑자기 중단시키는 임상시험 설계를 할 수밖에 없었다. 이런 갑작스러운 약물 복용을 중단시켜야 환자들의 환각과 망상을 재발시킬 수 있었기 때문이다. 증상이 재발한 환자들은 임상시험의 다양한 영역에 무작위로 할당돼 위약, 할로페리돌 같은 표준 신경이완 약물, 실험적 약물 중 하나를 투여 받았다. FDA 약물평가실 로버트 템플 실장은 "약물을 시험할 때 증상이 뚜렷하게 재발한 환자를 대상으로 하지 않으면 결과를 해석하기가 힘들다. 갑작스럽게 약물 복용을 중단시키는 이유가 여기에 있다."라고 설명했다.[23]

하지만 (점진적인 약물 복용 중단과는 달리) 갑작스러운 약물 복용 중단은 외래환자들에게서도 심각한 임상적 악화 위험을 높인다고 알려져 있다. 이런 갑작스러운 약물 복용 중단은 바람직한 임상 치료가 아닐 뿐만 아니라 자살 위험을 높인다. 이런 임상시험에서 자살률이 높은 이유가 바로 여기에 있다. 위의 4가지 비정형 약물 임상시험에서 최소 36명이 자살했다. 이 환자들은 목을 매거나, 물에 뛰어들거나, 머리에 총을 쏘거나, 높은 곳에서 뛰어내리는 방법 등을 사용했다. 현재와의 시간차를 감안해 계산할 때, 당시 임상시험 참여 환자들의 자살률은 현재 조현병 환자 자살률의 2~5배에 달했다.*

이런 식으로 자살한 환자 36명 중에 미네아폴리스 출신의 수전 엔더스비라는 여성이 있었다. 엔더스비의 조현병 투병 과정은 일반적인 조현병 환자들의 투병 과정과 거의 비슷했다. 엔더스비는 10대 때 감정 장애를 처음 겪었고, 미네소타 대학을 다니면서 증상이 심각해졌다. 그 후 20년 동안 엔더스비의 증상은 호전과 악화를 거듭했다. 사회복지 서비스를 받으면서 혼자서 아파트에서 지낼 수 있을 정도로 좋아진 적도 있었지만, 그렇게 혼자 지내다보면 증상이 악화돼 스스로 병원을 찾곤 했다. 변하지 않았던 사실은 엔더스비가 살려는 의지를 계속 보였다는 것이다. 엔더스비의 남동생 에드 엔더스비는 "정신장애가 있는데도 누나는 매우 지적이었고 생활을 잘 했으며, 자신의 병을 있는 그대로 받아들였다. 누나는 병을 이겨내고 살아남겠다는 의지가 매우 강했다."라고 말했다.[24]

1994년 5월 7일 엔더스비는 미네아폴리스 파뷰 리버사이드 병원에 입원했다. 엔더스비에게는 특히 힘든 시기였다. 엄마가 말기 암 진단을 받았고, 자신은 자살 충동을 느꼈던 때였다. 병원 의사

---

*의학 통계에 따르면, 조현병 환자 연간 자살률은 1000명당 2~5명이다. 비정형 약물 임상시험에 참여한 조현병 환자들의 (시간 보정) 연간 자살률은 1000명당 거의 10명이었다. 2~5배나 자살률이 높았다. 비정형 약물 임상시험 도중에 자살을 한 환자 수도 36명 이상이었다. 임상시험을 끝까지 마치지 못한 환자들도 상당히 많았으며, 임상시험 연구자들은 이 환자들 대부분을 임상결과에 포함시키지 않았다.

들은 엔더스비에게 항우울제를 처방했고, 엔더스비는 점차 우울감이 줄어드는 것을 느꼈다. 5월 26일 엔더스비는 간호사들에게 기분이 한결 나아져 곧 퇴원할 수 있을 것 같다고 말했다. 하지만 바로 그다음 날 엔더스비는 파루크 아부자하브라는 정신과 의사에게 넘겨졌고, 이 의사는 엔더스비에게 다른 제안을 했다. 세르틴돌이라는 새로운 약물의 임상시험 참여를 권하는 제안이었다.[25]

아부자하브는 미네소타 주에서 유명한 정신과 의사였다. 미네소타 정신의학회 회장과 윤리위원회 위원장을 지낸 사람이었다. 아부자하브는 상용 약물 연구 분야에서도 잘 알려진 사람이었다. 제약사들이 의뢰한 연구를 많이 진행했고, 관련 논문에도 저자로 이름을 여러 차례 올린 사람이었다. 1994년 봄 아부자하브는 애보트 연구소와 세르틴돌 임상시험 계약을 맺었다. 하지만 애보트가 제시한 임상시험 계획에는 자살 시도를 하는 환자들을 특정해 제외하는 절차가 포함돼 있었다. 엔더스비의 남동생은 엔더스비가 이 임상시험에 참여하기를 꺼려했다는 사실이 간호 기록부에 쓰여 있었다고 말했다. 하지만 아부자하브는 엔더스비를 만나던 5월 27일 결국 임상시험 대상자로 엔더스비를 등록시켰다.

실험 계획에 따라 아부자하브는 즉각 엔더스비의 약물 복용을 중단시켰다. 아부자하브는 엔더스비가 도움을 받고 있던 항우울제인 벤라팍신venlafaxine 복용도 중지시켰고, 엔더스비는 바로 악화되기 시작했다. 절망감이 다시 나타났고, 설상가상으로, 여기에 추체외로 증상이 심각하게 나타났다. 추체외로 증상은 항정신병 약물을 갑자기 끊었을 때 흔히 나타나는 증상이다. 6월 3일 간호사들은 엔더스비의 자살 충동이 다시 나타났다고 기록했다. 엔더스비의 남동생은 누나의 머릿속을 악마들이 점령한 것 같았다고 말했다. 그럼에도 불구하고 아부자하브는 엔더스비를 계속 임상시험에 참여시켰고, 6월 8일에는 무작위 약물 테스트를 실시했다. 아부자하브는 엔더스비가 "전혀" 약물 부작용을 겪고 있지 않다고 연구 기록 서류에 썼다.

하지만 간호 기록은 다른 이야기를 하고 있었다.

6월 8일: 약물로 인한 변화에 대처하는 과정에서 절망감/무기력을 동반한 소극적 자살 충동이 관찰됨. 환자는 절망감을 느끼면서, 병원에서 나가 프랭클린 애비뉴의 다리에서 뛰어내려 자살하겠다는 생각을 함.
6월 9일: 환자가 자살 충동을 느끼며, 자살에 대해 적극적으로 생각하기 시작했다고 진술함. 환자는 자신은 자살 시도를 하면 성공할 것이기 때문에 다른 환자들과는 다르다고 진술함. 어떤 자살 계획을 세우고 있는지는 밝히기를 거부했지만, 병원에 있는 동안은 그 계획을 실현하기가 불가능하다고 진술함. 입원해 있는 동안에는 자해를 하지 않겠다고 동의함.

6월 10일 수전 엔더스비는 아부자하브에게 하루 외출을 요청했다. 원칙적으로 임상시험 첫 4주 동안에는 시험 대상자가 병원을 나가는 것이 금지됐지만, 아부자하브는 이 원칙을 무시하고 다음 날 외출을 허용했다. 아부자하브는 엔더스비가 다른 사람과 같이 나가야 한다고 요구조차 하지 않았다.

그다음 날 아침 수전 엔더스비는 깔끔하게 차려 입고 머리를 단정하게 묶으면서 외출 준비를 했다. 마치 모임 약속이 있어서 예쁘게 보이고 싶어 하는 것 같았다. 자신의 아파트로 간 엔더스비는 화초에 물을 주고 물건 몇 개를 챙겼다. 아파트를 나오면서 엔더스비는 아파트 열쇠를 문 밑으로 밀어 넣었다. 집주인을 생각한 사려 깊은 행동이었다. 그 후 엔더스비는 바로 프랭클린 애비뉴의 다리로 걸어갔다. 다리 밑에는 미시시피 강이 흐르고 있었다. 엔더스비는 자신의 말대로 다리 난간을 기어 올라가 강으로 몸을 던져 사망했다.

엔더스비의 남동생은 이렇게 말했다. “거의 20년 동안 누나는 살려고 엄청난 노력을 한 사람이었다. 약물 임상시험에는 안전장치가 있었어야 했다. 안전장치가 없었을 뿐만 아니라, 의료진은 임상시험에 참여하지 않는 입원환자들을 위한 안전장치조차 누나에게 제공하지 않았다. 그들은 환자의 약물 복용을 갑작스럽게 중단시킴으로써 치료 수단을 박탈했다. 비인간적인 일이었다. 정신병이 아닌 질환을 앓고 있는 환자들에게 이런 짓을 했다면, 범죄 행위가 됐을 것이다."

결국 이 세르틴돌 임상시험 과정에서 모두 7명이 자살했다. 리스페리돈 임상시험에서는 최소 10명, 올란자핀 임상시험에서는 15명, 쿠에티아핀 임상시험에서는 4명이 자살했다. 이들은 환자에게서 "활발한 병적 증상"이 재발해야 가능한 약물 시험 과정의 희생자였다. 하지만 과학 저널에 발표된 임상시험 결과에서 이들의 죽음은 완벽하게 배제됐다.*

어둠의 핵심

보리슨의 악행, 자살 환자 결과 누락, 엔더스비에 대한 아부자하브의 무관심 등은 그 당시 약물 임상 연구의 어두운 측면들이다. 이런

---

*1997년 미네소타 주 의료 실천 위원회는 엔더스비를 비롯한 다른 정신질환자들을 "부주의하게" 치료한 책임을 물어 아부자하브의 의사 면허를 정지시켰다. 하지만 미네소타 주 면허 위원회 위원으로 이 사건을 조사한 시카고 의대 정신의학과 조교수 모리스 골드먼은 아부자하브 사건이 상용 약물 연구의 진실성에 관한 더 큰 의문들을 불러일으킨다고 생각한다. 골드먼은 "아부자하브의 임상시험 데이터에 어떤 가치가 있을까? 아부자하브는 임상시험 참가 환자들의 진단 내용을 임상시험의 목적에 맞춰 조작한 다음, 이 환자들이 호전되고 있다고 발표하곤 했다. 아부자하브는 자신을 제외한 모든 의료진이 환자들의 상태가 나빠지고 있다고 말하는데도 그렇게 했다. 아부자하브 사건에서 보듯이, 문제는 임상시험 데이터가 조작됐다는 사실을 사람들이 모른다는 것이다."

일들은 꼬리를 물고 일어나면서 더 심각한 상황을 만들어냈다. 비정형 약물 임상시험 결과는 사람들에게 정보를 주기 위한 것이 아니라 사람들에게 거짓을 주입하기 위한 것이었다. 이 모든 이야기는 정보자유법에 따른 청원으로 공개된 FDA 문서에 기록된 것이다.

비정형 약물 임상시험은 어떤 측면에서 보면 과학적 배경은 확실하지 않은 연구다. 표면적으로 비정형 약물 임상시험은 비정형 약물, 위약, 할로페리돌을 직접 비교하는 연구로 보인다. 하지만 이런 표면적인 모습은 다음과 같은 이유에서 실제 모습이 아닐 수도 있다. 첫째, 이 임상시험에는 진정한 의미에서의 위약 투여 집단이 없었다. 약물 복용을 갑작스럽게 중단시켜 환자를 위험에 빠뜨린 시험 설계는 경과가 나쁠 것으로 기대되는 위약 집단도 만들어냈기 때문이다. 이 위약 집단은 이 집단의 환자들을 악화시킬 것으로 기대되는 갑작스러운 약물 복용 중단을 겪은 사람으로 구성된 집단이었고, 이 환자들은 약물 복용 중단 때문에 나타난 증상을 치료받지 못한 집단이었다. 이런 실험 설계는 제약사들이 자사의 약물이 위약보다 좋게 보이도록 만들기 위한 장치, 나쁜 과학을 위한 장치였다. 이에 대해 하버드 의대 로스 발데사리니는 다음과 같은 말로 설명했다. "이런 실험 계획은 약물과 위약 차이를 과장할 수 있으며, 약물의 장점을 더 강하게 부각하는 효과를 낼 수 있다. 완벽하게 공정한 비교가 이뤄지지 않을 수 있다는 뜻이다."[26] 둘째, FDA 조사관들이 지적했듯이, 얀센과 일라이 일리는 자사의 실험적 약물이 표준 신경이완 약물보다 좋아보이도록 편향적인 실험 설계를 했다.*

얀센의 리스페리돈은 (클로자핀을 제외한) 비정형 약물 3종 중에서 가장 먼저 FDA 심의를 받은 약물이었다. 얀센은 리스페리돈의 신약 심의 통과를 위해 "잘 통제된" 임상시험을 3건 시행했다.[27]

첫 번째 임상시험은 미국 내 병원 8곳의 환자 160명을 동원해 리스페리돈과 위약을 비교한 것이었다. 리스페리돈을 복용한 환자의 거의 50%는 이 6주간의 임상시험에 끝까지 참여하지 못했다. 리스페리돈은 양성 증상을 완화하는 데는 위약보다 효과가 좋았지만, 리스페리돈과 할로페리돌 중 어느 것도 환자의 전반적인 호전 상태를 측정하는 "전반적 임상 인상 척도Clinical Global Impression Scale" 면에서 위약보다 낫지 않았다.

두 번째 임상시험은 미국과 캐나다의 병원 26곳의 환자 523명을 동원해 리스페리돈 4회 복용량과 할로페리돌 20밀리그램, 위약의 효과를 비교한 것이었다. 리스페리돈을 복용한 환자의 45%

---

*제약사들은 FDA 승인을 얻기 위해 자사의 약물이 표준 신경이완 약물보다 낫다고 증명할 필요가 없었다. 제약사들은 실험적 약물이 단기적으로 정신병 증세를 줄이는데 "위약"보다 더 효과적이라는 것만 입증하면 됐다. 약물 안전성과 관련해서는, 제약사들은 자사의 비정형 약물이 심장 문제 같은 부작용으로 사망을 일으킬 수 위험이 높지 않다는 것만 보여주면 됐다. 비정형 약물은 치명적이지 않은 부작용들(추체외로 증상 등)을 일으킬 가능성이 있는데도 승인을 받았다. 이런 위험성은 약물 레이블에 경고 문구로 알리기만 하면 됐다.

는 이 8주간의 임상시험에 끝까지 참여하지 못했다. 얀센은 이 연구가 리스페리돈을 최적 복용량인 6밀리그램 복용했을 때 양성 증상과 음성 증상 치료 면에서 할로페리돌보다 효과가 우월하다는 것을 보여준다고 주장했고, 이 주장은 의학 저널들에 실린 논문들의 결론이 됐다. 하지만 FDA 조사관들은 얀센이 일부 환자에게서 "치료 유효량을 초과할 수 있는 정도의" 고용량 할로페리돌을 비교에 사용했다는 사실을 밝혀냈다. 조사관들은 얀센의 이 임상시험이 "설계상 할로페리돌과 리스페리돈의 효능을 비교하는 객관적이고 유효한 결론을 내릴 수 없는" 연구라고 결론 내렸다.

얀센이 시행한 이 두 번째 임상시험은 제약사가 원하는 결과를 만들어내기 위해 연구 설계가 어떻게 사용될 수 있는지 분명하게 보여준다. 할로페리돌은 20년 넘게 널리 사용된 약물이었고, FDA 조사관들의 지적대로, 고용량을 투여하면 문제가 발생할 수 있다는 것은 잘 알려진 사실이었다. 이미 1987년 UCLA 정신의학자 시어도어 반 푸텐은 할로페리돌 20밀리그램 투여가 대부분의 환자들에게서 "정신 파괴 효과"를 일으킬 수 있으며, 10밀리그램만 투여해도 환자의 67%에서 고통스러운 정좌불능증을 일으킬 수 있다고 발표했었다. 1991년 듀크 대학 연구자들도 할로페리돌을 매일 10밀리그램 이상 투여하면 "추체외로 증상 발현이 상당히 크게 늘어난다."라는 연구결과를 발표한 바 있다.[28] 얀센은 임상시험 당시 할로페리돌 20밀리그램 투여가 추체외로 증상 발현 가능성을 크게 높인다는 사실을 알고 있는 상태에서 자사의 약물과 비교해 리스페리돈이 훨씬 더 안전한 약물처럼 보이도록 만든 것이었다.

얀센의 세 번째 임상시험은 미국을 제외한 15개 나라의 환자 1557명을 동원해 리스페리돈 5회 복용량과 할로페리돌 10밀리그램의 효과를 비교한 연구였다. 얀센은 이 연구가 리스페리돈이 "정신병 증상을 완화하는 데 할로페리돌보다 효과적"이라는 것을 보여줬다고 주장했다. 하지만 FDA 신경약리 약물 부문 책임자 폴 레버는 이 주장을 일축했다. 이 연구는 의미 있는 비교를 "할 수 없는" 연구라는 지적이었다. 레버는 이 연구의 설계 결함은 얀센이 실험적 약 여러 회분과 할로페리돌 한 회분을 비교한 데 있다고 말했다. 이 두 약물을 정직하게 비교하려면 "등가 유효 투여량equieffective dose"을 같은 횟수로 투여해야 하며, 그렇게 하지 않으면 연구는 더 투여 횟수가 많은 약물에 대해 부당하게 우호적인 결과를 내게 된다는 설명이었다. 1993년 레버는 등가 유효 투여량을 같은 횟수로 투여하는 것은 "약물 속성 비교를 위한 필수적인 준비 단계"라고 썼다.[29]

FDA의 결론을 요약하면 이렇다. 얀센은 단기적으로 리스페리돈이 위약에 비해 양성 증상을 완화하는 데 효과적이라는 증거를 제시했지만, 리스페리돈이 할로페리돌보다 더 좋은 약물이라고 입증하지는 못했다는 것이었다(FDA 승인을 위해 리스페리돈이 할로페리돌보다 좋은 약물이라는 증거를 제시할 필요는 없었다). 또한, FDA 조사 결과에 따르면, 리스페리돈의 안전성 수준은 얀센이 주장해왔던 안전성 수준보다 훨씬 낮았다. 리스페리돈 연구자들은 리스페리돈의 추체외로 증상 유도 확률이 "위약과 같은 수준"이라고 주장해 왔었다. <뉴욕타임스>도 얀센의 한 간부의 말을 인용해 2000명이 넘는 환자에게서 "심각한 부작용이 발생하지 않았다."라고 보도한 바 있다. 이 정도 수준이면 매우 안전한 약물이었다. 하지만 실상은 달랐다. 리스페리돈 복용 환자 중 FDA가 생명을 위협하는 수준(입원을 필요로 하는 수준)으로 정의한 "심각한 이상사례adverse event"를 겪은 환자는 84명(35명 중 1명꼴)이었다(이런 심각한 이상사례의 반 이상은 자살 또는 자살 시도였다). 또한, 이런 이상사례 발생률은 리스페리돈 복용 환자들과 할로페리돌 복용 환자들에서 거의 비슷했다. 이런 이상사례 때문에 임상시험에 끝까지 참여하지 못한 환자의 비율은 리스페리돈이 9%, 할로페리돌이 10%였다. 이런 이상사례를 1번 이상 겪은 환자는 리스페리돈이 75%, 할로페리돌이 79%였다. 중간 용량의 리스페리돈을 복용한 환자들의 17%에서조차 추체외로 증상이 나타났고, 고용량의 리스페리돈을 복용한 환자들은 3분의 1이 추체외로 증상을 나타냈다. 이 비율은 할로페리돌 20밀리그램을 복용한 환자들에게 추체외로 증상이 나타나는 비율과 거의 같은 수준이었다.* FDA 조사관 토머스 로그렌은 이렇게 썼다. "추체외로 증상 발현 면에서 리스페리돈이 다른 항정신병 약물들과 어떻게 다른

지는 더 연구가 필요하다. 할로페리돌이 가장 추체외로 증상을 많이 일으키기 때문이다."

FDA는 얀센에 최종 승인 통보서를 보내면서 리스페리돈과 할로페리돈의 효과에 대한 FDA의 결론을 명백하게 밝혔다. FDA 약물평가실장 로버트 템플이 얀센에 보낸 내용은 다음과 같다.

> FDA는 리스페리돈이 안전성 또는 효과 면에서 할로페리돌 또는 기타 출시된 항정신병 약물 제품들보다 우월하다는 인상을 주는 데이터를 얀센이 표시한다면, 이런 리스페달의 광고 내용은 허위이고, 오해의 소지가 있으며, 연방 식품, 의약품 및 화장품법 502조 a항, 502조 n항이 규정한 공정한 균형성을 갖추지 못한다고 판단한다.[30]

---

*이 임상시험은 리스페리돈이 추체외로 증상을 흔하게 일으킨다는 것을 확실히 보여줬다. 리스페리돈을 중간 용량 복용했을 때 위약보다 적게 추체외로 증상을 더 적게 일으킨다고 주장한 이유는 임상시험에 진짜 위약 집단이 없었기 때문이었다. 얀센의 임상시험에서 "위약" 집단 환자 6명 중 1명이 추체외로 증상을 경험했다. 이 증상은 약물 금단 증상이지, 질환 자체에 의한 것이 아니다. 매우 적은 용량인 6밀리그램의 리스페리돈을 복용한 사람에게서 추체외로 증상이 나타난 비율은 거의 같았다. 이 결과를 가지고 얀센은 리스페리돈이 위약보다 추체외로 증상을 더 자주 일으키지 않으며, 이 점에서 리스페리돈에 위험성이 없다고 무지한 대중에게 주장할 수 있었다. 터무니없는 과학이지만, 성공적인 마케팅이었다.

하지만 FDA는 얀센이 리스페리돈 광고에 거짓 주장을 광고에 담는 것을 중지시킬 수 있는 권한은 있었지만, 얀센이 돈을 주고 임상시험을 의뢰한 학계 의사들이 의학 저널과 언론에 발표하는 내용을 통제할 권한은 없었다. 이 학계 의사들은 FDA가 조사 결과를 발표하기 전에 이미 리스페리돈에 대한 긍정적인 결과를 발표했으며, FDA 발표 이후에도 같은 결과를 계속 발표했다. 이런 임상시험 결과가 마지막으로 발표된 것은 1997년이었다. 학계의 저명한 정신의학자들이 <임상 정신의학 저널>에 다시 한 번 리스페리돈의 장점에 대한 연구결과를 내놓은 것이었다. 이들은 다음과 같이 썼다. "우리의 연구한 바에 따르면, 리스페리돈은 할로페리돌에 비해 중요한 장점들을 가지고 있다. 효과적인 용량 범위 안에서 투여했을 때 리스페리돈은 조현병의 주요한 5가지 측면 모두에서 할로페리돌보다 개선 효과가 더 컸다."[31]

현대 미국 정신의학 분야에서 과학 저널은 FDA가 허위로 규정해 명백하게 금지한 주장들을 발표하는 장이 돼 버린 것이었다.

하지만 FDA는 얀센의 임상시험을 편향적이라고 비판하는 데 그쳤다. FDA는 리스페리돈과 할로페리돌의 상대적인 장점들을 비교하기 위해 자체 연구를 진행하지 않았다. 하지만 일단 리스페리돈이 출시되자, 얀센으로부터 돈을 받지 않은 의사들이 리스페리돈에 대한 자체 연구를 하기 시작했다. 그 결과는 놀라웠다. 리스페리돈의 추체외로 증상 유발 비율이 "위약과 같은 수준"이라는 얀센의 주장이 허위라는 사실이 밝혀지기 시작했다.

이런 결과를 처음 발표한 것은 캐나다 온타리오 주 해밀턴 소재 맥매스터 대학 의사들이었다. 이들은 신경약물 복용 경험이 없는 환자 350명을 대상으로 연구를 진행해 저용량 리스페리돈이 대상 환자의 59%에서 파킨슨병 증상을 일으켰다고 발표했다. 할로페리돌 복용 환자들의 파킨슨병 증상 발현 비율은 52%였다. 정좌불능증 발생 비율도 리스페리돈 복용 환자들에게서 더 높았고, 연구자들은 "리스페리돈이 정형 항정신병 약물의 효과적인 대체물이 아닐 수 있다."라는 결론을 내렸다.[32]

두 번째 연구결과는 미국정신보건연구원이 발표했다. 미국정신보건연구원 연구자들은 리스페리돈과 할로페리돌을 동등한 치료 수준에서 비교한 결과, 리스페리돈 복용 환자들은 42%에서, 할로페리돌 복용 환자들은 29%에서 이 추체외로 증상이 나타났다고 발표했다.[33]

세 번째 연구결과는 피츠버그 대학 연구자들이 발표했다. 이들은 신경이완 약물 복용 경험이 없는 환자들에게 리스페리돈을 투여한 결과, 투여 후 4주가 지난 상태에서도 안구 운동 이상이 계속 나타났으며, 이는 신경계 부작용이 할로페리돌 복용 환자들에게서보다 훨씬 더 오래 지속된다는 것을 보여주는 증거라고 결론 내렸다.[34]

이 연구들은 대중에게는 잘 알려지지 않았지만, 리스페리돈이 가진 "획기적인" 약물 이미지가 벗겨지는 계기가 됐다. 1995년 피츠버그 의대 의사들은 리스페리돈이 도입된 후 병원의 항정신병 약물 구입 예산이 치솟았으며, 리스페리돈이 치료 효과가 다른 약물보다 좋다는 증거가 없다고 호소했다. 캘리포니아 대학 샌프란시스코 캠퍼스의 정신의학자들은 처음부터 리스페리돈을 복용한 환자들 중에서 2년 뒤에도 계속 리스페리돈을 복용한 사람은 29%에 불과했으며, 55%는 리스페리돈 복용을 중단했다는 연구결과를 발표했다. 리스페리돈이 효과를 내지 못했기 때문이었다. 이 연구자들은 "우리 연구결과에 따르면 일상적인 임상 상황에서 리스페리돈은 과거의 항정신병 약물들이 일으켰던 문제들과 상당히 비슷한 문제들을 일으킨다."라고 발표했다. 1997년 '정신약리학 연구 협회' 회장인 의사 제프리 매츠는 "현재까지의 연구결과에 따르면, 리스페리돈은 전형적인 조현병 양성 증상 치료 면에서 표준 신경이완 약물만큼 효과가 없다고 할 수 있다."라고 말했다. 의학 저널들에는 리스페리돈이 신경이완제 악성증후군, 지연성 운동장애, 지연성 근육이상증, 독성 간 손상, 조증, "토끼 증후군rabbit syndrome(입주변이 토끼 입의 모양과 같은 특이한 모양으로 변하는 증상)"을 일으킨다는 내용의 편지가 쇄도했다.[35] 결정타는 저명한 의학 저널 <랜싯Lancet>이 날렸다. 이 저널은 얀센의 임상 연구자들이 같은 임상시험 결과를 여러 번 논문으로 발표했다고 폭로

했고, 비판적인 연구자들은 얀센의 이런 행위가 "같은 논문 중복 발표, 신뢰할 수 없는 논문 내용, 시험 결과에 대한 불투명한 공개" 등을 특징으로 하는 "살라미 과학salami science(살라미 소시지를 조금씩 잘라 먹듯이 같은 결과를 조금씩 분할해 발표하면서 여러 번 활용하는 과학자들의 행위)"이 어떤 것인지 분명하게 보여준다며, 이런 살라미 과학이 의학 저널을 오염시키고 있다고 말했다. <랜싯>에 논문을 발표한 한 의사는 이를 두고 "마케팅의 성공일 뿐, 그 이상은 아니다."라고 비판하기도 했다.[36]

하지만 대중은 이런 일에 대해 거의 알지 못했다. FDA의 비판은 비공개적으로 이뤄졌기 때문에, 정보자유법에 의거해 정보 공개를 요청하지 않는 한 일반인들은 알 수가 없는 일이었다. 독립적으로 리스페리돈에 대한 평가를 한 연구자들은 리스페리돈이 할로페리돌만큼(또는 그 이상으로) 운동 기능 이상을 일으킨다는 사실을 발견했지만, 연구결과를 대중에게 알리기 위해 홍보업체와 계약할 자금이 없었다. 이 연구자들의 논문은 의학 저널에 조용히 실렸다가 대중의 관심을 받지 못하고 묻혔다. <랜싯>의 폭로와 비판도 얀센에 우호적인 언론들을 움직일 수는 없었다. 한편, 1996년 일라이 릴리는 올란자핀 판매 승인을 얻었고, 이 승인으로 언론은 비정형 약물에 관한 긍정적인 기사를 쏟아내기 시작했다.

계속되는 제약사들의 조작

지난 15년 동안 제약사들의 연구 대부분은 목표 수용체에 정확하게 작용하는 약물을 개발하는 데 집중돼오고 있다. 이렇게 "깨끗한" 약물이라면 부작용이 적을 것이라는 생각 때문이다. 올란자핀은 막대한 경제적 성공을 거뒀지만, 역설적이게도 항정신병 약물 개발 방향을 반대 방향으로 틀어놓았다. 올란자핀은 클로자핀처럼 "더러운" 약물이기 때문이다. 올란자핀은 매우 다양한 수용체들, 즉 도파민 수용체, 세로토닌 수용체, 아드레날린 수용체, 히스타민 수용체 등에 모두 작용하는 약물이고, 이런 수용체들 중에 어느 하나라도 억제되면 다양한 일련의 부작용들이 일어난다고 알려져 있다. 도파민 수용체 억제는 운동 장애를 일으키고, 세로토닌 수용체 억제는 성기능 장애, 저혈압, 체중 증가 등을 일으킨다. 아드레날린 수용체에 작용하는 약물은 저혈압, 현기증, 빈맥, 사정 장애를 일으키며, 콜린 억제 약물은 시력 저하, 구강 건조증, 변비, 요폐(尿閉), 기억력 장애, 졸음, 피곤, 발기 장애를 일으킨다. 히스타민 수용체 억제는 진정과 체중 증가를 유도한다. 올란자핀 같은 "더러운" 약물이 일으킬 수 있는 부작용은 수없이 많다. 이렇게 다양한 수용체들이 모두 억제된다면 뇌에서 어떤 일이 일어날지는 쉽게 알 수 있다. 하지만 올란자핀의 이런 "더러운" 속성은 쓰레기 같은 과학에 의해 장점으로 변환돼 대중에게 선전됐다. AP통신은 "올란자핀은 리스페리돈보다 나은 약물일 수 있다. 뇌의 더 많은 영역들에 영향을 미치는 것으로 보이기 때문이다."라고 보도했다.[37]

리스페리돈 심사 때처럼 올란자핀 심사 때도 FDA는 일라이 릴리가 임상시험 결과를 얼마나 왜곡했는지 밝혔다.[38] 첫째, FDA 신경약리 약물 부문 책임자 폴 레버는 동료 직원인 폴 앤드리어슨과 함께 일라이 릴리의 임상시험이 얀센의 임상시험처럼 "할로페리돌에 불리하도록 편향적으로" 설계됐다는 사실을 발견했다. 여러 회 용량의 올란자핀이 한 회 용량의 할로페리돌과 비교됐고, 이 두 약물은 "등가 유효 투여량" 기준에서 비교되지 않았다는 것을 밝힌 것이었다. 게다가, 이 임상시험에 참여한 환자들 대부분은 임상시험 이전에 할로페리돌을 복용했지만 별로 반응을 보이지 않았을 것으로 추정되는 사람들이었다. 레버와 앤드리어슨은 일라이 릴리가 약물 반응을 별로 보이지 않는 환자들을 시험에 포함시킴으로써 올란자핀이 우월해 보이도록 만들었다고 지적했다. 레버는 "일라이 릴리의 임상시험은 환자 집단을 부적절하게 선택한 시험이다."라는 결론을 내렸다. 두 번째, 레버와 앤드리어슨은 일라이 릴리가 시행한 4번의 임상시험 중 대상 환자를 합쳐도 약 500명에 불과한 소규모 임상시험 2건만이 올란자핀과 위약의 효과를 어느 정도 비교할 수 있는 데이터를 생산해냈다고 밝혔다. 이 FDA 조사관들에 따르면, 합쳐서 환자 431명을 동원한 대규모 2건 중 한 건에서 일라이 릴리는 올란자핀 3회 투여량을 할로페리돌,

치료효과가 없는 수준의 올란자핀(위약 역할을 했다)과 비교했다. 레버와 앤드리어슨은 일라이 릴리의 임상연구가 "실패한" 연구라는 결론을 내렸다. 6주간의 임상시험이 끝났을 때 양성 증상 완화 측면에서 서로 다른 약물 투여 집단들 사이에 유의미한 차이가 없었기 때문이었다. FDA가 부실하다고 판단한 또 다른 일라이 릴리의 임상연구는 환자 1996명을 대상으로 한 대규모 제3상 임상시험이었다. 일라이 릴리는 이 임상연구결과를 의학 저널에 발표해 올란자핀이 할로페리돌보다 나은 약물이라는 주장을 하는 데 이용했으며, 올란자핀이 "엄청난 잠재력"을 가진 약물이라는 내용의 기사가 신문에 실리도록 만들었다. 하지만 레버와 앤드리어슨 모두 이 연구가 "할로페리돌에 불리한 쪽으로 편향된" 연구라고 결론 내리면서, 일라이 릴리가 자사의 약물이 우월해 보이도록 만드는 방법을 사용했다고 구체적으로 지적했다. 또한 이들은 이 임상연구에는 위약 집단이 포함돼 있지 않았기 때문에 결과 데이터도 유효하지 않다고 강조했다. 앤드리어슨은 이 연구가 "근본적으로 결함이 있는 연구이며, 유효한 효능 데이터를 거의 제공하지 않는다."라고 결론 내렸다.

올란자핀의 안전성 측면 또한 신문들이 보도한 것처럼 뛰어나지 않았다. 올라자핀을 투여 받은 이 임상시험 대상 환자 2500명 중 사망자가 20명이나 나왔기 때문이었다. 12명은 자살했고, 나머지 8명 중 2명은 "흡인성 폐렴aspiration pneumonia"으로 사망했는데,

FDA는 이 2명의 사인이 올란자핀 투여에 의한 것일 수 있다고 봤다. 올란자핀 복용 환자 중 22%는 "심각한" 이상사례를 겪었다. 할로페리돌 복용 환자 중 이상사례를 겪은 비율은 18%였다. 올란자핀 복용 환자의 3분의 2는 임상시험을 끝까지 마치지 못했다. 올란자핀 복용 환자의 4분의 1 이상은 이 약물이 졸음을 유발한다고 호소했다. 체중 증가 문제도 빈번하게 나타났다. 올란자핀 복용 환자들은 단기 임상시험에서는 몸무게가 거의 0.5킬로그램 늘어났고, (연장 임상시험에 참여한 환자들의 경우) 1년 간 거의 12킬로그램이 늘었다.[39] 이 환자들에게는 파킨슨병 증상, 정좌불능증, 근육긴장이상증, 저혈압, 변비, 빈맥, 당뇨 합병증, 발작, 혈청 프로락틴 증가(유두 분비와 발기불능을 일르킬 수 있으며, 유방암 위험을 증가시킨다), 간 기능 이상, 백혈구 감소증과 호중구감소증neutropenia도 나타났다. 레버는 안전성 데이터를 요약하면서, 올란자핀이 다양한 유형의 수용체에 넓게 작용한다는 사실을 감안하면 "올란자핀 복용과 관련해 어떤 종류의 부작용이 어떤 강도로 발생할지 모른다."라고 경고하기까지 했다.

FDA 심의를 받은 3번째 비정형 약물은 아스트라제네카의 쿠에티아핀이었다.[40] FDA는 이때도 수많은 결함을 찾아냈다. FDA는 아스트라제네카가 시행한 총 8건의 임상시험 중 4건에 대해 "의미 있는" 효능 데이터를 전혀 제공하지 못했다고 지적했다. FDA는 아스트라제네카가 나머지 4건에 대해서는 쿠에티아핀이 양성 증상 완화 면에서 위약보다 약간 낫다는 것을 보여줬지만, 할로페리돌보다 낫다는 것은 증명하지 못했다는 결론을 내렸다. FDA는 오히려 아스트라제네카의 임상시험 데이터는 할로페리돌의 효과가 더 좋다는 사실을 드러낸다고 밝혔다. FDA에 따르면, 쿠에티아핀 복용 환자들은 지속적으로 이 약물을 복용하는 데 확실한 어려움을 느꼈다. 쿠에타핀을 복용한 환자 2162명 중 82%가 중간에 임상시험을 마치지 못했다. 위약 투여 환자의 경우 이 비율은 61%, 표준 신경이완 약물 투여 환자의 경우는 42%였다. 체중 증가, 진정, 졸림 등의 이상사례가 흔하게 나타났으며, 저혈압, 빈맥, 발작, 백혈구 감소증, 호중구감소증, 신경이완제 악성증후군, 간 기능 이상, 기절로 인한 골절 등이 나타나기도 했다.

FDA가 승인 심의한 비정형 약물은 모두 3가지였다. 이 모든 경우에서 FDA는 이 비정형 약물들이 기존 약물들보다 우월한 약물이라는 확실한 증거를 발견하지 못했다. 대신, FDA 조사관들은 얀센과 일라이 릴리가 편향된 임상시험 설계를 이용해 결과를 만들어내 과학 저널에 실음으로써 자사의 약물이 우월하다는 이야기를 퍼뜨렸으며, 그럼으로써 이 제약사들은 기존 신경이완 약물 가격의 10~30배의 가격으로 팔 수 있었다고 지적했다. 하지만 이런 비판을 FDA의 전문가들만 한 것은 아니었다. 제약사들이 제품을 좋게 보이도록 만들기 위해 사용한 방법들은 점점 널리 알려지게 됐고, 의학 저널에는 제약사들의 이런 방법들을 자세히 묘사한 논문들이 등장하기도 했다. 제약사들이 선호한 방법 중 하나는 표준 약물을 부적절한 양으로 사용하는 방법이었다. 실험적 약의 여러 회 복용량과 표준 약물 1회 복용량과 비교하는 방법도 많이 사용됐다. 하지만 얀센이나 일라이 릴리에서 돈을 받고 임상시험을 시행한 연구자들은 결과를 보고할 때(또는 제약사가 작성한 논문에 자신의 이름을 얹을 때), 그 임상시험이 어떤 식으로 편향적으로 설계됐는지는 전혀 언급하지 않았다. 이 연구자들은 아무것도 털어놓지 않았고, 이들의 침묵은 돈의 영향력이 얼마나 큰지에 대해 많은 것을 말해주고 있었다.[41]

비정형 약물에 대한 비판은 현재까지 간헐적으로 이어지고 있다. 2000년 옥스퍼드 대학 존 게데스 교수 연구팀은 총 1만 2649명을 대상으로 한 52개 연구의 결과를 종합해 "비정형 항정신병 약물이 기존의 항정신병 약물보다 효과적이거나 관용성tolerance(환자가 부작용이나 불편함을 견뎌낼 수 있는 정도)이 높다는 확실한 증거는 없다."라는 결론을 내렸다. 게데스는 약물을 좋게 보이게 만들기 위해 사용되는 가장 흔한 수법은 "비교 약물의 투여량을 과도하게 늘리는 방법"이라고 말했다.[42] 일라이 릴리의 임상연구가 올란자핀에 유리하게 방향으로 편향적으로 진행된 연구라고 얀센이 폭로했을 때는 일시적으로 리스페리돈과 올란자핀에 대한 비교 연구가 의학 저널에 쏟아지기도 했다. 그러자 얀센은 자금을 동원해 비교 임상연구를 의뢰했고, 이 연구에서는 리스페리돈이 올란자핀보다 좋다는 결과가 나왔다. 이런 식으로 제약사들의 지저분한 진흙탕 싸움이 벌어진 후 제약사들은 결국 일종의 휴전에 합의했다. 이 약물들은 서로 다른 효과와 위험이 있는 서로 다른 약물이기 때문에 어떤 한 약물이 더 좋다고 말하는 것은 불가능하다는 연구결과가 여러 차례 발표됐다. 제약사들은 서로를 자극하지 않는 것이 최선이라고 판단한 것으로 보인다.[43]

이런 진흙탕 싸움을 멈춘 이유는 더 이상 싸우는 것이 서로에게 이득이 될 것이 없다고 결국 판단했기 때문이다. 리스페리돈과 올란자핀은 둘 다 단기간에 엄청난 이윤을 내고 있었던 약물이었다. 2000년 미국 내 항정신병 약물 총매출은 25억 달러를 넘긴 상태였고, 올란자핀의 2001년 전 세계 예상 매출도 30억 달러를 넘길 것으로 예상되고 있었다. 2000년 1월 25일 <포브스> 온라인 판은 "자이프렉사(올란자핀)과 최대 경쟁 약물 리스페달은 시장의 상당 부분을 장악하고 있다. 둘 다 비싼 약물이기 때문에 일라이 릴리와 얀센은 상당한 수익을 올릴 것으로 보인다."라고 보도하기도 했다. 신문과 잡지에서도 두 약물에 대한 찬사가 계속 이어졌다. 1998년 1월 29일 <워싱턴포스트>는 미국의 과학이 "조현병 환자들이 부작용을 훨씬 적게 겪으면서 정상적인 생활을 할 수 있게 해준다는 점에서 기존 약물보다 훨씬 효과가 좋은 '획기적인' 약물들을 만들어냈다."라고 보도했다.[44] 돈의 힘과 언론의 찬사는 이런 비정형 약물에 대한 긍정적인 면을 대중에게 부각시켰고, 결국 전미정신질환자연맹은 이런 흐름에 가세했다. 1999년 전미정신질환자연맹은 《항정신병 약물의 획기적인 진전Breakthroughs in Antipsychotic medications》이라는 제목의 책을 발간했다. 책의 앞표지에는 새로운 기적의 약들의 컬러 사진이 실려 있는 책이었다. 이 책의 저자들은 다음과 같이 썼다. "전통적인 항정신병 약물들은 뇌 안에서 거의 같은 역할을 한다. 뇌 내 도파민 시스템에 작용해 뇌의 화학작용을 바로 잡는 일이다. 새로운 약물들은 도파민과 세로토닌을 비롯한 뇌 내 모든 화학물질의 균형을 바로 잡는다는 점에서 전통적인 약물보다 더 뛰어난 기능을 발휘하는 것으로 보인다. 시간을 충분히 가지고 이 약물들이 이렇게 뛰어난 기능을 하는 것을 지켜보자."[45]

한 때 만병통치약으로 선전되던 강장제처럼 비정형 약물은 정신질환을 앓는 사람들에게 도움이 되는 완벽한 약물로 선전되고 있었다.*

---

*학계 의사들처럼 전미정신질환자연맹도 제약사의 돈을 받는다. 1996년부터 1999년까지 제약사들은 전미정신질환자연맹의 정신질환자에 대한 "차별 종식 운동"에 1172만 달러를 지원했다. 가장 많은 돈을 지원한 제약사는 일라이 릴리(287만 달러)와 얀센(208만 달러)이었다. 심지어 일라이 릴리는 간부 한 명을 1999년에 전미정신질환자연맹에 "파견"해 "전략 계획"을 짜도록 만들기도 했다.

혼란 상태

이런 "연구" 과정과 그 연구결과를 기초로 한 이야기들의 가장 슬픈 부분 중 하나는 비정형 약물의 진짜 속성을 모든 사람에게 은폐했다는 것이다. 비정형 약물 복용으로 호전된 사람들의 이야기는 넘쳐나고 있었다. 어떤 면에서든 이 약물들이 기존 약물보다 좋다는 내용의 이야기들이었다. 하지만 이런 이야기들이 좋은 과학을 만들지는 않는다. 또한 이런 약들에 대한 임상시험 결과는 확실한 정보를 주지도 않는다. 비정형 약물이 정신병 증상을 완화하는 효과가 위약보다 조금이라도 낫긴 한 것일까? 처음 정신병 증상을 겪는 환자들을 두 집단으로 나눈 뒤, 한 집단에는 위약을 주고 다른 한 집단에는 올란자핀을 주었다면, 6주 후의 결과는 어떻게 됐을까? 좀 더 확실한 결과를 얻기 위해, 진정제를 올란자핀이나 리스페리돈과 비교했다면 결과는 어땠을까? 아무도 모른다. 표준 신경이완 약물의 장점을 올란자핀이나 리스페리돈의 장점과 비교했다면 어땠을까? 역시 아무도 모른다. 사실, 할로페리돌이 새로운 기적의 약물로 찬사를 받고, 올란자핀이 쓰레기통에 버려야 할 약물로 버려지는 상황을 상상하기란 그리 어렵지 않다. 약물들이 시장에 출시된 순서만 거꾸로 생각하면 된다. 1995년에 올란자핀이 "오래된" 약물이고, 할로페리돌이 "실험적" 약물이었다고 가정하면 된다. 만약 그랬다면, 할로페리돌 여러 회 투약량이 고용량 올란자핀 한 회 투약량과 비교됐을 것이다. 바꿔 말하면, 임상시험이 할로페리돌에 유리한 방향으로 계획됐을 것이며, 연구자들은 할로페리돌이 여러 가지 면에서 더 우수한 약이고, 올란자핀처럼 체중 증가, 졸림 등의 부작용을 일으키지 않았다고 발표했을 것이다. 또한 연구자들은 할로페리돌이 왜 부적용이 적은지에 대해서도 그럴듯한 설명을 했을 것이다. 연구자들은 올란자핀이 다양한 신경전달물질에 작용하는 "더러운" 약물인 반면, 할로페리돌은 D2 수용체라는 특정한 수용체에만 정확하게 작용하는 깨끗한 약물이라는 설명을 하면서, 현대 과학이 더 정교한 약물을 만들어냈다고 말했을 것이다.

물론 가장 큰 의문은 새로운 약물이 장기적으로 환자의 생명에 어떤 영향을 미치는지다. WHO의 연구결과에서 밝혀진 것처럼, 기존 약물은 만성 질환으로의 진행 확률을 높이고 회복 가능성도 낮춘다. 기존 약물은 장기적으로는 해로운 약물이었다. 새로운 약물도 기존 약물처럼 해롭다고 밝혀지게 될까? 덜 해롭다고 밝혀지게 될까? 아니면, 장기적으로 도움이 된다고 밝혀지게 될까? 아무도 모른다. 하지만 장기적인 효과에 대해서는 이미 수많은 부정적인 추정이 나오고 있다. 비정형 약물은 표준 신경이완 약물처럼 D2 수용체를 비정상적으로 증가시킨다는 연구결과들이다.[46] 지연성 운동장애 같은 특정한 부작용은 비정형 약물로 줄일 수 있지만, 비정형 약물은 비정형 약물만의 새로운 문제를 안고 있다. 예를 들어, 올란자핀은 강박장애를 일으킬 수 있다는 연구결과가 여러 차례 발표됐는데, 연구자들은 올란자핀이 세로토닌 활동을 억제하기 때문에 이런 현상이 나타난다고 추정하고 있다. 올란자핀이 대사 관련 문제를 일으킬 수 있다는 연구결과도 있다. 올란자핀이 체중 증가를 일으켜 건강에 악영향을 미칠 수 있다는 연구결과를 발표한 학자들도 있다. 27~36킬로그램까지 체중이 늘어난 환자도 있었다. 올라자핀이 트리글리세라이드triglyceride(중성지방) 수치와 혈당 수치를 크게 증가시킨다는 연구결과도 발표됐다. 이런 수치들이 올라가면 심혈관질환과 당뇨병 위험이 높아진다. 올란자핀은 조기 사망을 유도할 수 있는 약물일까?

이 의문이 중요한 의미를 가지는 이유는 현재까지도 조현병이 어떤 질환인지 확실히 밝혀지지 않고 있기 때문이다. 현재까지 대중은 조현병이 구체적인 질환, 즉 뇌 화학작용 이상을 특징으로 하는 질환이라는 생각을 주입받아 왔다. 하지만 광기의 생물학적 기초는 여전히 미스터리로 남아있다. 실제로 조현병은 서로 다른 다양한 방식으로 이상하게 생각하거나 행동하는 사람들에게 적용되는 진단명이다. 조현병 진단을 받은 사람 중 어떤 사람은 위축 증상을 보이고, 어떤 사람은 조증 증상을 보인다. “바보 같은” 행동을 하는 사람, 피해망상적인 행동을 하는 사람들도 조현병 진단을 받는다. 미친 행동이 서서히 나타나는 사람들도 있고, 갑자기 나타나는 사람들도 있다. “광기”의 정의를 정밀하게 내리려면 이 모든 다양한 종류의 증상들을 모두 구분해야 하고, 신경이완 약물을 투여하지 않은 상태에서 이 모든 증상들이 어떻게 다르게 진행되는지 알아야 할 것이다. 하지만 이 복잡한 연구는 미국 학계에서 거의 이뤄지지 않고 있다. 1998년 <미국정신의학회지> 편집장 낸시 앤드리어슨은 학계의 이런 현실에 대해 다음과 같이 개탄했다. "21세기 언젠가 인간 유전체와 인간의 뇌 지도가 완성되는 때가 오면, 미국 과학자들은 조현병의 실체를 파악하기 위해 유럽 과학자들에게 도움을 청해야 할 수도 있다."[47]

벤저민 러시가 미국 정신의학의 초석을 놓은 지 200년이 지났지만, 이 문제는 여전히 미스터리로 남아있다. 광기란 무엇인가? 정상적인 마음과 미친 마음을 구분하는 선은 어디에 그어야 할까? 이 선을 긋는 일은 사회에서 중대한 의미를 가지는 일이며, 조현병 진단을 받는 사람들에게는 인생을 바꾸는 중요한 일이다. 비정형 약물을 출시하기 위해 제약사들이 이야기를 조작한 대가가 얼마나 엄청난 것인지 알 수 있게 해주는 대목이 바로 여기다. 새로운 약물이 놀라울 정도로 안전한 약물로 대중에게 선전되면서 미국 정신과 의사들은 전례 없이 많은 수의 환자를 확보하고 있다. 이들은 광범위한 정서장애와 행동장애 환자들에게 비정형 약물을 처방하고 있으며, <마이애미헤럴드>가 보도했듯이, 두 살밖에 안 된 유아를 포함한 행동장애 어린이들에게도 비정형 약물을 처방하고 있다. 예일 대학 병원 정신과 의사들은 증상이 나타나지는 않았지만 조현병 증상 발현 위험이 있다고 생각되는 10대 청소년들에게도 올란자핀을 처방하고 있다. 이 청소년들의 형제자매 중에서 조현병 환자가 있거나 이들이 남들에게 폐를 끼치는 행동을 하기 시작했다는 이유에서다.* <월스트리트저널>은 "연구자들은 새로운 약물이 조현병을 일으키는 뇌 손상 과정에 작용할 수 있기를 바라고 있다. 하지만 연구자들은 그 과정이 어떤 과정인지 확실하게 알지 못하고 있다."라고 썼다.[48]

미국 정신의학계의 현실은 이렇게 말할 수 있다. 제정신인 사람과 그렇지 않은 사람을 구분하는 선은 두 살짜리 유아에게 "항정신병 약물"을 처방할 수 있게 만드는 방향으로 그어지고 있다. 일부 연구자들은 자신들이 개발하는 기적의 신약이 아직 증상이 나타나지 않은 사람들의 미지의 뇌 손상 과정을 중단시킬 수 있을 것이라고 추정하고 있다. 미국 정신의학계에서 광기는 한창 "개발되고 있는" 질환이고, 정신의학 역사의 대부분에서 그랬던 것처럼 나쁜 과학은 이 개발 과정에서 상당한 기여를 해오고 있다.

*예일 대학 연구에 가족들을 속이고 10대 청소년들을 동원했다는 사실을 말해주는 문서가 공개되는 데도 오랜 시간이 걸리지 않았다. 2000년 12월 12일 미국 인간피험자보호국(OHRP)은 예일 대학 연구자들이 "합리적으로 예측 가능한 위험과 불편에 대해 적절히 기술하지 않은" 사전 동의서를 사용했다고 비판했다. 이 사전 동의서에서 예일대 연구자들은 증상이 없는 10대 청소년들에게 "임상적 목적은 당신을 더 기분 좋은 느낌을 주고 삶을 더 잘 통제할 수 있게 만드는 데 있지만, 더 나빠진다는 느낌이 들 수도 있다. 이는 당신의 임상적 조건에 따른 위험이며, 이 임상연구에 수반되는 연구가 아니다."라고 말했다. 인간피험자보호국은 이런 문구가 "'더 나빠진다는 느낌'이 올란자핀의 부작용 때문에 생길 수 있다는 점을 언급하지 않았다."라고 지적했다.

맺는말

생물학적 정신의학은 늘 그랬듯이 의학적 해결이 거의 가능해졌다고 우리에게 장담한다. 이 말을 믿을 수 있다면 얼마나 좋을까. 이 말을 믿느니 고도(Godot)를 기다리는 것이 낫겠다는 생각이 든다.*

- 앤드류 스컬[1]

이 책의 처음 목적은 매우 분명했다. 오늘날 미국에서 조현병 경과가 왜 그렇게 형편없는지에 대한 탐구하기 위한 것이었다. 처음에는 간단한 의문처럼 보였지만, 곧 이 의문은 더 큰 이야기, 즉 역사적으로 우리 사회가 "미친 사람들"로 부르는 사람들을 어떻게 대해왔는지에 대한 이야기의 문을 열었다. 이 역사는 더 많은 것을 궁금하게 만드는 파란만장한 역사였다. 이 역사로부터 얻을 수 있는 교훈은 많지만, 그중 가장 확실한 교훈이 있다. "조현병을 앓는" 사람들을 치료하는 방식을 개혁할 수 있다는 희망을 조금이라

---

*역주: 사무엘 베케트가 쓴 부조리극 《고도를 기다리며》를 염두에 두고 한 말이다. 극중 고도는 결국 끝까지 오지 않는다.

도 가지려면 우리의 과학이 겸손함과 솔직함을 다시 찾아야 한다는 것이다.

과거 한 때 우리 과학에는 이런 겸손함이 있었다. 영국 요크 퀘이커교도들의 이상적인 도덕치료, 펜실베이니아 정신병원 토머스 커크브라이드의 도덕치료가 실시되던 19세기 중반이 그 때다. 요트의 퀘이커교도들은 광기의 신체적 원인이 무엇인지 거의 알지 못한다는 고백을 글로 남기기도 했다. 하지만 이 퀘이커교도들은 하나의 사실은 확실하게 알고 있었다. 그들이 "형제"라고 부른 환자들에게 편안함이 필요했다는 사실이다. 퀘이커교도들은 이런 이해를 바탕으로 환자들을 돌봤고, 정신병원을 관리하는 자신들에게 가장 좋은 방식이 아닌, 환자들에게 가장 좋은 방식으로 정신병원을 운영했다. 퀘이커교도들은 환자의 편안함과 요구를 최우선으로 고려했다. 또한 이들은 환자들에게 신이 부여한 회복 능력이 있다고 생각했기 때문에 환자들을 회복을 도우면서 "자연의 섭리에 부합하는" 방식을 사용했다. 한 때였지만, 인도주의적이고 낙관적인 돌봄 방식이었고, 많은 환자의 회복을 도운 돌봄 방식이었다. 하지만 이 돌봄 방식만큼 중요한 것은 요크의 퀘이커교도들이 환자들이 미친 상태로 계속 생각하고 행동하는 것을 기꺼이 받아들였다는 사실이다. 그렇게 해도 별 문제가 없었다. 퀘이커교도들은 정신건강을 회복하지 못한 환자들을 위한 쉼터도 제공했다. 적어도 따뜻하게 자고 좋은 음식을 먹을 수 있도록 했다.

미국은 1960년대에 정신질환자 치료 방식을 개혁하기 시작하는 과정에서 이런 도덕치료를 참고했다. 존 F 케네디와 정신질환·정신건강 공동위원회는 미국 사회가 정신질환자들을 공감의 대상이자 인류의 일원으로 받아들어야 한다고 말했다. 우생학에 영향을 받아 중증 정신질환자들을 멸시하고 조롱했던 미국은 변화의 시기를 맞았다. 정신질환자들은 사회로 복귀했다. 정신병원은 지역사회 돌봄 서비스로 대체됐다. 하지만 이런 개혁을 위한 기본 설계는 매우 이상한 의학적 개념, 즉 신경이완 약물은 "알약 형태의 도덕치료일 수 있다."라는 매우 혼란스러운 개념이었다. 신경이완 약물은 우생학 시대의 전전두엽 절제술과 뇌 손상 치료법에 뿌리를 둔 의학적 치료수단이었기 때문이다. 개혁의 목표와 그 개혁의 주춧돌이 될 의학적 치료수단이 극단적으로 충돌하고 있었다.

둘 중 하나는 포기해야 했고, 선택의 순간은 매우 빨리 왔다. 주립 정신병원에서 환자들을 내보내게 한 연구는 1960년대 초반 미국정신보건연구원이 진행한 6주간의 임상시험이었는데, 이 임상시험의 결론은 신경이완 약물이 안전한 항정신병 약물이라는 것이었다. 하지만 얼마 안 돼 미국정신보건연구원은 신경이완 약물 치료를 받은 환자들의 재입원 확률이 위약 치료를 받은 환자들의 재입원 확률보다 높다는 후속 연구결과를 발표했다. 뭔가 아귀가 맞지 않았다. 결국 선택은 정신의학계가 할 수밖에 없었다. 회복을 촉진하는 치료를 제공한다는 개혁의 원래 목적에 충실해야 할 것인가? 그렇다면 신경이완 약물의 효과에 대해 다시 생각해야만 했다. 신경이완 약물이 만성 질환으로의 진행을 촉진하는 것이 분명해 보였고, 그렇다면 이 단점은 신경이완 약물에 있을 수 있는 다른 단점들과는 차원이 다른 명백한 단점이었다. 아니면, 회복 문제는 아예 제쳐두고 신경 약물을 옹호할 것인가?

당시 미국 정신의학계가 어떤 선택을 했는지는 현재의 상황을 보면 쉽게 알 수 있다. 미국 정신의학계는 신경이완 약물이 해로운 영향을 끼친다는 증거를 계속 은폐했다. 신경이완 약물을 복용하지 않은 사람들의 재발률이 낮다는 보커번의 연구결과, 래퍼포트, 모셔의 연구결과는 모두 묻혔다. 신경이완제 악성증후군과 지연성 운동장애에 관한 연구결과도 마찬가지였다. 약물을 복용해 정신이 흐려진 환자들이 하루 종일 기숙시설에서 아무 생각도 없이 TV만 보고 있다는 반 푸텐의 조사 결과도 묻혔다. 정좌불능증, 파킨슨병 증상, 다양한 형태의 운동 장애가 약물 복용 환자들에게서 나타날 확률이 높다는 연구결과, 정좌불능증이 환자들의 정신을 고갈시켜 자살 충동, 심지어는 살인 충동을 일으킬 수 있다는 연구결과, 하딩의 연구결과, 세계보건기구의 연구결과도 모두 묻혔다. 이 모든 연구결과는 고통과 상실에 관한 연구였기 때문이다. 그렇다면 신경이완 약물이 사람들을 회복시킨다는 연구결과는 어디에 있었을까? 연구자들은 이 질문은 애써 외면했다. 1998년 영국 연구자들은 이전 50년 동안 발표된 총 2000건의 임상시험 결과를 조사했다. 이 조사 결과에 따르면 임상연구 25건 중 오직 한 건만이 "일상적인 활동 능력" 또는 "사회적 기능"에 대해 평가했다.[2] 이 임상시험들은 약물이 겉으로 보이는 정신병 증상을 완화하는지만 평가했고, 인간으로서의 환자에게 실제로 어떤 일이 일어나는지는 무시했던 것이었다.

현재는 어떤 것을 개혁해야 할지 선택하기가 어렵지 않다. 시작점은 에밀 크레펠린의 연구에 대한 재검토가 될 것이다. 크레펠린의 환자들 대부분이 실제로 앓았던 것이 기면성 뇌염이었고, 그랬기 때문에 조현병에 대해 지나치게 비관적인 생각을 하게 됐던 것이 아닐까? 다음으로 생각해 볼 것은 왜 가난한 나라의 조현병 경과가 좋은지다. 인도나 나이지리아에서는 "미친 사람들"을 어떻게 치료하고 있을까? 환자들에게 약물을 자주 투여하지 않는다는 것 외에 이 나라들이 수많은 환자들을 회복시키는 치료 비결은 무엇일까? 이 밖에도 많은 연구를 할 수 있을 것이다. 신경이완 약물과 진정제를 비교하는 연구도 도움이 될 것이다. "망상 증세가 있는" 환자들에게 안전한 주거와 음식을 제공하면서 이들의 수면 주기를 회복시키기 위해 진정제를 사용하는 방법과 전통적인 치료법의 결과에는 어떤 차이가 있을까? 핀란드 학자들의 연구결과에 기초해 미국정신보건연구원이 실험을 진행한다면 어떨까? 핀란드 투르쿠 대학의 위르요 알라넨Yrjö Alanen 교수 연구팀은 사회적 도움, 가족 요법, 직업 요법과 항정신병 약물의 선택적 투여를 결합한 치료 프로그램을 개발한 바 있다. 이 연구팀은 환자들을 유형별로 구분한 결과, 어떤 환자들은 항정신병 약물을 저용량으로 투여했을 때 경과가 좋고, 또 어떤 사람들은 약물을 전혀 투여하지 않았을 때 경과가 좋다는 사실을 발견했다. 이 연구팀의 발견은 엄청난 것이다. 저용량으로 약물을 투여 받은 사람과 약물을 전혀 투여받지 않은 사람의 대부분이 몇 년 동안 별 문제없이 지내면서 직업도 가졌다는 사실을 보여주는 발견이기 때문이다. 그렇다면 미국에 이 치료 프로그램을 도입하지 않을 이유가 없다.

하지만 이런 모든 희망사항들보다 먼저 이뤄졌으면 하는 것이 있다. 정직해지는 것이다. 조현병 진단을 받은 사람들에게 그들의 질환이 도파민이나 세로토닌이 너무 지나치게 활성화된 결과라고 말하거나, 약물이 이런 뇌 내 화학물질들을 다시 "균형 상태"로 돌려놓을 것이라고 거짓말을 하지 않아야 한다. 이런 거짓말은 의학적 사기다. 암이나 심혈관질환 같은 다른 질환을 앓고 있는 사람들이 이런 식의 거짓말에 속는 것은 상상도 할 수 없는 일일 것이다.

실제로 현재 미국 정신의학계의 지배적인 견해는 조현병을 일으킬 수 있는 생물학적, 환경적 요소가 수없이 많을 수 있다는 것이다. 유전자 구성도 분명 이 요소 중의 하나일 것이다. 조현병 환자들의 친척들이 조현병 발병 확률이 높기 때문이다. 따라서 조현병 환자는 환자는 환경적 스트레스 대처 능력을 약하게 만드는 유전자를 물려받았다고 생각할 수 있다. 하지만 유전적 요인은 조현병 발병 확률을 높이는 요인이지, 조현병을 일으키는 요인은 아니다. 다른 유력한 이론 중 하나는 임신 기간 동안 또는 출산하는 동안 발생한 문제들이 태아의 뇌 발달에 영향을 미치고, 이때 발생한 뇌 이상이 뉴런 시스템이 성숙했을 때 뇌 기능 결핍을 일으킬 수 있다는 것이다. 중간 뉴런이라는 뇌 세포의 기능 이상으로 뇌에 입력되는 감각 데이터를 걸러내는 기능에 문제가 생겨 조현병이 발생한다는 이론도 있다. 수많은 연구자들이 지금도 다양한 신경전달물질들이 조현병 발병에서 차지하는 역할을 연구하고 있다. 조현병을 일으키는 생물학적 과정도 매우 다양할 수 있지만, 아직 어떤 생물학적 과정도 확실히 밝혀지지 않은 상태다. 조현병 발병 가능성이 모든 사람에게 있을 가능성도 있다. 극도의 정서적 외상이 정신병 증상을 일으킬 가능성도 분명히 존재하며, 일부 학자들은 정신병이 이 정서적 외상에 대처하기 위한 메커니즘이라고 주장하기도 한다. 정신병에 대한 이런 시각은 신경이완 약물을 복용하지 않았을 때 조현병 환자 대부분은 회복이 가능하며 다시는 증상이 재발하지 않는다는 사실과도 잘 들어맞는다.

따라서 오늘날 우리가 조현병에 대해 솔직해지려면 다음의 사실들을 인정해야 한다. 조현병의 원인에 대해서 알려진 것은 거의 없다는 사실과 항정신병 약물은 우리가 알고 있는 그 어떤 뇌 이상도 바로잡을 수 없으며, 뇌 내 화학작용을 균형 상태로 돌려놓을 수 없다는 사실이다. 항정신병 약물이 하는 일은 특정한 증상들을 감소시키는 방식으로 뇌를 변화시키는 것이다. 또한 우리는 항정신병 약물이 도파민 수용체 수를 증가시키고, 그 결과로 지연성 운동장애가 발생할 수 있으며 생물학적으로 정신병 발병에 취약하게 만든다는 사실도 알고 있다. 항정신병 약물이 적게 사용되는 나라들에서 장기적인 조현병 경과가 더 좋다는 사실도 알고 있다. 정신의학자들은 이런 사실들을 달갑게 받아들이지 않겠지만, 이런 사실들은 "광기"와 힘겹게 싸우고 있는 사람들을 돕기 위해 우리 사회가 무엇을 해야 할지 다시 생각하게 만든다.

하지만 내 생각에 이런 희망사항들은 현실화될 것 같지 않다. 현재 올란자핀은 일라이 릴리 제품 중에서 가장 잘 팔리는 약물이다. 프로작Prozac보다 판매량이 많다. 수많은 제약사들에게 수익을 안겨주는 이런 약물들에 대해 다시 생각하게 되지는 않을 것이다. 실제로 미래에도 과거와의 단절이 일어날 가능성은 희박하다. 미국 정신의학계가 겸손해져 개혁을 위한 첫 번째 핵심적 단계인 자기 성찰을 할 조짐도 전혀 보이지 않는다. 대중은 지식과 치료법이 확실히 진보하고 있다는 이야기만을 계속 듣고 있을 뿐이다. 일라이 릴리와 얀센은 미국의 정신건강 단체 지도자들과 연합해 동아시아의 가난한 나라들에서 "교육적인" 사업을 시작하기까지 했다. 미국의 치료 모델을 그 나라들에게 전수하기 위해서다.[3] 오만함이 넘쳐나고 있다. 정신의학에서 이런 오만함은 그동안 항상 재앙을 불러왔다. 과거가 조금이라도 미래의 가이드 역할을 한다면, 현재 우리가 확신할 수 있는 것은 단 하나다. 현재의 조현병 치료 약물들과 우리가 환자에게 한 뇌 화학작용 이상에 관한 이야기를 미래의 사람들이 돌아보는 날이 올 것이고, 그들은 도저히 믿을 수 없다며 고개를 저을 것이라는 사실이다.

개정판 후기

다시 직업을 선택할 수 있는 기회가 주어진다면, 나는 주류의 생각을 따라가지 않기 위해 더 열심히 노력할 것이다. 실수라고 내가 지금 알게 된 것들의 대부분은 사회의 지배적인 생각에 지나치게 집착한 결과였기 때문이다.

- 영국 정신과 의사 로빈 머리

2002년은 정신의학에 대한 전통적인 담론이 넘쳐나던 해였다. 항정신병 약물을 비롯한 정신과 약물들이 뇌 내 화학적 불균형을 바로잡는다는 주장들이 논의되고, 정신과 약물 판매량이 치솟던 시기였다. 판매액이 수십 억 달러를 넘기며 '베스트셀러'로 자리 잡은 비정형 약물은 청소년과 청년들의 "공격성"을 치료하기 위한 항우울제 보조 치료 약물과 수면 보조제로 사용되면서 양극성장애 치료제로도 팔리고 있었다. 2002년에는 새로운 비정형 약물 아빌리파이Abilify가 출시됐으며, 이 약물은 2013~2014년에는 75억 달러의 매출을 기록하면서 미국에서 가장 많이 팔리는 약물로 등극하게 된다.[1]

하지만 이렇게 판매량이 늘어나고 있음에도 불구하고 아빌리파이의 과학적 유효성에 관한 기존의 이론 자체는 조금씩 와해되고 있었고, 대중이 이 사실을 서서히 알게 되면서 정신의학계는 근본적인 변화를 향해 조금씩 움직이기 시작했다.

이 글을 쓰고 있는 2019년 현재 미국 정신의학계에서는 지배적인 치료 모델의 효과를 두고 "이론 전쟁"이라고 할 수 있을 정도의 격론이 벌어지고 있다. 사실, 이 이론 전쟁은 미국 외에도 전 세계 여러 나라에서 벌어지고 있다. 전 세계 정신의학의 미래는 바로 이 전쟁에 의해 결정될 것이다. 하지만 이 전쟁은 여전히 다윗과 골리앗의 싸움 형식으로 펼쳐질 것이다.

화학적 불균형 이론의 와해

정신질환에 대한 화학적 불균형 이론은 놀라운 발견이자 의학적 진보라고 주장돼 오고 있다. 연구자들은 광기, 우울증을 비롯한 정신질환을 일으키는 분자들이 발견됐으며, 새로운 약물들이 이런 분자들이 일으키는 화학적 불균형을 마치 인슐린이 당뇨 증상을 완화하는 것처럼 고칠 수 있다고 주장해 왔다. 항정신병 약물을 비롯한 정신과 약물들을 전 세계에서 성공적으로 팔릴 수 있게 만든 배경이 바로 이 주장이었다.

이 책의 초판에서 설명했듯이, 조현병의 원인이 도파민 과다 분비라는 가설은 1980~1990년대에 이미 무너졌다. 세로토닌이 적게 분비돼 우울증이 발생한다는 가설도 마찬가지다. 최근에는 저명한 정신의학자들 대부분이 정신질환에 대한 화학적 불균형 이론을 인정하지 않고 있다.

예를 들어, 2002년에는 미국정신보건연구원 원장을 지낸 스치븐 하이먼이 《분자 신경약리학Molecular Neuropharmacology》이라는 제목의 책에서 "도파민 시스템의 병변이 조현병의 1차적 원인이라는 확실한 증거는 없다."라고 말했다.[2] 또한 <심리 의학Psychological Medicine> 저널 공동 편집장이자 화학적 불균형 이론의 세계적인 권위자인 케네스 켄들러는 2005년에 "그동안 우리는 정신질환에 대한 확실하고 간단한 신경화학적 설명을 찾기 위해 온갖 노력을 다했다. 하지만 찾지 못했다."라고 고백했다.[3] 미국정신보건연구원 원장 토머스 인셀도 2011년 자신의 블로그에 올린 글에서 다음과 같은 말로 실패를 인정했다. "정신질환의 원인이 화학적 불균형이라는 과거의 이론은 이제 폐기되기 시작했다."[4]

이런 고백들은 모두 분명한 의문을 제기하고 있다. 화학적 불균형 가설이 틀렸다면 대중에게는 어떻게 설명해야 할지다. 2011년 <정신의학 타임스> 편집장 로널드 파이즈는 다음과 같은 답을 제시했다.

> 나는 쉽게 화를 내는 사람이 아니다. 하지만 누가 "정신의학자들은 모든 정신질환이 화학적 불균형 때문에 발생한다고 생각한

> 다."라고 말하는 것을 들으면 너무나 화가 난다. 지난 30년 동안 나는 제대로 교육을 받은 정신의학자가 그런 터무니없는 주장을 하는 것을 들어본 적이 없다. 아마 조롱을 하기 위해서 이 가설을 인용한 사람은 있었을 것이다. 오히려 "화학적 불균형" 가설은 제대로 된 정신의학자들이라면 모두 반대해온 가설이었다. "화학적 불균형" 가설은 일부 제약사들이 적극적으로 주장해 정신질환자들을 혼란에 빠뜨린 가설이었다. 사실, "화학적 불균형" 가설은 일종의 괴담 같은 것이었다. 제대로 된 지식을 갖춘 정신의학자들은 한 번도 이 가설을 진지하게 지지한 적이 없다.[5]

파이즈는 그 후 자신의 블로그를 통해 정신의학자들의 잘못이 있다면, "학계의 정신의학자들이 이런 잘못된 생각을 바로잡기 위해 더 노력하지 않았던 것"이라고 밝혔다.[6]

아직도 정신질환자의 도파민 기능을 연구하는 소수의 연구자들이 있다. 정신병 증상이 나타나는 동안 도파민 분비가 (지속적으로 과도하게 활성화되는 것이 아니라) 일시적으로 늘어날지도 모른다는 생각을 가지고 있는 사람들이다. 2012년 스웨덴 연구자 2명이 이런 주장을 검증하기 위해 연구를 진행했다. 이 연구자들의 결론은 다음과 같다. "조현병의 행동적 복잡성이 점점 더 많이 밝혀짐에 따라 하나의 신경전달물질 시스템이 주의력 저하, 환각을 포함한 다양한 증상들을 일으킨다고 말하기는 거의 불가능해졌다.

따라서 도파민 시스템의 이상만으로 조현병의 증상들을 모두 설명하는 것은 과거에도 불가능했고 지금도 그렇다."[7]

비정형 약물의 몰락

비정형 약물은 "획기적인 약물"로 선전돼 판매됐지만, FDA는 리스페리돈과 올란자핀에 대한 심의에서 이런 새로운 약물들이 기존 약물보다 낫다는 증거가 없다는 결론을 내렸다. 이 결론은 그 후 미국 재향군인관리국, 미국정신보건연구원, 영국 정부가 의뢰한 임상시험에서 다시 확인됐다.

2003년 로버트 로젠헤크와 재향군인관리국 연구원들은 309명을 대상으로 12개월 동안 올란자핀(자이프렉사)과 할로페리돌 효과 비교 연구를 진행한 후 다음과 같은 결과를 발표했다. "치료 순응도, 조현병의 양성, 음성 또는 전체 증상, 삶의 질, 추체외로 증상 면에서 유의미한 차이점이 전혀 발견되지 않았다."[8] 2년 뒤 미국정신보건연구원 제프리 리버먼과 동료들이 진행한 항정신병 약물 치료 효과에 관한 임상시험CATIE, Clinical Antipsychotic Trials of Intervention Effectiveness 연구에서도 비슷한 결과가 나왔다. 기존 항정신병 약물인 페르페나진perphenazine과 비정형 약물 4종(올란자핀, 리스페리돈, 쿠에타핀, 지프라시돈ziprasidone)의 효과를 비교한 이 연구결과에 따르면, 페르페나진 복용 집단(75%)의 18개월 후 약물 복용 중단 비율은 비정형 약물 복용 집단의 약물 복용 중단 비율과 같았다. 대상 환자 1493명의 74%의 대부분은 "견딜 수 없는 부작용" 때문이거나 약물이 효과가 없어 약물 복용을 중단해야 했다.[9] 연구자들은 "페르페나진 치료는 2세대 항정신병 약물 치료보다 비용이 적게 들었으며, 효과 면에서도 비정형 약물과 유의미한 차이를 보이지 않았다."라는 결론을 내렸다.[10] 영국 정부가 의뢰한 연구에서도 비슷한 결론이 나왔다. 비정형 약물은 기존의 표준 신경이완 약물보다 효과가 더 좋지 않으며, 오히려 기존 약물을 복용한 환자들이 "질보정수명quality-adjusted life years(건강 관련 삶의 질 수준을 고려한 수명" 면에서 더 나았다는 결론이었다.[11]

정부가 지원한 3번의 연구 모두에서 결과가 같았다. 리버먼은 새로운 약물이 "한 때 우리가 생각했던 것처럼 획기적인 치료 효과를 갖지 않는다."라고 말했다.[12] 정신의학계가 비정형 약물이 우월하다는 생각을 어떻게 하게 됐는지 설명하기 위한 논문들이 쏟아져 나오기 시작했다. 제약사의 임상시험이 비정형 약물에 유리하도록 "편향적으로 설계됐었다"라는 지적이 이어졌다. 2009년 <랜싯>에 실린 "항정신병 약물 치료법의 거짓 진보"라는 논문이 실렸다. 이 논문은 정신과 의사들이 비정형 약물에 대해 어느 정도로까지 잘못 생각해왔는지에 대해 다음과 같이 지적했다. "비정형 약물은 효능이 더 좋지도 않고, 특정한 증상을 개선하지도 못하며,

1세대 항정신병 약물들보다 부작용이 확실하게 적지도 않으며, 가격도 비싸다. 비정형 약물은 제약사들의 마케팅 목적에 의해 효능이 조작된 약물이라는 사실이 이제야 밝혀졌다. 어떻게 우리가 비정형 약물이 우월하다는 주장에 거의 20년 동안이나 속아 온 것일까?"[13]

이 책의 독자들은 이 질문의 답을 알고 있을 것이다. 이 논문의 저자들은 2009년이 돼서야 비정형 약물의 효능이 조작됐다는 사실이 "이제야" 밝혀졌다고 말했지만, 이 책의 독자들은 이 답을 지난 2002년부터 알고 있었다.

항정신병 약물의 진실

비정형 약물의 몰락이 정신의학계를 곤혹스럽게 만든 것은 사실이지만, 이런 몰락도 "정신약리학적 혁명"이라는 큰 틀에 대한 정신의학계의 믿음을 근본적으로 흔들어놓지는 못했다. 2세대 항정신병 약물이 1세대 항정신병 약물의 진보 형태가 아니라는 것이 확인됐음에도 불구하고, 정신의학계는 모든 항정신병 약물이 효과가 없거나 해로운 것은 아니라는 생각을 고수했다. 여전히 정신의학자들에게 항정신병 약물은 정신의학에 혁명을 일으킨 약물이었고, 정신병원에서 환자들을 퇴원시킬 수 있는 약물이었다.

이 책은 이런 비논리적이고 비과학적인 생각에 도전하기 위해 쓴 책이다. 이 책의 도전을 가능하게 한 것은 소테리아 프로젝트와 다양한 소규모 연구, WHO의 연구, MRI 연구, 도파민 기 쉬나르와 배리 존스의 도파민 관련 연구였다. 이 책의 초판이 나오고 17년이 지난 지금 이런 도전을 뒷받침할 수 있는 연구들은 훨씬 더 늘어났다.

항정신병 약물은 단기적인 효과가 있는가?

항정신병 약물이 위약에 비해 단기적인 정신병 증상 완화 효과가 크다는 연구결과는 수백 편이 넘게 발표돼 있다. 따라서 겉으로 보기에는 근거기반 의학에서 항정신병 약물의 단기 사용 효과는 확립돼 있는 것으로 보인다. 하지만 제8장에서 언급했듯이, 이런 생각은 과학적 사상누각에 불과했을 뿐이다. 2017년 제프리 리버먼과 동료들은 항정신병 약물을 방어하기 위한 목적의 논문을 발표했다. 하지만 이들은 연구 과정에서 발견한 다음과 같은 결정적인 사실을 별 생각 없이 논문에 실었다. "초발 정신병 환자들을 대상으로 한 대조군 임상시험은 한 번도 이뤄진 적이 없다."[14]

리버먼과 동료들은 이 사실을 별로 중요하게 생각하지 않았지만, 이 사실은 다음과 같은 점에서 매우 중요한 의미를 가지고 있다. 항정신병 약물은 거의 65년 동안 사용돼 왔는데도, 약물 복용 경험이 없는 환자들을 대상으로 단기적 효과가 한 번도 연구되지 않았다는 말이기 때문이다. 항정신병 약물을 초발 정신병 환자들에게 처방할 수 있는 근거가 전혀 없다는 뜻이다.

제8장에서 설명했듯이, 항정신병 약물 단기 복용이 효과가 있다는 증거는 항정신병 약물 복용 경험이 있는 환자들을 대상으로 한 임상시험들에서 나온 것이며, 이런 임상시험들의 대부분은 위약에 매우 불리하도록 편향적으로 설계된 것이었다. 조현병 환자의 약물 복용을 갑자기 중단시킨 다음 이 환자를 위약 집단이나 치료 집단에 무작위로 배당하는 방식이다. 치료 집단 환자들은 자신들의 뇌가 익숙해져 있는 약물을 다시 복용한 반면, 위약 집단 환자들은 약물 복용 중단으로 금단 현상을 겪게 만드는 방식이다. 금단 현상을 겪게 만드는 방식은 위험한 데다 정상적인 정신병 증상의 진행을 관찰할 수도 없는 방식이다.

현재 정신과 의사들의 항정신병 약물 사용 방식은 다음과 같다. 정신과 의사들은 정신병 증상을 처음 겪는 환자들에게서 항정신병 약물이 위약보다 효과가 높다는 증거를 가지고 있지 않으며, 이 환자들에게 매우 문제가 많은 항정신병 약물들을 평생 복용하게 만드는 치료 방식을 사용하고 있다. 정신질환자들에게 매우 중대한 영향을 미칠 수 있는 약물 치료가 아무런 과학적 근거 없이 시작되고 있는 것이다.

국가 간 비교 연구

1990년대 WHO가 발표한 연구결과 두 건이 서양 정신의학계를 뒤흔들어 놓은 후 서양 연구자들은 개발도상국 3곳에서 조현병 치료 결과가 좋게 나온 이유에 대한 다양한 설명을 내놓기 시작했다. 비약물 치료에 관한 설명들이었다. 하지만 이 책 초판에서 살펴보았듯이, 이 나라들에서 관찰된 다양한 결과들은 항정신병 약물에 대한 전통적인 믿음과는 정반대의 약물 사용 방식과 연관된 것이었다. 가장 좋은 결과는 장기적인 측면에서 항정신병 약물을 적게 사용한 나라들에서 나왔고, 가장 나쁜 결과는 장기적인 측면에서 항정신병 약물을 많이 사용한 나라들에서 나왔기 때문이다.

그 후 WHO 연구자들은 국가 간 연구 두 건을 통해 이 결과들을 보강했다. 이 연구들이 진행된 지 15~20년이 지난 후 개발도상국 3곳(인도, 나이지리아, 콜롬비아)의 결과는 훨씬 좋아진 상태였다. 이 나라들은 "전반적인 임상 상태, 증상, 장애 정도, 사회적 기능" 면에서 모두 좋은 결과를 보였다. 이 개발도상국들에서는 조현병 환자의 53%가 "전혀 정신병 증상을 보이지 않는" 상태로 변화했으며, 73%는 직장을 구하는 데 성공하기도 했다.[15] WHO 연구자들은 약물 사용에 대한 장기 후속 연구결과는 발표하지 않았지만, 최소한 하나의 사실은 분명하게 밝혔다. 발병 초기에 대부분의 환자들이 정기적인 항정신병 약물 복용을 하지 않았던 나라들에서 대부분의 환자들이 회복됐으며 20년이 지난 후에도 경과가 좋다는 사실이다.

최근 발표된 대규모 국가 간 연구결과가 한 건 발표됐다. 이 결과는 약물 사용 방식이 미치는 영향을 밝힌 WHO 연구결과를 확실하게 보강하는 연구다.

'전 세계 조현병 외래환자 건강 결과W-SOHO'라는 이름의 이 연구는 전 세계 37개국 환자 1만 1078명을 대상으로 진행됐다. 일라이 릴리가 연구비를 지원한 이 연구는 서로 다른 항정신병 약물들의 "상대적인 비용과 결과"를 평가하기 위한 것으로, "올란자핀에 초점을 맞춘" 연구였다. 일라이 릴리는 자사의 올란자핀이 다른 약물들보다 좋은 결과를 낼 것이라고 확실하게 예상하고 있었고, 이 설계에 따라 대상 환자 모두에게 정기적으로 약물이 투여됐다. 연구 목적은 분명했다. 이 연구는 약물 사용이 전 세계에서 동일한 방식으로 이뤄진다고 해도 개발도상국 환자들의 결과가 더 좋을지 확인하기 위한 연구였다.

이 연구결과에 따르면 기능 회복 비율은 북유럽 국가들에서 가장 높았다. 북유럽 국가 환자들의 경우 3년 후 임상시험이 끝났을 때 정상 기능을 유지하는 비율이 35%였다. 아시아, 북아프리카, 라틴아메리카 지역 환자들 중에서는 같은 시점에 기능 회복을 보인 비율이 18~28%에 불과했다.[16]

이전 WHO 연구들에 따르면 개발도상국 환자 중에서 기능적 개선을 보인 환자는 약 3분의 2였다. 하지만 모든 대상 환자에게 정기적으로 약물 투여를 한 일라이 릴리의 연구에서는 기능적 개선을 보인 환자가 4분의 1에 불과했다. 개발도상국 환자들의 결과가 선진국 환자들 정도로 나쁘게 나온 것이었다. 실제로 각국 환자들에게 모두 동일한 방식으로 약물을 투여했을 때 기능적 개선 정도는 공통적으로 모두 낮은 것으로 나타났다.

MRI 연구

MRI 기법의 등장으로 연구자들은 조현병 환자들의 시간에 따른 뇌 부피 변화를 추적할 수 있게 됐다. 제7장에서 언급했듯이, 1990년대 몇몇 연구자들은 항정신병 약물이 뇌 기저핵을 팽창시키고 전두엽을 수축시키는 원인이 되는 것으로, 이러한 부피 변화는 약물 복용과 관련이 있다는 연구결과를 발표했다. 1998년 펜실베이니아 대학의 러켈 구르는 기저핵과 시상이 부푸는 현상이 "음성과 양성 증상 모두의 강도가 높아지는 것과 관련이 있다."라고 발표했다.[17] 항정신병 약물이 뇌 부피에 변화를 일으키면서 환자의 정신병 증상(양성 증상)과 정서적 이탈(음성 증상)이 심해지는 의원성(醫原性) 과정이 일어난다는 발견이었다.

구르의 연구결과가 정신의학계에서 파문을 일으킨 것은 사실이지만, 많은 정신의학자들은 전두엽 수축의 원인이 약물이 아니라 조현병에 있다고 주장했으며, 정신의학계는 비정형 약물이 획기적인 약물이라는 제약사들의 주장을 근거로 전두엽 수축 문제를 완전히 새로운 시각으로 다루기 시작했다. 2005년 일라이 릴리의 지원을 받아 연구를 진행한 제프리 리버먼은 할로페리돌 치료를 받은 환자들에게서 관찰되는 뇌 수축을 올란자핀이 예방할 수 있으며, 따라서 올란자핀은 조현병 환자들에게서 신경 보호 약물 역할을 할 수 있다고 발표했다. 리버먼은 "클로자핀 같은 항정신병 약물들"도 곧 "질병 진행을 늦추는 신경 보호 약물" 역할을 한다는 것이 밝혀질 것이라고 예상했다.[18]

하지만 2005년 짧은 꼬리 원숭이를 대상으로 진행된 한 연구에서 할로페리돌과 올란자핀이 둘 다 전두엽을 수축시킨다는 사실이 밝혀졌다. 이 원숭이들에게 조현병이 있다고 주장한 사람은 아무도 없었다.[19] 그 후 2011년에는 오랫동안 <미국정신의학회지> 편집장을 지낸 낸시 앤드리어슨이 비정형 약물이 신경 보호 기능을 가진다는 생각을 완전히 종식시켰다.

1990년대에 앤드리어슨은 초발 조현병 환자 500명을 대상으로 MRI 연구를 진행한 바 있다. 2003년 이 대규모 연구를 마친 앤드리어슨은 이 환자들이 시간이 지남에 따라 "전두엽 백질 부피가 서서히 줄어들었다"라고 발표했다.[20] 2년 후 앤드리어슨은 이런 전두엽 백질 수축이 음성 증상과 기능 장애 악화와 관련이 있다고

발표했고, 5년 후에는 인지능력 악화와 관련이 있다고 발표했다.[21]

그 시점에서 앤드리어슨은 전두엽 백질 수축이 항정신병 약물이 불행히도 중단시키지 못하는 질병 과정 때문이라는 결론을 내렸다. 하지만 당시는 짧은 꼬리 원숭이 실험 결과가 발표되고, 리버먼은 올란자핀이 이 수축을 방지하는 역할을 할 수 있을지 모른다는 결과를 발표할지 저울질하던 시점이었기 때문에 앤드리어슨은 뇌 체적에 약물이 마치는 영향을 연구하는 쪽으로 다시 방향을 바꿨다. 2011년 앤드리어슨은 기존 표준 항정신병 약물, 비정형 약물, 클로자핀의 장기 복용이 "뇌 조직 수축"과 모두 관련이 있다고 발표했다. 앤드리어슨은 이런 뇌 수축이 약물 복용량과 관련이 있다며 복용량이 많을수록 "회백질 부피 축소" 정도가 커진다고 밝혔다. 또한 앤드리어슨은 "항정신병 약물 치료를 많이 받은 환자일수록" 회백질 손실도 많이 일어난다고 말했다. 질병 중증도와 약물 남용은 뇌 체적에 "최소한의 효과를 미치거나 전혀 영향을 미치지 않았다"라는 것이 앤드리어슨의 결론이었다.[22]

앤드리어슨의 논문은 폭발적인 반응을 일으켰다. 오랫동안 <미국정신의학회지> 편집장을 지낸 앤드리어슨이 항정신병 약물이 시간에 지남에 따라 뇌를 수축시키는데, 이 과정에서 환자들은 더 무기력해지고 더 많은 기능 장애를 겪게 되며, 사고 능력도 더 떨어진다고 발표했기 때문이다. 이 결론은 조현병 환자 500명을 초기 진단 순간부터 추적한 MRI 연구들에서 나온 것이었고, 약물 치료가 뇌를 손상시킨다고 말하고 있었다.

그때 이후 항정신병 약물이 뇌 체적에 변화를 일으킨다는 연구결과가 계속 발표됐고, 2004년 독일 연구자들은 항정신병 약물 사용을 재고해야 한다는 다음과 같은 내용의 논문을 발표하기도 했다. "항정신병 약물이 뇌 구조 변화에 미치는 영향을 고려할 때, 즉 누적 복용량에 따라 항정신병 약물이 신경인식, 음성 및 양성 증상, 심리사회적 기능에 악영향을 미칠 수 있다는 점을 고려할 때, 항정신병 약물의 장기적인 투여는 재고해야 한다. 항정신병 약물 투여를 최소화하거나 선택적으로만 투여하는 치료 방법이 점점 더 중요해지고 있다."[23]

항정신병 약물이 뇌 체적에 미치는 영향을 다룬 MRI 연구 논문들이 처음 등장하기 시작한 것은 이 책이 출간된 2002년이었다. 그때부터 발표된 논문들은 현재까지 상당한 강도로 항정신병 약물을 비판해오고 있다.

장기 연구들

지속적으로 복용하는 약물에 대해서는 최소한 다음의 질문을 던져야 한다. 환자의 삶에 장기적으로 어떤 영향을 미치는가? 처음 약물을 복용하게 만든 증상을 완화하는가? 환자를 회복시키고 환자의 기능을 개선하는 데 도움이 되는가? 개인에 따라 결과가 매우 다양하긴 하지만, 의학적 치료에 대한 평가는 그 의학적 치료가 결과에 총체적으로 어떤 영향을 미치는지, 환자가 장기적으로 호전될 가능성이 얼마나 되는지에 기초를 둔다.

이 질문에 대답하기 위해 설계됐던 최고의 연구는 심리학자 마틴 해로와 정신의학자 토머스 조브, 일리노이 의대 연구팀에 의한 연구다. 1975년부터 1983년까지 이들은 조현병이나 가벼운 정신병 진단을 받은 젊은 환자 200명을 대상으로 연구를 진행했다. 대상 환자들은 시카고 지역의 사립병원 1곳과 공립병원 1곳의 환자들이었다. 대상 환자 집단이 경제적으로 다양성을 띠도록 하기 위한 설계였다. 대상 환자들은 모두 항정신병 약물 치료를 받은 후 퇴원 조치됐고, 해로와 조브는 주기적으로 환자들의 상태를 평가했다. 증상이 나타나는지, 회복되고 있는지, 일자리를 구했는지, 항정신병 약물을 복용하고 있는지 등을 지속적으로 확인했다.

2007년 해로와 조브는 15년 동안 진행한 연구의 결과를 발표했다. 15년이 지난 후에도 처음 대상 환자 200명 중 145명이 연구 대상으로 그대로 남아있었고, 그중 64명이 조현병 진단을 받은 환자들이었다. 이 임상시험 시작된 지 2년이 되는 시점 기준으로 "전반적인 평가"를 했을 때, 항정신병 약물 복용을 중단했던 조현병 환자들은 약물을 계속 복용한 환자들에 비해 상태가 약간 더 좋았다. 하지만 그 후 2년 6개월이 되는 시점 기준으로 약물 복용 집단과 약물 중단 집단의 결과는 극적으로 갈리기 시작했다. 약물 중단 집단은 상당히 호전되기 시작했고, 4년 6개월이 지나자 39%가 "회복" 상태에 접어들었으며, 60% 이상이 일을 하고 있었다. 이와는 대조적으로, 약물 복용 집단은 같은 2년 6개월 동안 악화됐다. 이 집단 환자들은 전반적인 기능이 약간 떨어졌고, 4년 6개월이 지난 시점에서 회복 상태에 접어든 환자는 6%에 불과했다. 일을 하고 있는 사람도 거의 없었다. 15년이 지난 뒤 이 두 집단 사이의 결과 차이는 훨씬 더 분명해졌다. 약물 복용을 중단한 환자들은 40%가 회복 상태에 접어들었고, 50% 이상이 일을 하고 있었다. 정신병 증상에 시달리고 있는 환자는 28%에 불과했다. 이와는 대조적으로, 항정신병 약물을 계속 복용한 환자들 중에서 회복 상태에 접어든 환자는 5%에 불과했다. 일을 하는 사람도 거의 없었고, 여전히 64%가 심한 정신병 증상을 나타내고 있었다.[24]

해로는 미국정신의학회 연례 회의에서 이 연구에 대해 이렇게 말했다. "항정신병 약물을 오랫동안 복용하지 않은 조현병 환자들은 항정신병 약물을 계속 복용한 환자들에 비해 전반적인 기능 면에서 상당히 나아졌다는 것이 이 연구의 결론이다."라고 발표했다.

가벼운 정신병 증상이 있는 환자 81명에 대해서도 매우 비슷한 결과가 나왔다. 15년이 지난 시점기준으로, 약물을 복용해 오지 않았던 환자들의 전반적인 결과가 훨씬 좋았다. 가장 주목할 점은 항정신병 약물을 끊은 환자들이 계속 약물을 복용한 가벼운 정신병 환자들보다 15년 이후 결과가 훨씬 좋았다는 사실이었다.

그 후에도 해로와 조브는 대상 환자들의 인지 기능, 불안, 취업 등에 관해 후속 연구들을 진행했고, 모든 측면에서 약물 복용을 하지 않은 환자들의 결과가 훨씬 더 좋다고 계속 발표했다. 심지어는 항정신병 약물의 직접 치료 대상인 정신병 증상 면에서도 약물 복용을 하지 않은 환자들이 훨씬 더 좋아졌다는 결과가 나왔다. 항정신병 약물 복용을 중단해 안정을 찾은 환자들은 증상이 거의 재발하지 않았던 반면, "계속 항정신병 약물을 복용한" 환자들은 장기간에 걸쳐 72%가 "지속적인 정신병 증상을 보였다."[25] 2013년 해로와 조브는 다음과 같이 썼다. "의학적 치료 수단 중에서 항정신병 약물처럼 시간이 지나면서 효과가 없어지거나 유해해지는 의학적 치료 수단은 거의 없다. 장기적으로 이렇게 몸을 생물학적으로 재조정하는 약물들은 수없이 많다."[26]

이 연구결과는 현대 정신의학의 근본을 뒤흔든 또 하나의 폭탄이라고 생각할 수 있다. 특히 이 결과는 MRI 기법을 이용한 연구들이 예측했던 결과와 정확하게 일치했기 때문이다. MRI 연구는 약물이 증상 악화, 기능 저하와 연관된 뇌 손상을 일으킬 것이라고 예측했고, 해로와 조브는 그 예측을 임상시험을 통해 증명한 것일 수 있었다. 하지만 전통적인 약물 이론 옹호자들은 이런 연관성을 부정했고, 오히려 이들의 연구결과를 부정하기 위한 논리를 만들어냈다. 리버먼 등은 해리와 조브의 연구가 무작위 대조군 연구가 아니라며, "이들의 연구에서 약물 복용 중단한 환자들은 임상시험 전 특성이 더 좋은 사람들이었다. 대조군 연구가 아닌 연구에서 환자의 약물 복용 상태는 질환의 원인에 의해 결정되는 것이 아니라, 환자의 당시 상태가 좋은지 혹은 나쁜지에 따라 부분적으로 결정되기 때문이다."라고 주장했다.[27]

해로와 조브의 데이터를 제대로 살펴본다면 리버먼의 이 주장이 거짓이라는 것을 알 수 있다. 계속 약물을 복용한 가벼운 정신병 환자들과 약물 복용을 중단한 조현병 환자들을 비교했을 때, 임상시험 전 증상이 더 나쁜 쪽은 약물 복용을 중단한 조현병 환자들이었기 때문이다. 하지만 리버먼의 주장은 같은 해인 2013년 네덜란드의 렉스 분더링크가 무작위 대조군을 보강해 해로와 조브의 연구결과를 보강할 때까지 잠깐 동안 약물 이론 옹호자들의 반박 구실로 사용됐다.

분더링크는 항정신병 약물 복용으로 안정화된 정신병 환자들을 계속 약물을 복용하는 집단과 서서히 약물을 줄이는 집단으로 무작위 배정했다. 이 두 집단의 이런 유일한 차이는 치료 초기부터 장기적인 영향을 미치기 시작했다. 7년 후, 약물을 서서히 줄인 집단의 환자들은 항정신병 약물 복용을 중단하거나 저용량으로 유지하는 비율이 높았다. 회복률도 2배 넘게 높았다(40% 대 18%). 분더링크는 항정신병 약물이 "각성, 호기심, 욕구, 활동 수준, 실행 기능 등 중요한 정신적 기능들을 상당히 훼손시킬 수 있다."라는

결론을 내렸다.[28]

지난 몇 년 동안 발표된 몇몇 연구결과들도 장기적인 항정신병 약물 사용이 도움이 되는 것이 아니라, 정신질환자들의 회복 확률을 떨어뜨린다는 증거를 제공했다. 다음은 그 연구결과들의 요약이다.

- 호주 연구자들은 조현병 증상이 처음 나타난 후 항정신병 약물로 안정화된 환자들을 통상적인 약물 치료를 받는 집단과 약물 복용 순응도medication compliance(의사가 처방한 약을 환자가 정확하게 복용하는 정도)를 개선하도록 설계된 집단으로 무작위 배정했다. 이 연구자들의 가설은 약물 복용 순응도가 개선되면 결과가 좋아질 수 있다는 것이었다. 하지만 약물 복용 순응도 개선 집단의 환자들이 계속 약물을 복용하는 비율이 높았다. 약물 복용 순응도가 높아진 것이 "심리사회적 기능 감소와 음성 증상 증가"와 연관이 있었기 때문이었다.[29]

- 핀란드 연구자들은 1966년 핀란드 북부에서 출생한 조현병 스펙트럼 장애(조현병, 조현정동장애, 조현양상장애, 단기정신병장애, 망상장애 등의 정신장애) 환자 70명을 대상으로 "출생 코호트" 연구를 진행했다. 이 환자들 중에서 2000년 기준으로 약물 복용을 중단한 환자는 24명, 약물을 계속 복용하고 있

는 환자는 40명이었다. 이 두 집단 중 약물 복용을 중단한 환자들의 증상 완화 비율이 훨씬 높았다(63% 대 20%). 직장에 다니는 비율(63% 대 39%), 결혼했거나 동거하는 비율(42% 대 28%) 역시 훨씬 높았다. 한편 약물 복용을 중단한 환자들의 장애 비율은 훨씬 낮았다(13% 대 50%).[30]

- 덴마크 연구자들은 10년에 걸쳐 초발 조현병 스펙트럼 장애 환자 300명을 연구한 결과, 연구가 끝나는 시점 기준으로, 약물 복용을 중단하고 있던 "비순응" 집단 환자 121명의 증상 완화 정도가 더 높았으며(74% 대 49%), 직장에 다니는 비율(37% 대 16%)도 더 높다는 사실을 확인했다.[31]

이 연구들은 모두 항정신병 약물의 폐해에 대한 추가 연구였다. 연구자들은 초발 정신병 환자들에게 항정신병 약물을 투여하는 것이 도움이 된다는 증거가 전혀 없으며, 항정신병 약물을 주기적으로 투여 받은 개발도상국 환자들의 기능 저하가 두드러졌으며, MRI 연구를 통해 항정신병 약물이 전두엽을 수축시키고, 이 수축이 증상 악화와 기능 손상과 관련이 있다는 것을 밝혔으며, 장기적인 연구들을 통해 약물 복용을 중단한 환자들의 회복 비율이 높다는 사실을 규명한 것이다.

이론 전쟁

정신과 의사들은 정신과 치료가 근거에 기반을 두고 있다고 주장한다. 하지만 항정신병 약물의 의학적 근거는 확실히 무너졌다. 이제 사회가 "광기"에 대한 생각을 근본적으로 바꾸고 "미친" 사람들에 대한 최선의 치료방법을 찾아내야 할 시기가 왔다. 항정신병 약물이 이 모든 결함에도 불구하고 조현병을 비롯한 정신병들을 치료할 수 있는 효과적인 수단이라는 기존 이론은 아직도 미국 정신의학계의 중심에 자리를 지키고 있다. 하지만 그 반대의 이론들도 만만치 않게 제기되고 있다. 사실, 현재 미국 사회는 중증 정신질환의 원인과 치료법에 관한 이론들 간의 전쟁을 치르고 있다고 볼 수 있다. 현재 이 이톤 전쟁은 세계 곳곳에서 일어나고 있으며, 전 세계 건강 차원으로 확대되고 있다.

임상 환경은 2002년 이후로 거의 변한 것이 없다. 항정신병 약물은 여전히 중증 정신질환자들의 1차 치료 수단이며, 정신 장애 진단을 받은 사람들에게 일상적으로 투여되고 있다. 2차 또는 심지어 3차 항정신병 약물을 환자에게 처방하는 다중약물투여 polypharmacy 요법도 흔하게 시행되고 있다.

항정신병 약물의 장점에 대한 사회의 믿음은 외래치료 지원법 같은 법률의 제정에서도 관찰된다. 이 법은 지역사회에 사는 퇴원 환자들에게 지속적 약물 복용을 명령하는 법이다. 이 법을 위반하는 환자들은 다시 입원돼 강제 치료를 받을 수 있다. 정신질환 생존자 단체들은 이 법률이 시민권을 침해한다고 주장하고 있지만, 많은 사람들은 여전히 항정신병 약물이 효과적인 치료 수단이며 지역사회에 사는 정신질환자들이 폭력적으로 행동할 위험을 크게 줄일 수 있다는 생각을 가지고 있다. 이 법은 기존 약물 이론에 대한 이런 대중의 믿음 때문에 제정될 수 있었던 법이다.

기존 약물 이론과 이 이론이 근거를 기반으로 하고 있다는 믿음이 어떻게 현재까지 유지되고 있는지를 이해하기는 매우 쉽다. 현재 우리가 우리 자신에게 하는 이야기는 2002년에 우리가 우리 자신에게 했던 이야기와 똑같다(제8장 참조). 예를 들어, 항정신병 약물의 단기적인 효과에 관련해 리버먼과 동료들이 했던 고백에 대해 아는 사람은 거의 없다. 초발 환자들에 대한 위약 대조 임상 시험이 전혀 이뤄지지 않았다는 고백이었다. 오히려 기존 약물 이론 옹호자들은 슈테판 로히트가 진행한 비정형 약물의 단기적 효과에 대한 새로운 메타 분석 결과를 내세우고 있다. 약물 치료를 받은 환자의 41%가 약물 치료에 반응했으며, 위약 집단의 환자들은 24%밖에 반응하지 않았다는 내용의 분석 결과였다.[32] 비판자들은 이 반응 비율이 환자들 대부분이 비정형 항정신병 약물에 양성 반응을 보이지 않으며, 위약 집단의 환자들은 약물 복용을 중단한 사람들이라는 사실을 드러내기 때문에 로히트의 연구 전체가 과학적으로 의심스럽다고 지적하지만, 기존 약물 이론 옹호자들은 이 메타 분석 결과가 비정형 항정신병 약물의 단기적인 효과를 말해준다고만 보고 있다.

이 개정판 후기에서 언급한 연구들이 일으킨 반향에도 불구하고, 기존 약물 이론 옹호자들은 이런 연구들이 무작위 대조군 연구를 거의 포함하지 않고 있다며, 무작위 대조군 연구를 포함한 자신들의 재발 연구들에 기초해 항정신병 약물의 지속적 처방 요법을 계속 시행하고 있다. 이런 무작위 대조군 연구들은 항정신병 약물 복용을 중단했을 때 재발률이 높아진다는 내용의 연구다. 그 결과, 항정신병 약물에 대한 최신 연구들에도 불구하고 정신과 의사들은 현재의 항정신병 약물 치료가 "근거에 기반하고 있다"라는 이야기를 계속 하고 있다.

하지만 지난 20년 동안에는 임상환경 바깥에서도 기존 약물 이론과 그 약물 이론에 다른 치료에 대한 도전이 거세지고 있었다. 정신질환 생존자들은 항정신병 약물로 피해를 입은 경험들을 지속적으로 이야기했고, 대중은 화학적 불균형 이론이 맞지 않는다는 사실을 서서히 알아가고 있다. 또한 약물 중심 치료가 실패하고 있다는 증거도 계속 늘어나고 있다. 정부에 등록된 성인 정신질환자 수가 1987년 125만 명에서 현재 450만 명으로 늘어난 상태이며, 다른 지표들도 우리 사회가 져야 하는 정신질환 관련 부담이 계속 늘어나고 있다는 것을 보여주고 있다. 이 모든 상황은 현재 미국의 치료 패러다임이 실패했다고 말해주고 있다.

미국정신보건연구원 원장 토머스 인셀조차 퇴임하면서 이런 실패에 관해 다음과 같이 언급했다. "미국정신보건연구원에서 일했던 13년 동안 나는 정신질환에 대한 신경과학적, 유전학적 연구를 정말 열심히 추진했다. 돌이켜보면, 그동안 나는 훌륭한 과학자들이 훌륭한 연구결과를 꽤 많은 비용을 들여 정말 많이 발표하도록 만드는 데는 성공했다. 200억 달러 정도는 썼을 것이다. 하지만 나는 우리가 자살을 줄이거나, 입원율을 낮추거나, 정신질환자 수천만 명의 회복을 돕는 데 그 돈을 쓴 것 같지는 않다."[33]

이런 고백들은 드디어 현재의 정신과 치료 패러다임에 대해 다시 생각할 수 있도록 계기를 제공하고 있다. 물론 이런 계기는 결국 이 개정판 후기에서 언급한 연구들이 없었다면 마련될 수 없었다. 과학은 항정신병 약물이 뇌 내 화학적 불균형을 바로잡는다고 말하지 않는다. 또한 항정신병 약물이 장기적으로 사람들의 삶의 질을 개선한다고 말하지도 않는다. 오히려 과학은 항정신병 약물이 뇌를 수축시키고 사람들의 회복 확률을 낮춘다고 말한다. 과학은 오래된 것을 버리고 새로운 것을 받아들이라고 말하고 있다.

기존 약물 이론을 반박하는 이론들의 철학적 기조는 매우 간단하다. 중증 정신질환의 생물학적 원인과 과정은 아직도 밝혀지지 않았지만, 삶의 경험이 영향을 미친다는 증거는 넘쳐난다. 어린 시절의 불행한 경험, 충격적인 사건, 가족 불화, 가난, 사회적 고립, 실직, 이혼, 육체적 건강 악화 등의 모든 요소가 중증 우울증, 조증 발작 등 정신병 증상의 위험 요소가 될 수 있다는 뜻이다. 만약 그렇다면 이런 삶의 경험들로부터 받은 상처를 치료하는 데 도움이 되는 환경은 어떤 방식으로든 효과적인 치료 수단이 될 수 있을 것이다.

이 책에서는 이런 대립적인 이론들이 "미친 사람들"에 대한 사회의 태도를 어떻게 바꿔놓았는지에 대해 다룬 책이기도 하다. 전통적인 이론에서 광기는 개인의 뇌에 있는 것으로 생각된다. 광기가 개인적인 것이라고 생각하는 대중은 미쳤다고 진단을 받은 사람들을 사회의 위협 요소로 생각하고 있다. 우생학의 영향이 지금도 남아있는 것이다. 하지만 기존 이론을 반박하는 이론은 정신적, 정서적 어려움이 대부분 사람들 사이의 사회적 공간에서 발생한다고 생각한다. 이런 생각은 사람들에게 "내가 그렇게 되지 않은 것에 감사한다."라는 태도를 이끌어내는 생각이며, "미친 사람들"을 형제로 대한 퀘이커교도들을 연상케 한다.

혁명의 문이 열리다

다양한 프로그램과 노력이 이런 이론에 기초해 이뤄지고 있다. 핀란드 북부에서 시행되는 '열린 대화 요법'은 이런 노력에 동력을 제공하고 있다. 이런 노력들을 간단하게 살펴보자.

열린 대화 요법

핀란드 북부에서 개발된 열린 대화 요법은 상당히 오랜 역사를 가지고 있다. 이 요법은 1969년 핀란드 남서부 투르쿠 대학의 정신의학자 이르요 알라넨과 동료들이 처음 시작한 것으로, 정신병 환자들을 위한 "수요에 맞춘" 치료법의 일종이었다. 이들은 모든 환자에게 심리치료를 시행했지만, 항정신병 약물은 환자의 상태에 따라 개별적으로 처방했다. 이들은 항정신병 약물을 저용량 복용하거나 전혀 복용하지 않은 환자들의 경과가 더 좋다는 사실을 발견했다. 이런 방식으로 조현병 환자들을 치료했을 때 좋은 결과가 나왔다는 이 연구자들의 발표는 결국 토르니오 소재 케로푸다스 병원에서 열린 대화 요법을 시작하게 만들었다. 케로푸다스 병원은 라플란드 서부 지역에서 7만 명에게 정신과 치료 서비스를 제공하는 병원이다.

1990년대 초반부터 이 병원의 심리학자 야코 세이쿨라, 정신과 의사 비르기타 알라카레 등은 항정신병 약물을 선택적으로 사용하는 방식으로 초발 정신질환자들을 치료하기 시작했다. 이들은 정신병이 개인의 머릿속에 있는 것이 아니라, 사람들 사이의 공간에 있다고 생각했다. 이들은 정신질환자들이 이 사회적인 공간에서 분열적인 행동을 드러내야 하는 부담을 지고 있다고 생각했다. 이들은 정신병을 정신질환자와 그렇지 않은 사람들 사이의 사회적 공간이 치료돼야 한다는 내용으로 사회에 던져진 메시지라고 간주했다.

이들은 환자들과 첫 번째로 만나는 장소를 환자들의 집으로 정하고, 최소 2명의 치료사를 투입했다. 치료사들은 환자의 집에서 가족들이 다양한 이야기, 즉 "열린 대화"를 하도록 만들었다. 이런 식으로 환자들의 생각을 모든 사람이 "알게" 만든 것이었다.[34] 치료사들은 환자들의 환청, 환시, 편집증적인 생각을 억제하려고 하지도 않았다. 오히려 치료사들은 이런 증상들을 경청해야 하는 이야기의 일부로 생각했다. 방 안의 모든 사람이 대화에 참여했고, 이런 행동은 손상된 사회적 공간을 바로잡는 데 도움을 주는 대화의 첫걸음으로 생각됐다.

이런 첫 번째 만남에서 항정신병 약물은 처방되지 않는다(적어도 토르니오 지역에서 열린 대화가 시도되던 여러 해 동안은 첫 번째 만남에서 약물이 처방되지 않았다). 대신, 치료사들은 정신질환자가 "삶에 대한 애착"을 다시 회복할 때까지 기다린다.[35] 이런 측면에서 환자가 진전을 보인다면 약물이 처방되지 않는다. 몇 주가 지나도 환자가 진전을 보이지 않는 것이 분명해 보이면, 치료사들은 소량의 항정신병 약물 복용을 권한다. 6개월 정도 항정신병 약물을 복용시킨 후 치료사들은 환자가 약물 복용을 성공적으로 중지할 수 있을지 확인하게 된다.

세이쿨라와 알라카레가 이끈 치료팀은 환자의 장기적인 결과를 면밀하게 추적했고, 5년 후 초발 환자의 약 80%에서 증상이 없어지고 기능이 상당히 회복됐다고 발표했다(직장 또는 학교를 다니거나 일자리를 찾게 됐다는 뜻이다). 국가 정신장애인 기준에 부합한 사람은 20%에 불과했다. 항정신병 약물 사용 측면에서 보면, 5년 후 환자들의 67%가 한 번도 약물에 노출되지 않은 상태를 유지했고, 13%는 한 번 복용한 사람들이었고, 나머지 20%는 주기적으로 약물을 복용하는 사람들이었다.[36]

새로운 방식의 치료가 가능하다는 것을 보여준 결과였다. 2011년에는 열린 대화 요법에 대해 여러 나라가 관심을 갖게 되면서 영국, 독일, 이탈리아, 미국 등에서 시험 프로젝트가 가동됐다. 미국에서는 '정신건강 관리 재단Foundation for Excellence in Mental Health Care'이라는 비영리 기관의 후원을 받았다. 이 재단은 전통적인 정신병 모델의 대안을 개발하기 위해 2012년에 설립된 재단이다. 이런 시험 프로젝트들은 환자의 장기적인 결과에 대한 보고서를 아직 발표하고 있지 않다.

열린 대화 요법을 핀란드가 아닌 나라에서 적용할 때 주의해야 점이 있다. 이런 노력들의 핵심은 항정신병 약물의 선택적 사용이 아니라 대화 중심의 치료 방법에 있다는 점이다. 열린 대화 요법은 이런 측면 때문에 미국을 비롯한 여러 나라에 도입되기가 어려웠다. 이 시험 프로젝트들은 통상적인 약물 투여량보다 적은 양을 사용했고, 이런 선택적 약물 사용은 이런 프로젝트의 핵심이 아니었다. 따라서 프로젝트의 결과가 핀란드에서 보고된 결과만큼 좋지 않을 수도 있다.

환청 듣기 운동

30여 년 전에 유럽에서 환청 듣기 운동Hearing Voices Movement이 시작됐다. 1980년대에 환청에 시달리는 사람들을 돕기 위해 단체를 조직해 활동했던 네덜란드의 정신과 의사 마리우스 롬메과 산드라 에셔에게서 영감을 받은 운동이다. 이 운동은 환청을 뇌 질환(조현병)의 증상이 아니라, 다른 사람들에게 때로는 환영받고 때로는 환영받지 못하는 마음의 소리로 여기고, 이 두 경우 모두 억제의 대상이 될 필요가 없는 경험이라고 생각한다. 이 모임에서 환청을 듣는 환자들은 자신에게 들리는 목소리가 하는 이야기들을 다른 사람들에게 말하면서 그 목소리들을 통제할 수 있는 방법을 사람들과 상의하고 공유한다. 모임에 참가한 사람들의 환청 경험이 정상화되는 것이다.

마리우스 롬메는 이렇게 말했다. "환청으로 들리는 목소리들 대부분은 위협적이지 않다. 심지어는 긍정적인 목소리도 있다. 환청을 부정하거나 약물을 복용해 억제해야 할 수치스러운 문제로 만드는 것은 잘못된 일이다."[37]

환청 듣기 운동 단체는 1989년 영국에서 처음 결성됐다. 현재는 최소 20개 나라에 환청 듣기 운동 네트워크가 결성돼 있다. 미국에서 이런 단체가 출현한 것은 2005년경이다. 2010년에는 전국 수준으로 이 운동을 확장하기 위한 미국 환청 듣기 네트워크가 결성됐다. 이 네트워크 지도부에 따르면 이 조직은 "환청을 듣거나 그 외의 극단적 또는 비정상적인 경험을 하는 사람들"이 참여해 "이런 현상에 대한 서로의 생각을 나누고, 서로에게 도움이 되는 정보를 공유하면서 서로 치료를 돕게 만든다."[38]

열린 대화 요법이 전문가들이 시험 프로젝트 개발을 이끄는, 새로운 치료 패러다임을 개발하기 위한 위로부터의 노력이라고 한다면, 환청 듣기 운동은 환청 경험이 있는 사람들에 의한 풀뿌리 차원의 노력이라고 할 수 있다. 이 두 노력 모두 정신질환에 대한 질병 모델을 거부하며, 열린 대화 프로젝트처럼 미국의 환청 듣기 운동은 정신건강 관리 재단의 재정적 지원을 받고 있다.

휴식의 집*respite house*

질병 모델을 기초로 한 치료는 결국 병원이 치료의 중심인 상태에서 퇴원 환자들에 대한 지역사회의 돌봄이 부가되는 형태를 띤다. 이 치료 모델에서는 조현병 또는 기타 중증 정신질환 진단을 받은 환자들에 대한 치료의 중심은 여전히 정신과 약물들이다.

최소 14개 주에서 정신병원 입원 경험이 있는 환자들 또는 정신질환 진단을 받았던 환자들이 "휴식의 집"을 세웠다. 휴식의 집은 입원 치료의 단기적 대안을 제공하는 형태의 시설이다. 이 휴식의 집은 정신질환 경험이 있는 사람들(즉, 입원 경험이 있거나 정신과 진료와 치료를 받은 경험이 있는 사람들)로만 직원이 구성되며, 정신질환으로 위기를 겪는 사람들에게 병원 같지 않은, 집 같은 환경을 제공한다. 도움을 받기 위해 휴식의 집을 찾는 사람들은 약물을 복용할 수도 있고, 그렇지 않을 수도 있다. 위급 상황에서 도움을 받으면서 앞으로 나아갈 수 있는 새로운 방법을 찾는 사람들을 위한 환경이라고 할 수 있다.

환청 듣기 운동과 마찬가지로 휴식의 집 프로젝트도 도움을 받기 위해 찾아오는 사람들을 퀘이커교도들처럼 형제로 생각하는 풀뿌리 운동이다. 이들이 겪는 정신적, 정서적 어려움은 힘겨웠던 삶과 망가진 사회적 공간에 뿌리를 두고 있다고 생각한다는 점에서 열린 대화 프로젝트와도 결을 같이 한다.

약물 없는 병동

2009년 노르웨이에서 오랫동안 정신건강 운동가로 활동한 그레

테 욘센이 다른 운동가들과 함께 노르웨이의 변화를 촉구하는 "자유, 안전, 희망을 위한 협력"이라는 제목의 선언문을 발표했다. 욘센은 "우리는 정신과 치료의 대안을 만들고 싶었다. 우리는 우리만의 대안을 만들고 싶었다. 우리의 목표는 자유는 있지만 강제 치료가 없고 약물이 치료의 중심이 되지 않는 곳을 만드는 것이었다."라고 회상했다.[39]

그 2년 후 노르웨이의 5개 "사용자 집단들"(정신과 환자 또는 정신과 환자 경험이 있는 사람들로 구성된 조직들)이 연합해 로비 활동을 벌이기 시작했다. "약물 없는 정신과 치료를 위한 연합 활동"이라는 로비 프로젝트였다. 노르웨이의 정치 문화는 풀뿌리 운동에 적극적으로 반응하는 특징이 있기 때문에 이 사용자 집단들은 노르웨이의 보건부 장관 벤트 회이에와 직접 접촉할 수 있었다. 회이에는 매우 신속하게 노르웨이의 4개 지역 건강 당국에 문서를 보내 정신과 약물 복용을 원하지 않는 환자들을 위해 일부 병상을 분리하라고 권고했다. 하지만 이 4개 지역 건강 당국은 그 후 몇 년 동안 회이에의 권고를 무시했지만, 결국 노르웨이의 강제 정신과 치료와 "정신병동에서 벌어지는 불법적인 일들"에 대한 언론 보도가 터지기 시작했다. 이 일로 회이에는 권고를 명령으로 전환할 수 있는 명분을 얻었다. 2015년 11월 25일 회이에는 4개 지역 건강 당국에 "사용자 집단들과 대화를 시작해 약물 없는 치료 방법 시행을 위한 계획"을 제출하라고 명령했다.[40]

회이에는 명령서에 이렇게 썼다. "정신건강 치료를 받는 환자 대부분은 약물치료를 원하지 않는다. 우리는 그들의 목소리에 귀를 기울여야 하며, 그들의 목소리를 진지하게 받아들여야 한다. 필요한 치료를 제공할 수 있는 다른 방법이 있는 한 아무도 약물을 강제로 복용해서는 안 된다." 또한 회이에는 건강 당국이 "약물 치료를 줄이기를 희망하는 환자들을 위한 약물 치료 축소 계획"을 수립하라고도 말했다.[41]

이 명령은 노르웨이에서의 전통적인 치료 관행과 기존 정신의학계의 믿음을 뿌리째 흔든 명령이었다. 회이에는 확실하게 사용자 집단의 손을 들어주면서 정신의학계에 대한 반대 입장을 분명히 한 것이었다. 당연히 수많은 정신의학자들이 반격을 했다. 스타방에르 의대 정신과 교수 토르 라르센은 회이에의 명령에 대해 "노르웨이 정신의학계에 체계적인 의료 과실을 불러올 심각한 실수"라고 공개적으로 비난하기도 했다.[42]

항정신병 약물에 대한 논쟁이 이뤄지면서 이 약물의 장점들이 전면으로 부각됐다. 이런 논쟁이 벌어지던 시기에 나는 노르웨이 오슬로로 와달라는 부탁을 받은 적이 있다. 내 반대편 진영에는 오슬로 의대 정신과 교수 얀 이바르 뢰스베르크가 있었다. 노르웨이 정신의학회 회장 안네 크리스티네 베르겜은 당시 노르웨이 정신의학계에 던져진 질문에 대해 다음과 같이 간결하게 요약했다. "항정신병 약물은 효과가 있는가? 항정신병 약물의 효과는 우리가 생각하는 것과 다른가?"[43]

최초의 약물 없는 병동은 2016년 8월 노르웨이 북쪽 끝 지역 트롬쇠에서 문을 열었다. 정신과 의사 마그누스 할이 책임자였다. 야코 세이쿨라와 토르니오의 열린 대화 프로젝트 팀과 친분이 두터웠던 할은 병동 개소를 자신이 오랫동안 꾸던 꿈을 실현할 기회로 생각했다. 할은 "이 병동이 성공한다면, 정신건강 시스템 전체가 바뀌어야 한다. 이 병동은 시스템 자체를 변화시킬 것이다."라고 말했다.[44]

내가 이 병동을 방문한 것은 2017년 2월이었다. 병동 직원들은 하나같이 약물 복용을 서서히 줄이거나 약물 치료를 전혀 하지 않는 방식에 만족했고, 자신들이 이런 실험의 일부라는 사실에 자부심을 느꼈다. 병동 상담사 스티안 오마르 키스트란은 "여기 오는 사람들은 약물을 원하지 않는 사람들이다. 마음 깊은 곳으로부터 약물을 피하고 싶은 사람들이다. 우리는 환자들에게 '당신의 있는 모습 그대로 여기로 오면 됩니다. 와서 당신이 겪고 있는 망상, 고통, 느낌, 과거 경험을 털어놓으세요. 무슨 이야기든 좋습니다.'라고 말한다. 우리는 환자들을 있는 그대로 대한다. 환자들이 그런 경험을 하면 근본적인 변화가 일어난다. 불신과 공초가 사라지고 '괜찮다'라고 말하게 된다. 그러면서 진전이 시작된다. 가장 중요한 것은 바로 이런 진전이 시작된다는 사실이다."

이 약물 없는 병동은 회이에의 명령이 막 실행되기 시작했을 때문을 열었고, 노르웨이 정신의학계 대부분은 여전히 회의에의 명령에 강경한 반대 입장을 고수하고 있었다. 할은 "이 논쟁은 패러다임의 전환이 임박했다는 것을 분명하게 드러내고 있다."라고 말했다.

이스라엘 소테리아 프로젝트

1990년대 초반, 당시 이스라엘 예루살렘의 헤르초크 병원 남성 병동 책임자였던 정신과 의사 페자흐 리히텐베르크는 리스페리돈 임상시험에 참여했다. 얀센이 연구비를 지원한 임상시험이었다. 1998년 리히텐베르크는 헤르초크 병원을 떠나 이스라엘 보건부로 자리를 옮겼고, 그곳에서 정신병원들에 대한 비정형 약물 공급을 감독했다. 리히텐베르크는 "당시 낙관적인 사회적 분위기에 휩쓸렸던 나는 정신질환 문제가 해결될 수 있다고 생각했다."라고 말했다.[45]

하지만 리히텐베르크는 얼마 안 돼 헤르초크 병원으로 돌아왔고, 환멸이 들기 시작했다. 새로운 약물이 기존 약물보다 전혀 낫지 않다는 연구결과들이 발표되기 시작했기 때문이었다. 리히텐베르크는 병동을 돌아보면서 진짜 치료가 이뤄지고 있지 않다는 생각을 하게 됐다. 그러던 2000년대 초반의 일이었다. 1970년대에 미국정신보건연구원에서 일했던 하임 벨메이커라는 동료가 로런 모셔의 소테리아 프로젝트에 대해 그에게 이야기를 했고, 그 이야기를 들은 리히텐베르크에는 집착이 생기기 시작했다. 리히텐베르크는 "전혀 다른 정신과 치료가 가능할지도 모른다는 상상을 하기 시작했다. 환자에게 정신질환자라는 낙인을 찍지 않고 있는 그대로 환자들을 대하는, 시설이 아닌 환경을 생각하기 시작했다." 라고 말했다.[46]

결국 2004년 리히텐베르크는 예루살렘에 소테리아 하우스를 건립하는 계획을 짜기 시작했고, 12년 후인 2016년 9월 1일 예루살렘 소테리아 하우스가 문을 열었다. 이 소테리아 하우스는 예루살렘 올드시티에서 걸어서 15분 정도 떨어진 곳의 오래된 석조 건물에 남성 환자 9명을 위한 병상을 갖춘 곳이었다. 1년 후에는 예루살렘에서 여성 환자용 소테리아 하우스가 문을 열었다.

리히텐베르크는 모셔의 생각에 따라, 예루살렘 소테리아 하우스의 핵심적인 치료 원칙을 "같이 있어주기"로 정했다. 질병의 증상보다는 환자들의 정신병적인 생각과 말에 귀를 기울이는 것이 의미가 있으며, 따라서 이런 생각과 말을 억제할 필요가 없다는 것이 기본적인 생각이었다. 직원의 역할은 환자의 정신병적 세계가 좋은지 나쁜지 판단하지 않고, 그들의 "현실"에 귀를 기울이고 그 현실을 같이 경험하는 것이었다. 직원들은 신이 이 환자들에게 이야기를 한다면 어떻게 할지를 생각했다.

남성용 소테리아 하우스 직원들 중에는 정신질환 경험이 있는 사람들도 일부 있었다. 임상 책임자 아브라함 프리드랜더 역시 정신질환 경험자였다. 프리드랜더는 10여 년 전인 20대 초반에 예루살렘 통곡의 벽에서 긴장성 발작을 일으킨 경험이 있는 사람이었다. 당시 헤르초크 병원으로 실려간 프리드랜더는 리히텐베르크의 치료를 받았다. 리히텐베르크는 당시 이미 "같이 있어주기" 치료 방법으로 옮겨가고 있던 상태였다. 프리드랜더는 항정신병 약물을 복용하지 않고 정신병 증상에서 회복됐다. 예루살렘 소테리아 하우스에서는 모셔의 소테리아 프로젝트의 핵심인 항정신병 약물 최소 사용 원칙이 그대로 지켜졌다. 예루살렘 소테리아 하우스에 온 환자의 반 정도는 약물을 복용하고 있었는데, 소테리아 하우스에서는 그들에게 약물을 서서히 끊을 수 있는 기회를 제공했다. 정신병 증상이 있는 상태에서 약물 복용 경험이 없는 나머지 환자들에게는 아예 약물을 투여하지 않았다.

내가 예루살렘 소테리아 하우스를 방문했을 때 만난 사람 중 하나는 6주 전에 정신병 발작을 겪은 중년의 이혼남이었다. 이 남성은 "병원에 갔다면 약물 처방만을 받았을 것이다. 여기 처음 왔을 때 나는 머리가 제대로 돌아가지 않았고, 감정이 격했고, 울고 소리 지르던 상태였다. 나는 그릇을 깨고, 의자를 부쉈지만 직원들은 그냥 나와 같이 있어줬다. 아무도 나를 말리거나 쫓아내지 않았다. 그때부터 믿을 수 없는 여정이 시작됐다."라고 말했다.

이 남성은 퇴원을 앞둔 상태였다. 그는 "앞으로도 긴 여정이 남아있겠지만, 그 여정이 기대가 된다. 나는 내 머리가 아닌 마음속에 있는 말을 하면서 내 안의 진실을 찾았다. 이 모습이 나다. 현재의 내 모습이 좋다."라고 말했다.

2017년 12월의 일이었다. 그리고 당시 소테리아 프로젝트는 이스라엘을 뒤흔들고 있었다. 2018년 초반에는 "안정의 집"이라는 이름의 하우스 3곳이 추가로 문을 열었다. 언론 보도도 우호적이었고, 당시 이스라엘 보건부 정신건강 책임자 탈 베르크만 레비도 소테리아 하우스 치료가 병원 치료보다 비용이 적게 들면서 더 효과적이라는 것이 증명되길 바란다는 희망을 피력했다. 소테리아 하우스가 초발 정신질환자들을 위한 1차 치료 시설로 지정될 수 있다는 생각을 가지고 한 말이었다. 또한 레비는 "이스라엘이 전 세계 나라들에게 영감을 줄 수 있다고 생각한다."라고도 말했다.

또한 리히텐베르크의 동료이자 당시 이스라엘 정신의학회 회장이었던 벨메이커도 "조현병 환자들에 대한 약물 투여량을 줄일 수 있는 지침을 마련하고, 약물 투여를 중단할 수 있는 환자들을 선별하기 위한" 위원회를 구성했다.[47]

더 큰 규모의 혁명이 진행되고 있는 것처럼 보이던 시기였다. 이스라엘 정신의학회 회장도 적극적으로 나섰기 때문이다. 하지만 이런 약물 투여 축소 움직임은 이스라엘의 정신병원 의사들의 격렬한 반대에 부딪혔고, 싸움이 시작됐다. 벨메이커는 얼마 안 돼 정신의학회 회장 자리에서 축출됐고, 소테리아 프로젝트는 완전히 와해되지는 않았지만, 이스라엘 정신의학계의 변방으로 다시 밀려났다.

'탈처방*deprescribing*'의 시작

약물을 복용하지 않은 사람들의 장기적인 결과가 더 좋다는 내용의 다양한 연구들은 일부에서 점진적인 약물 감량 방법을 논의하게 만들었다. 벨메이커도 이런 방법을 개발하려고 한 사람 중의 하나였다. 예일 의대 정신의학자 스왑닐 굽타Swapnil Gupta는 환자의 정신과 약물 복용량을 서서히 줄이거나 완전히 복용을 중지시키는 "탈처방" 계획을 추진해오고 있다. 공중보건 분야에서 일하는 버몬트의 정신과 의사 샌드라 스타인가드는 오랫동안 항정신병 약물을 복용해온 중년의 환자들에게 궁극적으로는 완전히 약물 복용을 중단하는 것을 독표로 해 약물을 서서히 줄일 수 있는 기회를 제공하는 연구를 시행하고 있다.

한편 노르웨이에서는 남동부 지역 건강 당국을 위한 정신과 치료를 제공하는 베스트레 비켄 병원 재단은 "기저 노출 치료법basal exposure therapy"이라는 이름의 치료법을 개발했다. 치료에 저항하는 입원 환자들에 대한 다중약물투여를 줄이기 위해 2007년에 처음 도입됐다. 이 치료법의 기본적인 개념은 직관에 반하는 것이다. 의료진은 환자에게 될 수 있는 한 아무 것도 하지 않는다. 재앙이 어디에나 기다리고 있다고 생각하는 환자의 "실존적 불안"을 환자 자신이 정면으로 마주보게 만들기 위해서다. 환자는 이 상황에 대처하기 위해 "자신이 가진 모든 능력을 동원해야 한다."[48] 베스트레 비켄 병원 연구자들은 2018년에 발표한 논문에서 정신과 약물이 이 회복 과정을 방해할 수 있다고 썼다. 환자가 자신의 불안에 직면하지 못하도록 약물이 방해하기 때문이라는 설명이었다.[49]

이 논문에서 연구자들은 기저 노출 요법을 시행한 처음 환자 33명의 장기적인 결과에 대해 언급했다. 기저 노출 요법을 처음 받았을 당시 이 환자들 중 14명은 조현병 스펙트럼 증상 진단을, 6명은 신경증 진단을, 5명은 정서 불안 성격장애 진단을, 2명은 기타 진단을 받은 상태였다. 한 사람을 제외하면 모두 여성이었고, 모두 전반적인 기능이 매우 나쁜 상태였다.

이 환자 33명은 최소 2년 전에 퇴원한 환자였고, 그중 16명은 후속 진료 후 정신과 약물 복용을 중단한 사람들이었다. 이 16명은 정신과 약물을 계속 복용하던 나머지 17명보다 경과가 두드러지게 좋았다. 약물 복용을 중단한 환자들은 전반적인 기능이 약물 복용 환자들보다 훨씬 좋았고, 퇴원 후 재입원율도 훨씬 낮았으며, 전일제 고용 비율도 훨씬 높았다(56% 대 6%). 또한 이 16명 중 7명은 완전히 회복됐다. 반면, 정신과 약물을 계속 복용하던 17명 중 회복된 사람은 한 명도 없었다.[50]

혁명의 필요성

서문에서 설명했듯이, 정신의학에 관한 이 책을 쓰기 위한 긴 여정이 시작된 것은 정신의학의 문화적 실패에 대한 연구 논문들을 접하고 나서다. 21세기 초반의 미국 내 조현병 환자들의 결과는 100년 전에 비해 나을 것이 없었고, 국가 간 비교 연구들에 따르면 미국 내 조현병 환자들의 결과는 개발도상국의 조현병 환자들의 결과보다 훨씬 나빴다. 이런 연구결과들은 우리의 문화적 믿음과 치료방법 때문에 환자들의 생명이 단축되거나 환자들이 생명을 잃는 비극이 일어나고 있다고 말하고 있었고, 왜 이런 비극이 일어나는지에 대한 철저한 탐구가 이뤄져야 한다고 촉구하고 있었다.

2013년 이런 문화적 실패에 대한 추가적인 연구결과가 발표됐다. 지난 100년 동안의 조현병 환자 회복 비율을 자세하게 조사한 결과, 비정형 항정신병 약물이 등장한 이후 전 세계적인 결과가 100년 내 최저 수준으로 떨어졌다는 사실이 여러 나라 연구자들의 공동 연구로 밝혀진 것이었다. 1941년 이전 조현병 환자 회복 비율은 13%, 그때부터 1975년까지의 회복 비율은 약 17%였다. 1976년에서 1995년 사이 회복 비율은 다시 10%로 떨어졌고, 비정형 항정신병 약물의 시대인 1996년 이후로는 6%까지 떨어졌다. 이 책의 전반부에서 다뤘던 끔찍한 정신병원들을 다시 떠올려보자. 현재 우리 시대의 조현병 환자 회복 비율은 그 끔찍했던 정신

병원들 시대의 “미친 사람들”의 회복 비율보다 훨씬 낮다.[51]

2019년 현재의 상황은 이렇게 암울하다. 하지만 전통적인 치료 방법에 반대하는 사회적 혁명에 명분을 제공하고, 정신과 치료의 패러다임 전환을 촉구하는 목소리를 내게 만든 계기는 바로 이 문화적 실패다. 게다가 이런 목소리는 정부의 상층부 일부에서도 나오고 있다.

2016년 제네바 인권위원회에 보고서를 제출하면서 유엔 건강권 특별보고관이자 리투아니아 정신의학 교수인 다이니우스 푸라스는 이렇게 말했다. “항정신병 약물의 전면적이고 과도한 사용을 비롯한 생의학적 정신건강 치료 모델에 의존하는 시스템이 실패했다는 것이 현재 명백하게 입증된 상태지만, 여전히 이 모델은 지속적으로 사용되고 있다.”[52]

우리 사회는 푸라스의 이런 목소리에 대해 역사와 과학에 기초해 반응해야 할 것이다.

미주

자료에 대한 추가 정보는 www.madinamerica.com에서 확인할 수 있습니다.

제1장: 정신병원

1. Benjamin Rush, *Medical Inquiries and Observations upon the Diseases of the Mind* (reprint of 1812 edition; Hanger Publishing, 1962), 211.
2-7. Thomas Morton, *The History of the Pennsylvania Hospital* (Times Printing House, 1895), 144, 8, 147, 163, 130, 148.
8. Rush, *Medical Inquiries*, 178.
9. Andrew Scull details the history of English physicians conceiving of the mad as wild animals in *Social Order/ Mental Disorder* (University of California Press, 1989), 54–79.
10. As cited by Gregory Zilboorg, *A History of Medical Psychology* (W. W. Norton, 1941), 261.
11. As cited by Scull, *Social Order/ Mental Disorder*, 58.
12. As cited by Richard Hunter and Ida Macalpine, *Three Hundred Years of Psychiatry* (Oxford University Press, 1963), 705.

13. As cited by Scull, *Social Order/ Mental Disorder*, 62.

14. William Cullen, *Practice of Physic* (L. Riley, 1805), 489.

15. George Man Burrows, *Commentaries on the Causes, Forms, Symptoms, and Treatment, Moral and Medical, of Insanity* (reprint of 1828 edition; The Classics of Psychiatry and Behavioral Sciences Library, 1994), 640.

16. Ibid., 642– 643. 17. Emil Kraepelin, *One Hundred Years of Psychiatry* (Philosophical Library, 1962), 61.

18. Cullen, *Practice of Physic*, 488.

19. Andrew Scull, *Masters of Bedlam: The Transformation of the Mad-Doctoring Trade* (Princeton University Press, 1996), 279.

20. Ida Macalpine and Richard Hunter, *George III and the Mad-Business* (Penguin Press, 1969), 323.

21. William Battie, *A Treatise on Madness* (reprint of 1758 edition; Brunner/ Mazel, 1969), 93.

22-25. Macalpine and Hunter, *George III*, 47– 86, 291, 328.

26. Burrows, *Commentaries on the Causes, Forms, Symptoms, and Treatment*, 528.

27. Cullen, *Practice of Physic*, 490.

28. As cited by Zilboorg, *History of Medical Psychology*, 298.

29. Burrows, *Commentaries on the Causes, Forms, Symptoms, and Treatment*, 627.

30. As cited by Scull, *Social Order/ Mental Disorder*, 68.

31. As cited in ibid., 71.

32. Kraepelin, *One Hundred Years of Psychiatry*, 87– 88.

33. Burrows, *Commentaries on the Causes, Forms, Symptoms, and Treatment*,

532, 606.

34. As cited by Scull, *Social Order/ Mental Disorder*, 64.

35. Thomas Percival, *Medical Ethics* (reprint of 1803 edition; DevCom, 1987), 29.

36. As cited by O. H. Perry Pepper, "Benjamin Rush's Theories on Blood Letting After One Hundred and Fifty Years," *Transactions and Studies of the College of Physicians of Philadelphia* 14 (1946), 121– 126.

37. Richard Shryock, *Medicine and Society in America: 1660– 1860* (Cornell University Press, 1962), 1– 38.

38. Rush, *Medical Inquiries*, 17.

39. Shryock, *Medicine and Society in America*, 31– 32.

40. Rush, *Medical Inquiries*, 104, 175, 198, 212, 224.

41. Burrows, *Commentaries on the Causes, Forms, Symptoms, and Treatment*, 602.

42. As cited by Scull, *Social Order/ Mental Disorder*, 69.

43. Kraepelin, *One Hundred Years of Psychiatry*, 17.

44. As cited by Norman Dain, *Concepts of Insanity in the United States, 1789– 1865* (Rutgers University Press, 1964), 24.

45. As cited by Mary Ann Jimenez, *Changing Faces of Madness: Early American Attitudes and Treatment of the Insane* (University Press of New England, 1987), 110.

46. As cited by Albert Deutsch, *The Mentally Ill in America* (Doubleday, Doran and Company, 1937), 140.

제2장: 친절한 치료의 손길

1. As cited by Gerald Grob, *The Mad Among Us* (Harvard University Press, 1994), 66.
2. Philipe Pinel, *A Treatise on Insanity* (reprint of 1806 edition; Hafner Publishing, 1962), 32.
3. Ibid., 108.
4. Samuel Tuke, *Description of the Retreat* (reprint of 1813 edition; Process Press, 1996), 128.
5. As cited by Grob, *The Mad Among Us*, 30.
6. As cited by Scull, *Social Order/ Mental Disorder*, 102.
7. As cited in ibid., 105.
8. *Harpers's Weekly*, March 19, 1859, 185; as cited by Lynn Gamwell and Nancy Tomes, *Madness in America* (Cornell University Press, 1995), 60.
9. In *Mental Institutions in America: Social Policy to 1875* (Free Press, 1973), Gerald Grob details outcomes for the early moral treatment asylums. The recovery rates listed for the individual asylums come from the following sources: (1) Bloomingdale Asylum, *Mental Institutions in America*, 68; (2) Worcester State Lunatic Hospital, *Annual Reports* (1835, 1836, and 1841), as cited by Grob in *The Mad Among Us*, 99; (3) Hartford Retreat, *Third Annual Report* (1827), as cited by Scull, Social Order/ Mental Disorder, 110; (4) McLean Hospital, as cited by Grob, *The Mad Among Us*, 36; and (5) Friend's Asylum, as cited by Dain, *Concepts of Insanity in the United States*,

120, 132.

10. As cited by Deutsch, *The Mentally Ill in America*, 151.

11. In *Social Order/ Mental Disorder*, Andrew Scull details how the first corporate asylums in the United States were modeled after the York Retreat, and thus medicine played a secondary role.

12. Dain, *Concepts of Insanity in the United States*, 154.

13. As cited by Scull, *Social Order/ Mental Disorder*, 103.

14. As cited in ibid., 106.

15. Deutsch, *The Mentally Ill in America*, 215.

16. Earle Pliny, "Bloodletting in Mental Disorders," *American Journal of Insanity* 10 (1854): 397. Also see Nancy Tomes, *The Art of Asylum Keeping* (University of Pennsylvania Press, 1994), 74– 89.

17. Edward Jarvis, "On the Supposed Increase of Insanity," *American Journal of Insanity* 8 (April 1852): 333– 364.

18. The principal source for Thomas Kirkbride's governance of Pennsylvania Hospital is Tomes, *The Art of Asylum Keeping*.

19. As cited by Gamwell and Tomes, *Madness in America*, 93.

20. Tomes, *The Art of Asylum Keeping*, 139.

21. Morton, *History of Pennsylvania Hospital*, 172.

22. Tomes, *The Art of Asylum Keeping*, 218.

23. Ibid., 224– 226.

24. Dorothea Dix, *On Behalf of the Insane Poor: Selected Reports* (Arno Press, 1971), 4.

25. As cited by Grob, *The Mad Among Us*, 94.

26. J. Sanbourne Bockoven, *Moral Treatment in Community Mental Health* (Springer Publishing Company, 1972), 15.

27. For perspectives on the efficacy of moral treatment, see Scull in *Social Order/ Mental Disorder*, 90; Grob in *The Mad Among Us*, 99– 102; Dain in *Concepts of Insanity in the United States*, 120, 132; Morton, *History of Pennsylvania Hospital*, 243; and Bockoven in *Moral Treatment in Community Mental Health*, 14– 15, 55– 67.

28. Edward Spitzka, "Reform in the Scientific Study of Psychiatry," *Journal of Nervous and Mental Disease* 5 (1878): 201– 229; Edward Seguin, "Neurological Correspondence," *Journal of Nervous and Mental Disease* 5 (1878): 336; S. Weir Mitchell, "Address Before the Fiftieth Annual Meeting of the American Medico-Psychological Association," *Journal of Nervous and Mental Disease* 21 (1894): 413– 437; William Hammond, "The Non-Asylum Treatment of the Insane," *Transactions of the Medical Society of New York* (1879): 280– 297. Also see Bonnie Blustein's essay in *Madhouses, Mad-Doctors, and Madmen*, ed. Andrew Scull (University of Pennsylvania Press, 1981), 241– 270.

29. Edward Cowles, "The Advancement of Psychiatry in America," *American Journal of Insanity* 52 (1896): 364– 386.

제3장: 양육에 부적절한 사람들

1. Alexis Carrel, *Man the Unknown* (Harper and Brothers, 1935), 318.
2. As cited by Daniel Kevles, *In the Name of Eugenics* (University of California Press, 1985), 3. Biographical details on Galton are primarily from Kevles's book.
3. As cited by Allan Chase, *The Legacy of Malthus* (University of Illinois Press, 1980), 85, 101.
4. As cited by Peter Medawar, *Aristotle to Zoos* (Harvard University Press, 1983), 87.
5. As cited by Chase, *Legacy of Malthus*, 13.
6. As cited by Kevles, *In the Name of Eugenics*, 12.
7. As cited by Edward Shorter, *A History of Psychiatry* (John Wiley and Sons, 1997), 96.
8. Henry Maudsley, *The Pathology of the Mind* (reprint of 1895 edition; Julian Friedmann Publishers, 1979), 47.
9. Gerald Grob, *Mental Illness and American Society, 1875– 1940* (Princeton University Press, 1983), 8.
10. As cited by Chase, *Legacy of Malthus*, 8.
11. As cited by Kevles, *In the Name of Eugenics*, 85.
12. As cited by Charles Rosenberg, *No Other Gods: On Science and American Social Thought* (Johns Hopkins University Press, 1976), 90.
13. Charles Davenport, *Heredity in Relation to Eugenics* (Henry Holt, 1911), 216– 219.

14. Ibid., iv.

15. As cited by Kevles, *In the Name of Eugenics*, 53.

16. Charles Robinson, ed., *The Science of Eugenics* (W. R. Vansant, 1917), 97.

17. Prescott Hall, "Immigration Restriction and Eugenics," *Journal of Heredity* 10 (1919): 126; Seth Humphrey, "The Menace of the Half Man," *Journal of Heredity* 11 (1920): 231; Robert Sprague, "Education and Race Suicide," *Journal of Heredity* 6 (1915): 158; and Paul Popenoe, "Harvard and Yale Birth Rates," *Journal of Heredity* 7 (1916): 569. Popenoe quotes Phillips in his *Journal of Heredity* article.

18. Harry Laughlin, "The Progress of American Eugenics," *Eugenics* 2 (February 1929): 3– 16. Also *Eugenical News* 9 (December 1924): 104.

19. As cited by Kevles, *In the Name of Eugenics*, 63.

20. Eugenics Record Office, Bulletin No. 10 B, "The Legal, Legislative, and Administrative Aspects of Sterilization," February 1914.

21. As cited by Chase, *Legacy of Malthus*, 15.

22. Race Betterment Foundation, *Proceedings of the First National Conference on Race Betterment*, Battle Creek, MI, January 8– 12, 1914, 479.

23. A. J. Rosanoff, Eugenics Record Office, Bulletin No. 5, "A Study of Heredity of Insanity in the Light of the Mendelian Theory," October 1911.

24. Abraham Myerson, "A Critique of Proposed 'Ideal' Sterilization Legislation," *Archives of Neurology and Psychiatry 33* (March 1935): 453– 463.

25. Robinson, *The Science of Eugenics*, 12.

26. Aaron Rosanoff, ed., *Manual of Psychiatry* (John Wiley and Sons, 1920). The

quotation is from a review of the book in *Journal of Heredity* 12 (1921): 300.

27. Paul Popenoe, "Heredity and the Mind," *Journal of Heredity* 7 (1916): 456–462.
28. "His Trust in Eugenics Is Excessive," *New York Times* editorial, June 19, 1923.
29. Charles Gibbs, "Sex Development and Behavior in Male Patients with Dementia Praecox," *Archives of Neurology and Psychiatry* 9 (1923): 73–87; Paul Popenoe, "Marriage Rates of the Psychotic," *Journal of Nervous and Mental Disease* 68 (1928): 17–27; Paul Popenoe, "Fecundity of the Insane," *Journal of Heredity* 19 (1928): 73–82; Sewall Wright, "Heredity and Mental Disease," *Journal of Heredity* 16 (1925): 461–462; and Abraham Myerson, ed., *Eugenical Sterilization: A Reorientation of the Problem* (Macmillan, 1936).
30. Paul Popenoe and Roswell Johnson, Applied Eugenics (Macmillan, 1933), 134; and E. S. Gosney and Paul Popenoe, *Sterilization for Human Betterment* (Macmillan, 1929), 7.
31. See Barry Mehler, *A History of the American Eugenics Society, 1921–1940*, Ph.D. diss., University of Illinois at Urbana-Champaign, 1988, 36–60, for a description of the Second International Congress of Eugenics; also Chase, *Legacy of Malthus*, 277–284.
32. "Eugenics as Romance," *New York Times editorial*, September 25, 1921.
33. As cited by Mehler, *History of the American Eugenics Society*, 61.
34. Ibid, 129–179.
35. *Eugenical News* 10 (July 1925): 131.

36. As cited by Kevles, *In the Name of Eugenics*, 62.
37. *Eugenical News* 10(March 1925): 27
38. *Eugenics* 2 (August 1929): 3– 19; also see Mehler, *History of the American Eugenics Society*, 90.
39. As cited by Mehler, *History of the American Eugenics Society*, 246.
40. Franz Kallmann, "Heredity, Reproduction, and Eugenic Procedure in the Field of Schizophrenia," *Eugenical News* 23 (November– December 1938): 105.
41. As cited by Mehler, *History of the American Eugenics Society*, 244.
42. Earnest Hooton, *Apes, Men, and Morons* (G. Putnam's and Sons, 1937), 269, 295.
43. Popenoe and Johnson, *Applied Eugenics*, 186.
44. Eugenics Record Office, Bulletin No. 10 B, "The Legal, Legislative, and Administrative Aspects of Sterilization," February 1914, 142.
45. Leon Cole, "Biological Eugenics," *Journal of Heredity* 5 (1914): 305– 312.
46. Myerson, *Eugenical Sterilization*, 24.
47. Paul Popenoe, "In the Melting Pot," *Journal of Heredity* 14 (1923): 223.
48. William Goodell, "Clinical Notes on the Extirpation of the Ovaries for Insanity," *American Journal of Insanity* 38 (1882): 293– 302.
49. Cited by Angela Gugliotta, "Dr. Sharp with His Little Knife," *Journal of the History of Medicine* 53 (1998): 371– 406.
50. As cited by Kevles, *In the Name of Eugenics*, 93.
51. As cited by Julius Paul, essay in *Eugenic Sterilization*, ed. Jonas Robitscher

(Charles C. Thomas, 1973), 25– 40.

52. *Buck v. Bell*, 274 US 205 (1927). Also see Chase, *Legacy of Malthus*, 315– 316.

53. As cited by Joel Braslow, *Mental Ills and Bodily Cures* (University of California Press, 1997), 56.

54. See Joel Braslow, "In the Name of Therapeutics: The Practice of Sterilization in a California State Hospital," *Journal of the History of Medicine* 51 (1996): 29– 51.

55. Ibid, 38, 44.

56. Gosney and Popenoe, *Sterilization for Human Betterment*, xiv, 33.

57. Popenoe, "Public Opinion on Sterilization in California," *Eugenical News* 20 (September 1935): 73.

58. Gosney and Popenoe, *Sterilization for Human Betterment*, 32.

59. See Paul Weindling's essay, "The Rockefeller Foundation and German Biomedical Sciences, 1920– 1940," *in Science, Politics, and the Public Good*, ed. Nicolaas Rupke (MacMillan Press, 1988), 119– 140.

60. Margaret Smyth, "Psychiatric History and Development in California," *American Journal of Psychiatry* 94 (1938): 1223– 1236.

61. "Sterilization and Its Possible Accomplishments," *New England Journal of Medicine* 211 (1934): 379– 380; *New York Times* editorial, "Purifying the German Race," August 8, 1933; William Peter, "Germany's Sterilization Program," *American Journal of Public Health* 24 (March 1934): 187– 191; Andre Sofair, "Eugenic Sterilization and a Qualified Nazi Analogy: The United States and Germany, 1930– 1945," *Annals of Internal Medicine*

132 (2000): 312– 319.

62. As cited by Kevles, *In the Name of Eugenics*, 116; and Sofair, "Eugenical Sterilization and a Qualified Nazi Analogy."

63. Davenport, *Heredity in Relation to Eugenics*, 263.

64. Madison Grant, *The Passing of the Great Race* (Charles Scribner's Sons, 1916), 45.

65. Stefan Kühl, *The Nazi Connection: Eugenics, American Racism, and German National Socialism* (Oxford University Press, 1994), 85.

66. "Exhibited as Case for Merciful Extinction," *New York Times*, February 7, 1921.

67. Hooton, *Apes, Men, and Morons*, 236, 294– 295.

68. Carrel, *Man the Unknown*, 318– 319.

69. Albert Deutsch, *The Shame of the States* (Harcourt, Brace, 1948), 41– 42.

70. Albert Maisel, "Bedlam 1946," *Life*, May 6, 1946.

71. See Grob, *Mental Illness and American Society*, 190.

72. Ibid., 194.

73. Deutsch, *The Shame of the States*, 96.

74. Group for the Advancement of Psychiatry, Report No. 5 (April 1948), 1– 19.

75. Marle Woodson, *Behind the Door of Delusion* (Macmillan Co., 1932; reprint edition, University Press of Colorado, 1994), 93.

76. John Maurice Grimes, *Institutional Care of Mental Patients in the United States* (self-published, 1934), xiv, 15– 43, 95– 99.

77. Harold Maine, *If a Man Be Mad* (Doubleday,

78. Deustsch, *The Shame of the States*, 57-58.

제4장: 지능 과다

1. Abraham Myerson in discussion of a paper by Franklin Ebaugh, "Fatalities Following Electric Convulsive Therapy," *Transactions of the American Neurological Association* 68 (1942): 36– 41.
2. William Russell, "From Asylum to Hospital: A Transition Period," *American Journal of Psychiatry* 100.2 (1944): 87– 97.
3. Edward Strecker, "The Continuous Bath in Mental Disease," *Journal of American Medical Association* 68 (1917): 1796– 1798; George Tuttle, "Hydrotherapeutics," *American Journal of Insanity* 61 (1904): 179– 192; G. W. Foster, "Common Features in Neurasthenia and Insanity," *American Journal of Insanity* 56 (1900): 395– 416.
4. Emmet Dent, "Hydriatric Procedures as an Adjunct in the Treatment of Insanity," *American Journal of Insanity* 59 (1902): 91– 100.
5. As cited by Braslow, *Mental Ills and Bodily Cures*, 50.
6. Herman Adler, "Indications for Wet Packs in Psychiatric Cases," *Boston Medical and Surgical Journal* 175 (1916): 673– 675.
7. As cited by Braslow, *Mental Ills and Bodily Cures*, 47.
8. J. Allen Jackson, "Hydrotherapy in the Treatment of Mental Diseases," *Journal of American Medical Association* 64 (1915): 1650– 1651.
9. W. O. Henry, "To What Extent Can the Gynecologist Prevent and Cure Insanity in Women," *Journal of American Medical Association* 48 (1907): 997– 1003.

10. Dr. Stone, "Proceedings of the Association," *American Journal of Insanity* 48 (1892): 245– 247.
11. Clara Barrus, "Gynecological Disorders and Their Relation to Insanity," *American Journal of Insanity* 51 (1895): 475– 489.
12. In his review of patient records at Stockton State Hospital, Braslow found five instances of clitoridectomy performed from 1947 to 1950 (Braslow, *Mental Ills and Bodily Cures*, 166).
13. William Mabon, "Thyroid Extract— A Review of the Results Obtained in the Treatment of One Thousand Thirty-Two Collected Cases of Insanity," *American Journal of Insanity* 56 (1899): 257– 273.
14. Leland Hinsie, "The Treatment of Schizophrenia: A Survey of the Literature," *Psychiatric Quarterly* 3 (1929): 5– 34; G. de M. Rudolf, "Experimental Treatments of Schizophrenia," *Journal of Mental Science* 77(1931): 767– 791.
15. Henry Cotton, "The Relation of Oral Infection to Mental Diseases," *Journal of Dental Research* 1 (1919): 269– 313. Also see Andrew Scull, "Desperate Remedies: A Gothic Tale of Madness and Modern Medicine," *Psychological Medicine* 17 (1987): 561– 577.
16. Henry Cotton, "The Relation of Chronic Sepsis to the So-Called Functional Mental Disorders," *Journal of Mental Science* 69 (1923): 434– 462.
17. Quotation as cited by Scull, "Desperate Remedies." Relapse rate is from Henry Cotton, "The Etiology and Treatment of the So-Called Functional Psychoses," *American Journal of Insanity* 79 (1922): 157– 194.

18. As cited by Scull, "Desperate Remedies"; Cotton, "The Etiology and Treatment of the So-Called Functional Psychoses."
19. Remark made in discussion period following Cotton's 1922 paper, "The Etiology and Treatment of the So-Called Functional Psychoses."
20. As cited by Scull, "Desperate Remedies."
21. See Shorter, *History of Psychiatry*, 192– 196, 200– 207, for information on Klaesi's deep-sleep treatment and Julius Wagner-Jauregg's malaria therapy.
22. Hinsie, "The Treatment of Schizophrenia: A Survey of the Literature," 5– 34; Leland Hinsie, "Malaria Treatment of Schizophrenia," *Psychiatric Quarterly* 1 (1927): 210– 214.
23. John Talbott, "The Effects of Cold on Mental Disorders," *Diseases of the Nervous System* 2 (1941): 116– 126; Douglas Goldman, "Studies on the Use of Refrigeration Therapy in Mental Disease with Report of Sixteen Cases," *Journal of Nervous and Mental Disease* 97 (1943): 152– 165.
24. See Grob, *Mental Illness and American Society*, 193– 196.
25. Manfred Sakel, "The Origin and Nature of the Hypoglycemic Therapy of the Psychoses," *Bulletin of the New York Academy of Medicine* 13 (1937): 97– 109; Sakel, "A New Treatment of Schizophrenia," *American Journal of Psychiatry* 93 (1937): 829– 841; and Sakel, "The Methodical Use of Hypoglycemia in the Treatment of Psychoses," *American Journal of Psychiatry* 94 (1937): 111– 129.
26. Lothar Kalinowsky and Paul Hoch, *Shock Treatments and Other Somatic Procedures in Psychiatry* (Grune and Stratton, 1950), 82.

27. Manfred Sakel, *Schizophrenia* (Philosophical Library, 1958), 199, 261, 334.
28. Joseph Wortis, "Sakel's Hypoglycemic Insulin Treatment of Psychoses: History and Present Status," *Journal of Nervous and Mental Disease* 85 (1937): 581– 590; Wortis, "Further Experiences at Bellevue Hospital with the Hypoglycemic Insulin Treatment of Schizophrenia," *American Journal of Psychiatry* 94 (1937): 153– 158; Benjamin Malzberg, "Outcome of Insulin Treatment of One Thousand Patients with Dementia Praecox," *Psychiatric Quarterly* 12 (1938): 528– 553; John Ross, "A Review of the Results of the Pharmacological Shock Therapy and the Metrazol Convulsive Therapy in New York State, *American Journal of Psychiatry* 96 (1939): 297– 316.
29. "Mind Is Mapped in Cure of Insane," *New York Times*, May 15, 1937; "The Attack on Brainstorms," *Harper's*, 183 (1941): 366– 376; "Death for Sanity," Time, November 20 (1939): 39– 40; "Bedside Miracle," *Reader's Digest* 35 (1939): 73– 75.
30. Alexander Gralnick, "Psychotherapeutic and Interpersonal Aspects of Insulin Treatment," *Psychiatric Quarterly* 18 (1944): 179.
31. Sakel, *Schizophrenia*, 261.
32. F. Humbert, "Critique and Indications of Treatments in Schizophrenia," *American Journal of Psychiatry, supplement*, 94 (1938): 174– 183.
33. Sakel, *Schizophrenia*, 319.
34. Joseph Wortis, "Case Illustrating the Treatment of Schizophrenia by Insulin Shock," *Journal of Nervous and Mental Disease* 85 (1937): 446– 456.

35. Ch. Palisa, "The Awakening from the Hypoglycemic Shock," *American Journal of Psychiatry, supplement*, 94 (1938): 96– 108.
36. Marcus Schatner, "Some Observations in the Treatment of Dementia Praecox with Hypoglycemia," *Psychiatric Quarterly* 12 (1938): 5– 29.
37. Palisa, "Awakening from Hypoglycemic Shock."
38. Kalinowsky and Hoch, *Shock Treatments and Other Somatic Procedures*, 69– 70; Sakel, *Schizophrenia*, 331; Palisa, "Awakening from Hypoglycemic Shock," 102.
39. Solomon Katzenelbogen, "A Critical Appraisal of the 'Shock Therapies' in the Major Psychoses, II-Insulin," *Psychiatry* 3 (1940): 211– 228; Nolan Lewis, "The Present Status of Shock Therapy of Mental Disorders," *Bulletin of the New York Academy of Medicine* 19 (1943): 227– 243; Sakel, *Schizophrenia*, 238; Kalinowsky and Hoch, *Shock Treatments and Other Somatic Procedures*, 81– 83; Humbert, "Critique and Hypoglycemia," *American Journal of Psychiatry* 94 (1937): 89– 108.
40. Marie Beynon Ray, *Doctors of the Mind* (Little, Brown and Company, 1946), 242.
41. D. M. Palmer, "Insulin Shock Therapy, a Statistical Survey of 393 Cases," *American Journal of Psychiatry* 106 (1950): 918– 925; Leon Salzman, "An Evaluation of Shock Therapy," *American Journal of Psychiatry* 103 (1947): 669– 679; Gralnick, "Psychotherapeutic and Interpersonal Aspects of Insulin Treatment."
42. Harold Bourne, "The Insulin Myth," *Lancet* 2 (1953): 964– 968.

43. Joseph Wortis, "On the Response of Schizophrenic Subjects to Hypoglycemic Insulin Shock," *Journal of Nervous and Mental Disease* 85 (1936): 497– 505; Malzberg, "Outcome of Insulin Treatment of One Thousand Patients with Dementia Praecox."
44. William Ruffin, "Attitudes of Auxiliary Personnel Administering Electroconvulsive and Insulin Coma Treatment: A Comparative Study," *Journal of Nervous and Mental Disease* 131 (1960): 241– 246; David Wilfred Abse, "Transference and Countertransference in Somatic Therapies," *Journal of Nervous and Mental Disease* 123 (1956): 32– 39.
45. Max Fink, "Meduna and the Origins of Convulsive Therapy," *American Journal of Psychiatry* 141 (1984): 1034– 1041.
46. Ladislaus von Meduna, "General Discussion of the Cardiazol Therapy," *American Journal of Psychiatry*, supplement, 94 (1938): 41– 50.
47. Horatio Pollock, "A Statistical Study of 1,140 Dementia Praecox Patients Treated with Metrazol," *Psychiatric Quarterly* 13 (1939): 558– 568.
48. Abram Elting Bennett, *Fifty Years in Neurology and Psychiatry* (Intercontinental Medical Book Corporation) (1972), 92; Broughton Barry, "The Use of Cardiazol in Psychiatry," *Medical Journal of Australia* (1939); as cited by Leonard Frank, *The History of Shock Treatment* (self-published, 1978), 12.
49. Lawrence Geeslin, "Anomalies and Dangers in the Metrazol Therapy of Schizophrenia," *American Journal of Psychiatry* 96 (1939): 183; Polloack, "A Statistical Study of 1,140 Dementia Praecox Patients Treated

with Metrazol"; Simon Kwalwasser, "Report on 441 Cases Treated with Metrazol," *Psychiatric Quarterly* 14 (1940): 527– 546; Solomon Katzenelbogen, "A Critical Appraisal of the Shock Therapies in the Major Psychoses and Psychoneuroses, III— Convulsive Therapy," *Psychiatry* 3 (1940): 409– 420; Leon Reznikoff, "Evaluation of Metrazol Shock in Treatment of Schizophrenia," *Archives of Neurology and Psychiatry* 43 (1940): 318– 325; Richard Whitehead, "Pharmacologic and Pathologic Effects of Repeated Convulsant Doses of Metrazol," *American Journal of the Medical Sciences* 199 (1940): 352– 359; Lewis, "The Present Status of Shock Therapy of Mental Disorders"; Humbert, "Critique and Indications of Treatments in Schizophrenia."

50. Meduna, "General Discussion of the Cardiazol Therapy," 49– 50.
51. William Menninger, "The Results with Metrazol as an Adjunct Therapy in Schizophrenia and Depressions," *Bulletin of the Menninger Clinic* 2 (1938): 129– 141; Rankine Good, "Some Observations on the Psychological Aspects of Cardiazol Therapy," Journal of Mental Science 86 (1940): 491– 501; Rankine Good, "Convulsion Therapy in War Psychoneurotics," *Journal of Mental Science* 87 (1941): 409– 415.
52. Reznikoff, "Evaluation of Metrazol Shock," 325. Also see Menninger, "Results with Metrazol"; Kwalwasser, "Report on 441 Cases Treated with Metrazol."
53. Menninger, "Results with Metrazol"; A. J. Bain, "The Influence of Cardiazol on Chronic Schizophrenia," *Journal of Mental Science* 86 (1940):

510– 512; Good, “Some Observations on the Psychological Aspects of Cardiazol Therapy” and “Convulsion Therapy in War Psychoneurotics”; Bennett, *Fifty Years in Neurology and Psychiatry*, 131; Katzenelbogen, “A Critical Appraisal of the Shock Therapies in the Major Psychoses and Psychoneuroses, III— Convulsive Therapy,” 419.

54. L. C. Cook, “Has Fear Any Therapeutic Significance in Convulsion Therapy?” *Journal of Mental Science* 86 (1940): 484.
55. Roy Grinker, “Psychological Observations in Affective Psychoses Treated with Combined Convulsive Shock and Psychotherapy,” *Journal of Nervous and Mental Disease* 97 (1943): 623.
56. Abram Bennett, “Convulsive Shock Therapy in Depressive Psychoses,” *American Journal of the Medical Sciences* 196 (1938): 420– 428.
57. Walter Freeman, “Brain-Damaging Therapeutics,” *Diseases of the Nervous System* 2 (1940): 83.
58. A. Warren Stearns, “Report on Medical Progress,” *New England Journal of Medicine* 220 (1939): 709– 710.
59. As cited by Fink, “Meduna and the Origins of Convulsive Therapy.”
60. Lucio Bini, “Experimental Researches on Epileptic Attacks Induced by the Electric Current,” *American Journal of Psychiatry*, supplement 94 (1938): 172– 174.
61. As quoted by Frank, *History of Shock Treatment*, 9.
62. Ibid., 1– 11; David Impastato, “The Story of the First Electroshock Treatment,” *American Journal of Psychiatry* 116 (1960): 1113– 1114;

Norman Endler, Electroconvulsive Therapy: The Myths and the Realities (Hans Huber Publishers, 1988), 18.

63. As quoted by Frank, *History of Shock Treatment*, 58.

64. Henry Stack Sullivan, "Explanatory Conceptions," *Psychiatry* 3 (1940): 73.

65. Lewis, "The Present Status of Shock Therapy of Mental Disorders," 239.

66. Victor Gonda, "Treatment of Mental Disorders with Electrically Induced Convulsions," *Diseases of the Nervous System* 2 (1941): 84– 92.

67. Lothar Kalinowsky, "Organic Psychotic Syndromes Occurring During Electric Convulsive Therapy," *Archives of Neurology and Psychiatry* 53 (1945): 269– 273.

68. Freeman, "Brain-Damaging Therapeutics," 83.

69. Jan-Otto Ottosson, "Psychological or Physiological Theories of ECT," *International Journal of Psychiatry* 5 (1968): 170– 174.

70. Abraham Myerson, "Borderline Cases Treated by Electric Shock," *American Journal of Psychiatry* 100 (1943): 353– 357.

71. Kalinowsky, *Shock Treatments and Other Somatic Procedures*, 179.

72. Abram Bennett, "An Evaluation of the Shock Therapies," *Diseases of the Nervous System* 6 (1945): 20– 23; Abram Bennett, "Evaluation of Progress in Established Physiochemical Treatments in Neuropsychiatry," *Diseases of the Nervous System* 10 (1949): 195– 205.

73. Wellington Reynolds, "Electric Shock Treatment," *Psychiatric Quarterly* 19 (1945): 322– 333.

74. Upton published the account of her treatment, which relied on written

medical records she obtained from Nazareth Sanatorium, in *Madness Network News*, in July 1975. Frank republished it in his *A History of Shock Treatment*, 64– 67.

75. Lauretta Bender, "One Hundred Cases of Childhood Schizophrenia Treated with Electric Shock," *Transactions of the American Neurological Association* 72 (1947): 165– 168; E. R. Clardy, "The Effect of Electric Shock Treatment on Children Having Schizophrenic Manifestations," *Psychiatric Quarterly* 28 (1954): 616– 623.
76. Max Fink, "Experimental Studies of the Electroshock Process," *Diseases of the Nervous System* 19 (1958): 113– 117; Max Fink, "Effect of Anticholinergic Agent, Diethazine, on EEG and Behavior," *Archives of Neurology and Psychiatry* 80 (1958): 380– 386; Max Fink, "Cholinergic Aspects of Convulsive Therapy," *Journal of Nervous and Mental Disease* 142 (1966): 475– 481.
77. Franklin Ebaugh, "Fatalities Following Electric Convulsive Therapy: Report of Two Cases with Autopsy," *Archives of Neurology and Psychiatry* 49 (1943): 107– 117; Bernard Alpers, "The Brain Changes in Electrically Induced Convulsions in the Human," *Journal of Neuropathology and Experimental Neurology* 1 (1942): 173– 180; Lewis, "The Present Status of Shock Therapy of Mental Disorders," 239– 240; James Huddleson, "Complications in Electric Shock Therapy," *American Journal of Psychiatry* 102 (1946): 594– 598; Salzman, "An Evaluation of Shock Therapy"; Albert Rabin, "Patients Who Received More Than One Hundred

Electric Shock Treatments," Journal of Personality 17 (1948): 42– 48; Irving Janis, "Memory Loss Following Convulsive Treatments," *Journal of Personality* 17 (1948): 29– 32; Irving Janis, "Psychologic Effects of Electric Convulsive Treatments," *Journal of Nervous and Mental Disease* 111 (1950): 359– 382. Also see Donald Templer, "Cognitive Functioning and Degree of Psychosis in Schizophrenics Given Many Electroconvulsive Treatments," *British Journal of Psychiatry* 123 (1973): 441– 443; John Friedberg, "Shock Treatment, Brain Damage, and Memory Loss: A Neurological Perspective," *American Journal of Psychiatry* 134 (1977): 1010– 1018; and Peter Breggin, *Brain-Disabling Treatments in Psychiatry* (Springer Publishing Company, 1997), 129– 157.

78. Deutsch, *The Shame of the States*, 161.
79. Kalinowsky, "Organic Psychotic Syndromes Occurring During Electric Convulsive Therapy"; Thelma Alper, "An Electric Shock Patient Tells His Story," *Journal of Abnormal and Social Psychology* 43 (1948): 201– 210; Seymour Fisher, "The Conscious and Unconscious Attitudes of Psychotic Patients Toward Electric Shock Treatment," *Journal of Nervous and Mental Disease* 118 (1953): 144– 149; Libby Blek, "Somatic Therapy as Discussed by Psychotic Patients," *Journal of Abnormal and Social Psychology* 50 (1955): 394– 400; Abse, "Transference and Countertransference in Somatic Therapies."
80. Ellen Field, *The White Shirts* (Tasmania Press, 1964), 6– 7.
81. Sylvia Plath, *The Bell Jar* (Harper and Row, 1971), 160– 161.

82. Dorothy Washburn Dundas, essay in *Beyond Bedlam*, ed. Jeanine Grob (Third Side Press, 1995), 34.

83. Donna Allison, letter to the editor, *Los Angeles Free Press*, April 18, 1969, as cited by Frank, *History of Shock Treatment*, 83.

84. Braslow, *Mental Ills and Bodily Cures*, 116.

85. Abram Bennett, "Evaluation of Progress in Established Physiochemical Treatments in Neuropsychiatry," *Diseases of the Nervous System* 10 (1949): 195–205.

86. David Impastato, "Prevention of Fatalities in Electroshock Therapy," *Diseases of the Nervous System* 18, sec. 2 (1957): 34–75.

87. Franklin Ebaugh, "A Review of the Drastic Shock Therapies in the Treatment of the Psychoses," *Annals of Internal Medicine* 18 (1943): 279–296.

88. Fink, "Experimental Studies of the Electroshock Process."

89. Robert Jay Lifton, *The Nazi Doctors* (Basic Books, 1986), 299.

90. Braslow, Mental Ills and Bodily Cures, 105–106.

91. Abse, "Transference and Countertransference in Somatic Therapies"; Ruffin, "Attitudes of Auxiliary Personnel Administering Electroconvulsive and Insulin Coma Treatment."

92. As cited by Frank, *History of Shock Treatment*, 106.

93. Lewis Sharp, "Management of the Acutely Disturbed Patient by Sedative Electroshock Therapy," *Diseases of the Nervous System* 14 (1953): 21–23.

94. Peter Cranford, *But for the Grace of God: The Inside Story of the World's Largest Insane Asylum. Millidgeville!* (Great Pyramid Press, 1981), 158.

제5장: 기적의 치료법과 뇌 손상

1. Freeman, "Brain-Damaging Therapeutics," 83.
2. Harold Himwich, "Electroshock: A Round Table Discussion," *American Journal of Psychiatry* 100 (1943): 361– 364.
3. As quoted by Elliott Valenstein, *Great and Desperate Cures* (Basic Books, 1986), 89. Also see Jack Pressman, *Last Resort* (Cambridge University Press, 1998), 50– 53.
4. As quoted by Valenstein, *Great and Desperate Cures*, 89.
5. Carlyle Jacobsen, "Functions of Frontal Association Area in Primates," *Archives of Neurology and Psychiatry* 33 (1935): 558– 569; "Experimental Analysis of the Functions of the Frontal Association Areas in Primates," *Archives of Neurology and Psychiatry* 34 (1935): 884– 888; and "An Experimental Analysis of the Functions of the Frontal Association Areas in Primates," *Journal of Nervous and Mental Disease* 82 (1935): 1–1– 14.
6. As quoted by Walter Freeman and James Watts, Psychosurgery (Charles C. Thomas, 1950), xv.
7. Biographical material on Moniz from the following: Francisco Ruben Perino, "Egas Moniz, Founder of Psychosurgery, Creator of Angiography," *Journal of the International College of Surgeons* 36 (1961): 261– 271; Robert Wilkins, "Neurosurgical Classic," Journal of Neurosurgery (1964): 1108– 1109; Almeida Lima, "Egas Moniz 1987– 1955," *Surgical Neurology* 1 (1973): 247– 248; Antonio Damasio, "Egas Moniz, Pioneer

of Angiography and Leucotomy," *Mt. Sinai Journal of Medicine* 42 (1975): 502– 513; Valenstein, *Great and Desperate Cures*, 62– 79; and Pressman, *Last Resort*, 53– 54. Quotation is from Perino, "Egas Moniz, Founder of Psychosurgery, Creator of Angiography," 261.

8. As quoted by Valenstein, *Great and Desperate Cures*, 94.
9. Jacobsen, "An Experimental Analysis of the Functions of the Frontal Association Areas in Primates," 10.
10. Egas Moniz, "Essai d'un traitement chirurgical de certaines psychoses," *Bulletin de l'Academie de Medicine* 115 (1936): 385– 392. An English translation appears in *Journal of Neurosurgery* 21 (1964): 1110– 1114.
11. As quoted by Freeman and Watts, *Psychosurgery*, xvi.
12. See Valenstein, *Great and Desperate Cures*, 104.
13. Moniz, "Essai d'un traitement," trans. in *Journal of Neurosurgery*, 1113.
14. Walter Freeman, "Review of 'Tentative opératoires dans le traitement de certaines psychoses,'" *Archives of Neurology and Psychiatry* 36 (1936): 1413.
15. See Valenstein, *Great and Desperate Cures*, 122– 140; and Pressman, Last Resort, 71– 77.
16. As quoted by Pressman, *Last Resort*, 75.
17. Freeman and Watts, *Pyschosurgery*, xviii– xix.
18. Walter Freeman, "Prefrontal Lobotomy in the Treatment of Mental Disorders," *Southern Medical Journal* 30 (1937): 23– 31; Walter Freeman, "Psychosurgery: Effect on Certain Mental Symptoms of Surgical

Interruption of Pathways in the Frontal Lobe," *Journal of Nervous and Mental Disease* 88 (1938): 587– 601; Walter Freeman, "Some Observations on Obsessive Tendencies Following Interruption of the Frontal Association Pathways," *Journal of Nervous and Mental Disease* 88 (1938): 224– 234.

19. "Find New Surgery Aids Mental Cases," *New York Times*, November 21, 1936; "Surgery Used on the Soul-Sick; Relief of Obsessions Is Reported," *New York Times*, June 7, 1937. Also see Valenstein, *Great and Desperate* Cures, 154– 155.
20. Freeman and Watts, Psychosurgery, 392– 397; Freeman, "Psychosurgery: Effect on Certain Mental Symptoms," 595.
21. As quoted by Pressman, *Last Resort*, 78.
22. James Lyerly, "Prefrontal Lobotomy in Involutional Melancholia," *Journal of the Florida Medical Association* 25 (1938): 225– 229.
23. Ibid. The comments from Davis and Dodge are in the discussion section of this article.
24. The story of these two patients, Julia Koppendorf and Sally Gold, is reported by Pressman, *Last Resort*, 106– 108.
25. As quoted in ibid., 142.
26. Edward Strecker, "A Study of Frontal Lobotomy," *American Journal of Psychiatry* 98 (1942): 524– 532.
27. Lloyd Ziegler, "Bilateral Prefrontal Lobotomy," *American Journal of Psychiatry* 100.1 (1943): 178– 184.

28-39. Freeman and Watts, *Psychosurgery*, 137–139, 29, 406, 157, 184, 185, 190, 198, 199, 195, 226–257, 257, 565–566.

40. Walter Freeman, "History of Development of Psychosurgery," *Digest of Neurology and Psychiatry* 17 (1949): 412–451; quote is by David Rioch, 428.

41. See Pressman, *Last Resort*, 47–73, 86–101.

42. Editorial, "The Surgical Treatment of Certain Psychoses," *New England Journal of Medicine* 214 (1936): 1088.

43. As cited by Pressman, *Last Resort*, 50.

44. As cited in ibid., 91.

45. Stanley Cobb, "Presidential Address," *Transactions of the American Neurological Association* (1949): 1–7.

46. Panel discussion, "Neurosurgical Treatment of Certain Abnormal Mental States," *Journal of American Medical Association* 117 (1941): 517–527.

47. AS cited by Pressman, *Last Resort*, 108.

48. David Cleveland, "Prefrontal Lobotomy: Fifteen Patients Before and After Operation," *American Journal of Psychiatry* 101 (1945): 749–755.

49. Freeman, "History of Development of Psychosurgery," 430–431.

50. Panel discussion, "Neurosurgical Treatment of Certain Abnormal Mental States," 518.

51. See Valenstein, *Great and Desperate Cures*, 157; *New York Times*, "Surgery Restores Incurably Insane," March 19, 1948.

52. Walter Kaempffert, "Turning the Mind Inside Out," *Saturday Evening*

Post, May 24, 1941.

53. Freeman and Watts, Psychosurgery, 51– 57. Also see Valenstein, *Great and Desperate Cures*, 199– 220.

54. Freeman and Watts, *Psychosurgery*, 113.

55. Cranford, *But for the Grace of God*, 157.

56. Matthew Moore, "Some Experiences with Transorbital Leucotomy," *American Journal of Psychiatry* 107 (1951): 801– 807.

57. Braslow, *Mental Ills and Bodily Cures*, 125– 151.

58. Ibid., 131, 139.

59. Ibid., 168– 169.

60. Freeman and Watts, *Psychosurgery*, 436.

61. W. J. Mixter, "Frontal Lobotomy in Two Patients with Agitated Depression," *Archives of Neurology and Psychiatry* 44 (1940): 236– 239; quote is from discussion section.

62. "First International Congress on Psychosurgery," *American Journal of Psychiatry* 105 (1949): 550– 551.

63. Editorial, "Nobel Prize in Medicine," *New England Journal of Medicine* 241 (1949): 1025.

64. "Explorers of the Brain," *New York Times editorial*, October 30, 1949.

제6장: 현대판 연금술

1. N. William Winkelman, Jr., "Chlorpromazine in the Treatment of Neuropsychiatric Disorders," *Journal of the American Medical Association* 155 (1954):18–21.

2. Shorter, *History of Psychiatry*, 255.

3. Pressman, *Last Resort*, 148; David Rothschild, *Diseases of the Nervous System* 11 (1951):147–150; D. Ewen Cameron, "Production of Differential Amnesia as a Factor in the Treatment of Schizophrenia," *Comprehensive Psychiatry* 1 (1960):26–33; Cameron, "The Depatterning Treatment of Schizophrenia," *Comprehensive Psychiatry* 3 (1962):65–76; Robitscher, *Eugenic Sterilization*, 123.

4. As cited by Judith Swazey, *Chlorpromazine in Psychiatry* (Massachusetts Institute of Technology Press, 1974), 105. For this early history, see Peter Breggin, Toxic Psychiatry (St. Martin's Press, 1991), and David Cohen, "A Critique of the Use of Neuroleptic Drugs," essay in *From Placebo to Panacea,* ed. Seymour Fisher and Roger Greenberg (John Wiley and Sons, 1997), 173–228.

5. Swazey, *Chlorpromazine in Psychiatry*, 134–135.

6. D. Anton-Stephens, "Preliminary Observations on the Psychiatric Uses of Chlorpromazine," *Journal of Mental Science* 199 (1954):543–557.

7. H. E. Lehmann, "Chlorpromazine: New Inhibiting Agent for Psychomotor Excitement and Manic States," *Archives of Neurology and Psychiatry* 71

(1954):227–237; Lehmann, "Therapeutic Results with Chlorpromazine in Psychiatric Conditions," *Canadian Medical Association Journal* 72 (1955):91–98; Lehmann, "Neurophysiologic Activity of Chlorpromazine in Clinical Use," *Journal of Clinical and Experimental Psychopathology* 17 (1956):129–141.

8. Winkelman, "Chlorpromazine in the Treatment of Neuropsychiatric Disorders."
9. Irvin Cohen, "Undesirable Effects and Clinical Toxicity of Chlorpromazine," *Journal of Clinical and Experimental Psychopathology* 17 (1956):153–162.
10. As cited by David Cohen, *From Placebo to Panacea*, 181.
11. "Chlorpromazine and Mental Health," Proceedings of the Symposium Held Under the Auspices Auspices of Smith, Kline & French Laboratories, June 6, 1955 (Lea and Febiger, 1955):51, 55, 73.
12. Ibid., 183.
13. Joel Elkes, "Effects of Chlorpromazine on the Behaviour of Chronically Overactive Psychotic Patients," *British Medical Journal* 2 (1954):560–565.
14. Lehmann, "Neurophysiologic Activity of Chlorpromazine in Clinical Use."
15. See ibid., 136.
16. "Chlorpromazine and Mental Health," 133, 158.
17. As cited by Breggin, *Toxic Psychiatry*, 73.
18. "Chlorpromazine and Mental Health," 86.

19. As cited by Ann Braden Johnson, *Out of Bedlam* (Basic Books, 1990), 26.
20. This history is detailed in Morton Mintz's *The Therapeutic Nightmare* (Houghton Mifflin, 1965), 70–92. The "sissy" quote is from the book's appendix, 488.
21. *Study of Administered Prices in the Drug Industry*, a report by the Senate Subcommittee on Antitrust and Monopoly, reprinted as an appendix in ibid., 477.
22. Ibid., 481.
23. As quoted by Shorter, *History of Psychiatry*, 253.
24. As quoted by Swazey, *Chlorpromazine in Psychiatry*, 190. See 159–207 for details on Smith Kline & French's marketing of Thorazine.
25. "Wonder Drug of 1954?" *Time*, June 14, 1954.
26. The dates of the 11 articles on chlorpromazine to appear in the *New York Times* in 1955 were: January 9; March 10; March 11; April 1; May 10; May 11; May 18; June 26; August 4; September 29; October 7. Also see in early 1956 articles on January 8, February 20, and February 25.
27. "Aid for the Mentally Ill," *New York Times*, June 26, 1955.
28. "Wonder Drugs: New Cure for Mental Ills?" *U.S. News and World Report*, June 17, 1955.
29. "Pills for the Mind," *Time*, March 7, 1955.
30. "2 Southerners Back Stevenson," *New York Times*, August 13, 1955.
31. Winkelman, "Chlorpromazine in the Treatment of Neuropsychiatric Disorders."

32. N. William Winkelman, Jr., "An Appraisal of Chlorpromazine," *American Journal of Psychiatry* 113 (1957):961–971.
33. "Drugs for the Mind," Nation, July 21, 1956.
34. "Analyst Hits Use of Calming Drugs," *New York Times*, March 11, 1956.
35. "Tranquilizer Drugs Are Held Harmful," *New York Times*, December 19, 1956.
36. "House Opens Inquiry on Tranquilizer Ads," *New York Times*, February 12, 1958; and "Tranquilizer Study Told of Curb on Ads," *New York Times*, February 13, 1958.
37. See Mintz, *The Therapeutic Nightmare*, 348–359.
38. Swazey, *Chlorpromazine in Psychiatry*, 161; also see Johnson, Out of Bedlam, 48.
39. Joint Commission on Mental Illness and Mental Health, *Action for Mental Health* (Science Editions, 1961):39.
40. "President Seeks Funds to Reduce Mental Illness," *New York Times*, February 6, 1963.
41. Henry Brill, "Analysis of 1955–1956 Population Fall in New York State Mental Hospitals in First Year of Large-Scale Use of Tranquilizing Drugs," *American Journal of Psychiatry* 114 (1957):509–517; "Analysis of Population Reduction in New York State Mental Hospitals During the First Four Years of Large Scale Therapy with Psychotropic Drugs," *American Journal of Psychiatry* 116 (1959) 495–508; and "Clinical-Statistical Analysis of Population Changes in New York State Mental

Hospitals Since Introduction of Psychotropic Drugs," *American Journal of Psychiatry* 119 (1962):20–35.

42. Leon Epstein, "An Approach to the Effect of Ataraxic Drugs on Hospital Release Rates," *American Journal of Psychiatry* 119 (1962):36–47.

43. The National Institute of Mental Health Psychopharmacology Service Center Collaborative Study Group, "Phenothiazine Treatment in Acute Schizophrenia," *Archives of General Psychiatry* 10 (1964):246–261.

44. As cited by Grob, *The Mad Among Us*, 280.

제7장: 환자의 현실

1. Judi Chamberlin, *On Our Own* (McGraw-Hill, 1978), 52.

2. L. Farde, "Positron Emission Tomography Analysis of Central D1 and D2 Dopamine Receptor Occupancy in Patients Treated with Classical Neuroleptics and Clozapine," *Archives of General Psychiatry* 49 (1992):538–544. Also, G. P. Reynolds, "Antipsychotic Drug Mechanisms and Neurotransmitter Systems in Schizophrenia," *Acta Psychiatrica Scandinavica* 89, supplement 380 (1994):36–40.

3. Breggin, *Toxic Psychiatry*, 56.

4. Eric Kandel, ed., *Principles of Neural Science*, 3rd ed. (Elsevier, 1991), 863.

5. Pierre Deniker, "From Chlorpromazine to Tardive Dyskinesia: Brief History of the Neuroleptics," *Psychiatric Journal of the University of Ottawa*

14 (1989):253–259.

6. Mary Boyle, "Is Schizophrenia What It Was? A Re-Analysis of Kraepelin's and Blueler's Population," *Journal of the History of the Behavioral Sciences* 26 (1990):323–333. See also Mary Boyle, *Schizophrenia: A Scientific Delusion?* (Routledge, 1990).
7. Oliver Sacks, Awakenings (E. P. Dutton, 1973; paperback edition 1983), 13–23.
8. William Carpenter, "Treatment of Negative Symptoms," *Schizophrenia Bulletin* 11 (1985):440–449.
9. John Mirowsky, "Subjective Boundaries and Combinations in Psychiatric Diagnoses," *Journal of Mind and Behavior* 11 (1990):407–424.
10. R. E. Kendall, "Diagnostic Criteria of American and British Psychiatrists," *Archives of General Psychiatry* 25 (1971):123–130.
11. As cited by Seth Farber, *Madness, Heresy, and the Rumor of Angels* (Open Court, 1993), 190–240.
12. Alan Lipton, "Psychiatric Diagnosis in a State Hospital: Manhattan State Revisited," *Hospital and Community Psychiatry* 36 (1985):368–373; Heinz Lehmann, "Discussion: A Renaissance of Psychiatric Diagnosis?" *American Journal of Psychiatry* 125, supplement 10 (1969):43–46.
13. D. L. Rosenhan, "On Being Sane in Insane Places," *Science* 179 (1973):250–258.
14. As cited by Herb Kutchins and Stuart Kirk, *Making Us Crazy* (Free Press, 1997), 205.

15. Samuel Cartwright, "Report on the Diseases and Physical Peculiarities of the Negro Race," *New Orleans Medical and Surgical Journal* 7 (1851):691–715.
16. J. M. Buchanan, "Insanity in the Colored Race," *New York Medical Journal* 44 (1886):67–70.
17. W. M. Bevis, "The Psychological Traits of the Southern Negro with Observations as to Some of His Psychoses," *American Journal of Psychiatry* 1 (1921):69–78. Frazier's story is told in Kirk, *Making Us Crazy*, 230–231.
18. Mary O'Malley, "Psychoses in the Colored Race," *American Journal of Insanity* 71 (1914):309–337.
19. Marti Loring, "Gender, Race, and DSM-III: A Study of the Objectivity of Psychiatric Diagnostic Behavior," *Journal of Health and Social Behavior* 29 (1988):1–22.
20. Edward Jarvis, *Insanity and Idiocy in Massachusetts: Report of the Commission on Lunacy, 1855* (Harvard University Press, 1971), 53.
21. C. E. Holzer, "The Increased Risk for Specific Psychiatric Disorders Among Persons of Low Socioeconomic Status," *American Journal of Social Psychiatry* 6 (1986):259–271.
22. Lipton, "Psychiatric Diagnosis in a State Hospital," 371.
23. Theodore van Putten: "Why Do Schizophrenic Patients Refuse to Take Their Drugs?" *Archives of General Psychiatry* 31 (1974):67–72; "Drug Refusal in Schizophrenia and the Wish to Be Crazy," *Archives of General*

Psychiatry 33 (1976):1443–1446; and "Response to Antipsychotic Medication: The Doctor's and the Consumer's View," *American Journal of Psychiatry* 141 (1984):16–19. Also E. B. Larsen, "Subjective Experience of Treatment, Side Effects, Mental State and Quality of Life in Chronic Schizophrenics," *Acta Psychiatrica Scandinavica* 93 (1996):381–388.

24. Janet Gotkin, *Too Much Anger, Too Many Tears* (Quadrangle/The New York Times Book Co., 1975), 385; the longer quote is from Gotkin's testimony before the Senate. U.S. Senate, Committee on the Judiciary, Subcommittee to Investigate Juvenile Delinquency, *Drugs in Institutions*, 94th Cong., 1st sess., 1975 (Readex depository 77–9118).
25. Hudson testified in person before Bayh's committee. The quotations from Daniel Eisenberg, Anil Fahini, and Beth Guiros were collected by the Network Against Psychiatric Assault and made part of the hearing record.
26. John Modrow, *How to Become a Schizophrenic* (Apollyon Press, 1992), 194–195.
27. Interview with Nathaniel Lehrman, October 1, 2000.
28. Robert Belmaker and David Wald, "Haloperidol in Normals," *British Journal of Psychiatry* 131 (1977):222–223.
29. Marjorie Wallace, "Schizophrenia—a National Emergency: Preliminary Observations on SANELINE," *Acta Psychiatrica Scandinavica* 89, supplement 380 (1994):33–35.
30. For Bayh's remarks, see vol. 3, p. 2, of the Senate subcommittee records, U.S. Senate, Committee on the Judiciary, Subcommittee to Investigate

Juvenile Delinquency, *Drugs in Institutions*, 94th Cong., 1st sess., 1975.

31. Nina Schooler, "One Year After Discharge: Community Adjustment of Schizophrenic Patients," American Journal of Psychiatry 123 (1967):986–995.
32. Robert Prien, "Discontinuation of Chemotherapy for Chronic Schizophrenics," *Hospital and Community Psychiatry* 22 (1971):20–23.
33. George Gardos, "Maintenance Antipsychotic Therapy: Is the Cure Worse Than the Disease?" *American Journal of Psychiatry* 133 (1976):32–36; William Carpenter, Jr., "The Treatment of Acute Schizophrenia Without Drugs," *American Journal of Psychiatry* 134 (1977):14–20; Gerard Hogarty, "Fluphenazine and Social Therapy in the Aftercare of Schizophrenic Patients," Archives of General Psychiatry 36 (1979):1283–1294; George Gardos, "Withdrawal Syndromes Associated with Antipsychotic Drugs," *American Journal of Psychiatry* 135 (1978):1321–1324.
34. Interview with Sol Morris, February 2001 (Sol Morris is a pseudonym used by the patient).
35. J. Sanbourne Bockoven, "Comparison of Two Five-Year Follow-Up Studies: 1947 to 1952 and 1967 to 1972," *American Journal of Psychiatry* 132 (1975):796–801; Carpenter, "The Treatment of Acute Schizophrenia Without Drugs"; Maurice Rappaport, "Are There Schizophrenics for Whom Drugs May Be Unnecessary or Contraindicated?" *International Pharmacopsychiatry* 13 (1978):100–111; Susan Matthews, "A Non-

Neuroleptic Treatment for Schizophrenia," *Schizophrenia Bulletin* 5 (1979):322–332.

36. Carpenter, "The Treatment of Acute Schizophrenia Without Drugs."

37. Guy Chouinard, "Neuroleptic-Induced Supersensitivity Psychosis," *American Journal of Psychiatry* 135 (1978):1409–1410; Chouinard, "Neuroleptic-Induced Supersensitivity Psychosis: Clinical and Pharmacologic Characteristics," *American Journal of Psychiatry* 137 (1980):16–20. Jones's quotation at the 1979 meeting of the Canadian Psychiatric Association is cited by Breggin in *Brain-Disabling Treatments in Psychiatry*, 60.

38. J. Sanbourne Bockoven, *Moral Treatment in American Psychiatry* (Springer Publishing, 1972); Nathaniel Lehrman, "A State Hospital Population Five Years After Admission," *Psychiatric Quarterly* 34 (1960):658–681; H. L. Rachlin, "Follow-Up Study of 317 Patients Discharged from Hillside Hospital in 1950," *Journal of Hillside Hospital* 5 (1956):17–40; J. Sanbourne Bockoven, "Comparison of Two Five-Year Follow-Up Studies: 1947 to 1952 and 1967 to 1972"; Carpenter, "The Treatment of Acute Schizophrenia Without Drugs," and Rappaport, "Are There Schizophrenics for Whom Drugs May Be Unnecessary or Contraindicated?"

39. Peter Weiden, "The Cost of Relapse in Schizophrenia," *Schizophrenia Bulletin* 21 (1995):419–428; American Psychiatric Association, *Diagnostic and Statistical Manual of Mental Disorders*, 3rd ed. (APA, 1980).

40. Judith Godwin Rabkin, "Criminal Behavior of Discharged Mental Patients," *Psychological Bulletin* 86 (1979):1–27.
41. Jack Henry Abbott, *In the Belly of the Beast* (Vintage Books, 1991), 35–36.
42. M. Katherine Shear, "Suicide Associated with Akathisia and Depot Fluphenazine Treatment," *Journal of Clinical Psychopharmacology* 3 (1983):235–236; Theodore van Putten, "Phenothiazine-Induced Decompensation," Archives of General Psychiatry 30 (1974):102–105; Theodore van Putten, "The Many Faces of Akathisia," *Comprehensive Psychiatry* 16 (1975):43–46; Robert Drake, "Suicide Attempts Associated with Akathisia," *American Journal of Psychiatry* 142 (1985):499–501; Theodore van Putten, "Behavioral Toxicity of Antipsychotic Drugs," *Journal of Clinical Psychiatry* 48 (1987):13–19.
43. Jerome Schulte, "Homicide and Suicide Associated with Akathisia and Haloperidol," *American Journal of Forensic Psychiatry* 6 (1985):3–7; Ed Shaw, "A Case of Suicidal and Homicidal Ideation and Akathisia in a Double-Blind Neuroleptic Crossover Study," *Journal of Clinical Psychopharmacology* 6 (1986):196–197; John Herrera, "High-Potency Neuroleptics and Violence in Schizophrenia," *Journal of Nervous and Mental Disease* 176 (1988):558–561; van Putten, "Behavioral Toxicity of Antipsychotic Drugs"; and Igor Galynker, "Akathisia as Violence," *Journal of Clinical Psychiatry* 58 (1997):31–32.
44. Nina Schooler, "Prevention of Relapse in Schizophrenia," *Archives of General Psychiatry* 37 (1980):16–24.

45. Theodore van Putten, "The Board and Care Home: Does It Deserve a Bad Press?" *Hospital and Community Psychiatry*, 30 (1979):461–464.
46. As cited by George Crane, "Tardive Dyskinesia in Patients Treated with Major Neuroleptics: A Review of the Literature," *American Journal of Psychiatry* 124, supplement (1968):40–47.
47. George Crane, "Clinical Psychopharmacology in Its 20th Year," Science 181 (1973):124–128; American Psychiatric Association, *Tardive Dyskinesia: A Task Force Report* (1992).
48. J. S. Paulsen, "Neuropsychological Impairment in Tardive Dyskinesia," *Neuropsychology* 8 (1994):227–241; John Waddington, "Cognitive Dysfunction in Schizophrenia: Organic Vulnerability Factor or State Marker for Tardive Dyskinesia?" *Brain and Cognition* 23 (1993):56–70; Michael Myslobodsky, "Central Determinants of Attention and Mood Disorder in Tardive Dyskinesia ('Tardive Dysmentia')," *Brain and Cognition* 23 (1993):88–101; R. Yassa, "Functional Impairment in Tardive Dyskinesia," *Acta Psychiatrica Scandinavica* 80 (1989):64–67.
49. G. Tsai, "Markers of Glutamergic Neurotransmission and Oxidative Stress Associated with Tardive Dyskinesia," *American Journal of Psychiatry* 155 (1998):1207–1213; C. Thomas Gualtieri, "The Problem of Tardive Dyskinesia," *Brain and Cognition* 23 (1993):102–109; D. V. Jeste, "Study of Neuropathologic Changes in the Striatrum Following 4, 8 and 12 Months of Treatment with Fluphenazine in Rats," *Psychopharmacology* 106 (1992):154–160.

50. M. H. Chakos, "Increase in Caudate Nuclei Volumes of First-Episode Schizophrenic Patients Taking Antipsychotic Drugs," *American Journal of Psychiatry* 151 (1994):1430–1436; Raquel Gur, "Subcortical MRI Volumes in Neuroleptic-Naïve and Treated Patients with Schizophrenia," *American Journal of Psychiatry* 155 (1998):1711–1717.
51. Raquel Gur, "A Follow-Up Magnetic Resonance Imaging Study of Schizophrenia," *Archives of General Psychiatry* 55 (1998):145–152; Al Madsen, "Neuroleptics in Progressive Structural Brain Abnormalities in Psychiatric Illness," Lancet 352 (1998):784.
52. John Waddington, "Mortality in Schizophrenia," *British Journal of Psychiatry* 173 (1998):325–329; Louis Appleby, "Sudden Unexplained Death in Psychiatric In-Patients," *British Journal of Psychiatry* 176 (2000):405–406; and Javier Ballesteros, "Tardive Dyskinesia Associated with Higher Mortality in Psychiatric Patients," *Journal of Clinical Psychopharmacology* 20 (2000):188–194.

제8장: 우리가 아는 이야기

1. John Modrow, *How to Become a Schizophrenic* (Apollyon Press, 1992), ix.
2. Susan Kemker, essay in *Pseudoscience in Biological Psychiatry*, ed. Colin Ross and Alvin Pam (John Wiley and Sons, 1995), 246.
3. Malcolm Bowers, "Central Dopamine Turnover in Schizophrenic

Syndromes," *Archives of General Psychiatry* 31 (1974):50–54. In particular, see chart on 53.

4. Robert Post, "Cerebrospinal Fluid Amine Metabolites in Acute Schizophrenia," *Archives of General Psychiatry* 32 (1975):1063–1068; Francis White, "Differential Effects of Classical and Atypical Antipsychotic Drugs on A9 and A10 Dopamine Neurons," *Science* 221 (1983):1054–1056.
5. John Haracz, "The Dopamine Hypothesis: An Overview of Studies with Schizophrenic Patients," *Schizophrenia Bulletin* 8 (1982):438–458; Farouk Karoum, "Preliminary Evidence of Reduced Combined Output of Dopamine and Its Metabolites in Chronic Schizophrenia," *Archives of General Psychiatry* 44 (1987):604–607.
6. Tyrone Lee, "Binding of 3H-Neuroleptics and 3H-Apomorphine in Schizophrenic Brains," *Nature* 374 (1978):897–900; David Burt, "Antischizophrenic Drugs: Chronic Treatment Elevates Dopamine Receptor Binding in Brain," *Science* 196 (1977):326–328; Angus Mackay, "Increased Brain Dopamine and Dopamine Receptors in Schizophrenia," *Archives of General Psychiatry* 39 (1982):991–997; J. Kornhuber, "3H-Siperone Binding Sites in Post-Mortem Brains from Schizophrenic Patients: Relationship to Neuroleptic Drug Treatment, Abnormal Movements, and Positive Symptoms," *Journal of Neural Transmission* 75 (1989):1–10.
7. John Kane, "Towards More Effective Antipsychotic Treatment," *British Journal of Psychiatry* 165, supplement 25 (1994):22–31.
8. Advertisement, "America's Pharmaceutical Research Companies," *New York*

Times Magazine, August 18, 1996.

9. E. Fuller Torrey, *Surviving Schizophrenia: A Family Manual* (Harper and Row, 1983), 111.

10. Paul Keck, Jr., "Time Course of Antipsychotic Effects of Neuroleptic Drugs," *American Journal of Psychiatry* 146 (1989):1289–1292.

11. Calvin Turns, letter to the editor, *American Journal of Psychiatry* 147 (1990):1576.

12. Patricia Gilbert, "Neuroleptic Withdrawal in Schizophrenic Patients," *Archives of General Psychiatry* 52 (1995):173–188.

13. Ross Baldessarini, "Neuroleptic Withdrawal in Schizophrenic Patients," *Archives of General Psychiatry* 52 (1995):189–191; Adele Viguera, "Clinical Risk Following Abrupt and Gradual Withdrawal of Maintenance Neuroleptic Treatment," *Archives of General Psychiatry* 54 (1997):49–55.

14. Gerard Hogarty, "The Limitations of Antipsychotic Medication on Schizophrenia Relapse and Adjustment and the Contributions of Psychosocial Treatment," *Journal of Psychiatric Research* 32 (1998):243–250.

15. Weiden, "Cost of Relapse in Schizophrenia."

16. Torrey, *Surviving Schizophrenia*, 119.

17. George Crane, "Persistent Dyskinesia," *British Journal of Psychiatry* 122 (1973):395–405.

18. Nathan Kline, "On the Rarity of 'Irreversible' Oral Dyskinesias Following Phenothiazines," *American Journal of Psychiatry* 124 supplement (1968):48–54; Jonathan Cole, "Discussion of Dr. Crane's paper,"

Transactions of New York Academy of Sciences 36 (1974):658–661; John Curran, letter to the editor, *American Journal of Psychiatry* 130 (1973):1044; George Crane, "Clinical Psychopharmacology in Its 20th Year," *Science* 181 (1973):124–128. In *Toxic Psychiatry*, Peter Breggin writes in depth on psychiatry's resistance to recognizing this side effect and the financial influences behind that resistance.

19. U.S. Senate, Committee on the Judiciary, Subcommittee to Investigate Juvenile Delinquency, *Drugs in Institutions*, 94th Cong., 1st sess., 1975. See vols. 1 and 3. Also Thomas Gualtieri, "Preventing Tardive Dyskinesia and Preventing Tardive Dyskinesia Litigation," *Psychopharmacology Bulletin* 20 (1984):346–348.
20. Fred Gottlieb, "Report of the Speaker," *American Journal of Psychiatry* 142 (1985):1246–1249; "Report of the Treasurer," *American Journal of Psychiatry* 132 (1975):1109–1111.
21. Crane, "Clinical Psychopharmacology in Its 20th Year."
22. Daniel Freedman, "Editorial Comment," *Archives of General Psychiatry* 28 (1973):466–467.
23. There were an estimated 3 million Americans on neuroleptics by the early 1970s. The best estimate is that 3 percent to 5 percent of patients develop TD each year, which would be 90,000 to 150,000 people annually.
24. As cited by Breggin, *Toxic Psychiatry*, 79.
25. George Crane, "The Prevention of Tardive Dyskinesia," *American Journal of Psychiatry* 134 (1977):756–758.

26. Nancy Kennedy, "Disclosure of Tardive Dyskinesia: Effect of Written Policy on Risk Disclosure," *Psychopharmacology Bulletin* 28 (1992):93–100.
27. Gualtieri, "Preventing Tardive Dyskinesia and Preventing Tardive Dyskinesia Litigation."
28. Mantosh Dewan, "The Clinical Impact of the Side Effects of Psychotropic Drugs," in *The Limits of Biological Treatments for Psychological Distress*, ed. Seymour Fisher and Roger Greenberg (Lawrence Erlbaum Associates, 1989), 189–234.
29. Estimates of incidence rates for NMS vary from 0.2 percent to 1.4 percent. At a rate of 0.8 percent, that would mean approximately 24,000 cases annually from the 1960s to 1980s (with 3 million Americans on the drugs), with total deaths of 5,280 (24,000 x 22 percent mortality rate) annually. Over a twenty-year period, that would lead to more than 100,000 deaths. If the mortality rate had been 4 percent during that period, the number of deaths would have been reduced to approximately 20,000.
30. Deniker, "From Chlorpromazine to Tardive Dyskinesia."
31. Swazey, *Chlorpromazine in Psychiatry*, 130, 149; Swazey, *Chlorpromazine and Mental Health*, 154; H. A. Bowes, "Office Psychopharmacology," Psychosomatics 4 (1963) 22–26; Nathan Kline, "Psychopharmaceuticals: Uses and Abuses," *Postgraduate Medicine* 27 (1960):621.
32. Gerard Reardon, "Changing Patterns of Neuroleptic Dosage Over a Decade," *American Journal of Psychiatry* 146 (1989):726–729; Steven Segal, "Neuroleptic Medication and Prescription Practices with Sheltered-

Care Residents: A 12-Year Perspective," *American Journal of Public Health* 82 (1992):846–852.

33. Deniker, "From Chlorpromazine to Tardive Dyskinesia," 259.
34. Gerard Hogarty, "Dose of Fluphenazine, Familial Expressed Emotion, and Outcome in Schizophrenia," *Archives of General Psychiatry* 45 (1988):797–805.
35. Frederic Quitkin, "Very High Dosage vs. Standard Dosage Fluphenazine in Schizophrenia," *Archives of General Psychiatry* 32 (1975):1276–1281; Thomas Hogan, "Pharmacotherapy and Suicide Risk in Schizophrenia," *Canadian Journal of Psychiatry* 28 (1983):277–281; Theodore van Putten, "A Controlled Dose Comparison of Haloperidol in Newly Admitted Schizophrenic Patients," *Archives of General Psychiatry* 47 (1990):754–758; Theodore van Putten, "Vulnerability to Extrapyramidal Side Effects," *Clinical Neuropharmacology* 6, supplement 1 (1983):S27–S34; and Herrera, "High-Potency Neuroleptics and Violence in Schizophrenia."
36. Deniker, "From Chlorpromazine to Tardive Dyskinesia," 258.

제9장: 국가적 수치

1. As cited by Roy Porter, *A Social History of Madness* (Weidenfeld and Nicolson, 1987).
2. Werner Tuteur, "The Discharged Mental Hospital Chlorpromazine

Patient," *Diseases of the Nervous System* 20 (1959):512–517.

3. Frank Ayd, Jr., "The Depot Fluphenazines: A Reappraisal After 10 Years Clinical Experience," *American Journal of Psychiatry* 132 (1975):491–500. On noncompliance rates, see Peter Weiden, "Cost of Relapse in Schizophrenia," for summary of studies.
4. Copy is from a Smith Kline & French advertisement that ran monthly in *Mental Hospitals* in 1962.
5. See *Archives of General Psychiatry* (May 1974):562–563 for an example of this type of advertisement.
6. Heinz Lehmann, "The Philosophy of Long-Acting Medication in Psychiatry," *Diseases of the Nervous System* (1970):31, supplement 7–9.
7. Interview with David Oaks, January 2001.
8. See *New York Times*, May 3, 1982.
9. Abram Bennett's comments appeared in the San Diego Union, July 11, 1975; Alexander Rogawski's in the *Los Angeles Herald-Examiner*, May 30, 1976; both as cited in Frank's *History of Shock Treatment*, 111–112.
10. Thomas Gutheil, "In Search of True Freedom: Drug Refusal, Involuntary Medication, and 'Rotting with Your Rights On,'" *American Journal of Psychiatry* 137 (1980):327–328.
11. Taylor Branch, *Parting the Waters: America in the King Years*, 1954–63 (Simon and Schuster, 1988), 344, 524.
12. "Abuse of Psychiatry for Political Repression in the Soviet Union," vol. 2, Committee on the Judiciary, U.S. Senate, 94th Cong., 2, 31.

13. Harvey Fireside, *Soviet Psychoprisons* (George J. McLeod, 1979), 147–148.

14. Ibid., 148.

15. Ibid., 125.

16. Ludmilla Thorne, "Inside Russia's Psychiatric Jails," *New York Times Magazine*, June 12, 1977.

17. David Ferleger, as cited in U.S. Senate, Committee on the Judiciary, Subcommittee to Investigate Juvenile Delinquency, *Drugs in Institutions*, 94th Cong., 1st sess., 1975, vol. 2, 170. Also see Maurice Deg. Ford, "The Psychiatrist's Double Bind: The Right to Refuse Medication," *American Journal of Psychiatry* 137 (1980):332–339.

18. "Mental Patients' Right to Refuse Medication Is Contested in Jersey," *New York Times*, March 28, 1981.

19. As quoted by Ford, "The Psychiatrist's Double Bind."

20. Paul Appelbaum, "The Right to Refuse Treatment with Antipsychotic Medications," *American Journal of Psychiatry* 145 (1988):413–419.

21. Interview with John Bola, December 2000.

22. "From Early Promise to Violent Death," *New York Times*, August 8, 1999.

23. Interview with Loren Mosher, December 1, 2000. Descriptions of patients, along with quotes from them, are taken from L. Mosher, "Soteria: Through Madness to Deliverance," unpublished manuscript, and from patient interviews in Susan Slanhoff's documentary, *Soterialand*.

24. Loren Mosher, "Community Residential Treatment for Schizophrenia: Two Year Followup," *Hospital and Community Psychiatry* 29 (1978):715–

723; Susan Matthews, "A Non-Neuroleptic Treatment for Schizophrenia: Analysis of the Two-Year Postdischarge Risk of Relapse," *Schizophrenia Bulletin* 5 (1979):322–331; Mosher, "The Treatment of Acute Psychosis Without Neuroleptics: Six-Week Psychopathology Outcome Data from the Soteria Project," *International Journal of Social Psychiatry* 41 (1995):157–173; Mosher, "The Soteria Project: Twenty-Five Years of Swimming Upriver," *Complexity and Change* 9 (2000):68–73.

25. Sources for this political battle include reviews by NIMH's "Clinical Program Projects Research Review Committee" on: April 27, 1970; April 1–2, 1973; April 1974; April 21, 1975; June 27, 1977; December 1, 1977; February 17–18, 1978; and June 26–27, 1978; and review by NIMH's "Mental Health Services Development Committee" in January 1974.
26. Luc Ciompi, "The Pilot Project Soteria Berne," *British Journal of Psychiatry* 161, supplement 18 (1992):145–153.
27. "Prozac's Worst Enemy," *Time*, October 10, 1994.
28. J. Leff, "The International Pilot Study of Schizophrenia: Five-Year Follow-Up Findings," *Psychological Medicine* 22 (1992):131–145. The outcomes described here are from fig. 1, 136, and table 5, 137. The best outcomes group at five years is composed of people who had one or more psychotic episodes but each time had a complete remission and were asymptomatic at the end of five years. The "so-so" group is composed of people who had a psychotic episode but never attained a complete remission. The worst outcomes group is composed of people who had multiple or continual

psychotic episodes and never attained a complete remission.

29. Assen Jablensky, "Schizophrenia: Manifestations, Incidence and Course in Different Cultures, a World Health Organization Ten-Country Study," *Psychological Medicine*, supplement 20 (1992):1–95.

30. Ibid., 1.

31. Ibid., 60.

32. Courtenay Harding, "The Vermont Longitudinal Study of Persons with Severe Mental Illness," *American Journal of Psychiatry* 144 (1987):727–734; Harding, "Chronicity in Schizophrenia: Fact, Partial Fact, or Artifact?" *Hospital and Community Psychiatry* 38 (1987):477–485; Harding, "Empirical Correction of Seven Myths About Schizophrenia with Implications for Treatment," *Acta Psychiatrica Scandinavica 384, supplement* (1994):140–146. Also see Patrick McGuire, "New Hope for People with Schizophrenia," *APA Monitor* 31 (February 2000).

33. Interview with David Cohen, February 2001.

34. Anthony Lehman, "Patterns of Usual Care for Schizophrenia: Initial Results from the Schizophrenia Patient Outcomes Research Team Client Survey," *Schizophrenia Bulletin* 24 (1998):11–20.

제10장: 무시되는 뉘른베르크 강령

1. Interview with Shalmah Prince, September 1998.

2. "State Hospital Accused of Wrong Diagnoses, Fueling Debate over Nation's Mental Care," *New York Times*, April 23, 1985.

3. As cited in George Annas and Michael Grodin, eds., *The Nazi Doctors and the Nuremberg Code* (Oxford University Press, 1992), ix.

4. Paul Hoch, "Experimentally Produced Psychoses," *American Journal of Psychiatry* 107 (1951):607–611; Paul Hoch, "Effects of Mescaline and Lysergic Acid," American Journal of Psychiatry 108 (1952):579–584; and Nolan Lewis and Margaret Strahl, eds., *The Complete Psychiatrist* (State University of New York Press, 1968), 375–382.

5. Hoch, "Experimentally Produced Psychoses."

6. Paul Hoch, "Theoretical Aspects of Frontal Lobotomy and Similar Brain Operations," *American Journal of Psychiatry* 106 (1949):448–453.

7. Hoch, "Experimentally Produced Psychoses."

8. Elliot Luby, "Model Psychoses and Schizophrenia," *American Journal of Psychiatry* 118 (1962):61–67.

9. Leo Hollister, "Drug-Induced Psychoses and Schizophrenic Reactions: A Critical Comparison," *Annals of New York Academy of Sciences* 96 (1962):80–88.

10. David Janowsky, "Provocation of Schizophrenic Symptoms by Intravenous Adminstration of Methylphenidate," *Archives of General Psychiatry* 28 (1973):185–191; David Janowsky, "Proceedings: Effect of Intravenous D-Amphetamine, L-Amphetamine and Methylphenidate in Schizophrenics," Psychopharmacology Bulletin 10 (1974):15–24; David

Janowsky, "Methylphenidate, Dextroamphetamine, and Levamfetamine: Effects on Schizophrenic Symptoms," *Archives of General Psychiatry* 33 (1976):304–308.

11. Jeffrey Lieberman, "Brain Morphology, Dopamine, and Eye-Tracking Abnormalities in First-Episode Schizophrenia," *Archives of General Psychiatry* 50 (1993):357–368; Lieberman, "Time Course and Biologic Correlates of Treatment Response in First-Episode Schizophrenia," *Archives of General Psychiatry* 50 (1993):369–376.
12. Stephen Strakowski, "Lack of Enhanced Response to Repeated D-Amphetamine Challenge in First-Episode Psychosis," *Biological Psychiatry* 42 (1997):749–755.
13. Rajiv Sharma, "Behavioral and Biochemical Effects of Methylphenidate in Schizophrenic and Nonschizophrenic Patients," *Biological Psychiatry* 30 (1991):459–466.
14. Anand Pandurangi, "Amphetamine Challenge Test, Response to Treatment, and Lateral Ventricle Size in Schizophrenia," *Biological Psychiatry* 25 (1989):207–214.
15. Michael Davidson, "L-Dopa Challenge and Relapse in Schizophrenia," *American Journal of Psychiatry* 144 (1987):934–938.
16. Peter Lucas, "Dysphoria Associated with Methylphenidate Infusion in Borderline Personality Disorder," *American Journal of Psychiatry* 144 (1987):1577–1579.
17. John Krystal, "M-Chlorophenylpiperazine Effects in Neuroleptic-Free

Schizophrenic Patients," *Archives of General Psychiatry* 50 (1993):624–635.

18. A. K. Malhotra, "Ketamine-Induced Exacerbation of Psychotic Symptoms and Cognitive Impairment in Neuroleptic-Free Schizophrenics," *Neuropsychopharmacology* 17 (1997):141–150.
19. A. C. Lahti, "Subanesthetic Doses of Ketamine Stimulate Psychosis in Schizophrenia," *Neuropsychopharmacology* 13 (1995):9–19.
20. Interview with Vera Sharav, October 1998.
21. Interview with David Shore, September 1998.
22. Interview with Paul Appelbaum, September 1998.
23. Interview with Stephen Strakowski, September 1998.
24. Consent form for L-dopa study, obtained by Vera Sharav on March 1, 1994, from the Bronx VA Medical Center.
25. Letter from Dr. Michael Davidson to Vera Hassner (Sharav) on May 16, 1994.
26. Adam Wolkin, "Acute d-Amphetamine Challenge in Schizophrenia," *Biological Psychiatry* 36 (1994):317–325; consent form for study obtained through FOI request.
27. Consent form for study titled "NMDA Receptor Agonist Effect in Schizophrenia," dated September 1993.
28. Transcript of National Bioethics Advisory Meeting, May 19, 1998, at Case Western Reserve University in Cleveland, Ohio.
29. Interview with Michael Susko, October 1998.
30. Interview with Franklin Marquit, October 1998.

31. Interview with Wesley Alcorn, October 1998.
32. Court documents reviewed for this account include the informed consent signed by Shalmah Hawkins (Prince); Prince's medical records during her three weeks in the hospital; depositions by Jack Hirschowitz and David Garver; and the court's decision dismissing her case. Also, interviews with Shalmah Prince, August 1998 and August 2000.
33. Interview with Ken Faller, October 1998.

제11장: 아주 비정형적이지는 않은

1. *Action for Mental Health: Final Report of the Joint Commission on Mental Illness and Health, 1961* (Basic Books, 1961), 189.
2. T. Lewander, "Neuroleptics and the Neuroleptic-Induced Deficit Syndrome," *Acta Psychiatrica Scandinavica* 89, supplement 380 (1994):8–13; Peter Weiden, "Atypical Antipsychotic Drugs and Long-Term Outcome in Schizophrenia," *Journal of Clinical Psychiatry* 57, supplement 11 (1996):53–60; Richard Keefe, "Do Novel Antipsychotics Improve Cognition? A Report of a Meta-Analysis," *Psychiatric Annals* 29 (1999):623–629; George Arana, "An Overview of Side Effects Caused by Typical Antipsychotics," *Journal of Clinical Psychiatry* 61, supplement 8 (2000):5–13; William Glazer, "Review of Incidence Studies of Tardive Dyskinesia Associated with Atypical Antipsychotics," *Journal of Clinical*

Psychiatry 61, supplement 4 (2000):15–25.

3. Weiden, "Atypical Antipsychotic Drugs and Long-Term Outcome in Schizophrenia"; Bruce Kinon, "Treatment of Neuroleptic-Resistant Schizophrenic Relapse," *Psychopharmacology Bulletin* 29 (1993):309–314.
4. Caleb Adler, "Comparison of Ketamine-Induced Thought Disorder in Healthy Volunteers and Thought Disorder in Schizophrenia," *American Journal of Psychiatry* 156 (1999):1646–1648.
5. Weiden, "Atypical Antipsychotic Drugs and Long-Term Outcome in Schizophrenia"; Arana, "An Overview of Side Effects Caused by Typical Antipsychotics" (quotations are from discussion section); Philip Harvey, "Cognitive Impairment in Schizophrenia: Its Characteristics and Implications," *Psychiatric Annals* 29 (1999):657–660; the patient-satisfaction data was presented at the Twelfth Congress of the European College of Neuropsychopharmacology, September 21–25, 1999. Survey was conducted by Walid Fakhouri, director of research at SANE, a British mental health group.
6. Stephen Marder, "Risperidone in the Treatment of Schizophrenia," *American Journal of Psychiatry* 151 (1994):825–835; Guy Chouinard, "A Canadian Multicenter Placebo-Controlled Study of Fixed Doses of Risperidone and Haloperidol in the Treatment of Chronic Schizophrenic Patients," Journal of Clinical Psychopharmacology 13 (1993):25–40. For Janssen advertisement touting risperidone's EPS as being as safe as a placebo, see American Journal of Psychiatry 151 (April 1994).

7. "New Hope for Schizophrenia," *Washington Post*, February 16, 1993; "Seeking Safer Treatments for Schizophrenia," *New York Times*, January 15, 1992.
8. Harvey, "Cognitive Impairment in Schizophrenia," 659.
9. See Charles Beasley, "Efficacy of Olanzapine: An Overview of Pivotal Clinical Trials," *Journal of Clinical Psychiatry* 58, supplement 10 (1997):7–12.
10. "Psychosis Drug from Eli Lilly Racks Up Gains," *Wall Street Journal*, April 14, 1998; "A New Drug for Schizophrenia Wins Approval from the FDA," New York Times, October 2, 1996.
11. Sales figures are from IMS Health; "Schizophrenia, Close-Up of the Troubled Brain," *Parade*, November 21, 1999; "Mental Illness Aid," Chicago Tribune, June 4, 1999; "Lives Recovered," *Los Angeles Times*, January 30, 1996. Quote is from headline.
12. I reported on the growth of the clinical trials industry for four years, 1994–1998, for a publishing company I co-founded, *CenterWatch*. Information is from CenterWatch reports 1994–1997; Peter Vlasses's quote is from *CenterWatch*, "Major Medical Centers Scramble for Clinical Grants," June 1, 1994.
13. Interview with Andrew Gottesman, "Cracks in the Partnership," CenterWatch, October 1995; other information is from *CenterWatch articles*: "Practice-Based Sites Prosper," March 1998; "Dedicated Sites Buoyed by Hot Market," April 1998; "The Top Ten Stories of 1997," January 1998; "Phymatrix Acquires Clinical Studies in Blockbuster Deal,"

June 1997; "Collaborative Clinical Nets $42 Million in IPO," August 1996. See also *Neuropractice* 7 (6) (2000):41, 43.

14. Marcia Angell, "Is Academic Medicine for Sale?" *New England Journal of Medicine* 342 (May 18, 2000):1516–1518.
15. Alan Gelenberg, "The Editor Responds," *Journal of Clinical Psychiatry* 60 (1999):122.
16. Thomas Bodenheimer, "Uneasy Alliance: Clinical Investigators and the Pharmaceutical Industry," *New England Journal of Medicine* 342 (May 18, 2000):1539–1544.
17. Angell, "Is Academic Medicine for Sale?" Angell spoke at the Third National Ethics Conference, sponsored by Friends Research Institute, November 4, 2000, Baltimore, MD.
18. Richard Borison, "Risperidone: Clinical Safety and Efficacy in Schizophrenia," *Psychopharmacology Bulletin* 28 (1992):213–218; "Seeking Safer Treatments for Schizophrenia," *New York Times*, January 15, 1992.
19. See "Drug Makers Relied on Clinical Researchers Who Now Await Trial," *Wall Street Journal*, August 15, 1997, for information on Borison's faking of trial data in the Thorazine study.
20. Information on Borison and Diamond is from a written report by the Department of Veterans Affairs, July 17, 1996, which includes transcripts of depositions from VA employees, and from the Bill of Indictment, State of Georgia, February 18, 1997.
21. Richard Borison, "Recent Advances in the Pharmacotherapy of

Schizophrenia," *Harvard Review of Psychiatry* 4 (1997):255–271.

22. Information on deaths and suicides for the risperidone, olanzapine, and quetiapine trials was obtained from FDA documents, specifically the FDA's reviews of New Drug Applications (NDAs) for each of those drugs. Information on deaths and suicides in the sertindole trials was obtained from a transcript of the Forty-Seventh Meeting of the Psychopharmacological Drugs Advisory Committee, July 15, 1996.
23. Interview with Robert Temple, September 1998.
24. Interview with Ed Endersbe, September 1998.
25. The record of Faruk Abuzzahab's treatment of Susan Endersbe is from a record of "facts" stipulated to by Abuzzahab as part of his agreement with the Minnesota Board of Medical Practice, December 13, 1997. Abuzzahab's license to practice was temporarily suspended as part of that order.
26. Interview with Ross Baldessarini, September 1998. Baldessarini makes this same point in "Neuroleptic Withdrawal in Schizophrenic Patients," *Archives of General Psychiatry* 52 (1995):189–191.
27. FDA reviews of risperidone data included the following written commentaries: reviews by Andrew Mosholder, May 11, 1993 and November 7, 1993; David Hoberman, April 20, 1993; and Thomas Laughren, December 20, 1993.
28. Joseph McEvoy, "Optimal Dose of Neuroleptic in Acute Schizophrenia," *Archives of General Psychiatry* 48 (1991):739–745; van Putten, "Behavioral Toxicity of Antipsychotic Drugs," and "Controlled Dose Comparison of

Haloperidol in Newly Admitted Schizophrenic Patients."

29. Internal memorandum from Paul Leber to Robert Temple, December 21, 1993. Obtained via FOI request.

30. Approval letter from Robert Temple to Janssen Research Foundation, December 29, 1993. Obtained via FOI request.

31. Stephen Marder, "The Effects of Risperidone on the Five Dimensions of Schizophrenia Derived By Factor Analysis: Combined Results of the North American Trials," *Journal of Clinical Psychiatry* 58 (1997):538–546.

32. Patricia Rosebush, "Neurologic Side Effects in Neuroleptic-Naïve Patients Treated with Haloperidol or Risperidone," *Neurology* 52 (1999):782–785.

33. Michael Knable, "Extrapyramidal Side Effects with Risperidone and Haloperidol at Comparable D2 Receptor Levels," *Psychiatry Research: Neuroimaging Section* 75 (1997):91–101.

34. John Sweeney, "Adverse Effects of Risperidone on Eye Movement Activity: A Comparison of Risperidone and Haloperidol in Antipsychotic-Naïve Schizophrenic Patients," *Neuropsychopharmacology* 16 (1997):217–228.

35. Cameron Carter, "Risperidone Use in a Teaching Hospital During Its First Year After Market Approval: Economic and Clinical Implications," *Psychopharmacology Bulletin* 31 (1995):719–725; Renee Binder, "A Naturalistic Study of Clinical Use of Risperidone," Psychiatric Services 49 (1998):524–526; Jeffrey Mattes, "Risperidone: How Good Is the Evidence for Efficacy?" *Schizophrenia Bulletin* 23 (1997):155–161.

36. Patricia Huston, "Redundancy, Disaggregation, and the Integrity of

Medical Research," *Lancet* 347 (1996):1024–1026; Richard Horton, "Prizes, Publications, and Promotion," *Lancet* 348 (1996):1398.

37. "A New Drug for Schizophrenia Wins Approval from the FDA," *New York Times*, October 2, 1996.

38. FDA reviews of olanzapine data included the following written commentaries: reviews by Thomas Laughren on September 27, 1996; by Paul Andreason on July 29 and September 26, 1996; and by Paul Leber on August 18 and August 30, 1996.

39. Robert Conley, "Adverse Events Related to Olanzapine," *Journal of Clinical Psychiatry* 61, supplement 8 (2000):26–30.

40. FDA reviews of quetiapine data included the following written commentaries: reviews by Andrew Mosholder on June 13 and August 19, 1997; Thomas Laughren on August 21, 1997; and Paul Leber on September 24, 1997.

41. In their published articles, researchers at times anticipated criticism that the trials were biased by design and sought to answer the criticism before it was aired. For instance, Janssen-funded researchers argued that a 20 mg. dose of haloperidol was appropriate, despite the fact that dosing studies had found that it caused a high incidence of akathisia and other adverse side effects. See Guy Chouinard, "A Canadian Multicenter Placebo-Controlled Study of Fixed Doses of Risperidone and Haloperidol in the Treatment of Chronic Schizophrenic Patients," *Journal of Clinical Psychopharmacology* 13 (1993):25–40.

42. John Geddes, "Atypical Antipsychotics in the Treatment of Schizophrenia: Systematic Overview and Meta-Regression Analysis," *British Medical Journal* 321 (2000):1371–1376.

43. Pierre Tran, "Double-Blind Comparison of Olanzapine Versus Risperidone in the Treatment of Schizophrenia and Other Psychotic Disorders," Journal of Clinical Psychopharmacology 17 (1997):407–418; Criticism by Janssen that the study was biased, and Eli Lilly's response to that criticism, appeared in letters to the editor, *Journal of Clinical Psychopharmacology* 18 (1998):174–179; Ric Procyshyn, "Drug Utilization Patterns and Outcomes Associated with In-Hospital Treatment with Risperidone or Olanzapine," *Clinical Therapeutics* 20 (1998):1203–1217; B. C. Ho, "A Comparative Effectiveness Study of Risperidone and Olanzapine in the Treatment of Schizophrenia," *Journal of Clinical Psychiatry* 60 (1999):658–663.

44. "A Choice Between Treatment and Tragedy," *The Washington Post*, July 29, 1998.

45. Peter Weiden, *Breakthroughs in Antipsychotic Medications* (W. W. Norton, 1999), 26, 29, 63.

46. S. Silvestri, "Increased Dopamine D2 Receptor Binding After Long-Term Treatment with Antipsychotics in Humans: A Clinical PET Study," *Psychopharmacology* 152 (2000):174–180.

47. Nancy Andreasen, "Understanding Schizophrenia: A Silent Spring?" *American Journal of Psychiatry* 155 (1998):1657–1659.

48. "Advocates Alarmed by Drugs Used for Kids," Miami Herald, May 7, 2001; "Radical Study on Schizophrenia May Be Expanded," *Wall Street Journal*, July 26, 2000.

에필로그

1. Andrew Scull, "Cycles of Despair," *Journal of Mind and Behavior* 11 (1990):301–312.
2. Ben Thornley, "Content and Quality of 2000 Controlled Trials in Schizophrenia over 50 Years," *British Medical Journal* 317 (1998):1181–1184.
3. "Makers of Drugs for Mentally Ill Find East Asia is Resistant Market," *Wall Street Journal*, January 10, 2001.

개정판의 후기

1. Sonali Kohli, "How This Antipsychotic Became America's Best-Selling Drug," Quartz,November10, 2014, https://qz.com/293932/how-this-antipsychotic-became-americas-best-selling-drug/.
2. Eric J. Nestler, Steven E. Hyman, and Robert C. Malenka, *Molecular Neuropharmacology* (McGraw Hill, 2002), 392.

3. As cited by Jeffrey R. Lacasse and Jonathan Leo, "Serotonin and Depression: A Disconnect Between the Advertisements and the Scientific Literature," *PLoS Medicine* 2 (2005):1211–1216.
4. Thomas Insel, "Mental Illness Defined as Disruption in Neural Circuits," Director's Blog, National Institute of Mental Health, August 12, 2011, www.nimh.nih.gov/about/directors/thomas-insel/blog/2011/mental-illness-defined-as-disruption-in-neural-circuits.shtml.
5. Ronald Pies, "Psychiatry's New Brain-Mind and the Legend of the 'Chemical Imbalance,'" *Psychiatric Times*, July 11, 2011.
6. Ronald Pies, "Doctor, Is My Mood Disorder Due to a Chemical Imbalance?," Psych Central, August 4, 2011, https://psychcentral.com/blog/doctor-is-my-mood-disorder-due-to-a-chemical-imbalance/.
7. Aurelija Jucaite and Svante Nyberg, "Dopaminergic Hypothesis of Schizophrenia: A Historical Perspective," in *Targets and Emerging Therapies for Schizophrenia*, edited by Jeffrey S. Albert and Michael W. Wood (John Wiley & Sons, 2012), 5–35.
8. Robert Rosenheck et al., "Effectiveness and Cost of Olanzapine and Haloperidol in the Treatment of Schizophrenia," *JAMA* 290 (2003):2693–2702.
9. Jeffrey Lieberman et al., "Effectiveness of Antipsychotic Drugs in Patients with Schizophrenia," *New England Journal of Medicine* (2005):1209–1233.
10. Robert A. Rosenheck et al., "Cost-Effectiveness of Second-Generation Antipsychotics and Perphenazine in a Randomized Trial of Treatment for

Chronic Schizophrenia," *American Journal of Psychiatry* 163 (2006):2080–2089.

11. Linda M. Davies et al., "Cost-Effectiveness of First- v. Second-Generation Antipsychotic Drugs," *British Journal of Psychiatry* 191 (2007):14–22.
12. Jeffrey A. Lieberman, "Comparative Effectiveness of Antipsychotic Drugs," *Archives of General Psychiatry* 63 (2006):1069–1071.
13. Peter Tyrer and Tim Kendall, "The Spurious Advance of Antipsychotic Drug Therapy," *Lancet* 373 (2009):4–5.
14. Donald C. Goff et al., "The Long-Term Effects of Antipsychotic Medication on Clinical Course in Schizophrenia," *American Journal of Psychiatry* 174 (2017):840–849.
15. Kim Hopper and Joseph Wanderling, "Revisiting the Developed Versus Developing Country Distinction in Course and Outcome in Schizophrenia," *Schizophrenia Bulletin* 26 (2000):835–846.
16. Josep Maria Haro et al., "Cross-national Clinical and Functional Remission Rates: Worldwide Schizophrenia Outpatient Health Outcomes (W-SOHO) study." *British Journal of Psychiatry* 199 (2011):194–201.
17. Raquel Gur, "Subcortical volumes in neuroleptic-naïve and treated patients with schizophrenia," *American Journal of Psychiatry* 155 (1998):1711–1717.
18. Jim Rosack. "Can Meds Halt Schizophrenia's Gray-Matter Decline?," *Psychiatric News*, May 6, 2005.
19. Karl-Anton Dorph-Petersen et al., "The Influence of Chronic Exposure

to Antipsychotic Medications on Brain Size Before and After Tissue Fixation," *Neuropsychopharmaology* 30 (2005):1649–1661.

20. Beng-Choon Ho et al., "Progressive Structural Brain Abnormalities and Their Relationship to Clinical Outcome," *Archives of General Psychiatry* 60 (2003):585–594.

21. N. C. Andreasen et al., "Longitudinal Changes in Neurocognition During the First Decade of Schizophrenia Illness," *International Congress on Schizophrenia Research* (2005):348.

22. Beng-Choon Ho et al., "Long-Term Antipsychotic Treatment and Brain Volumes," *Archives of General Psychiatry* 68 (2011):128–137.

23. V. Aderhold, "Heinzfrontale hirnvolumenminderung durch antipsycotika?," *Der Nervenarzt*, May 2014.

24. Martin Harrow and Thomas H. Jobe, "Factors Involved in Outcome and Recovery in Schizophrenia Patients Not on Antipsychotic Medications," *Journal of Nervous and Mental Disease* 195 (2007):406–414.

25. M. Harrow, T. H. Jobe, and R. N. Faull, "Does Treatment of Schizophrenia with Antipsychotic Medications Eliminate or Reduce Psychosis?," *Psychological Medicine* 44 (2014):3007–3016.

26. Martin Harrow and Thomas H. Jobe, "Does Long-Term Treatment of Schizophrenia with Antipsychotic Medications Facilitate Recovery?," *Schizophrenia Bulletin* 39 (2013):962–965.

27. Donald C. Goff et al., "The Long-Term Effects of Antipsychotic Medication on Clinical Course in Schizophrenia," *American Journal of*

Psychiatry 174 (2017):840–849.

28. L. Wunderink et al., "Recovery in Remitted First-Episode Psychosis at 7 Years of Follow-Up of an Early Dose Reduction/Discontinuation or Maintenance Treatment Strategy," *JAMA Psychiatry* 70 (2013):913–920.
29. John F. M. Gleeson et al., "A Randomized Controlled Trial of Relapse Prevention Therapy for First-Episode Psychosis Patients," *Schizophrenia Bulletin* 39 (2013):436–448.
30. J. Moilanen et al., "Characteristics of Subjects with Schizophrenia Spectrum Disorder With and Without Antipsychotic Medication—A 10-Year Follow-Up of the Northern Finland 1966 Birth Cohort Study," *European Psychiatry* 28 (2013):53–58.
31. R. Wils, "Antipsychotic Medication and Remission of Psychotic Symptoms After a First-Episode Psychosis," *Schizophrenia Research* 182 (2017):42–48.
32. Stefan Leucht et al., "How Effective Are Second-Generation Antipsychotic Drugs? A Meta-Analysis of Placebo-Controlled Trials," *Molecular Psychiatry* 14 (2009):429–447.
33. Adam Rogers, "Star Neuroscientist Tom Insel Leaves the Google-Spawned Verily for… a Start-Up?," *Wired*, May 11, 2017.
34. Jakko Seikkula, Birgitta Alakare, et al. "Open Dialogue Approach: Treatment Principles and Preliminary Results of a Two-Year Follow-Up on First Episode Schizophrenia." *Ethical Human Psychology and Psychiatry* 5 (2002): 163–182.

35. Interview with Jaakko Seikkula in Jyväskylä, Finland, September 9, 2009.
36. Jaakko Seikkula et al., "Five-Year Experience of First-Episode Nonaffective Psychosis in Open-Dialogue Approach," *Psychotherapy Research* 16 (2006):214–228.
37. See http://www.hearingvoicesusa.org/about-us.
38. See http://www.hearingvoicesusa.org/hvn-usa-groups-list/details/1/179-hearing-voices-group.
39. Interview with Grete Johnson, February 7, 2017, Oslo, Norway. Also see, Robert Whitaker, "The Door to a Revolution in Psychiatry Cracks Open," madinamerica.com, March 25, 2017.
40. Robert Whitaker, "The Door to a Revolution in Psychiatry Cracks Open," madinamerica.com, March 25, 2017.
41. Ibid.
42. Tor Larsen, "Helseministeren på ville veier," Dagens Medisin, July 29, 2016, https://www.dagensmedisin.no/artikler/2016/07/29/helseministeren-pa-ville-veier/.
43. Robert Whitaker, "The Door to a Revolution in Psychiatry Cracks Open," madinamerica.com, March 25, 2017.
44. Interview with Magnus Hald, Tromso, Norway, February 4, 2017.
45. Interview with Pesach Lichtenberg, Jerusalem, Israel, December 2017. Also see Robert Whitaker, "Soteria Israel: A Vision from the Past is a Blueprint for the Future," February 10, 2018, madinameria.com.
46. Interview with Pesach Lichtenberg, ibid.

47. Interview with Haim Belmaker, December 2017, Haifa, Israel.

48. Interview with psychologist Didrik Heggdal and other staff at the Vestre Viken Hospital Trust at Lier Hospital in Norway, February 2017.

49. Jan Hammer, Didrik Heggdal, et al. "Drug free after basal exposure therapy." Tidsskr Nor Laegeforen 138 (2018): doi:10.4045/tidsskr.17.0811.

50. Ibid.

51. Erika Jääskeläinen et al., "A Systematic Review and Meta-Analysis of Recovery in Schizophrenia," *Schizophrenia Bulletin* 39 (2013):1296–1306.

52. "World Needs Revolution in Mental Health Care—UN Rights Expert," news release, United Nations Human Rights, June 6, 2017, www.ohchr.org/EN/NewsEvents/Pages/DisplayNews.aspx?NewsID=21689.

색인

ㄹ

ㅁ

ㅅ

ㅇ

ㅍ

매드 인 아메리카

나쁜 과학, 나쁜 의학 그리고 계속되는 정신질환자 학대

초판 인쇄 2021년 8월 23일

초판 발행 2021년 8월 31일

원표제 **MAD in America: Bad Science, Bad Medicine, And The Enduring Mistreatment Of The Mentally Ill**

원저자 로버트 휘태커

번역자 주명진

교정·교열 이해숙

디자인·편집 배영미

발행인 차정인

펴낸곳 부산대학교출판문화원

출판등록 제1983-000001호 1983.11.10.

부산광역시 금정구 부산대학로 63번길 2 (우편번호46241)

대표전화 051-510-1932 팩시밀리 051-512-7812

https://press.pusan.ac.kr

ISBN 978 - 89 - 7316 - 710 - 4 (03300)